생각이
보이는
교실

생각이 보이는 교실

MAKING THINKING VISIBLE

론 리치하트·마크 처치·캐린 모리슨 지음
최재경 옮김

스스로 질문하고
생각하도록 가르치는
사고 루틴 21가지

사회평론아카데미

* 일러두기
본문의 주는 모두 옮긴이가 단 것이다.

한쪽 대화만 듣고 "저렇게 말하는 이유가 무엇일까?"라고 궁금해한 적이 있는가? 나는 몇 년 전에 이 경험을 한 적이 있다. 나는 하버드 교육대학원에 있는 내 사무실에 가려고 케임브리지 공원을 천천히 걷고 있었다. 그때 공원 벤치에 앉아 있던 한 남자가 휴대전화에 대고 소리를 질렀다. "내가 해야만 해! 그가 나한테 거짓말을 했고 당신한테도 거짓말을 했어! 그가 전화로 당신한테 뭐라고 말했어? 모든 게 괜찮다고 했잖아. 하지만 모든 게 괜찮지는 않아!"

나는 그에게 "그렇게 말하는 이유가 무엇인가요?"라고 묻고 싶은 강렬한 유혹을 느꼈지만, 낯선 사람의 삶에 참견하지 말자고 억누르는 마음이 더 강했다. 그래서 호기심을 삼키고 그를 지나치면서 통화 내용을 기억했다가 사무실에 들어서자마자 기록했다. 그 후 몇 년 동안 나는 그 기록을 여러 번 다시 읽으며 공원 벤치에 앉아 있던 남자의 배경 스토리를 궁금해하곤 했다. 이 작은 경험은 나에게 우리가 한쪽 대화만 들었을 때 얼마나 많은 것이 밝혀지지 않은 채로 남는가를 상징하게 되었다. 한쪽 대화만 듣는 일은 우리의 삶에서 자주 일어나는데, 특히 '대화'를 폭넓게 해석할 때 더욱 그렇다.

생각이 좋은 예이다. 우리는 일반적으로 다른 사람의 생각을 듣지 않는다. 단지 생각한 결과, 즉 아이디어, 의견, 방안만 들을 뿐이다. '~라면 어떨까', '반면에', '하지만 난 ~가 걱정돼', 심지어 '내 직감에 따르면' 등의 혼란스러운 생각은 상대편이 하고 있다. 상대편이 우리에게 말하는 것은 때로는 전체 이야기처럼 들릴 수 있지만, 실은 내적 대화의 절반에도 못 미치기 마련이다. 이것이 우리가 때때로 "그렇게 말하는 이유가 무엇일까?"라고 스스로에게 물어보아야 하는 이유이다.

우리는 우리 자신의 생각에 대해서도 같은 질문을 던질 수 있다. 조사에 따르면, 대부분의 사람들은 문제 해결 방법이나 쟁점에 대한 입장을 취하는 방법을 명확하게 알지 못한다. 만약 이 말이 이상하게 들린다면, 운동선수의 훈련에서 코치가 왜 그토록 중요한지를 떠올려보자. 코치는 선수가 갖지 못한 전문 지식을 갖추고 있고, 선수가 볼 수 없는 바깥에서 직접 실행하지 않고도 지켜볼 수 있다.

이 모든 것은 사고의 가시화가 교육에서 중요한 이유를 말해준다. 가장 폭넓은 의미에서 사고의 가시화는 학습자들이 사고 과정을 외현화해 사고 과정을 더 잘 다루도록 강제한다. 이를 위해 저자들은 질문하기, 경청하기, 문서화하기, 명명하기 등에 관한 다양한 아이디어를 전면에 내세우고 있다. 여기에는 교실에서 긍정적이고 참여적이며 생각이 무럭무럭 자라는 학습 문화를 확립하기 위한 수많은 구체적인 전략과 일반적인 접근이 포함된다. 론 리치하트(Ron Ritchhart)와 마크 처치(Mark Church), 캐린 모리슨(Karin Morrison)은 수년 동안 몇몇 동료들과 함께 다양한 조합을 이루면서 이러한 아이디어들을 개발하고 그 실행을 발전시키는 데 깊이 관여해왔다. 이 책은 그들의 경험에서 얻은 지혜를 담고 있다.

그런데 생각을 더 잘하는 법을 배우는 것보다 훨씬 더 중요한 것이 있다. 이 책에서 다루는 내용은 단순히 생각하는 법 배우기(learning to think)가 아니라 배우는 법 생각하기(thinking to learn)이다. 더 자세히 말하자면, 나는 가끔 사람들에게 불편한 질문을 하곤 하는데, "대학에 들어오기 전에 배운 것 중 현재 당신의 삶에서 중요한 것은 무엇인가요?"라는 것이다. 어떤 사람들은 사실을 나열하는 데 그치지만 어떤 사람들은 자신이 누구이며, 어떻게 세상을 이해하고, 어떻게 행동하는지와 관련해 엄청나게 중요한 지식을 말한다. 예를 들어, 내 기억에 어떤 사람은 프랑스혁명을 언급하면서 그 세부 사항이 아니라 그것이 어떻게 모든 종류의 갈등을 바라보는 렌즈로 작용해왔는지 말했다. 또 다른 사람은 지지하는 정책뿐 아니라 일상생활의 행동에 막대한 영향을 끼치는 생태학에 대해 이해하고 있는 것을 논했다. 일반적으로 사람들은 중요한 주제를 제시할 때 단지 생각해볼 주제가 아니라 생각해낼 주제를 말한다. 예를 들어, 프랑스혁명을 생각해내서 다른 갈등을 이해하거나 생태학적 지식을 생각해내어 일상의 행동을 수정하는 것이다.

그런데 생각해내기에는 단지 정보를 아는 것 이상의 두 가지 중요한 단계가 있고, 이것이 교육의 초점이다. 단계 하나는 주제를 생각해보는 것으로, 종종 흥미롭고 가치 있으면서도 그 자체로 상당히 전문적으로 이해하게 한다. 학습자들이 논의 중인 아이디어에 대해 생각해내면서 편안함을 느낄 때, 이 아이디어는 더욱 의미가 있어진다. 응용의 지평(horizons of application)이 열리면 일상적 관계를 관리하거나 현명한 구매를 위해 지구 온난화를 개인적 수준에서 이해하는 것까지 모든 것이 가능해진다.

배운 것을 생각해보기와 배운 것을 생각해내기는 사고의 가시화가 왜 중요하고 이것이 학습자들에게 왜 중요한지 그 두 번째 이유를 우리에게 알려준다. 공원 벤치 이야기로 돌아가보자. 복잡하고 모순적이며 가끔은 위태로운 현재와 미래의 세상에서 사람들이 자신이 알고 있는 것을 더 잘 생각해보고 더 잘 생각해낼수록, 사람들은 누구나 겪는 한쪽 대화를 더 잘 이해하게 될 것이다. 그리고 전체 대화에 의미 있게 참여할 준비가 더 잘 될 것이다.

데이비드 퍼킨스

서문

　　2005년에 하버드 프로젝트 제로(Harvard Project Zero)의 동료들과 나는 학교 환경에서 사고 성향을 양성하는 방법을 탐구한 5년간의 프로젝트를 막 마쳤다. '지능 혁신(Innovating with Intelligence)'이라는 이름의 이 프로젝트는 카르페 비탐(Carpe Vitam) 재단의 재정 지원을 받아 스웨덴의 렘샤가 아카데미(Lemshaga Akademi)에서 진행되었다. 성향과 문화화에 대한 장기간의 연구를 통해 사고를 뒷받침하는 간단한 전략인 사고 루틴을 개발했다. 이 루틴은 교사들이 지속적으로 실행하고 있는 교실 활동에 녹아들도록 고안한 간단한 비계(scaffold) 전략이다. 이 루틴이 우리 중재 프로그램의 기초를 형성했으며, 우리가 결국 '가시적 사고(Visible Thinking)'라고 이름 붙인 접근법의 핵심 활동이 되었다. 우리는 노력의 결실을 문서화하고, 가시적 사고 웹사이트 www.pz.harvard.edu/vt를 통해 전 세계에 일련의 초기 루틴을 발표했다.

　　이 웹사이트는 즉시 우리와 함께 작업해온 교사들에게 큰 인기를 얻었고, 우리의 동료들과 우리 자신의 지속적인 작업에 가치 있는 자료실이 되었다. '이해하기 교육(Teaching for Understanding)' 프로젝트와 관련된 교사들은 이 사고 루틴을 학생들에게 기울이는 노력을 향상시킬 단순한 이해하기 활동으로 보았다. 동료인 샤리 티시만(Shari Tishman)과 퍼트리샤 파머(Patricia Palmer)는 이 루틴이 예술 통합에 중점을 둔 '예술적 사고(Artful Thinking)' 프로젝트를 지원하는 데 유용하다는 사실을 발견했다. 하버드 교육대학원의 교수진은 이 루틴이 복잡한 아이디어에 학생들을 적극적으로 참여시키는 데 유용한 도구가 된다고 판단했다. 일부 동료들은 자신이 계발 중인 아이디어를 성찰하고 기록하는 구조로 이 루틴을 사용했다. 연례 하계 연수원의 협력자들은 전문적인 토론을 조직하는 프로토콜을 사용하는 것처럼 성인 학습을 지원하는 이 루틴에 관심을 가졌다.

동시에 데이비드 퍼킨스, 마크 처치, 캐린 모리슨과 나는 에이브 도레비치(Abe Dorevitch)와 베라 도레비치(Vera Dorevitch)의 재정 지원을 받아, 유치원 2년(pre-K)부터 12학년까지 있는 자립형 사립학교인 호주 멜버른의 비알릭 칼리지(Bialik College)에서 '사고 문화(Cultures of Thinking)' 프로젝트를 시작했다. 우리는 사고 루틴이 교실 문화를 형성하는 힘이 있다고 교사 스스로 생각하기 시작하는 데 좋은 출발점이 될 것이라고 느꼈다. 더 광범위한 목표는 사고 문화 발전이라는 쟁점에 교사들의 관심을 집중시키는 것이었지만, 우리는 교사들이 사고 루틴을 가지고 본격적으로, 그리고 시간을 두고 작업할 때 작동하는 다른 문화적 힘들에 대해서도 곧 생각하게 된다는 것을 초기 연구에서 발견했다. 그중 가장 눈에 띈 것은 시간, 언어, 기회, 상호작용이었다(자세한 내용은 7장을 참조하라).

'가시적 사고' 웹사이트가 공개된 지 얼마 되지 않아 우리가 전혀 모르는 교육자들에게서 편지가 오기 시작했다. 그들은 사고 루틴을 어떻게 사용하고 있는지 이야기하면서 더 많은 것들을 열렬히 원했다. 더 많은 루틴, 더 많은 교실 이야기, 더 많은 비디오 자료, 다양한 학년과 과목 교사들이 노력한 더 많은 사례를 알고 싶어 했다. 요컨대, 자신들의 교육 환경에서 루틴의 효율성을 높이는 교수법이 더 많이 고안되기를 원했다. 교육자들은 이 웹사이트가 귀중한 자료실이라는 점을 인정하면서도, 더 깊이 있게 알려줄 책이 필요하다고 계속 열정적으로 표현했다. 책상 위에 두고 시간 날 때마다 들춰 보거나 기획회의에 들고 가 동료들과 돌려 보며 메모나 조언을 적을 책자를 원했다. 일부 교사들은 이러한 필요성 때문에 웹사이트 페이지를 전부 출력하여 제본까지 했음을 고백했다.

이토록 넘치는 관심과 열정 덕분에 나와 마크, 캐린은 '가시적 사고' 웹사이트를 확장하고 보완할 책을 펴내는 일을 구상하기 시작했다. 초기에 우리는 이 책이 달성해야 할 몇 가지 목표를 도출했다. 첫째, 우리가 2005년에 처음 가시적 사고에 대한 아이디어를 선보인 이래로 연구자, 개발자, 협력자로서 우리 자신의 사고에서 이루어진 발전을 포착하는 것이 중요하다고 생각했다. 동료들과의 지속적인 연구와 대화 덕택에 우리는 단순한 루틴 사용 이상으로 사고의 가시성에 대한 생각을 확장했으며 추가된 전략을 공유하고 싶었다. 이 아이디어는 2장에서 제시할 것이다.

둘째, 우리는 새로운 방식으로 사고 루틴을 활용하는 교사들의 수많은 이야기를 공유해야 할 의무가 있다고 느꼈다. 지난 수년간 우리는 수천 명의 교육자와 함께 작업했으며, 그들의 독창성에 놀라지 않은 적이 없었다. 그러나 우리는 단지 이 기발한 활동만이 아니라 사고와 학습을 지원하는 루틴의 힘을 이해하는 데 도움이 되는 이러한 이야기를 사람들에게 전달할 방법을 찾고 싶었다. 사고 루틴이 인기를 얻으며 널리 확산됨에 따라 우리는 비효율적인 루틴 사용 또한 꽤 많이 보았고, 그래서 사고 루틴의 힘이 현실화되는 조건을 사람들이 더 잘 이해하도록 돕고 싶었다. 따라서 루틴을 서술할 견본을 고안할 때 이전 연구에서 명시적으로 다루지 않았던, 적합한 내용 선택의 중요성과 학생의 사고에 대한 형성 평가(formative assessment)에 관한 몇 가지 아이디어를 강조하기로 결정했다. 이 새로운 견본에 대해서는 3장에서 자세히 확인할 수 있다. 우리는 비알릭 칼리지와 여러 곳의 '사고 문화' 프로젝트를 통해 교사들로부터 수집한 풍부한 사례를 바탕으로, 각 교사가 사고 루틴 사용을 계획하고 구현하고 성찰할 때 생각을 보이게 하는 모습을 '실행 장면'에 담았다. 이 이야기는 4, 5, 6장에서 볼 수 있다.

우리가 이 책을 통해 이루려는 또 다른 목표는 사고 루틴 및 기타 도구 사용을 더 큰 교육 사업 속에 자리 잡게 하는 것이었다. 교실의 사고 문화 안에서 참여를 증진하고, 이해하기를 밝혀내며, 독립성을 촉진하는 것 등이다. 1장에서 우리는 사고의 의미를 분석하고 학습에서 사고가 수행하는 중요한 역할을 논의하여 사고는 촉진하면 좋고 없어도 그만인 것이 아니라 학습의 핵심이라고 주장한다. 또 책 전반에 걸쳐 제시한 사고 루틴 및 사고 가시화 전략을 교실, 미술관, 전문가 그룹 등 세 가지 사례 연구로 살펴본다. 전문가 그룹 사례 연구는 7장에서 제시할 것이다. 이 사례들은 사고 가시화 전략이 어떻게 사고 문화라는 더 큰 모자이크 안에 존재하는지를 보여준다. 마지막으로, 8장에서 우리는 우리의 '현장 노트'를 한데 모아 이 책을 마무리한다. 교사가 어떻게 시간을 들여 루틴을 사용하면서 작업하는 것을 배우는지에 관한 몇몇 연구를 제시할 뿐만 아니라, 교사 자신의 가시적 사고 실천을 진전시킬 조언, 성공 전략, 힌트 모음도 제공한다.

이 책 전반에 걸쳐 우리는 다양한 교실에서 길어 올린 이야기를 함께 엮고자 했다. 이렇게 배열한 다양한 관점은 우리가 이 책에서 들려줄 수 있었던 큰 이야기를 더욱 풍부하게 만들었다. 그러나 이야기는 아직 끝나지 않았다. 항상 추가해야 할 목소리가 많이 남아 있고, 전해야 할 이야기는 아직도 많다. 우리는 전 세계 교사들과 함께, 또 교육자들에게서 계속 배우고 있다. 끊임없이 학생들을 참여시키고, 학생들의 이해력을 발달시키고, 사고를 지원하고, 독립성을 촉진하는 방법을 찾고 있는 바로 여러분과 같은 교육자들 말이다. 여러분이 이 책을 읽고 있다면 우리는 여러분을 영감을 받은 교육자 중 한 명이라고 생각한다. 그래서 우리는 사고 가시화를 위해 노력하는 교사들의 합창에 여러분의 고유한 목소리가 추가되기를 바란다. 이 책의 아이디어들을 받아들여 여러분의 것으로 만들고 여러분의 교실 문화에 포함하길 바란다. 이 책을 참고자료로 활용하되 이 책을 뛰어넘기 바란다. 가르칠 때 위험을 감수하기 바란다. 무엇보다도 사고하는 모든 학습자의 사고 능력과 그들의 사고를 양성하는 여러분의 능력에 대해 확신을 가져야 한다. 그 결과는 여러분을 놀라게 하고 여러분의 기운을 북돋아줄 것이다.

론 리치하트

감사의 말

이 책의 핵심은, 학습자의 일상생활에서 사고력을 길러주고 사고를 가시화해서 교육기관, 학교, 교실에서 사고 문화를 형성하고 튼튼한 학습 공동체를 형성할 수 있도록 하는 일이 중요하다는 생각에 기반해 있다. 받아들이기 쉬워 보여도 이를 실현하기 위해서는 많은 노력이 필요하다. 즉, 고된 작업과 헌신, 지속적인 성찰이 필요할 뿐 아니라 무엇보다도 기꺼이 위험을 감수하고 이미 관행으로 굳어진 익숙한 환경을 넘어서려는 의지가 필요하다. 이것은 개인적인 노력이자 집단적인 과정으로, 우리가 자신의 실천에서 배우는 것만큼이나 타인의 실천에서도 배울 수 있다는 점을 인정하는 일이다. 우리는 사고력 양성이라는 이 여행에 우리와 함께 참여하고, 사고 가시화 작업에 기꺼이 파고들 각오가 된 모든 분에게 감사드린다.

에이브 도레비치와 베라 도레비치, 비알릭 칼리지 학교운영위원회의 재정 지원은 큰 도움이 되었다. 그들은 학교와 교실을 변화시키는 이 아이디어의 잠재력을 인정해준 정치적 선지자들이었다. 그들은 카르페 비탐 재단의 자금 지원을 받은 '가시적 사고' 프로젝트의 일환으로, 그리고 스펜서 재단의 지원을 받은 '지적 인격(Intellectual Character)' 연구의 일환으로 처음 개발된 아이디어들을 비알릭 칼리지의 교사들이 받아들일 수 있도록, 또 그 교사들이 '사고 문화' 프로젝트의 일환으로 현장과 교실 탐구를 통해 성장할 수 있도록, 7년 동안 지속된 전문 학습을 기꺼이 지원해주었다. 비알릭 칼리지뿐만 아니라 전 세계에서 진행된 교육 발전을 위한 그들의 헌신은 전 세계에 광범위한 혜택과 파급 효과를 창출했다. 덧붙여 다우 케미컬(Dow Chemical)은 미국 미시간 중부 지역 교사들이 이 아이디어를 적용할 수 있도록 재정적 지원을 해주었고, 아틀라스 학습 공동체(ATLAS Learning Communities)는 뉴욕시 교사들을 지원했으며, 스웨덴의 렘샤가 아카데미와 암스테르담 국제 학교는 세계 각지에서 온 교사들이 한데 모여 서로의 경험을 공유할 수 있도록 도움을 주었다. 우리는 넓게 생각하기를 바란 몇몇 개인의 비전에서 비롯된 일이 극적으로 확산되는 모습을 보았고 이것은 교육자로서 우리가 집단적이고 지속적으로 발전해나가는 데 자양분이 되었다.

이러한 아이디어들과 함께한 여정은 현실의 학교에서 종지부를 찍었다. 학교는 너무나 많은 일이 벌어지고 너무나 많은 의제가 몰려 있는 극도로 바쁜 곳이다. 그러나 운 좋게도 우리는 이 일을 소중히 여기면서 사고의 가시화라는 사명이 자신의 학교에 전파되도록 열심히 노력해온 학교 리더들을 찾을 수 있었다. 특히 비알릭 칼리지의 제니아 재노버는 '사고 문화' 프로젝트의 주축이 되어 교사들이 이러한 아이디어들을 깊이 공유하고 토론하고 탐구하기 위해 정기적으로 만날 시간을 보장했다. 교사들의 학습에 대한 그녀의 헌신과 열정은 이러한 아이디어들을 발전시키는 데 결정적인 역할을 했다. 또한 비알릭 칼리지의 대프니 개디와 토스카 무시크는 교사들의 모임에 이러한 아이디어를 제시하여 지속적인 토론의 주제로 삼았다. 미시간 중부의 로드 록과 제럴린 미츠코야크는 이 아이디어들을 많은 공립 학군에서 대규모 프로젝트로 추진하기 위해 다양한 교사를 모으는 데 필요한 영감과 리더십을 제공했다. 미시간주 트래버스시티의 제인 모어, 팸 앨퍼어리, 줄리 포크너는 트래버스시티 지역 공립 학군의 많은 교사를 이 작업에 참여시켰다. 뉴욕시 뱅가드 고등학교의 루이스 델가도 교장은 교사들이 이 아이디어들을 활용할 수 있도록 지원했다. 워싱턴주 클로버 파크 학군의 패티 맥스필드는 학군 안에서 이 아이디어를 지속적으로 탐구하도록 도왔다. 매사추세츠 마블헤드 공립학교의 베스 델포

지와 폴 듈락은 학군 전체가 사고에 집중하도록 만들었다. 린다 거슬은 이 아이디어들을 일찌감치 받아들여 미국 전역의 아틀라스 학습 공동체의 작업으로 통합해냈다. 줄리 랜드보그트는 2000년에 이 아이디어들의 위력을 처음 확인한 뒤 이를 탐구하기 위해 호주 멜버른에 학교 네트워크를 설립했다. 멜버른 중등학교에서는 크리스 브래드키, 앨런 블리스, 로이 켈리가 그 책임을 맡았다. 그리고 이 목록은 계속 늘어나는 중이다.

우리는 연구 및 개발 작업 때 이 아이디어들을 발전시키고자 노력하면서 이 아이디어들의 폭넓은 적용 가능성에서 영감을 받았다. 사고의 가시화라는 아이디어와 그 임무를 지원하는 다양한 사고 루틴은 폭넓은 교과 영역, 각종 조직, 상이한 환경에 자리를 잡았고, 다양한 유형의 학습자들에게도 자리를 잡았다. 이 책의 이 같은 핵심은 '실행 장면'에 녹아 있다. 책에는 상대적으로 몇몇 이야기밖에 담을 수 없었다. 그러나 이 여정에 참여한 모든 헌신적인 전문가분들에게 감사드린다. 그들의 이야기는 학생들과 동료들에게 일상의 모범이자 영감이 되었다. 우리는 특히 비알릭 칼리지, 미시간주 새기노 중학교 학군, 트래버스시티 지역 공립 학군, 뱅가드 고등학교, 마블헤드 공립 학교, 암스테르담 국제 학교, 스웨덴 렘샤가 아카데미, 호주 태즈메이니아의 브라이턴 초등학교, 멜버른의 멜버른 중등학교와 메서디스트 레이디스 칼리지, 웨슬리 칼리지 선생님들에게 감사드린다. 이는 우리의 여정에 동참한 수많은 학교와 교사 중 소수만 언급한 것이다.

책을 쓰는 동안 우리의 생각을 독려하고 지속적인 대화를 통해 여기에 제시한 아이디어를 형성하는 데 크게 기여한 개념적 선지자들에게 감사를 드리지 않을 수 없다. 하버드 교육대학원 프로젝트 제로의 동료이면서 '사고 문화' 프로젝트의 일환으로 이러한 아이디어들을 개발하는 데 핵심 역할을 한 데이비드 퍼킨스, 테리 터너, 베카 솔로몬, 리너 헤이더에게 감사드린다. 샤리 티시만과 퍼트리샤 파머는 원래 사고 루틴의 초기 모델을 개발한 '가시적 사고' 프로젝트의 일원이었다. 스티브 사이덜, 마라 크레셉스키, 벤 마딜은 모두 '학습 가시화(Making Learning Visible)' 프로젝트에서 진행된 작업을 통해 우리가 가시성 및 문서화의 문제에 대해 더 깊이, 더 멀리 생각할 수 있도록 했다. 덧붙여, 티나 블라이드와 줄리 랜드보그트는 여러 번 우리의 생각이 더 발전될 수 있도록 독려해주었다.

마이클, 진, 케본에게

우리가 더 깊이 사랑하고, 웃고, 살아가고, 사고할 수 있도록
도와주신 것에 감사드립니다.
당신들은 우리가 삶 속에서 더 나은 교사, 더 나은 사람이 되도록
이끌어주었습니다.

차례

3부   생각이 보이는 교실에 힘 실어주기

Making Thinking Visible

1 부

사고에 대한
몇 가지
생각

CHAPTER 01

사고란 무엇인가?

『옥스퍼드 영어 사전』에 따르면 영어에는 대략 25만 개의 개별 단어가 있다. 개별 단어를 다소 엄격하게 정의하면 그렇다(「Facts About Language」, 2009). 물론 이 방대한 수의 단어 항목 중에서, 자주 사용하는 단어의 비율은 매우 낮아서 일상생활에서 사용하는 단어의 90퍼센트는 겨우 7,000개를 넘지 않는 것으로 추산된다. 이 개수를 고려할 때, 사용 빈도의 면에서 'think(생각하다)'라는 단어는 어디쯤에 위치할까? 즉, 매일 '생각하다'라는 단어를 얼마나 자주 사용하고 듣거나 읽을까? 자주 사용하는 단어 중에서 평균적으로 '생각하다'는 몇 위를 차지할까? 상위 1,000위 안에 들까, 아니면 훨씬 더 아래에 있을까?

여러 목록에서 나온 정보에 근거하면, 'think(생각하다)'라는 단어는 인쇄물에 출현하는 빈도 면에서 상위 125~136위를 차지한다(Fry et al., 2000). 동사만 보면 『옥스퍼드 영어 사전』은 'think(생각하다)'를 영어에서 열두 번째로 많이 사용하는 동사로 꼽고 있다. '생각하다'라는 단어는 우리의 말과 글에서 놀라울 정도로 중요한 역할을 하는 게 분명하다. 그런데 우리는 '생각하다'라는 단어를 사용할 때마다 실제 의미를 얼마나 잘 이해하고 있을까? 우리가 '생각하다'라는 단어를 사용할 때, 우리 말을 듣고 있는 사람은 무엇을 추론할까? 우리가 누군가에게 '나는 생각하고 있다'라고 말할 때, 우리는 실제로 무엇을 하고 있을까? 비록 데이터는 없지만, '생각하다'라는 단어는 교실에서 더 자주 사용될 것으로 예상된다. 교사가 그 단어를 사용할 때 의도하는 것은 무엇일까? 학생들은 그 말을 들을 때 어떻게 해석할까? 그 말은 학생들에게서 어떤 행동을 이끌어낼까?

교사가 학생들의 학습을 지원하길 원하고, 또한 학습이 사고의 산물이라고 믿는다면, 자신이 지원하고자 하는 것이 무엇인지를 명확히 할 필요가 있다. 우리는 우리가 가르치는 학생, 우리의 동료나 친구에게 어떤 종류의 정신 활동을 권장하고자 애쓰는가? 우리가 워크숍에서 만난 교사들에게 "당신은 교실에서 어떤 종류의 사고에 가치를 두고 촉진하기를 바라나요?" 또는 "그 수업은 학생들에게 어떤 종류의 사고를 하도록 추동하나요?"라고 물어보면, 대다수의 교사들은 당황스러워한다. 그 교사들은 단한 번도 사고라는 렌즈를 통해 자신의 교육을 바라보도록 요구받은 적이 없었기 때문이다. 항상 학생들에게 생각하라고 요구하지만, 한 번도 학생들이 구체적으로 어떤 정신 활동을 하기를 바라는지 곰곰이 생각해본 적이 없었던 것이다. 그러나 교사가 교실에서 사고를 가시화하려고 한다면, 교사인 자신에게 먼저 사고의 다양한 형태, 차원, 과정을 가시화하는 것이 첫 단계가 되어야 할 것이다.

사고는 위계가 없고 정해진 순서도 없다

교사들에게 수업에서 요구되는 사고를 식별해보라고 요구하면, 대부분 "블룸의 분류를 말하는 건가요? 그걸 아냐고 물은 건가요?"라고 되묻는다. 대부분의 교사들은 교생 실습 과정에서 벤저민 블룸(Benjamin Bloom)에 대해 배운다. 벤저민 블룸은 정의적(affective), 심체적(psychomotor), 인지적(cognitive)이라는 세 영역에 초점을 맞추었지만, 대부분 기억하는 것은 인지적 영역이다. 블룸은 낮은 수준에서 높은 수준으로 나아가는 듯한 여섯 가지 교육 목표를 찾아냈다. 바로 지식, 이해, 적용, 분석, 종합, 평가이다. 그러나 이것은 단지 이론에 불과하며, 학습에 대한 연구를 기반으로 한 것이 아니다. 그럼에도 불구하고 이것은 많은 교사가 사고에 대한 생각을 배우는 방법으로 굳어졌다. 교사들은 질문이나 수업이 얼마나 '높은 수준'의 사고를 요구하는지 확실히 하라고 권고받지만, 일반적으로 높은 수준은 이해하는 것 이상을 의미한다.

블룸의 분류는 정신 활동의 유형을 포착하고 있으므로 사고에 대해 생각하는 출발점으로 삼기 유용하지만, 사고를 순차적이거나 위계적이라고 보는 견해에는 문제가 있다. 블룸은 지식이 이해를 앞서고, 이해가 적용을 앞선다고 보았다. 그러나 우리는 모두 자신의 삶에서 그렇지 않은 예를 찾을 수 있다. 어린아이가 그림 그리는 것은 주로 적용 모드에서 이루어진다. 갑자기 종이에 뜻밖의 색이 나타나면 아이는 무슨 일이 일어난 건지 분석한다. 아이는 그 색을 다른 곳에 칠해보고 나서 그 결과가 유쾌하지 않다고 평가한다. 실험과 성찰을 거듭하며 아이는 작품을 완성한다. 아빠가 학교에 데리러 오면, 아이는 그날 깨우친 새로운 그림 그리기 지식을 늘어놓는다. 이처럼 사고가 매우 역동적으로 상호작용하면서 학습이 이루어진다.

1990년대에 블룸의 제자 두 명이 분류를 개정하여 명사가 아닌 동사를 사용한 새로운 목록을 발표했다. 그러나 순서 개념은 그대로 유지했다. 앤더슨과 크래스월(Anderson & Krathwohl, 2001)은 '기억하다, 이해하다, 적용하다, 분석하다, 평가하다, 창안하다'라는 낮은 수준에서 높은 수준까지의 기능을 찾아냈다. 이 또한 잠재적으로는 유용한 목록이지만, 학습을 지도하는 순서로 받아들인다면 문제가 있다. 앤더슨과 크래스월이 정리한 이 여섯 가지 사고 행동을 살펴보면, '평가하다'와 관련된 '검증하다'가 '기억하다'의 하위 범주인 '묘사하다'보다 실제로 더 어렵거나 높은 수준인지는 의문이다. 예를 들어, 보고 있는 것을 주시하며 주의 깊게 바라보고 충분히 묘사하는 것은 매우 복잡하고 집중을 요하는 일이다. 이러한 면밀한 관찰은 과학과 예술 모두의 핵심이다. 분석과 추측은 주의 깊게 주시하는 데 달려 있다. 우리의 동료 스티브 사이덜(Seidel, 1998)은 학생의 작업물을 살펴볼 때 느끼는 묘사의 중요성과 어려움에 대해 말했다. 우리의 두뇌는 패턴을 감지해 해석하도록 설계되어 있기 때문에, 매우 천천히 충분히 살펴보고 묘사해내는 것은 몹시 어려울 수 있다. 이와는 반대로, 종이비행기의 비행 능력이나, 제시된 수학 알고리즘의 정확성, 이쑤시개로 만든다리의 강도는 매우 빠르고 쉽게 테스트할 수 있다.

이러한 예들을 통해 사고를 맥락, 목적과 분리해서 이야기하는 것이 말이 되지 않는다는 것을 알 수 있다. 또한 사고 자체를 고려해야 사고 수준을 잘 설명할 수 있다. 다른 유형의 사고 간 수준에 관심을 갖기보다는, 한 유형의 사고 내에서 수준이나 질에 초점을 맞추는 것이 더 낫다. 예를 들어, 상세하고 높은 수준에서 묘사할 수도 있고, 피상적인 수준에서 묘사할 수도 있다. 이와 마찬가지로, 단순히 실패할지를 판단하기 위해 테스트할 수도 있고, 실패의 한계와 조건까지 온전히 테스트할 수도 있다. 분석이 깊이 있고 철저할 수도 있고, 몇 가지 명백한 특징만 다룰 수도 있다. TV 뉴스를 보고 나서 라디오에서 듣거나 인쇄매체로 접한 심층 기사와 대조해보면 다양한 수준의 분석을 볼 수 있다.

이 두 가지 목록에서 모든 항목이 동일한 수준에서 작동하는 것처럼 보이지 않기 때문에 범주에 약간의 혼란이 있다고 주장할 수도 있다. 이것은 '이해하다'가 구성되는 방식에서 가장 쉽게 찾을 수 있다. 1970년대 이후 많은 연구자와 교육 이론가가 단순한 지식 보유가 아닌 이해하기 교육과 학습의 복잡성에 초점을 맞추었다(Bruner, 1973; Gardner, 1983, 1991; Skemp, 1976; Wiske, 1997). 일부 연구자들은 심층 학습과 표층 학습을 구분했다(J. B. Biggs, 1987; Craik & Lockhart, 1972; Marton & Saljo, 1976). 표층 학습은 종종 연습을 통해 지식과 사실을 암기하는 데 중점을 두는 반면, 심층 학습은 보다 능동적이고 건설적인 과정을 통해 이해력을 발달시키는 데 중점을 둔다. 오늘날 대부분의 교육자들은 '이해하다'가 실제로는 매우 심층적인 노력의 과정이거나 복잡한 노력의 과정이며, 개정된 분류에서 제시하듯이 낮은 수준의 기능이 아니라고 주장한다(Blythe & Associates, 1998; E. O. Keene, 2008; Wiggins & McTighe, 1998). 실제로, '이해하기'는 교육의 주요한 목표로 제시되곤 한다.

프로젝트 제로의 동료들과 함께 수행한 이해하기에 관한 연구를 통해 이해는 적용, 분석, 평가, 창안에 앞서는 것이 아니라 그 결과라는 것을 알 수 있다(Wiske, 1997). 앞에서 언급한 그림 그리는 어린아이에 대한 간단한 예를 떠올려보자. 아이가 그림 그리기를 더 잘 이해하거나 통찰하게 된 것은 여러 그리기 활동과 이와 관련된 사고의 직접적인 결과물 때문이다. 따라서 우리는 이해하기를 사고의 유형이 아니라 사고의 결과로 생각할 수 있다. 결과적으로 우리는 단순히 무언가를 이해하라고 말하거나 다른 활동보다 이해하는 데 집중하라고 말할 수는 없다. 엘린 킨(E. Keene, 2008)은 읽기 과정에서의 복잡한 이해 과정과 읽기 활동을 지원할 명시적 사고 전략을 개발해야 한다고 했다. 이와 마찬가지로, 제임스 히버트 등(James Hiebert et al., 1997)은 수학을 이해하는 학습이 절차를 암기하는 것과는 근본적으로 다른 일이라고 설명했다.

이해하기는 사고의 유형이 아니라 사고의 결과라는 주장은 '창안하다'에도 똑같이 적용된다. 무언가를 창조(창안)하는 과정은 어떻게 진행될까? 창조는 하나의 직접적인 활동이 아니라 활동과 관련 사고가 모인 것이다. 이 과정에서 결정이 이루어지고 문제가 해결된다. 아이디어를 검증하고 결과를 분석하고 선행 학습을 수행할 때, 적어도 창조하는 사람에게는 새로운 아이디어로 종합된다. 이렇게 창조된 것은 실제로 아이가 새로운 색을 만들어내는 것처럼 단순한 것일 수 있고, 새로운 아이폰 앱의 발명과 같이 유용한 것일 수 있으며, 이전에 사용된 적 없는 물질에서 에너지를 생산하는 새로운 방법처럼 엄청난 것일 수도 있다.

지금까지 살펴본 바와 같이, 수준이라는 개념은 사고를 분석할 때 문제가 되며, 우리가 바라는 만큼 유용하지 않다. 사고는 정해진 순서에 따라 일어나는 것이 아니며 한 단계에서 다음 단계로 체계적으로 진행되지 않는다. 이보다 훨씬 혼란스럽고, 복잡하며, 역동적이고, 상호 연결되어 있다. 사고는 내용과 복잡하게 연관되어 있다. 그리고 우리는 모든 사고 유형이나 사고 활동의 수준이나 수행을 분별할 수 있다. 어쩌면 목적에서 시작하는 것이 더 좋을 수 있다. 왜 우리는 학생들이 사고하기를 바랄까? 사고가 유용한 건 언제일까? 사고는 어떤 목적에 기여할까? 이제 이 문제를 살펴 보자.

암기, 과제, 활동은 훈련일 뿐 사고 활동과는 무관하다

블룸의 분류를 설명하면서 우리는 이해하기가 사고의 유형이 아니라 실제로는 사고의 결과이자 주요 목표라고 주장했다. 대부분의 교사들이 알고 있듯이, 이해하기는 현행 교육 활동의 주요 목표 중 하나이다. '이해하기 교육의 틀'(Blythe & Associates, 1998)과 '이해 중심 수업 설계(Understanding by Design; UbD)'(Wiggins & McTighe, 1998)는 현재 교사가 이해하기에 초점을 맞추도록 돕는 교육과정의 두 가지 입안 도구이다. 모든 교사가 이 목표를 채택해 이해하기를 가르치는 것이 당연해진다면 좋겠지만, 학교와 교실의 현실은 대개 이와 매우 다르다는 사실을 우리는 모두 잘 알고 있다. 오늘날 교육자들이 처해 있는 고부담 시험 환경에서는 교육과정을 다루고 시험을 준비해야 하는 압박감이 존재한다(Ravitch, 2010). '이해하기 교육'이라는 아이디어를 말로만 인정하고 이에 반대하는 압력도 있다. 이 압력이 꼭 새로운 것은 아니다. 학교도 산업 모델을 기반으로 하고 있으므로 오랫동안 기능과 지식의 전수가 주요 목표였다.

대부분의 학교 환경에서 교육자들은 진정한 이해력 발달보다는 과제와 과업의 완성에 더 중점을 두었다. 과제나 과업이 잘 설계된다면 이해력 발달에 도움이 될 수 있지만, 대개 일부는 새롭고 일부는 오래된 기능과 지식의 복제에 중점을 둔다. 교실은 거의 대부분 '말하기와 연습하기'의 장소이다. 교사는 학생들에게 알아야 하거나 해야 할 중요한 것이 무엇인지 알려준 다음 기능이나 지식을 연습하게 한다. 이런 교실에서는 아무도 생각하지 않는다. 이런 교실에서 학생들이 사고해봤으면 하는 유형을 식별해보라고 요구하면 교사들은 당연히 당황한다. 학생들에게 시키는 많은 과제에 사고가 존재하지 않기 때문이다. 암기 연습을 통한 정보 보유는 학습이 아니다. 훈련이다.

정반대로 활동에 전념하는 교실이 있다. 간혹 경험 중심 학습이나 탐구 중심 학습이라고 오해받는 개념인데, 학생들에게 많은 활동을 하게 한다. 설계가 잘되면 일부 활동은 이해하기로 이어질 수 있지만, 활동을 학습으로 전환하는 데 필요한 사고는 우연에 맡겨지기 마련이다. 어떤 경우에는 활동 자체가 좀 더 구미 당기는 연습에 그치고 만다. 시험을 앞두고 〈제퍼디(Jeopardy)〉* 형태로 복습하는 것이 문제 푸는 것보다 재미있을지는 모르지만, 이해하기에는 이르지 못한다.

이러한 교육관의 핵심은 교사가 학생에게 교육과정을 전달하는 것이 중요하고, 좋은 교사는 가장 효과적으로 전달하는 사람이라는 것이다. 마크 처치는 자신이 교사로 성장해온 과정을 성찰하면서 교수 활동에 이 관점이 얼마나 만연했는지 설명한다.

교사 생활 초기에는 자신감과 오만으로 똘똘 뭉친 '재미있는 교사'였어요. 학생들을 즐겁게 해주었거든요. 학생들은 저를 좋아했고 제 수업을 좋아했어요. 수업에서 다루는 모든 것이 알아야 할 대상이니까, 전문가답게 저는 술책과 매력을 활용해 그 내용을 학생들에게 전달했거든요. 결국에는 내가 아는 직선적이고 일방적인 경로를 따라 얼마나 쉽게 정보를 전달하느냐로 수업을 평가했죠. 좋은 교육이란, 마음에 꼭 들지 않더라도 구미가 당겨서 직접 해보는 활동을 만들어 전달하는 것이라고 생각했어

....

* 미국의 역사, 문학, 팝문화, 스포츠, 과학, 예술 등 모든 분야를 다루는 TV 퀴즈쇼이다. 최후 승자, 곧 가장 똑똑한 사람이 상금을 받는 구조이다.

요. 좋은 교사가 된다는 건 전달 기법들을 터득하여 학생들의 질문에 빠짐없이 답해주는 것을 의미했고요. 그 시절에는 좋은 교육이 학습자 자체와 학습이 어떻게 이루어지는지를 알아가고 이해하는 것에 달려 있다는 사실을 깨닫지 못했어요. 그러나 이해하기가 무엇이고 이해력이 어떻게 발달하는가라는 문제를 신중히 검토하면서부터 진정한 교사가 되어가기 시작했어요. 그제야 과제와 활동이 학습과 동의어가 아니라는 걸 깨달았어요.

이 장 서두에서 다룬 핵심 질문으로 돌아가보자. "당신은 교실에서 어떤 종류의 사고에 가치를 두고 촉진하기를 바라나요?" 그리고 관련 질문으로 "그 수업은 학생들에게 어떤 종류의 사고를 하도록 추동하나요?"가 있었다. 교실에서 활동이나 과제에 중점을 둘 때 교사는 과제를 완수하기 위해 학생들에게 무엇을 시킬지에 집중하는 경향이 있다. 물리적으로 이러한 단계와 행동은 있지만, 사고는 없다. 이런 일이 발생하면 학습도 없어질 수 있다.

학생들의 교실 활동과 이해하기로 이어질 수 있는 교수 활동 사이의 괴리를 파악하는 데 유용한 연습 문제가 있다. 자신이 가르치는 과목에서 학생들이 참여하고 있는 모든 행동과 활동의 목록을 작성하는 것으로 시작해보자(초등학교 교사의 경우에는 수학, 읽기, 쓰기와 같이 집중할 과목 하나를 선택하자). 몇몇 동료나 팀원과 함께 브레인스토밍을 해도 좋다. 그럼, 이 목록을 바탕으로 세 가지 새로운 목록을 만들어보자.

1. 반 학생들이 수업 시간에 주로 하는 활동. 학생들이 평소 수업에서 하는 활동의 75%를 차지하는 것은 무엇인가?
2. 이 학과목에 가장 충실한 활동, 즉 진짜 과학자, 작가, 예술가 등이 작업할 때 실제로 하는 일은 무엇인가?

3. 이 학과목이나 교과 영역에서 무언가 새로운 것을 이해하기 위해 했던 기억나는 행동과 활동은 무엇인가?

학생들이 주로 하는 활동, 즉 1번 목록과 나머지 목록이 일치하면 여러분의 수업 활동은 이해하기에 관한 것이다. 만약 세 가지 목록이 서로 단절되어 있다면 학생들은 이해하기보다 과제와 활동에 더 집중하고 있을지도 모른다. 학생들은 교과를 배우기보다는 과제를 더 많이 할지도 모른다. 교과 영역을 학생들에게 이해시키기 위해서는 진정한 지적 활동에 참여시켜야 한다. 이는 그 학과목의 방법론과 도구를 사용해 문제를 해결하고 의사 결정을 내리고 새로운 것을 이해하는 것을 의미한다. 우리는 과학자(가설 세우기 및 검증하기, 자세하게 관찰하기, 설명 구축하기, …), 수학자(패턴 찾기, 추측하기, 일반화하기, 논증 구성하기, …), 독자(해석하기, 연관성 찾기, 예측하기, …), 역사가(다른 관점 고려하기, 증거로 추론하기, 설명 구축하기, …) 등이 중요하게 여기는 사고 유형을 인식하고, 학생들이 경험할 기회를 만들어내야 한다. 더 나아가, 이런 사고 유형은 우리가 학생들에게 기본적으로 기대하는 것의 하나가 되어야 한다. 학과목을 이해해내기 위해 필요한 사고에 학생들이 참여할 수 있고 실제로 참여하는 것이다.

이해하기를 돕는 여덟 가지 사고 활동

앞에서 과학에서 가설 세우기와 검증하기, 또는 역사에서 다른 관점 고려하기와 같이 다양한 교과 영역에서 핵심이 되는 몇 가지 사고 유형을 나열했다. 모든 학과목의 이해하기를 돕는 특정 유형의 사고가 있을까? 새로운 개념이나 아이디어, 사건을 이해하려고 할 때 특히 유용한 사고의 유형은 무엇일까? 여러분이 학과목을 이해하기 위해 했던 종류의 사고를 생각해본다면, 아마도 몇 가지를 식별해낼 것이다. 론 리치하트와 동료인 데이비드 퍼킨스, 샤리 티시만, 퍼트리샤 파머는 이해하기에 도움이 되는 중요도가 높은 사고 활동을 식별해 간단한 목록을 만들려고 했다. 목표는 이해하기와 관련된 다양한 사고 유형을 모두 제시하는 것이 아니라, 이해하기를 돕는 필수적인 사고 유형을 찾아내는 것이었다. 이해하기에 꼭 필요해서 그것이 없이는 우리가 이해력을 발달시켰다고 말하기 어려운 그런 사고 활동을 찾아내고 싶었다. 우리가 찾아낸 것은 다음의 여섯 가지이다.

1. 무엇이 있는지 자세히 관찰하고 묘사하기
2. 설명과 해석 구축하기
3. 증거로 추론하기
4. 연관성 찾기
5. 다른 견해와 관점 고려하기
6. 핵심 포착하기와 결론 형성하기

이 여섯 가지 모두가 새로운 아이디어를 더 잘 이해하는 데 중요한 역할을 한다. 우리가 어떤 것을 이해하려고 노력한다면, 그것의 부분과 특징을 알아내고, 충분히 자세하게 묘사할 수 있어야 한다. 어떤 것을 식별하고 부분과 특징을 나누어보는 것은 분석의 핵심이다. 이해하기 과정은 설명과 해석 구축과 필연적으로 연결되어 있다. 과학에서는 이를 이론과 가설이라 한다. 수학에서는 흔히 추측이나 일반화라 한다. 설명을 구축할 때 우리는 자신의 입장을 뒷받침할 증거에 근거하여 추론하고, 지지를 받을 수 있는 공정하고 정확한 입장에 도달하려고 노력한다. 새로운 것과 마주할 때 우리는 과거의 경험을 바탕으로 새로운 것과 이전에 알던 것의 연관성을 찾는다. 이러한 연관성은 아이디어들을 연결하고, 새로운 아이디어가 해당 교과 영역 안팎에서 어디에 들어맞는지 파악하는 데 도움을 준다. 연관성 찾기에는 새로운 아이디어나 기능을 어디에 응용할지 그리고 어디에 사용할지 등이 포함될 수 있다. 이 연관성 찾기는 정보 검색에 도움이 되며, 새로운 정보가 고정되거나 비활성화되지 않도록 도와준다(Whitehead, 1929). 하나의 관점에서만 새로운 아이디어나 상황을 보면 제한적으로 이해하고 때로는 편향되게 이해할 수밖에 없다. 다른 관점을 알고 있거나 다른 아이디어를 취하면 우리는 보다 강력하게 이해할 수 있다. 개념, 절차, 사건, 일의 중심이나 핵심을 파악하면 그것이 실제로 무엇인지라는 본질을 이해할 수 있다. 나무만 보고 숲을 보지 못하는 일이 없도록, 큰 개념을 인식하기를 바란다.

이러한 사고 유형이 우리가 교실에서 보이게 하고 싶어 하는 모든 종류의 사고를 의미하는 것은 아니다. 다만, 이 사고 유형은 시작하는 데 유용한 훌륭한 목록이다. 사고를 가치 있게 만들고 교실에서 보이게 하기 위해 노력하는 많은 교사들은 이 사고 활동을 교실에 게시하는 것이 매우 유용할 수 있다는 것을 알아냈다. 이 사고 활동 목록은 학생들이 학습하기 위해 무엇을 하게 될지에 대한 관심을 끄는 데도 도움이 된다. 과제와 활동이 학생들의 학습을 잠식하지 않도록 교사들은 종종 과제 앞뒤로 수업을 잠시 중단한 채 과제와 관계 있거나 관련될 사고 유형을 논의한다. 학생들은 자신의 사고, 그리고 사용할 사고의 전략과 사고 과정을 더 잘 인식하게 됨에 따라 더욱 메타인지적(metacognitive)으로 된다(Ritchhart, et al., 2009a).

이 모든 사고 활동이 직접적으로 이해력 발달을 뒷받침하므로, 이 사고 활동 목록은 교사가 단원을 계획할 때 유용하다. 학습 단원 내내 학생들은 이해력을 발달시키기 위해 이 모든 사고 활동에 한 번 이상 참여해야 한다. 학생들이 설명을 구축하고 증거로 추론하고 연관성을 찾거나 둘 이상의 관점으로 사물을 바라볼 기회에 적극적으로 참여할 수 없다면, 학생들의 이해력 발달에 중대한 구멍이나 틈이 생길 수 있다. 이 여섯 가지 사고 활동은 이해력 발달을 도울 뿐 아니라 이해한 것을 평가하는 데도 유용하다. 스웨덴 렘샤가 아카데미의 2학년 역사 교사인 프레드릭 페테르손은 이 여섯 가지 사고 활동이 역사 에세이에서 찾아낸 특징과 정확히 일치한다는 사실을 발견하고는 학생들을 평가할 루브릭으로 사용하기로 결정했다. 암스테르담 국제 학교의 6학년 교사들은 진정으로 교실에서 생각을 보이게 하려면 시험 성적이나 쪽지 시험 점수뿐만 아니라 학생들이 자신의 사고에도 관심을 기울이도록 해야 한다고 판단했다. 6학년 학생들은 언제 어디에서 여섯 가지 사고 활동에 참여했는지를 보여주는 '가시적 사고' 목록을 생성해야 했다. 학생들은 이 목록을 스스로 주도한 연말 학예회 때 학부모 앞에서 발표했다.

이해하기를 돕는 여섯 가지 사고 활동, 가끔 '이해하기 지도'라고 부르는 활동을 식별한 후 우리는 두 가지 사고 활동을 추가했다.

7. 궁금해하고 질문하기
8. 복잡성을 밝혀내고 사물의 이면을 보기

우리는 학습할 때 호기심과 질문이 중요하다는 사실을 학습자로서의 경험을 통해 알고 있다. 호기심이 유발되고 무언가를 알아가고 배우고 싶을 때 참여도가 높아진다. 많은 교사는 학생들의 학습을 촉진하는 수단인 핵심 질문을 익숙하게 사용한다. 질문은 지속적으로 이해력을 발달시킨다. 학습 초기에 던지는 질문은 학습하는 동안 바뀌고 변모하며 발전한다. 이해력을 발달시키기 위해 광범위한 노력을 기울인 후에도 시작했을 때보다 더 많은 질문이 남아 있는 것을 우리는 발견한다. 이 새로운 질문은 이해한 깊이를 반영한다. 사물의 이면을 볼 수 있는 이 깊이와 능력은 지속적인 이해력 발달에서 중요한 부분을 차지한다. 우리는 쉬운 답을 찾거나 채택하기보다 자신 앞에 놓인 사건, 이야기, 아이디어에서 복잡성을 찾아내기 위해 노력한다. 이 복잡성에는 학습자인 우리를 끌어당기는 풍요로움, 흥미진진함, 수수께끼가 있다.

이 여덟 가지 사고 활동은 중요도가 높지만, 절대 완전한 게 아님을 다시 한번 강조한다. 이 목록은 유용한 출발점일 뿐이다. 여러분은 어쩌면 시각화, 이해한 것 검토하기, 인과관계 찾기 등 다른 종류의 유용한 사고를 생각할지 모른다. 게다가 어쩌면 이 여덟 가지 핵심 요소가 더 유용해지도록 이를 구체화하는 많은 사고 활동을 여러분이 찾아낼 수도 있다. 예를 들어, 아이디어 비교하기와 대조하기는 은유적으로 사고하기처럼 연관성 찾기가 구체화된 유형이다. 분류하기는 묘사하기와 인식하기를 확장한다. 우리는 설명과 해석이라는 광범위한 용어를 선택했으나, 이는 분명히 추론하기, 설명하기, 예측하기와 관련이 있다. 혹자는 '성찰'은 어디 있느냐고 물을 수도 있다. 구조화된 성찰은 이해하기와 문제 해결하기를 향상시키는 방법으로 알려져왔다(Eyleer & Giles, 1999). 개인의 의견이나 감정 표출 이상의 구조화된 성찰은 성찰 대상을 묘사하고 핵심적인 특징을 알아차리고 새로운 것을 이미 알고 있는 것과 연결하고, 관점 취하기라고 할 수 있는 다양한 렌즈나 틀을 통해 성찰 대상이나 사건을 검토하는 것을 아우른다(Colby et al., 2009).

그 밖에 유용한 사고 유형

물론 이해하기가 사고의 유일한 목표는 아니다. 우리는 문제를 해결하고 결정을 내리고 판단을 하기 위해서도 사고한다. 여덟 가지 핵심 사고 활동의 많은 부분은 우리가 이러한 활동을 수행할 때 도움이 된다. 새로운 관점에서 사물을 바라보고 부분들을 식별하며 증거를 가지고 추론하는 것은 확실히 중요한 역할을 한다. 사전 지식과의 연관성을 찾고 이를 바탕으로 효과적으로 지식을 활용하는 것 또한 유용하다. 결론을 도출하고 본질을 식별하는 것도 중요하다. 문제 해결하기, 의사 결정하기, 판단하기의 영역에서 유용해 보이지만 우리가 미처 언급하지 못한 추가적인 사고 유형으로는 다음과 같은 것이 있다.

1. 패턴 찾기와 일반화하기
2. 가능성과 대안 창출하기
3. 증거, 논거, 행동 평가하기
4. 계획 수립하기와 행동 모니터링하기
5. 주장, 가정, 편견 식별하기
6. 우선순위, 조건, 지식 명료화하기

다시 말하건대, 이 여섯 가지는 완전한 게 아니며, 다만 우리의 정신 활동을 이끌고 수업을 계획하는 데 유용하다. 관련된 사고 유형을 가지고 더 자세히 설명할 수 있다. 예를 들어, 브레인스토밍은 가능성과 대안 창출하기에 유용한 전략이며, 검토하기는 우선순위, 조건, 지식 명료화하기의 일환이다. 계획 수립하기와 행동 연결하기는 전략적인 생각과 관련이 있다. 증거 평가하기가 의심하기의 일환인 것과 마찬가지다. 이 목록을 검토하면, 생각을 넓고 깊게 하는 수학 교실이나 과학 교실에서는 문제 해결하기가 주된 역할을 한다는 인상을 받을 수 있다. 수학과 과학을 능동적으로 배울 때는 자세히 관찰하고 패턴을 찾아내 일반화하여 절차, 알고리즘, 이론을 만드는 데 익숙해지는 것이 매우 중요하다. 물론 이 이론과 추측은 신중하게 평가하고 검증해야 한다.

이 목록은 학생들이 현재의 정치적, 사회적, 윤리적 쟁점을 탐구하는 시빅스(civics; 공민) 교실 같다는 인상을 줄 수도 있다. 이러한 상황에서 우선순위, 조건, 알고 있는 것과 모르는 것을 명확하게 하는 것이 중요한 출발점이다. 관점을 흐릴 수 있는 가정과 편견에 민감해지는 것도 중요하다. 물론 이러한 상황에서는 '이해하기 지도'에서 논의된 사고 유형 하나를 가지고 다양한 관점에서 사물을 관찰해야 한다. 상황에 따라서는 그 상황에 맞는 가능성과 대안을 선택하고 그리고/또는 실행하고 모니터링할 계획을 수립할 수도 있다.

앞에서 거론한 목록과 이해하기 지도의 여덟 가지 사고 활동을 조합하면 사고의 의미를 이해하는 데 도움이 된다. 학생들이 하기 바라는 사고가 교사인 우리 머릿속에서 더욱 명확해지면 더 효율적으로 수업을 계획할 수 있다. 우리는 우리가 가치 있다고 여기고 기대하는 사고가 교실에서 일어날 기회를 만들 수도 있다. 학생들의 이해력을 발달시키거나 효과적으로 문제를 해결하는 데 필요한 사고를 명확히 하면 학생들에게 질문하거나 학생들과 상호작용할 때 그러한 사고를 촉진할 수 있다. 이제 사고의 의미를 더 명확히 했으니, 사고에 대한 학생들의 생각을 어떻게 눈에 보이게 할지 살펴볼 차례이다.

학생들은 사고에 대해 어떻게 생각할까?

학교가 학생들의 사고를 양성하고 평생 학습을 뒷받침할 사고 습관과 사고 성향을 문화화한다는 사명을 다할 때, 어떻게 학생들이 사고를 이해하고 있고 또 어떻게 학생들의 메타인지적 인식이 나타나는가 하는 문제가 대두된다. 교사인 우리가 촉진하고자 하는 사고 유형을 분명하게 표현하는 것과 학생들에게 이해력 양성에 사고가 얼마나 중요한 역할을 하는지 인식하게 하는 것은 다른 문제이다. 인식의 이 중요한 기능을 빅스(Biggs)는 다음과 같이 강조했다. "학생들은 과제에서 요구하는 것에 관한 자신의 인지 자원을 현실적으로 인식하고, 그런 다음 그 자원을 설계하고 모니터링하고 통제해야 적합한 수준에서 메타인지적이 된다."(J. B. Biggs, 1987, p. 75) 빅스는 학습 과정을 인식하고 통제하는 것을 '메타학습(me-ta-learning)'이라고 부르면서 이것이 메타인지의 하위 요소라고 설명했다. 메타인지는 '메타전략적 지식(meta-strategic knowledge)'이라고 하여 학습을 촉진하고 이끌어가기 위해 마음껏 사용할 수 있는 전략이라고도 한다(Zohar & David, 2008). 이 장을 읽으며 생각하고 배우는 데 메타전략적 지식이 어떻게 활용되는지를 생각하는 동안 여러분의 메타전략적 지식이 더욱 분명해졌다.

비알릭 칼리지의 '사고 문화' 프로젝트의 일환으로, 데이비드 퍼킨스, 테리 터너, 리너 헤이더와 이 책의 저자들로 이루어진 연구팀은 사고 과정에 대한 학생들의 명확한 인식을 탐구하는 것과 교사가 교실에서 사고를 더 잘 보이게 하려 노력할 때 사고에 대한 학생들의 생각이 어떻게 바뀌는지에 관심을 두었다. 특히, 연구팀은 학습하기, 문제 해결하기, 의사 결정하기, 용이하게 판단하기에서 취하는 사고 활동에 대한 학생들의 인식을 밝혀내는 것에 관심이 있었다. 여기에는 학습 기능과 기억 인식, 지식 검색 전략이 포함되지만, 이 외에도 다른 관점에서 자료 보기, 사전 지식과의 연관성 찾기, 대안적 가설 생성하기 등과 같은 이해를 형성하게 하는 사고 전략에 대한 학생들의 인식을 살펴보는 것도 포함된다. 그러나 사고에 대한 학생들의 생각을 어떻게 밝혀낼 것인가? 사고가 무엇인지에 대한 학생들의 생각, 그리고 사고가 아우르는 정신 활동을 어떻게 밝혀낼 것인가? 학생들의 응답을 사전에 정해둔 범주로 제한하는 것이 아니라, 어떻게 하면 시간을 두고서 개인의 응답과 성장을 포착하는 개방적인 방식으로 수행할 수 있을까?

우리 연구팀은 학생들의 응답을 지원하되 방해하지 않도록 제시어를 의도적으로 보편적인 형태로 만든 개념도를 개발했다. 이 개념도를 다양한 학년의 교사들이 교실에서 '사고란 무엇인가'와 '교실에서 강조할 만한 사고 유형이 무엇인가'를 토론하는 플랫폼으로 사용하게 했다. 학생들에게 "사고란 무엇인가요? 여러분이 누군가에게 생각하고 있다고 말할 때 실제로 여러분의 머릿속에서는 무슨 일이 일어날까요?"라고 묻는다. '마음속에 사물에 대한 그림 그리기'와 '어떤 것을 다른 것과 비교하기'라는 두 가지 예가 주어졌다. 사고라는 말이 종이 한가운데에 써 있고, 학생들에게 사고에 대한 생각을 적게 했다. 우리는 구체적으로 "여러분은 무엇을 하고 있나요?" 대신 "여러분의 머릿속에서 무슨 일이 일어나고 있나요?"라는 표현을 선택해 학생들이 신체적 행동보다는 인지적 행동에 집중하게 했다. 이 두 가지 질문은 학생들이 인지적 행동에 더 집중하도록 만드는 친숙한 질문이다.

교육자이자 연구자로서 우리는 이 기법과 제시어가 학생들에게 접근하기 쉽다는 사실을 발견했다. 여러분도 교실에서 시도해볼 수 있다. 우리 연구에서는 교사가 학생들에게 개념도를 완성하는 데 보통 5~10분을 허용한 다음 개념도를 가지고 토론을 하게 했다. 어떤 교사는 모둠을 구성한 후, 각자의 개념도를 바탕으로 사고에 대한 공동의 개념도를 작성하게 했다. 덕분에 개념도 작성을 어려워하는 학생들이 다른 사람의 아이디어를 들을 수 있었다. 다른 교실에서는 학생들이 각자 개념도를 완성하면 교사가 반 전체의 개념도를 만들었다. 그런 다음 학생들에게 교사가 어떤 개념을 한데 묶을지를 토론하게 했는데, 이는 학생들이 작성한 개념도에 나타난 지엽적인 개념보다 사고에 집중하도록 하는 데 특히 효과적이었다. 그러나 이와 같은 수업에 대한 보고가 쌓이자 교사들은 이 개념도를 통해 학생들의 사고 개념을 보는 것이 매우 흥미롭다는 사실을 발견해냈다. 모든 교실에서 엄청난 범위로 다양한 응답이 쏟아져 나왔다. 4학년, 6학년, 10학년 학생이 그린 개념도가 [그림 1-1], [그림1-2], [그림 1-3]에 제시되어 있다.

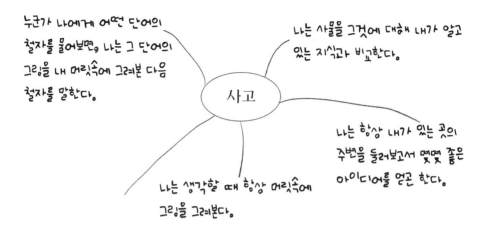

[그림 1–1] 어느 4학년 학생의 사고에 대한 개념 지도

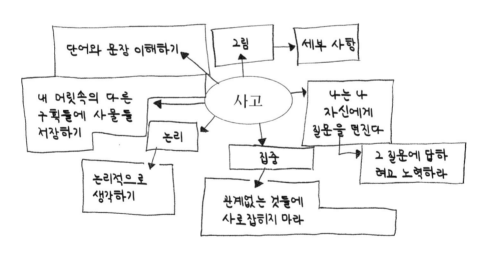

[그림 1–2] 어느 6학년 학생의 사고에 대한 개념 지도

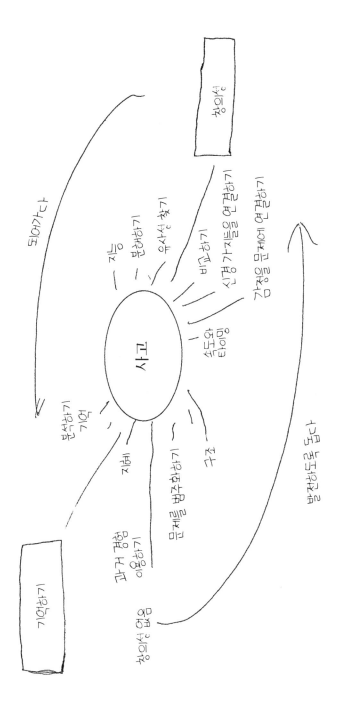

[그림 1-3] 어느 10학년 학생이 사고에 대한 개념 지도

연구팀은 3~11학년 학생들이 그린 개념도를 수백 개 검토한 후 연상적, 감성적, 메타, 전략적이라는 네 가지 주요 응답 유형을 찾아냈다. 연상적(associative) 응답은 사고와 관련이 있지만 사고 행위를 설명하거나 식별하지는 않는다. '수학 시간에', '여행했을 때', '다음에 무슨 일이 일어날까'와 같은 발언은 '무엇을 생각하고 있는지'와 더불어 사고가 일어난 시간이나 장소를 말하는 것이다. 이러한 발언은 실제 사고 과정이나 사고 속성을 묘사하는 것이 아니라 인물, 장소, 사물에 대해 묘사한다. 또 다른 연상적 발언은 '나는 무엇에 대해 생각하는가' 또는 '나는 어떻게 생각하는가'에 대한 매우 일반적인 말들이다. 즉 '내 마음속의 생각'이나 '뇌파'와 같은 말이다. 마찬가지로, 사고에 대한 정서적 연관성을 나타내는 감성적(emotional) 응답도 엄격하게 보면 사고에 관한 것은 아니다. 학생들은 종종 '불확실한', '기쁨', '시간 압박이 있을 때에는 하기 어려운' 같은 정서를 드러내는 단어나 구절을 포함했다.

연구팀이 처음 개념도 과제를 수행했을 때, 초등학생 응답의 70%가 연상적 응답, 10%가 감성적 응답이라는 것을 자주 발견했다. 심지어 중고등학생들의 개념도도 대략 50%가 연상적 응답, 10%가 감성적 응답이었다. 여기에서 요점은 학생들이 자신의 사고를 촉진하고 이끌어가는 데 사용할 수 있는 전략에 대한 지식이 그리 많지 않다는 점이다. 이러한 지식이 없으면 학습자로서 덜 효율적이고, 덜 독립적이며, 덜 참여적이고, 덜 메타인지적이 될 수 있다. 『메타인지와 학습(Metacognition and Learning)』(Ritchhart et al., 2009b)의 「개념도를 통해 사고에 대한 학생들의 생각 밝혀내기(Uncovering Students' Thinking About Thinking Using Concept Maps)」에서 연구 결과를 확인할 수 있다. 만약 여러분이 학생들과 함께 이 활동을 했는데 학생들의 개념도에서 연상적 응답이나 감성적 응답 수가 높다면, 놀라지 말고 학생들이 질문에 정확하게 답변하지 않았다고 걱정하지도 말자. 사람은 자신이 알고 있고 접근할 수 있는 것만 전달할 수 있으므로 틀렸다기보다는 단지 특정 학생들의 사고에 대한 인식이 발달하지 않았을 뿐이다.

엄밀히 사고 과정에 대한 설명은 아니지만, 학생들의 개념도에서 사고의 본질에 대한 더 높은 인식을 보여주는 응답이 몇 개 있었다. 이를 메타(meta) 응답이라고 이름 붙였다. 이것들은 행동을 구체화하기보다는 인식론, 이해력의 본질, 지식 형성의 개념화에 중점을 두고 있었다. 이러한 메타응답 유형에는 '항상 더 배울 것이 있다', '어떤 것도 완전히 이해하는 건 불가능하다', '기억하기는 창의성을 계발하는 데 도움이 된다'와 같은 것들이 포함된다. 여러분이 가르치는 학생들의 개념도에서 사고하기, 배우기, 이해하기의 목적과 복잡성을 더 잘 인식하고 있다고 보이는 일부 지표를 찾아보자.

물론 교사로서 학생들에게서 전략적(strategic) 응답을 기대하는 것은 당연하다. 그러나 여기에서도 모든 전략이 동일하지는 않다. 이 장의 앞부분에서 논의했듯이, 사람들은 지식 보유와 암기를 위해 사고 활동을 할 뿐만 아니라, 이해하기를 돕기 위해서도 사고 활동을 한다. '사고 문화' 연구팀은 학생들의 전략적 응답을 다음의 네 가지 범주로 분류했다.

1. 기억 및 지식 기반의 전략. 이 전략은 표층 학습과 관련이 있으며, '책 들여다보기'나 '자꾸 반복해서 연습하기'와 같은 정보 저장과 정보 검색에 중점을 둔다.

2. 일반적이며 특이하지 않은 전략. 이 전략은 매우 일반적인 특성 때문에 하나의 범주로 분류했다. 이 범주의 항목은 때로는 좋게 들리지만, 보통 구체적인 행동으로 나타나지는 않는다. 예를 들어, '논리적으로 생각하자'란 말은 분명히 사고와 관련이 있지만, 5학년 학생이 한 말이라면 어떤 행동을 뜻하는지 모호하다. '문제 해결', '메타인지', '이해하기'와 같은 항목도 모호하긴 마찬가지이다.

3. 자기 규제 및 동기 부여 전략. 이 범주의 응답은 사고가 부추겨지고 관리되어야 한다는 학생들의 이해를 반영한 것으로, '머릿속의 다른 모든 걱정 제거하기'와 '할 수 있다고 스스로에게 말하기'와 같은 응답을 포함한다.

4. 구체적인 사고 전략과 사고 과정. 이 범주는 의미 생성하기, 이해 형성하기, 문제 해결하기, 의사 결정하기 학습에 대한 심층적 또는 건설적 접근과 관련이 있다. 여기에는 '다른 관점 고려하기'나 '예전 질문에서 제기될 수도 있었을 다른 질문으로 확대해서 말하기'와 같은 응답이 포함된다.

이 책에서 말하는 '생각이 보인다'는 말은, 일반적으로는 더 깊은 이해에 도달하기 위해 사용하는 구체적인 사고 전략과 사고 과정을 의미한다. 이는 교실 활동의 중심에서 실행되어야 하는 과정으로, 교사와 학생이 해야 할 일을 지시한다. 우리 자신의 사고와 학생들의 사고를 모두 보이게 하면 개인이 이해를 형성하는 메커니즘에 주목하게 된다. 사고 과정에 대한 인식을 더 발달시킬수록 학생들은 자신의 인지 행동을 감독하고 관리하는 더욱 독립적인 학습자가 된다. 그러나 다음 장에서 논의할 다양한 전략을 통한 사고 가시화가 학생들의 사고 과정과 사고 전략에 대한 인식을 향상시킬 가능성은 어느 정도일까? '사고 문화' 프로젝트의 초기에 수행한 개념도 연구에서, 우리는 모든 학년의 학생들이 만든 개념도 과제를 다룬 구체적인 사고 전략 보고서에서 통계적으로 유의미한 발전이 이루어진 사실을 발견했다. 어린 학생들의 응답에서는 250%까지 증가했고, 고등학생의 경우에는 65%까지 증가했다. 대체적으로 표본의 모든 학생이 정상적인 예측을 초과하는 68% 이상의 발달 변화를 보였다.

사고 가시화의 주요 목표 중 하나는 학생들 사이의 이해력 증진을 돕는 것이다. 또 다른 목표는 학생들의 참여와 독립성을 향상시키는 것이다.

이 두 번째 목표는 학생들의 메타전략적 지식 또는 메타학습 지식의 개발을 통해 적어도 부분적으로는 달성된다. 이 연구가 보여주듯이, 이 책에서 제시하는 도구들은 '학습에 대한 학생들의 배움'과 '사고에 대한 학생들의 생각'에 확실히 영향을 미칠 것이다. 전략 활용을 설명하기 위해 책 곳곳에 끼워 넣은 '실행 장면'은 사고 루틴 사용과 효과적인 질문하기를 통해 도출할 수 있는 이해하기 유형에 대한 증거를 제공할 것이다. 여러분이 직접 이러한 아이디어를 가지고 작업할 때에는 이런 목표를 명심하기 바란다. 그리고 학생들에게 더 큰 이해력을 보여주고, 더 적극적으로 참여하며, 학습자로서 독립성을 보여줄 방법을 지속적으로 찾기 바란다.

CHAPTER 02

사고를 교육의 중심에 두기

어떻게 하면 가르치는 법을 배울 수 있는가? 더 구체적으로 말해, 어떻게 하면 잘 가르치는 법을 배울 수 있는가? 교육에 더 많은 시간을 쏟으면 쏟을수록, 교사는 이 질문에서 더 많은 갑갑함을 느끼게 된다. 준비된 답이 없기 때문이 아니라, 그 답이 종종 너무 쉽고 너무 단순하고 사실상 계속 되풀이될 수밖에 없는 것이기 때문이다. 가르치는 일을 학생들에게 이미 정해진 교육과정을 전달하는 것으로 생각하기가 쉽다. 사실 교사 훈련을 받을 때도 내용을 전달하는 방법에만 집중할 때가 많다. 대학에는 아예 '방법론'이라는 과목까지 있다. 처음 교사가 되었을 때는 교육과정에 충실하려고 애쓰면서, 단지 그것만이 목적인 수업을 잘하지 못했을 때 괴로워한다. 이런 교육관은 아주 흔해서 대개 교사 자신뿐만 아니라 학부모와 학생들에게까지 퍼져 있다. 보통 새로운 방법을 훈련하는 것을 의미하는 교사 '훈련'을 이야기할 때 우리는 우리 말 속에 이런 관점이 들어 있는 것을 보게 된다. 정책 입안자들의 교육 개선 노력에서도 이 관점이 발견된다. 대개 교육과정을 바꾸는 것에 초점을 맞추는 교사들이 바뀐 교육과정을 전달할 것이고 그 결과 학교가 개선될 것이라고 가정하기 때문이다. 교사에게는 향상된 내용 지식이 필요하고 이는 확실히 해야 할 만큼 중요하지만, 그 자체로도 효율적인 교육이므로 충분히 장려되어야 한다.

우리는 이러한 교육관이 내용 전달에 지나지 않는 만큼 지나치게 단순화된 교육관일 뿐만 아니라 위험한 교육관이라고 생각한다. 이것은 학습자가 아닌 교사에 초점을 맞추며, 학습자에게 수동적인 역할을 배정하고 학습을 단지 전달받은 내용을 받아들이는 것이라고 가정하기 때문이다. 교육과 학습에 대한 이러한 관점은 결과적으로 평가를 교육을 통해 전달한 것을 학생이 얼마나 흡수하느냐에 평가의 초점을 맞추게 한다. 따라서 교사는 효과적인 학습 지원에 대해 이미 알고 있는 것들로부터 단절되고 왜곡된 교육관을 강화하게 된다. 우리는 학생들의 자료 흡수에 근거하여 교육의 효율성을 판단하고, 교육을 그 자료를 전달하는 것으로 정의한다. 교육 시스템은 왜곡되어버리고, 성공적인 학습자보다 효과적인 시험 응시자를 양산하는 데 더 치중하게 된다(Gallagher, 2010). 결과적으로 "어떻게 하면 가르치는 법을 배울 수 있는가?"라는 질문에 대한 답은 "내용을 통달하고 전달 전략을 몇 가지 개발하는 것"이 된다. 아, 그리고 여러분은 강요받은 수동성에 저항하는 학생들을 다룰 훌륭한 교실 운영 기술도 몇 가지 배우고 싶어 할지 모른다.

반대로 학습자를 교육의 중심에 둘 때, 교사로서 우리의 초점은 우리가 교육을 정의하는 방식에 깊이 영향을 미칠 가능성이 있는 가장 근본적인 방식으로 이동한다. 학습자를 교육의 가장자리가 아닌 중심에 둠으로써, 교사로서 우리의 역할은 정보 전달이 아니라 아이디어에 학생들의 참여를 증진하는 것으로 바뀐다. 교사는 교육과정대로 가르치고 얼마나 많은 내용을 전달했느냐로 성공을 판단하는 대신, 학생들이 참여하고 분투하고 질문하고 탐구하고 궁극적으로 이해하기를 바라는 핵심 아이디어와 개념을 찾는 방법을 배워야 한다. 교사의 목표는 교육과정의 큰 아이디어를 접근 가능하고 매력적인 것으로 만드는 것이며, 그 과정에서 그 아이디어의 복잡성, 아름다움, 힘을 존중해야 한다. 무언가 중요하고 생각해볼 가치가 있으며 깊이 생각해야 할 이유가 있을 때, 학생들은 단기간뿐만 아니라 장기간에 걸쳐 지속적인 충격과 강력한 영향을 받는 학습을 경험한다. 학생들은 배우기만 하는 것이 아니라, 배우는 방법도 배운다.

1장에서 우리는 교육에 대한 이러한 더 깊은 이해가 어떻게 마크 처치가 교사로서 성장하는 데 중추적인 역할을 했는지 이야기했다. 물론 그에게만 해당하는 이야기가 아니다. 교사의 변화에 관한 문헌에 따르면, 교육 중심에서 학습 중심으로 초점을 이동하는 것은 많은 교사를 직업적으로 성장시킨 핵심적 측면이자, 유능한 전문직 종사자로 배워가는 과정에서 꼭 필요한 것이다(Hatch, 2006; Intrator, 2002, 2006; McDonald, 1992; Palmer, 1998). 학습을 정보를 수동적으로 수용하는 것으로 보지 말고, 학습이 사고와 능동적인 지각의 결과로 이루어진다는 사실을 존중해야 한다. 따라서 학생의 학습과 이해력 모두에 관심이 있는 교사로서 우리는 (1) 사고 기회 창출, (2) 학생들의 사고 가시화라는 두 가지 주요 목표를 가진다. 이 두 목표가 같지는 않지만, 서로 상승작용을 하며 상호 의존한다. 사고 기회를 창출할 때, 교사는 학생들의 사고 가시화의 근거와 필요성을 확실히 하게 된다.

동료인 데이비드 퍼킨스는 자신의 저서 『똑똑한 학교(Smart Schools)』에서 사고 기회 개발의 중요성을 다음과 같이 역설했다. "학습은 사고의 결과이다. 지식의 보유, 이해, 적극적인 사용은 학습자들이 배우고 있는 것에 대하여 사고하고 배우고 있는 것을 가지고 사고하는 학습 경험을 통해서만 이루어질 수 있다. … 사고가 지식을 따라오는 것이 아니라, 지식이 사고를 따라오는 것이다. 우리가 배우고 있는 내용에 대하여 사고하고 그 내용을 가지고 사고할 때, 우리는 진정으로 그것을 배우게 된다."(p. 8) 그러므로 사고는 교육의 중심에 있는 것이지, 시간 있을 때 하는 그런 단순한 부가물이 아니다. 교사로서 우리는 사고의 양을 줄이라고 학생들에게 요구하는 것이 곧 학습의 양을 줄이는 것임을 인정해야 한다. 그러나 우리가 사고 기회를 창출할 때조차도 학생들의 사고가 여전히 우리에게 보이지 않을 수 있음을 알아야 한다. 확실히 사고를 우연에 맡기지 않고 또 학생들의 학습 요구에 답하는 데 필요한 정보를 얻으려면, 우리는 또한 학생들의 사고를 가시화해야만 한다.

학생들의 사고가 보이면 교육과 학습은 어떻게 달라질까?

학생들의 사고를 가시화하면 교사는 학생들이 무엇을 이해했는지뿐만 아니라 어떻게 이해하고 있는지까지 들여다볼 수 있는 창을 얻게 된다. 학생들의 사고를 밝혀내면 학생들의 통찰과 오해의 증거를 얻을 수 있다. 사고를 가시화해야 하는 이유는, 교사로서 학생들을 다음 학습 단계로 이끌고 학생들이 탐구 중인 아이디어에 계속 참여할 기회를 도모하는 데 필요한 정보를 얻을 수 있기 때문이다. 학생들이 생각하고 느끼고 주의를 기울이는 것이 무엇인지 이해할 때에만, 교사는 학생들을 이해 과정에 좀 더 참여시키고 지원하는 데 이 지식을 사용할 수 있다. 따라서 학생들의 사고 가시화는 효율적인 교육을 지속하는 요소가 된다.

하버드 스미소니언 천체물리학 센터는 학생의 사고에 대한 교사의 무관심이 어떻게 최고 수준의 훌륭한 성적을 보여준 학생들조차 표층적인 학습과 과학에 대한 뿌리 깊은 오해로 이끄는지 잘 보여준 바 있다. 비디오 〈우리 자신에 대한 생각(Minds of Our Own)〉에서, 우등생을 가르치는 화학 교사는 다음과 같은 사실을 인정하고 있다. "저는 시험에서 '왜'라고 질문하는 것을 좋아하지 않아요. 개념을 가르치느라 그토록 많은 시간을 보내고 나서 '왜?'라고 질문하면, 서로 다른 대답을 수없이 듣게 되잖아요. '왜?'라고 질문했을 때 돌아온 대답 일부는 저를 매우 우울하게 만들거든요. 가치가 있기는 하지만, 학생들이 생각하는 어떤 과학적 현상이 일어나는 이유 일부는 교사로서 매우 실망스러워 보여서요." 이 교사가 무신경하거나 경솔한 것이 아니라, 시험을 위해 가르칠 때 자기 자신한테서 발견하는 속박을 표현하고 있는 것이다. 이 교사는 실제로 학생들이 수업 내용을 이해하지 못한다는 사실을 알고 있지만, 전달 위주의 교육 패러다임에서 시험에 필요한 자료에 초점을 맞추느라 학생들의 사고 가시화를 막는다. 그렇게 하면 외관상 학습한 것같이 보이고, 시험 점수를 학습의 증거와 동일시하는 착각을 하게 한다. 이러한 관행이 널리 퍼져 있고 보편적이며(분명히 말하지만, 전 세계의 교사들이 이런 타협을 수용하도록 강요당하고 있다), 진정한 학습이 무엇인가에 대한 이러한 착각(누군가는 망상이라고 할 수도 있겠다)은 미래의 학습이 잘 준비되어 있지 않은 많은 학생들에게는 전혀 도움이 되지 않는다(Schwartz et al., 2009). 이는 또한 교사들에게서 학생들의 오해에 대처하는 능력과, 이해력을 발달시키는 데 필요한 경험을 설계할 능력을 빼앗아버린다.

이와는 대조적으로, 하버드 프로젝트 제로에서 '복잡한 인과관계' 프로젝트를 지휘하는 동료인 티나 그로처는 학생들의 오해에 직접적으로 대처하고 학생들의 사고를 드러내 그것을 재구성하고자 하는 과학 개념에 대한 일련의 모듈을 설계했다. 예를 들어, 밀도에 대한 단원에서 교사는 학생들이 보는 앞에서 지름은 같으나 하나는 짧고 하나는 긴 양초 두 개를 액체가 든 용기 두 개에 각각 떨어뜨린다. 짧은 초는 뜨고 긴 초는 가라앉는다. 학생들은 관찰한 바를 적고 자신이 목격한 사건을 설명해야 한다. 그렇게 하면 학생들은 자신이 아는 과학적 지식에 근거하여 설명할 이론을 개발해 제시하도록 격려받는다. 따라서 처음에는 학생들의 사고가 말과 그림을 통해 표현된다. 그러면 교사는 두 개의 용기에서 양초를 꺼내 위치를 바꾸어 실험한다. 이번에는 긴 양초가 뜨고 짧은 양초가 가라앉는다. 대부분의 학생들이 예상치 못한 결과이다. 다시 학생들은 관찰한 내용을 적고 설명할 방법을 찾아야 한다. 그런 다음 학생들은 자신의 답을 발표하고, 단순한 실험이 어떻게 자신의 관심을 바꾸었는지 토론한다. 토론이 진행됨에 따라, 학생들은 두 액체가 동일해 보여도 어떤 면에서는 달라야 하고, 이 경우 가라앉거나 뜨는 것은 단순한 직선적 인과관계의 문제가 아니라 액체와 그 안에 떨어뜨린 물체 사이의 관계에 달려 있다는 것을 알게 된다.

앞뒤가 안 맞고 예기치 않은 사건을 통해 지속적으로 학생들의 사고를 드러내고 앞으로 나아가도록 추동함으로써 '복잡한 인과관계' 모듈을 다루는 과학 교사는 학생들의 이해력 발달 정도를 파악하고 수업 내내 이해력 발달을 유도할 수 있다. 동시에 교사는 학생들의 새로운 이론이 지속적인 토론과 정당화, 개선의 대상이 되도록 함으로써 학생들 스스로 이해력을 발달시키게 하지, 단지 학생들에게 시험에 필요한 암기할 정보를 제공하지만은 않는다. 이 수업이 보여주듯이, 사고의 가시화는 교사에게 중요한 평가 도구를 제공하므로 유익하다. 동시에 이것은 학생들의 이해력 발달도 돕는다.

학생들의 사고 가시화는 더 폭넓은 교육 목표에도 기여한다. 사고와 학습 과정을 쉽게 설명할 때, 교사는 학생들에게 아이디어를 활용하고 사고하고 배우는 것이 의미하는 바에 대한 모델을 제시한다. 그렇게 함으로써 교사는 학습이 단지 교과서에 있는 정보를 암기하는 문제라는 신화를 불식시킨다. 학교는 더 이상 '신속한 정답'을 찾는 곳이 아니라, 새로운 아이디어와 정보를 이해하는 정신 노동을 위한 곳이다. 비고츠키(Vygotsky, 1978)는 모델을 제시하는 학습의 사회문화적 맥락의 중요성에 대해 언급하면서 "아이들은 주변 사람들의 지적인 삶의 영향을 받으면서 성장한다."(p. 88)라고 썼다. 교육학자로서 그는 이 말에 다른 사람을 교육한다는 것이 무엇을 의미하는지 보여주는 강력한 은유를 담고 있다. 이 말을 진지하게 받아들인다면, 교사는 스스로에게 "나는 각 교실과 학교 전체에서 학생들에게 어떤 종류의 지적인 삶을 제시하고 있는가?"라고 물어야 한다. 내 학생들은 학습에 대해 무엇을 학습하는가? 학습이란 무엇인가와 학습이 어떻게 이루어지는가에 대해 나는 학생들을 위한 기회를 통해 어떤 메시지를 보내고 있는가?

무언가를 배울 때 우리는 모델에 의존한다. 우리는 다른 사람들이 무엇을 어떻게 하고 있는지를 관찰하고 모방한다. 이것은 춤추는 법이나 야구하는 법을 배울 때처럼 학습하는 법과 생각하는 법을 배울 때에도 적용되는 중요한 사실이다. 훌륭한 춤을 한 번도 본 적 없이 훌륭한 춤꾼이 되기를 열망한다고 상상해보자. 초보자는 전문가를 모방함으로써 일취월장하여 탁월함에 다가서고, 그 과정에서 자신에게 가장 적합한 것이 무엇인지 배운다. 따라서 우리가 맡고 있는 학생들은 우리에게서 모방하고 배울 수 있는 사고하는 사람이자 학습자의 상(像)을 볼 수밖에 없다. 학생들은 이해력을 발달시키는 동안 다른 사람의 관점, 통찰, 질문을 보고 들을 필요가 있다. 그리고 다른 사람이 앞으로 나아가려는 방법으로 어떻게 스스로 사고를 계획하고 검토하고 도전하는지 살펴볼 필요가 있다. 학생들은 모든 학습자가 실수를 저지른다는 사실과, 그 실수를 성찰하는 데서 학습이 이루어진다는 사실을 깨달을 필요가 있다.

사고 모델과 학습 모델의 주요 역할은 교육이 내용 전달 그 이상의 것임을 우리에게 알려준다는 것이다. 또한 양질의 교육이란 우리의 교실과 미래의 교실 둘 다의 학습자인 학생들의 사고 습관과 사고 성향을 계발하는 것이다(Costa & Kallick, 2009; Ritchhart, 2002). 이것이 가능하려면 교사는 학생들이 다양한 사고 유형을 사용하는 데 필요한 핵심 특징과 맥락을 인식하도록 도와줘야 한다. 이는 사고가 무엇이고 우리가 발전시켜야 할 사고 유형이 무엇인지에 대한 이해를 바탕으로 사고가 수업 중에 일어났을 때 우리가 그 사고를 명명하고 인식하고 강조할 수 있어야 한다는 것을 의미한다. 즉, 학생들은 새로운 관점을 제출하고 새로운 이론이나 추측을 제시하며 설명을 제안하고 연관성을 찾으며 패턴을 찾아내는 것을 알아야 할 필요가 있다.

이 명명하기와 인식하기는 특정 활동의 능력을 갖추는 데 핵심적인 부분이다(Johnston, 2004). 엘린 킨에 따르면 학생들은 어떤 과정을 명명하기 전까지는 그것을 통제할 수 없다(Keene & Zimmermann, 1997). 사고에 주의를 기울이면, 우리는 사고는 물론, 그 사용과 효과에 대해 더 잘 알게 된다. 사고 기회에 대한 이러한 인식은 모든 성향의 기초가 된다(Perkins et al., 2000; Ritchhart & Perkins, 2005; Tishman et al., 1993). 우리는 먼저 사고 기회를 발견해야 한다. 그런 다음에야 우리는 우리의 능력을 활성화할 수 있다. 이를 알지 못하면, 우리의 능력과 지식은 비활성 상태에 머물러 사용되지 않는다. 교육자로서 우리는 학생들이 사고할 수 있을 뿐만 아니라 실제로도 사고하기를 바란다. 따라서 사고의 가시성은 자신과 타인 모두에게 성향 계발의 토대를 제공한다. 일단 교사가 사고를 인식하고 명명하기 시작하면, 즉 사고를 가시화하기 시작하면, 교사뿐만 아니라 학생들도 사고를 더 잘 인식하게 되어 미래에는 사고를 인식하지 않기가 오히려 어려워진다(Harre & Gillet, 1994). 우리가 교실에서 일어나는 사고를 가시화하면, 그것은 더욱 구체적이고 실제적인 것이 된다. 사고는 우리가 이야기하고 탐구하고 추진하고 도전하고 교훈을 얻을 수 있는 것이 된다.

암스테르담 국제 학교 교사 리사 페르커크는 5학년 교실에서 종종 일반적인 칭찬(즉, 학생들에게 학습에 필요한 실질적인 정보를 제공하는 것이 아니라 교사를 더 기쁘게 했다고 학생들에게 말하게 되는 잘한 일이나 성과에 대한 언급)보다는 학습에 대한 구체적인 피드백을 제공하는 방법으로서 학생들의 사고를 명명하고 인식한다. 리사는 학생들의 관심을 그들이 수행한 사고로 유도한다. 난민의 곤경을 강조한 일련의 사진을 보고 난민에 대해 이해한 학생 두 명에게 리사는 다음과 같이 말한다. "여러분이 이 사진을 보고 어떤 일이 벌어졌는지 제대로 설명하는 데 사전 지식과 이미 알고 있는 지식을 사용한 것이 마음에 들어요. 여러분은 정말 세밀하게 관찰했고, 추론을 뒷받침할 증거도 사용했군요." 이런 유의 피드백은 학생들에게 그들이 수행한 사고에 대한 명확한 그림뿐만 아니라 미래의 학습 때 의존할 수 있는 기준점을 제공해준다.

어떻게 하면 보이지 않는 것을 보이게 할 수 있을까?

사고 가시화는 도전 없이는 안 된다. 지금까지 논의했듯이, 먼저 사고가 무엇인지 우리의 생각부터 명확히 해두어야 한다. 그래야 우리는 사고가 이뤄질 때 그것을 명명하고 인식함으로써 사고를 가시화할 수 있다. 덧붙여, 사고가 이뤄지려면 우선 학생들이 사고할 무언가가 있어야 하고, 학생들에게 사고해보라고 요구해야 한다. 교사로서 우리는 사고 기회를 창출해야 한다. 그러나 사고 기회가 주어질 때조차도 사고는 대체로 내면적인 과정, 즉 '덮개로 가린 상태에서' 일어나는 것이라는 점을 염두에 두어야 한다. 2장의 나머지 부분에서는 교사로서 우리가 질문하기, 경청하기, 문서화하기 활동을 통해 학생들의 사고를 더 잘 가시화할 수 있는 방법을 살펴볼 것이다.

질문하기

좋은 질문 하기 문제는 오랫동안 교육의 초점이었다. 특히 학생들의 사고, 학습 기회 창출과 관련되어 있다. 폐쇄형 질문, 찬반 질문과는 반대로 개방형 질문은 일반적으로 지식과 기술을 뛰어넘어 이해로 나아가게 하는 수단으로 옹호된다. 또한 1장에서 논의된 블룸의 분류는 교사가 더 나은 질문을 하도록 돕는 본보기로 제시될 때가 많다. 늘 듣는 조언은 지식 수준을 뛰어넘어 적용, 분석, 종합, 평가까지 나아가도록 질문을 확실히 해야 한다는 것이다. 질문할 때 단순한 회상을 뛰어넘는 것은 확실히 좋은 충고로, 사고 기회를 더 많이 창출할 것이다. 그러나 많은 교사는 '더 높은 수준'의 질문을 더욱더 많이 하려고 노력하는 것이 힘들다는 사실을 안다. 게다가 교사들은 그 순간에 맞는 질문을 떠올리는 일이 어렵다는 사실을 알 수도 있다. 설사 교사가 그러한 질문을 만들어내서 하더라도, 특히 교사가 특정 답을 기대한다고 학생들이 감지한다면 우리가 바라는 만큼 학생들의 사고를 밝혀내지 못할 수도 있다. 학생들은 단지 '선생님 머릿속에 있는 것 알아맞히기' 게임을 하려고만 할 것이다.

질문하기라는 문제에 좀 더 유연하게 접근하는 방법은 교사로서 우리가 어떻게 다음과 같은 질문을 할 수 있을 것인가 생각해보는 것이다. 바로 (1) 탐구 중인 아이디어에 대한 우리의 관심을 형성하는 질문, (2) 학생들의 이해 형성을 돕는 질문, (3) 학생들이 사고하도록 돕는 질문이다. 비록 이렇게 분류한다 해도 각각의 질문은 질문 유형을 대표하기보다는 교사로서 우리가 가지는 목표를 대표한다. 즉, 지적인 참여를 만들어내고, 이해를 형성하도록 학생들을 지원하며, 학생들이 자신의 생각을 명확히 하도록 돕는 것이다. 이와는 대조적으로, 교실에서 하는 수많은 질문은 학생들이 배운 것을 얼마나 기억하는지 테스트하기 위한 것이다. 이러한 질문은 학습자를 아이디어에 참여시키지 않으며, 단지 내용을 복습하게 할 뿐이다.

아이디어에 대한 관심 이끌어내기

진정한 질문, 즉 교사가 아직 답을 알지 못하거나 원래 정해진 답이 없는 질문을 하는 것은 지적으로 매력 있는 교실 문화 창조에 매우 강력한 힘을 발휘한다. 이러한 질문은 학생들이 교사를 학습자로 바라보게 하고 탐구 공동체를 발전시킬 수 있게 한다. 덴버에 위치한 콜로라도 아카데미의 수학 교사 존 스렐켈드는 이 분야의 전문가이다. 론 리치하트는 1년 동안 존의 교실을 관찰하면서 존이 대개 다음과 같은 질문으로 수업을 시작하는 것을 자주 보았다. "있잖아요, 우리가 어제 본 패턴이 이번 단원에서 살펴본 다른 상황에도 나타날지 궁금했어요. 여러분 생각은 어떤가요?" 또는 "어제 에이미가 그 문제에 접근하는 흥미로운 방법을 찾아냈는데, 의문이 들어요. 언제나 효력이 있을까요?"이다. 마틴 니스트랜드와 그의 동료들은 이런 종류의 진정한 질문을 대부분의 교실에서 매우 찾아보기 힘들긴 하지만, 학생들의 참여, 비판적 사고, 성취에 긍정적인 영향을 미친다는 사실을 보여주었다(Nystrand et al., 1997). 또 진정한 질문은 본질적으로 생성적인(generative) 것으로 여겨질 수 있다. 다시 말해, 진정한 질문은 단순히 정보를 축적하는 과정이 아니라 학습을 복잡하고 다면적이며 공동의 활동으로 만들어 수업에서 탐구와 발견을 촉진한다. 진정으로 생성적인 질문은 지속성이 있고 학습을 진전시킨다.

좋은 '본질적인 질문' 또한 '생성적인 질문' 범주에 속한다. 워싱턴주 클로버 파크 고등학교의 교사 캐시 해너월트는 9학년 인문학 수업에서 역사와 문학의 중심에 있는 진실, 관점, 보편성이라는 근본적인 문제에 학생들을 집중시키기 위해 일련의 본질적인 질문을 사용한다. 화이트보드 위 색종이에는 질문이 다섯 개 적혀 있다. "이 이야기는 무엇인가? 다른 이야기는 무엇인가? 여러분은 이 이야기를 어떻게 아는가? 왜 이 이야기를 아는가/말하는가? 이 이야기의 힘은 어디에 있는가?" 이 질문은 수업에서 일어나는 모든 것을 지속적으로 탐구할 접점을 제공한다. 캐시는 처음 수업에서 이 질문을 사용했을 때, 읽고 있는 사건뿐만 아니라 그 주변의 사건까지 이해하기 위해 다른 이야기나 숨겨진 이야기에 대한 의견을 살펴보는 데 학생들이 특히 매료된다는 사실을 발견했다. 단순히 최근 사건을 공유할 때조차 학생들이 반 친구에게 다음과 같이 묻곤 했다. "알았어, 하지만 다른 이야기는 뭐야?" 이런 질문은 진정으로 학생들의 학습에 필수적이고 생성적인 요소가 되었다. 역사 설명, 현재의 사건, 정치 에세이를 읽을 때, 거기에 또 다른 이야기가 있으며 그것을 밝혀내는 일이 사람과 사건을 진정으로 이해하는 데 필수적이라는 생각이 캐시의 교실에서 학습과 학생들의 참여를 촉진했다. 이와 같은 질문을 하면 역사 학습이 숨은 이야기를 드러낸다는 메시지를 학생들에게 전달함으로써 학습 방법에 대한 학생들의 학습을 지원한다.

하지만 진정한 질문을 반드시 교사만 해야 하는 것은 아니다. 학생들이 진정한 질문을 할 때, 질문의 초점은 과제의 완료에 맞춰지는 것이 아니라 학습에 맞춰진다는 것을 우리는 안다. 학생들의 진정한 질문은 지적 참여의 훌륭한 척도이다. 와이오밍의 중학교 과학 교사 폴 크립스는 학생들의 질문은 학생들의 학습을 가장 잘 평가할 수 있는 것이라고 말했다. "저는 학생들이 하는 답변이 아니라 학생들이 하는 질문으로 학생들을 판단합니다." 존 스렐켈드의 수업을 관찰하는 동안 론은 "훌륭한 질문이에요!" 하고 외치는 소리를 들었다. 한번은 론이 존에게 물었다. "훌륭한 질문의 요건이 뭔가요?" 존은 망설이지 않고 대답했다. "아, 훌륭한 질문이란 저를 포함하여 우리 모두를 생각하게 만드는 거예요." 학생들의 질문을 통해 교사는 학생들의 생각을 엿볼 수 있다. 어떤 문제가 학생들에게 매력적인가? 어디에서 혼동이 발생하는가? 어디에서 어떻게 학생들은 연관성을 찾는가? 어디에서 학생들은 해답을 구하는가? 일단 학생 한 명이 자신의 통찰이나 혼동을 제시하면, 종종 학습에 필요한 흥분과 에너지를 생산하는 데 도움이 되는 파급 효과가 교실에서 일어나는 것을 볼 수 있다.

이해하기

최근 우리 연구팀은 '사고 문화' 프로젝트에서 교사들의 질문을 살펴보았다. 우리는 교사들이 교실에서 사고를 가시화하고 가치 있게 만드는 데 집중할 때, 그들의 질문이 복습형이나 지식 기반형에서 좀 더 건설적인 것으로 바뀌는 것을 관찰했다. (※보다 사고를 촉진하는 질문도 있었는데, 이 내용은 다음 절에서 논의할 것이다.) 건설적인 질문은 이해력 발달을 돕는 것으로 생각할 수 있다. 이는 학생들이 아이디어를 연결하고 해석하며 큰 아이디어와 중심 개념에 집중하고 아이디어를 확장하도록 하는 질문이다. 조 보울러와 캐린 브로디는 중등 수학 교실 교사들의 질문을 연구할 때, 건설적인 질문이 학생들의 사고를 활성화하는 데 기여할 뿐만 아니라 "수업의 수학적 영역을 통해 학생들을 안내"하는 데도 기여한다고 지적했다(Boaler & Brodie, 2004, p. 781). 건설적인 질문은 소위 고차원적 사고가 이루어지는지 확실히 하는 멋진 부가 기능이 아니라, 수업 자체의 지침과 목표로 작용한다. 교사의 건설적인 질문은 중요한 아이디어뿐만 아니라 개념의 닻도 찾아주어서 학생들이 놓치지 않도록 해준다. 복습형 질문을 하는 교사는 학생들이 무엇을 알고 있고 기억하는지 평가하고 싶어 하는 경향이 있는 반면, 건설적인 질문을 하는 교사는 학생들이 중요한 아이디어를 이해하도록 안내하고 지도하고 밀어붙이고 싶어 하는 경향이 있다.

암스테르담 국제 학교에서 스테퍼니 마틴이 가르치는 1학년 학생들은 감각에 대해 배우고 있었다. 단원의 목표 하나는 학생들이 여러 가지 감각과 각 감각으로 수집할 수 있는 정보의 종류를 연결하게 하는 것이었다. 한 수업에서 스테퍼니의 학생들은 상자 속에 있는 어떤 물건을 만져본 다음 자신이 어떤 종류의 감각을 느꼈는지 큰 소리로 말했다. 물렁한지, 부드러운지, 가장자리와 모서리가 둥근지 등이다. 이러한 반응을 바탕으로 스테퍼니는 학생들에게 해석하고 추정하게 했다. "만져보고 느낀 것만으로 이미 알 수 있는 것은 무엇인가요?" 이어서 "만져보고 느낀 것으로 알 수 없는 것은 무엇인가요?", "만져보고 느낀 것을 통해 그것이 무엇일 거라고 추측하나요?"라고 질문한다. 이러한 질문은 얼핏 보면 복잡하거나 어려워 보이지 않을 수 있지만, 스테퍼니가 학생들이 이해하길 바라는 핵심을 파고든다. "우리는 각각의 감각에서 어떤 정보를 얻나요?" "우리는 그 정보를 가지고 무엇을 할 수 있나요?" 이러한 질문이 없다면, 정체를 알지 못하는 물건을 만져보고 느껴보는 활동은 단지 게임에 그칠 뿐 더 많은 학습 효과를 산출하지 못할 것이다.

캐시 험프리는 캘리포니아 실리콘밸리에 있는 중학교의 대수학 수업에서 학생들이 단순히 공식 암기를 배우는 것이 아니라 기초 수학에 집중하도록 질문을 사용했다(Boaler & Humphreys, 2005). 2교시 수업 시간 내내 건설적인 질문에 초점을 맞추었다. "왜 n에서 1을 빼고 2배 하면, 즉 $2(n-1)$은 $2n-2$와 같은가요?" 캐시는 학생들에게 왜 그것이 참인지 말로 설명하게 하고, 의심하는 사람을 납득시킬 논거를 개발하게 했다. "이

것이 항상 옳다는 것을 누군가에게 증명하려고 한다면, 여러분은 어떻게 할 건가요?" 캐시의 의도는 여기서 학생들이 아직 정식으로 배우지 않은 분배 법칙을 되새기는 것이 아니라, 수학에서 괄호를 사용해 나타내는 '양(quantity)'의 개념을 어떻게 사고할 것인가에 학생들의 관심을 집중시키는 것이다. 그녀는 이 양 자체가 수학의 구성 요소임을 학생들이 이해할 수 있기를 바란다. 그렇게 함으로써 그녀는 또한 학생들이 산술적 설명을 넘어서도록 밀어붙이고 있다. 즉 이 식이 맞는지 확인하기 위해 단순히 n에 숫자를 대입하여 참임을 증명하는 것 이상을 말이다. 이러한 시험 사례가 유용할 수 있어도 실제로 증명되는 것이 아니므로, 캐시는 학생들에게 회의론자처럼 생각해서 이 등식을 증명하도록 시킨다. 앤서니는 다음과 같이 대답하여 자신이 이해한 것을 보여준다. "자, 이건 그냥 두 가지를 하고 있는 것과 같아요. n − 1을 두 번 하고 그것을 합하는 거예요. … 그런 다음 이제 2를 뺄 것이므로 2n − 2와 같아지는 거죠."

　이 두 가지 사례가 보여주는 것처럼, 건설적인 질문은 학생들이 지적 노력에 참여할 틀을 만들어 이해를 돕는 근본 개념과 원리를 밝혀내도록 이끈다. 교사들에게 맡기기에는 무리한 요구처럼 보일 수 있다. 그러나 이것이야말로 정확히 이 책의 2부에서 제시하는 사고 루틴이 유용할 수 있는 지점이다. 각 루틴의 단계는 학생들이 쉽게 이해하고 자신의 사고를 가시화하기 위해 취할 수 있는 일련의 건설적인 활동을 보여준다. 예를 들어, 앞에서 언급한 스테퍼니 마틴의 수업에서 그녀는 '보기-생각하기-궁금해하기(See-Think-Wonder)' 루틴을 '만져보고 느끼기-생각하기-궁금해하기(Feel-Think-Wonder)'로 바꾸어 수업을 시작했다. 그녀의 첫 질문 "수수께끼 상자에 손을 넣었을 때 여러분은 무엇을 느꼈나요?"는 학생들이 촉각으로 관찰하도록 지도한다. 그다음 질문 "여러분은 만져보고 느낀 것에 대해 어떻게 생각하나요?"는 학생들을 해석과 탐구가 가능하도록 움직이게 한다. 마지막으로 스테퍼니는 학생들에게 묻는다. "우리가 만져보고 느끼는 것만 할 수 있다면, 상자 안에 있는 물건에 대해 궁금한 것은 무엇인 가요?" 2부에서 다른 루틴에 대해 읽으면 교사로서 여러분은 학생들이 탐구하고 이해하기를 바라는 특정 아이디어와 개념을 지도하는 데 필요한 루틴의 건설적인 속성을 발견하게 될 것이다.

사고를 촉진하고 명료하게 하기

"무엇 때문에 그렇게 말하나요?" 이 질문은 우리가 함께한 교사들의 교실에서 본 가장 완벽하게 통합된 사고 루틴 중 하나이다. 교사들은 학생들과의 상호작용에 이 질문을 통합해냈다. (6장에서 더 자세한 사용법을 볼 수 있다.) 비알릭 칼리지에서는 교사들이 '사고 문화' 프로젝트의 일환으로 전문적 학습 공동체를 결성했다. 한 교사가 이렇게 말했다. "'무엇 때문에 그렇게 말하나요?'는 단순한 교육 수단이 아니에요. 삶의 방식이에요." 그녀는 사람들의 말에 곧바로 응답하는 대신, "무엇 때문에 그렇게 말하나요?"라고 묻는 것만으로도 훨씬 더 많은 것을 배우고, 친구, 가족과 더 깊은 대화를 나눌 수 있다고 말했다. 교사들은 이 질문이 사람들에게 좋게 들리며, 위협적이지 않은 방식으로 사람들이 아이디어를 더 정교하게 설명하고 명확히 하도록 이끈다고 말한다. 비록 "이유를 말해줄래요?"나 "그렇게 발언하는 이유와 근거를 제시하세요."라는 말도 같은 역할을 하지만, 같은 수준의 개방성과 관심을 전달하지는 않는다.

단순하지만 강력한 이 질문은 학습자의 사고를 쉽고 명료하게 하는 질문 유형의 완벽한 예이다. 쉽게 질문할 때 교사의 목표는 학생들의 생각을 이해하려 노력하고, 학생들 머릿속에 들어가 그들의 사고를 가시화하는 것이다. 다시 말해, 교사의 머릿속에 있는 것을 학생들에게 전달하려고 노력하는 것에서 학생들의 머릿속에 있는 것을 교사에게 전달하려고 노력하는 것으로 교육의 패러다임을 전환하여 학습을 발전시킬 '응답형 교육'

을 제공할 수 있게 된다.

전직 중등 과학 교사 짐 민스트렐은 현재 학생들의 사고를 밝히는 것을 목표로 과학 교육 연구 활동을 지휘하고 있다. 그는 자신의 교육 방식에 대해 연구했는데, 워싱턴주 머서아일랜드 고등학교에 재직할 당시 질문을 통해 학생들과 상호작용했던 방식을 면밀히 검토했다. 그는 학생들의 사고를 쉽고 명료하게 하려고 사용한 '질문 연속체'를 설명하기 위해 '성찰적 질문 던지기'라는 용어를 만들었다(Zee & Minstrell, 1997). 전통적으로 교실 담화의 특징은 교사가 묻는 질문에서 비롯되었다고 종종 묘사되어왔다. 그러나 짐은 학생들의 발언과 아이디어를 대화의 출발점으로 삼았다. 성찰적 질문 던지기에서 교사의 첫 번째 목표는 학생들의 말을 '알아듣고' 그들의 발언을 이해하려고 노력하는 것이다. 그 의미를 즉시 파악할 수 없다면 "좀 더 말해줄 수 있니?" 혹은 "네 말을 따라갈 수가 없는데, 네 생각을 다른 방식으로 말해주겠니?"와 같은 후속 질문을 한다. 일단 의미를 파악하면 교사는 학생이 교사와 학생 자신 모두에게 생각을 더 정교하게 설명하고 정당화할 수 있도록 밀어붙이는 '던지기' 질문을 한다. 예를 들어, 짐은 학생들에게 "그렇다면 그것은 무엇을 말해주니?", "그것을 바탕으로 너는 무슨 생각을 하니?" 혹은 우리의 오래된 질문 "무엇 때문에 그렇게 말하니?"와 같은 질문을 던진다.

이러한 연속 질문은 학생들의 이해력을 새로이 계발하는 방식으로 사고와 아이디어를 명료하게 한다는 점에서, 복습형 질문에서 볼 수 있는 질문, 응답, 평가 양식보다 이점이 많다(Cazden, 1988). 학생은 더 이상 교사가 말하는 것을 단지 받아들이기만 하는 수동적인 존재가 아니라, 스스로 이해해가는 능동적인 주체가 된다. 오랜 경력을 쌓는 동안 학습 형성 과정에서 언어의 역할을 연구한 영국 학자 더글러스 반스는 학습자가 "큰 소리로 생각을 말할수록, 설명적 가설을 만들고 평가하는 데 더 많은 책임을 질 수 있다."고 말한다(Barnes, 1976, p. 29).

경청하기

론 리치하트는 수학 교사였을 때 경험한 중요한 에피소드를 떠올린다. 한 번 있었던 일이 아니라 그가 일했던 여러 학교에서 계속 반복적으로 일어난 일이었다. "교실에서 같은 학년의 다른 교사들이 지켜보는 가운데 수학 수업을 했어요. 수업에 대한 의견을 나눈 후, 참관한 교사들에게 수업을 하고 다음 모임에서 각자 경험한 것을 나누자고 격려했죠. 후속 모임에서 어김없이 한 교사가 말하더군요. '론이 한 질문을 모두 받아 적었고 매우 조심스럽게 똑같은 질문을 했지만, 저희 학생들은 론이 질문했을 때처럼 반응하지 않았어요.' 함께한 교사들 사이에서 이런 일이 자주 일어나는 것을 보고 저는 왜 그런지 조사해보기로 마음먹었죠."

관찰해보니, 교사들은 수업 중 중요한 순간에 론이 한 핵심 질문, 즉 대개 건설적인 질문을 하려고 최선을 다했다. 그러나 학생들은 간단히 대답하거나, 수학적으로 사고하지 않고 답을 추측하는 것 같았다. 하지만 론이 모든 학급을 돌며 시범 수업을 했을 때는 학생들에게 그런 문제가 없었다. 론은 또 학생들이 기대한 대로 답하지 않았을 때 교사는 어떻게 해야할지 몰라 우왕좌왕하다가 그대로 수업을 진행하는 경향이 있음을 알아차렸다. 론은 다음과 같이 결론 내렸다. "좋은 질문을 하는 것도 중요하지만, 대답을 귀 기울여 듣는 것도 중요하다." 교사들은 한편으로 익숙하지 않은 새로운 수학 교육 방식을 위험을 무릅쓰고 시도했기 때문에, 이제 뭘 할지, 뭘 말할지에 지나치게 집중하느라 학생들의 말을 귀 기울여 듣지 못했다. 이것은 수업에 두 가지 결과를 초래했다. 첫째, 은연중에 교사가 특정 대답에만 관심을 갖고 들을 뿐 학생들의 생각을 듣는 것에 별로 관심이 없다는 신호를 보냈다. 그 결과, 학생들은 자신의 진짜 생각과 이해를 말하기보다는 '교사의 머릿속에 있는 답 알아맞히기' 놀이를 했다. 둘째, 귀 기울이지 않는 바람에 (사고를 촉진하는) 적절한 후속 질문으로 학생들에게 응답하지 못했다. 좋은 질문, 즉 학습을 추동하는 질문은 정해진 목록이나 일련의 지침에서 나오는 것이 아니라, 학생들의 발언에 응답할 때 나온다. 학생들의 생각에 귀 기울이지 않는 바람에 교사는 좋은 질문을 하는 데 필요한 정보를 스스로 놓치는 셈이다. 처음부터 학생들의 의미를 '파악'하지 못하면, 교사는 학생들이 생각을 정교하게 또는 명료하게 다듬도록 독려할 '던지기' 질문을 하기 어려울 것이다.

이탈리아의 레조 에밀리아 유치원에서는 '경청의 교육학' 개념을 신봉한다. 유치원 원장이자 '레조 칠드런'의 경영 자문위원인 카를라 리날디는 경청이야말로 교사가 학생과 함께 형성하고자 하는 학습 관계의 기초가 되어야 한다고 주장한다. 이런 학습 맥락 안에서, "개인은 자신의 이론을 표현하고 특정 질문에 대한 자신의 해석을 제시하는 것이 타당함을 느낀다."(Giudici et al., 2001) 경청은 학습자의 발언을 존중하고 관심이 있다는 뜻을 전한다. 경청할 때 학생들은 더 기꺼이 생각을 말하고 의견을 개진한다. 성인도 대화 상대가 자신과 자신의 의견에 관심이 있다는 것을 알 때 더 크게 반응하는 것과 마찬가지이다. 이와 똑같은 감정을 관찰한 시인 앨리스 듀어 밀러가 다음과 같이 멋지게 표현하고 있다. "경청은 단순히 말하지 않는 것이 아니다. 비록 우리 능력의 대부분을 뛰어넘는 것이지만. 들리는 말에 열정적이고 인간적인 관심을 기울이는 것을 의미한다."(Duer Miller, 1915) 이 열정적이고 인간적인 관심은 우리가 교실에서 공동체를 만들고 아이디어 탐구를 중심으로 상호작용을 발전해나가게 한다. 교사의 경청은 학생들에게 동기 부여를 하여 학생들 스스로 사고를 가시화할 기회를 열어준다.

교사로서 학생들의 말을 경청하면 우리는 학생들에게 경청이 무엇을 의미하는지에 대한 모델을 제공할 수 있다. 교사가 일상적으로 "무엇 때문에 그렇게 말하나요?"라고 묻는 교실에서는, 학생들이 이 질문을 곧바로 서로의 발언에 적절하고 유용하게 반응하는 하나의 방법으로 받아들인다는 사실을 틀림없이 교사는 알고 있다. 그러나 능동적인 경청자를 육성하는 일은 단지 보기 좋은 부수 이익만 있는 것은 아니다. 브리지드 배런(Brigid Barron, 2003)은 협동하여 수학 문제를 푸는 6학년 학생 모둠의 상호작용을 연구하여, 어떤 모둠이 허둥대는 동안 어떤 모둠이 성공하는 이유를 알아내고자 했다. 배런의 논문 「영재 그룹이 실패할 때(When Smart Groups Fail)」에 따르면, 그룹의 성공은 그룹의 학업 능력보다 서로 아이디어를 경청하고 응답하는 능력에 더 많이 좌우된다. 성공한 그룹은 제시된 의견에 서로 반응하고, 질문을 명료하게 할 것을 서로 요청하거나 캐물으면서 그룹 구성원의 의견에 개입했다. 이런 그룹의 개별 구성원은 단지 말만 하지는 않았다. 경청도 했고, 그룹의 모든 구성원 사이에서 더 나은 평등을 추구했다. 이를 통해 그들은 서로의 아이디어에 기반해 아이디어를 발전시켰으며, 학업 능력이 있는 학생들로 구성된 그룹보다 월등히 뛰어난 성과를 냈다.

문서화하기

학생들의 사고를 가시화하는 또 다른 도구는 문서화이다. 즉 화이트보드에 학급의 연구 과정을 기록한 것, 학생들이 공부하는 모습을 찍은 사진, 학급 토론을 녹음한 오디오 테이프, 학생들의 아이디어와 의견 기록하기, 학생들의 과제와 그림 등이다. 학생들의 생각을 문서화하는 것이 처음인 사람에게는 학급에서 한 일을 단순히 기록하는 것, 즉 다양한 형태의 문서를 수집하는 일종의 기록보관소 활동과 문서화를 혼동하기 쉽다. 그러나 교사와 학생 모두에게 도움이 되려면, 문서화는 그 이상으로 확장되어야 한다. 그 중심에 레조 에밀리아 유치원에서 시작한 문서화 과정이 있는데, 이후 이것은 하버드 '학습 가시화' 프로젝트 작업을 통해 전체 학년에 적용되었다. 문서화 과정은 시간을 두고 학습을 자극하고 발전시키는 사건, 질문, 대화를 파악하려는 시도로 학습 과정 그 자체에 주목한다.

프로젝트 제로의 동료인 마라 크레셉스키, 테리 터너, 벤 마딜, 스티브 사이덜은 유아기부터 중등학교에 이르기까지 어떻게 문서화가 학생들의 학습을 지원하는지 조사해왔다. 이들은 '문서화'를 "학습 심화를 위한 교육과 학습 과정 및 산물을 다양한 매체로 관찰, 기록, 해석, 공유하는 활동"으로 정의한다(Given et al., 2010, p. 38). 이 정의에는 문서화가 단순히 학습을 포착하는 것만이 아니라 학습을 발전시키는 데도 도움이 되어야 한다는 개념이 포함되어 있다. 이처럼 문서화에는 수집뿐만 아니라 그 자료에 대한 논의와 성찰도 포함된다. 이러한 방식으로 문서화는 경청 행위와 연관되고 경청 행위를 확장한다. 학생들의 사고를 포착하고 기록하기 위해 교사는 정신을 바짝 차린 관찰자이자 경청자여야 한다. 교사가 학생들의 아이디어를 포착하면 그 아이디어와 사고가 가치 있으며 계속 탐구하고 조사해볼 만하다는 신호가 된다.

스테퍼니 마틴은 1학년 학생들이 수수께끼 상자 속 물건을 만져보고 느낀 것을 접착 메모지에 개별적으로 적게 하고 차트지에 붙여 공유했다. 이를 통해 학생들은 자신의 의견이 가치 있으며 학급 토론에 기여했다는 점을 눈으로 확인한다. 그때 느낀 것에 대한 학급 관찰의 문서화는 이후 스테퍼니와 반 학생들이 관찰한 것에 대해 생각하고 궁금해한 것을 토론할 때 연결할 토대가 되었다. 이 문서화는 스테퍼니가 귀 기울였음을 보여주며, 수수께끼 상자 속 물건에 대한 학급 대화를 지속할 토대를 제공해주었다. 성공한 그룹에 대한 브리지드 배런(2003)의 연구에서, 그녀는 학생들 사이에서 유사한 문서화 사례를 발견했다. 진행 중인 문제 해결 과정을 문서화하면 모든 구성원이 그룹의 생각에 접근하고, 주인 의식을 갖는다. 문서화는 또한 그룹의 학습 진도를 모니터링하고, 그룹의 이해력을 발달시키는 과정에 기여하고, 적절한 시점에 질문을 하게 했다. 반대로, 성공하지 못한 그룹에서는 그룹의 문서 작업을 한 명이 수행하여 나머지 사람들은 쉽게 접근하지 못했다. 이러한 관행은 일부 구성원의 권리를 박탈하는 결과를 낳았다.

학생들의 사고를 문서화하면 교사와 학생 모두 학습 과정을 관찰하고 사용한 전략을 적어놓고 이해력 발달에 대해 논평할 무대가 마련된다는 점에서 또 다른 중요한 목표에 이바지한다. 문서화로 사고를 가시화하면 학습에 대한 성찰뿐만 아니라, 학습을 토론 대상으로 고려할 토대도 제공한다. 이렇게 문서화는 개인과 집단 모두에게 학습 과정을 이해하기 쉽게 설명해주어 그 과정에서 더 커다란 메타인지적 인식을 하게 해준다. 교사에게 학생들의 학습에 대한 성찰은 진정한 의미의 평가로 기능한다. 채점에 사용되지 않더라도 문서화는 학생들이 학습하고 이해한 것을 풍성하면서도 잠정적으로 분명하게 들여다보게 해줄 때가 많다. 이 풍성함을 알아내는 데는 혼자보다 더 많은 눈이 필요하다. 동료와 문서화 작업을 같이 하면 풍부하게 학습에 대해 토론할 수 있으며, 혼자서 할 때 놓치기 쉬운 학생들의 사고와 교육의 영향을 보고 알 수 있다. 동료들 간의 이러한 협조관계가 문서 한 편을 논의하는 데 '학생 사고 관찰(Looking at Students; LAST)' 프로토콜을 사용한 전문 학습 그룹 사례에서뿐만 아니라, 어떻게 풍부한 전문 학습을 돕는지 8장에서 탐구할 것이다.

교사로서의 핵심 활동을 수동적인 학생 그룹에게 교육과정을 전달하는 것이 아니라 학생들을 적극적으로 아이디어에 개입시켜 그 아이디어에 대한 학생들의 사고를 밝혀내고 안내하는 것이라고 규정할 때, 이 장에서 제시한 전략들은 새로운 긴박감과 중요성을 느끼게 한다. 질문하기, 경청하기, 문서화하기를 통해 학생들의 사고를 가시화하면 더 깊고 풍부한 이해를 통해 학생들은 사고를 구축하고 확장할 수 있다. 이 핵심 활동은 이 책의 2부 사고 루틴 논의의 배경이 된다. 루틴을 독립된 활동으로 보기보다는, 지속적인 질문하기, 경청하기, 문서화하기 활동에서 길러지고 확장되는 구조로 보는 것이 중요하다. 곧 알게 되겠지만, 사고 루틴은 사고를 가시화하려는 지속적인 노력에서 생겨나 그 노력과 연관될 때 교실에서 효과를 발휘하고 활기를 띤다. 2부에서 각 사고 루틴에 뒤따르는 '실행 장면'을 읽으면서 이 연관성을 찾아보기 바란다.

2부

생각이 보이는
사고 루틴
21가지

CHAPTER 03

생각이 보이는 교실,
사고 루틴으로 시작하자

이 장에서는 사고 루틴(thinking routine)이라는 아이디어를 정식으로 소개하고, 이 특별한 종류의 교실 루틴이 교사로서 학생들의 사고를 가시화하고 이해력 발달을 지원하는 데 어떻게 더 도움을 줄 수 있는지 살펴볼 것이다. 루틴은 특정 목표나 과제 성취를 관리하고 촉진하기 위해 반복적으로 사용하는 절차, 과정, 행동 양식 같은 것이다. 교실은 이러한 루틴이 지배적으로 사용되는 곳이다. 교사는 학생의 행동과 상호작용을 관리하고, 수업 환경을 조성하고, 수업을 순조롭게 이행하고, 의사소통과 담화 규칙을 유지하는 데 유용한 루틴을 갖고 있다. 이전 연구에서 우리는 학생들의 사고 촉진에 성공한 교사들이 학생들의 사고 비계를 만들어 사고를 지원하기 위해 특정 루틴을 개발하고 적용하고 사용하는 경향이 있음을 발견했다(Ritchhart, 2002). 보통 겨우 몇 단계로 구성된 이 간단한 절차는 이해 형성을 돕는 구체적인 사고 활동에 주의를 집중하기 위한 뼈대를 제공한다. 줄서기나 숙제 제출 루틴이 몸에 배듯이, 사고 루틴도 시간이 지남에 따라 교실의 구성 요소가 된다. 사고 루틴이 교실에서 어떻게 작동하는지, 여기에 제시된 루틴을 어떻게 사용하는지, 어떻게 나만의 루틴을 만들 수 있는지를 이해하려면 루틴을 세 가지 관점에서 보는 것이 도움이 된다. 바로 도구, 구조, 행동 양식이다

사고 루틴은 도구이자 구조이며 행동 양식이다

도구로서의 사고 루틴

사고 루틴은 사고를 촉진하기 위한 도구 역할을 한다. 여느 도구처럼 작업에 맞는 도구를 선택하는 것이 중요하다. 망치가 필요한데 톱을 사용하면 잘 쓸 수 없을 뿐만 아니라 곤란할 것이다. 이 은유를 확장하면, 달성

해야 할 목표나 목적을 확인하여 팀원들을 집중시키고 맞는 도구를 투입하는 것보다 도구 사용을 강조해서는 안 된다. 1장에서 이해를 촉진하는 구체적 사고 유형을 논의했다. 사고 유형에는 무엇이 있는지 자세히 관찰하고 묘사하기, 설명과 해석 구축하기, 증거를 가지고 추론하기, 연관성 찾기, 다른 관점과 시각 고려하기, 핵심 포착하기와 결론 내리기, 궁금해하고 질문하기, 복잡성을 밝혀내고 사물의 이면 탐구하기 등이 포함된다. 2부에서 소개하는 루틴은 이러한 사고 유형 중 하나 이상을 촉진하기 위한 도구이다. 예를 들어, '생각-퍼즐-탐구(Think-Puzzle-Explore)' 루틴은 학생들이 현재 주제에 대해 무엇을 알고 있다고 '생각하는지' 떠올려보게 하는데, 이는 사전 지식과의 연관성을 찾는 일이다. 또 학생들에게 '퍼즐처럼 혼란스럽게 하는' 것이 무엇인지 확인하게 하는데, 이것이 궁금해하기와 질문하기이다. 그런 다음 이 루틴은 이 퍼즐 중 하나를 '탐구'할 계획을 수립하는 과정을 시작하게 하는데, 이는 계획 세우기이다. 그러므로 교사는 먼저 학생들에게서 어떤 사고 유형을 끌어내려는 건지부터 파악한 다음 작업의 도구로 사고 루틴을 선택한다.

처음부터 사고를 파악하면 학생들의 응답에 대한 교사의 평가를 루틴 내부에 집중하는 데 도움이 된다. 루틴은 제한이 없으며 특정 응답을 도출하려고 사용하는 것이 아니지만, 지속적인 형성 평가의 여지가 여전히 존재한다. 예를 들어, 만약 증거를 가지고 추론하기를 기대한다면, 교사는 학생들이 그렇게 하지 못할 경우 증거를 가지고 주장을 뒷받침하도록 밀어붙일 수 있다. 아니면, 루틴이 은유적 사고를 통한 연관성 찾기에 집중하는 것이라면, 교사는 학생들이 뻔한 연관성보다 더 미묘한 것들끼리의 연관성을 찾도록 독려하고 싶을 것이다. 각 루틴은 교사가 선두에서 계속 사고하도록 돕는다. 각 루틴의 '목적'에서는 루틴이 끌어내려는 사고 유형을 강조하고 있다. '내용 선택하기'는 루틴이 유용하게 사용될 교실 상황과 주제 내용에 대한 추가 정보를 제공한다. '평가'는 일시적으로나 오랜 시간 동안 학생들의 응답에서 무엇을 기대하고 유의할 것인지를 평가하는 형성 평가에 대한 도움말을 제공한다. 또한 학생들의 사고를 어떻게 추동할 것인지에 대한 제안이 제시된다.

결국 사고 루틴은 사고를 위한 도구로 작동하므로, 사고 루틴이 교사뿐만 아니라 학생들에게도 유용해야 한다는 의미이다. 사고 루틴은 단지 교사가 학생들을 더 적극적으로 참여시키는 데 도움이 되는 활동이라기보다는, 학생들 스스로 사고하는 데 사용하는 도구이다. 루틴은 학교에서 모둠에 도움이 되는 공적 활동이자, 개인도 사용하는 사적 활동이다. 실제로 루틴은 학생들이 생각하는 사람이자 학습자로 성장하는 과정에서 나타나는 진정한 힘이다. 예를 들어, 교사는 학생에게 "무엇 때문에 그렇게 말하나요?"라고 물을 수 있다. 그러나 말하기, 글쓰기, 성찰하면서 가정을 했다고 인식한다면 스스로 "나는 무엇 때문에 그렇게 말하는 걸까?"라고 자문해보는 것도 도움이 된다. 이런 일이 일어나면 학생들은 독립적인 학습자로 행동하고 실제로 사고 성향이 발전되었음을 보여주게 된다.

구조로서의 사고 루틴

'가시적 사고' 연구팀과 '사고 문화' 연구팀이 개발하고 전 세계 교실에서 사용해온 사고 루틴은 학생들의 사고를 지원하고 조직하기 위해 신중하게 만들어진 것이다. 루틴의 단계는 학생들의 사고를 더 정교하고 높은 수준으로 끌어올리는 자연스러운 비계 역할을 한다. 예를 들어, 개념 지도를 만드는 '생성-분류-연결-정교화(Generate-Sort-Connect-Elaborate)' 루틴을 개발할 때, 우리는 먼저 학생이 이해를 형성하고 내보이도록 돕는 개념도를 만드는 데 필요한 사고 유형이 무엇인지부터 살펴보았다. 첫째, 우리는 거의 브레인스토밍 방식으로 아이디어를 광범위하게 생성해야 함을 확인했다. 그런 다음 개념도의 그래픽 속성을 활용하기 위해 이 아이디어를 어떤 방식으로든 분류해야 했다. 분류는 많은 학생들이 떠오르는 대로 아이디어를 종이에 적으라고만 배워왔기 때문에 해본 적이 없는 핵심 단계이다. 따라서 이 핵심 사고 활동이 배제되어온 것이다. 일단 주제의 중요성이나 중심성에 따라 아이디어를 분류하고 나면, 아이디어 사이의 연관성을 찾을 수 있고, 개념도에서 일부 어떤 중요한 영역들을 정교화할 수 있다.

'생성-분류-연결-정교화' 루틴과 마찬가지로, 모든 루틴의 단계는 각 단계가 이전 단계의 사고를 구축하고 확장하는 방식으로 자연스럽게 진행된다. 그러므로 루틴을 사용할 때 목표는 단순히 한 단계를 채우거나 완성한 뒤 다음 단계로 넘어가는 것이 아니라, 각 단계에서 일어나는 사고를 다음 단계에서 활용하는 것이어야 한다. 루틴이 지닌 이러한 순차적인 측면은 교사가 교실에서 루틴을 시도할 때 도움이 될 수 있다. 어떻게 학생들의 응답을 활용해 루틴의 다음 단계로 연결할지 생각해보자. 어떤 단계의 좋은 사고가 어떻게 다음 단계에서 좋은 사고를 생성하는지 지속적으로 살펴보자. 예를 들어, '보기-생각하기-궁금해하기' 루틴에서 '보기' 단계에서 자세하게 관찰하면 '생각하기' 단계에서 충분한 근거로 해석할 토대를 마련할 수 있다. 만약 수업 중 학생들이 세부 사항과 뉘앙스라 할 만한 것을 많이 알아내지 못하면, 사고는 근거 없는 의견이나 추측에 그치고 말 때가 많다.

2부 각 루틴에 대한 설명에서, 루틴의 사고 활동을 간결하게 요점만 도입에 제시하여 학습자의 관점에서 루틴이 어떻게 작동하는지 빠르게 파악하게 했다. 이것이 학습자가 해야 할 활동이다. 이 단계는 학습자들을 위해 작성하거나 나중에 참고하도록 교실에 게시할 수도 있다. 아니면, 교사가 수업 흐름 안에서 루틴 단계를 매끄럽게 짜 넣어도 된다. 각 사고 활동은 '단계'에서 자세하게 다룬다. 교사가 교사 활동으로 루틴을 처음 사용할 때 그대로 따라 해도 되는 방법을 제시한다. '조언'에서는 루틴을 사용할 때 고려해야 하거나, 경우에 따라 주의해야 할 사항을 추가로 조언한다.

사고 루틴이 구조로 작동하는 또 다른 방법은 루틴이 전체 학급 토론이나 모둠 토론의 구조가 되는 것이다. 때때로 교사는 학생들 스스로 가치 있고 의미 있는 토론을 하도록 지원할 방법을 고심한다. 이 토론은 2장에서 논의한 바와 같이 경청하지 않거나 과제 완성에 과잉 집중하면 억제될 수도 있다. 학생들은 모둠 과제가 진행표를 채우는 것이라고 느끼면, 토론보다는 진행표에 더 집중한다. 일단 학생들이 사고 루틴을 잘 알면, 그 루틴 자체가 모둠 토론을 조직하는 데 유용할 수 있다. 전체 학급 토론과 모둠 토론 모두에 사용된 '4C(Connetions-Challenge-Concepts-Changes)' 루틴 및 '연결-확장-도전(Connect-Extend-Challenge)' 루틴은 읽기나 발표와 관련된 모둠 토론을 지원하는 데 유용하다.

행동 양식으로서의 사고 루틴

'프로젝트 제로' 때 왜 사고 전략이 아니라 '사고 루틴'이라고 했느냐는 질문을 많이 받았다. 이는 단순한 말바꾸기가 아니다. 사고 루틴 개념은 문화 구축자로서 교실 루틴이라는 더 넓은 개념 안에서 이해해야 한다(Leinhardt et al., 1987; Ritchhart, 2002; Ritchhart et al., 2006). 2장에서 논의한 것처럼 루틴은 효과적인 교육이 단원 설계와 수업 전달 이상의 것에 달려 있음을 인식하게 해준다는 점에서 교육 활동에 대한 유용한 사고방식이다. 모든 교육은 맥락 속에서 이루어지며, 루틴은 사회적으로 공유된 대본대로 일일이 따라 하는 행동 창출을 통해 그 맥락을 확립하는 데 기여한다(Leinhardt & Steele, 2005; Yinger, 1979). 교육 전략은 아주 가끔만 사용될지 몰라도, 루틴은 반복 사용을 통해 교실 구성 요소의 일부가 된다. 사고 교육을 효과적으로 하는 교사는 교사와 학생이 반복 사용할 일련의 루틴을 개발함으로써 학생들의 사고 발달을 도모한다(Ritchhart, 2002). 루틴은 '공유된 대본'이므로, 학생들은 더 독립적으로 사용할 수 있다.

'루틴(routine)'은 평범함, 습관, 의식이라는 뜻이지만, 사고 루틴을 단순히 평범한 행동 양식으로 특징짓는 것은 잘못이다. 교실 루틴은 효율적이고 실행 가능한 방법으로 특정 목적을 달성하기 위해 만들어내는 활동이다. 이러한 활동이 '우리의 방식'이 되어가고는 있지만, 루틴, 즉 운영 양식으로 채택하려면 교사가 이러한 활동을 특정 목적 달성을 위한 효과적인 도구로 보는 인식에서 벗어나 성장해야 한다. 사용할수록 이러한 도구는 계속 진화하여 경직되기보다는 유연해진다. 결국 우리는 우리가 함께한 교사들이 학습에 더 기여하기 위해 계속 루틴을 적용하는 것을 관찰해왔다. 각 루틴의 '실행 장면'에서는 어떻게 교사들이 각 사고 루틴을 유연하게 사용했는지, 루틴이 학생들의 사고와 학습에 대한 교사의 목표를 지원하는 데 어떤 이점이 있었는지 보여줄 것이다. 이런 이야기는 보통 시간의 흐름에 따라 이루어진 교사의 발전된 루틴 사용을 강조하고, 루틴이 교사의 수업에서 어떻게 행동 양식이 되었는지를 보여준다. 각 루틴의 '사용과 응용'에서는 당장은 아닐지라도 교사들이 루틴을 추가하는 방식으로 사용한 간단한 사례도 제공할 것이다.

사고 루틴이 교실에서 정기적으로 사용되어 교실 패턴의 일부가 될 때, 학생들은 학습이 무엇이고, 또 어떻게 이루어지는지에 대한 메시지를 내면화한다. 예를 들어, 많은 루틴에서 주목할 것은 루틴은 특정 답변을 끌어내는 것이 아니라 주제에 대해 학생들이 처음 떠올린 사고를 밝혀내도록 고안되었다는 점이다. 이는 학습이 다른 사람의 아이디어나 사고, 활동을 흡수하는 과정이 아니며, 학습의 출발점인 자신만의 아이디어를 밝혀내는 것과 연관이 있다는 메시지를 전달한다. 그러면 학습은 새로운 아이디어를 자신의 사고에 연관시키는 것이 된다. 또 많은 루틴의 핵심적인 사고 활동은 학습을 지속하게 하는 요소인 궁금해하기와 질문하기이다. 교사로서 우리는 질문으로 단원을 시작할 때가 많지만, 학습의 일부로서 질문을 계속 진화시키고 지속하는 것에는 관심을 덜 갖는다. 실제로 교사는 학습이 누군가의 질문에 대한 답을 찾는 문제이며, 일단 그 답을 찾고 나면 학습이 끝났다는 인상을 학생들에게 심어줄 수 있다. 루틴을 지속적으로 사용하면 질문은 학습을 유도할 뿐만 아니라 학습의 결과가 된다는 개념이 학습 과정에 포함된다. 7장에서는 학생들이 학습하는 법을 배우고, 사고를 가시화하는 교실 문화 창조라는 아이디어를 더 자세히 조명한다.

언제 어떤 사고 루틴을 사용하면 좋을까?

여기에 소개하는 사고 루틴 21가지를 체계화하는 방법은 수없이 많다. 카르페 비탐이 자금을 지원하고 동료인 데이비드 퍼킨스, 샤리 티시만, 론 리치하트, 퍼트리샤 파머가 수행한 '가시적 사고' 프로젝트는 원래 핵심적인 사고의 네 가지 이상에 따라 사고 루틴을 분류했다. 즉, 이해, 진실, 공정성, 창의성이다. 어떤 때는 자세히 관찰하기, 추론하기, 설명 구축하기와 같은 특정 사고 유형에 따라 사고 루틴을 분류했다. 또 어떤 때는 특정 단계나 교과 영역에서 가장 일반적이고 널리 사용되는 것에 따라 루틴을 분류하는 것이 유용했다. 일부 루틴은 성인들의 그룹 학습 및 문제 해결을 돕는 데 특히 효과적인데, 이는 또 하나의 분류가 될 수 있다. 여기서 우리는 루틴을 세 가지 주요 범주로 분류했다. 즉, 도입하기와 탐색하기, 종합하기와 체계화하기, 심화하기 범주이다. 이들 범주는 교사가 계획을 세우면서 학습 단원의 여러 부분을 계획하고 다루는 방식을 반영한 것이다.

수년간 교사들과 함께하면서 우리 팀은 루틴이 개별적으로도 유용하지만, 단원 내내 지속적으로 학생들의 학습을 지원할 때, 즉 일회적으로 사용하는 것이 아닌 학습의 연결고리를 형성할 때 더 많은 힘을 발휘한다는 점을 발견했다. 이런 단원을 계획하고 개발하는 과정을 용이하게 하기 위해 우리는 단원 초기에 사용되는 경향이 있는 것부터 중간에 나오는 것, 종종 끝내기 기능을 하는 것까지 루틴을 분류했다. 4장에는 새로운 아이디어를 처음으로 접하고 탐구하는 데 유용한 사고 루틴을 한데 모았다. 이것들은 교사들이 주로 단원 초기에 학생들의 흥미를 돋우고 질문을 시작하기 위해 사용하는 루틴이다. 5장에서는 정보를 체계화하고 종합하는 데 유용한 루틴을 제시한다. 이 루틴들은 주제에 대한 학생들의 초기 탐구를 더 높은 수준으로 끌어올리고, 학생들이 한 단원을 공부하는 동안 읽고 토론하고 살펴본 새로운 정보를 이해하는 데 유용할 때가 많다. 6장에서는 한 걸음 더 나아가 학생들이 사물의 표면 아래로 들어가 쟁점과 아이디어의 복잡성을 짚어보도록 밀어붙이는 루틴들을 살펴본다. 각 장에 제시한 루틴의 간략한 개관과 핵심 사고 활동, 간단한 설명은 [표 3-1]에 제시되어 있다.

이 책의 2부를 모두 읽고 나서 교실에서 사용할 유용한 도구라고 생각하는 루틴들을 찾아냈다면, 주제를 소개하는 데 좋다고 확인한 루틴이 학습 중인 단원을 깊게 파고들어 심화하거나 끝내는 데도 유용하다는 사실을 발견할 것이다. 루틴을 교실에서 적절하게 사용하려면 이러한 유연성과 폭넓은 사고를 유지해야 한다. 마찬가지로, 우리가 '실행 장면' 이야기와 '사용과 응용'을 둔 의도는 독자의 생각을 제한하려는 것이 아니라 새로운 가능성을 자극하려는 것이다. 대학교와 모든 미술관의 교육자를 포함해 모든 학년과 모든 과목 교육자들과 함께하는 동안, 우리는 교사, 촉진자, 리더가 우리가 개발한 루틴을 채택하여 학습자들의 사고와 이해를 돕기 위해 독특한 방식으로 루틴을 조합하거나 응용한 창의적인 방식에 끊임없이 경탄했다. 루틴을 설명할 때 우리는 자주 '학생들'을 언급한다. 그러나 우리는 협력자나 리더가 그룹의 사고를 가시화하고자 하는 상황에서는 루틴이 성인들과도 잘 어울린다는 사실을 발견했다. 어떤 맥락에서 사용하기로 정했든 많은 교육자들은 루틴을 처음 사용할 때에는 간단한 형식으로 루틴을 시도하는 것이 유용하다는 사실을 발견한다. 그래야 자신과 학생 모두 루틴의 단계에 익숙해지고 루틴이 사고에 어떻게 작동하는지 이해할 수 있다. 일단 교사가 활동이 아니라 사고를 촉진하는 수단으로 루틴을 사용하는 것에 익숙해지면, 의미 있는 적용과 응용이 자주 일어나기 시작한다.

[표 3-1] 사고 루틴 매트릭스

	루틴	핵심 사고 활동	메모와 간단한 설명
4장 아이디어 도입과 탐구에 유용한 루틴	보기-생각하기-궁금해하기 (See-Think-Wonder)	묘사하기, 해석하기, 궁금해하기	모호하거나 복잡한 시각적 자극에 좋음
	확대해서 보기(Zoom In)	묘사하기, 추론하기, 해석하기	'보기-생각하기-궁금해하기'의 변형으로, 이미지 일부만 사용함
	생각-퍼즐-탐구 (Think-Puzzle-Explore)	사전 지식 활성화, 궁금해하기, 계획하기	단원 시작 때 개인이나 집단의 탐구를 지도하고 현재의 이해와 오해를 밝히는 데 좋음
	분필 대화(Chalk Talk)	사전 지식과 아이디어 밝히기, 질문하기	종이 위에서 하는 개방형 토론. 모두에게 말할 기회를 보장하고 생각할 시간을 줌
	3-2-1 다리 (3-2-1 Bridge)	사전 지식 활성화, 질문하기, 추출하기, 은유를 통한 연관성 찾기	학생들에게 사전 지식이 있을 때 잘 작동하지만 수업이 그것을 새로운 방향으로 이끌어감. 단원 내내 장기간 수행 가능.
	나침반 침 (Compass Points)	의사 결정하기와 계획하기, 개인적 반응 밝히기	제안이나 계획, 가능한 결정에 대한 모둠의 아이디어와 응답을 요청함
	설명 게임 (The Explanation Game)	세부 사항 관찰하기와 설명 구축하기	'보기-생각하기-궁금해하기'의 변형으로, 부분과 목적에 대한 이해를 모두 구축하기 위해 부분을 식별하고 설명하는 데 집중함
5장 아이디어를 종합하고 체계화하는 루틴	헤드라인(Headline)	요약하기, 핵심 포착하기	큰 아이디어나 눈에 띄는 것 재빨리 요약하기
	CSI: 색, 기호, 이미지 (Color, Symbol, Image)	은유를 통한 핵심 포착하기	시각적 연결을 강제하는 비언어적 루틴
	생성-분류-연결-정교화: 개념도(Generate-Sort-Connect-Elaborate: Concept Maps)	사전 지식으로 연관성을 밝혀내 체계화하기	사고를 체계화해 드러내는 효과적인 개념도 작성의 사고 단계 강조
	연결-확장-도전 (Connect-Extend-Challenge)	연관성 찾기, 새로운 아이디어 식별하기, 질문 제기하기	책, 강의, 영화 등 제시된 모든 형태의 새로운 정보를 다루는 핵심적 종합 활동

	루틴	핵심 사고 활동	메모와 간단한 설명
	4C: 연관성-도전-개념-변화(Connections-Challenge-Concepts-Changes)	연관성 찾기, 핵심 개념 식별하기, 질문 제기하기, 함의 고찰하기	토론을 위한 복잡한 텍스트의 요점 식별을 돕는 텍스트에 기반한 루틴. 풍부한 텍스트나 책 필요
	마이크로 랩 프로토콜 (Micro Lab Protocol)	관심 집중하기, 분석하기, 성찰하기	다른 루틴과 결합하여 성찰 및 토론 촉진에 사용 가능
	예전 생각, 지금 생각 (I Used to Think…, Now I Think…)	성찰하기와 메타인지	학습자가 시간이 지남에 따라 자신의 사고가 어떻게 달라지고 변화하는지 성찰하는 것을 돕는 데 사용됨
6장 아이디어 심화를 위한 루틴	무엇 때문에 그렇게 말하나요? (What makes you say that?)	증거로 추론하기	학생들이 주장에 대한 증거를 제시하도록 강제하기 위해 교사가 토론에 만들어 넣을 수 있는 질문
	관점의 원 (Circle of Viewpoints)	관점 취하기	쟁점이나 문제를 둘러싼 관점 찾기
	안으로 들어가기 (Step Inside)	관점 취하기	더 깊이 이해하기 위해 어떤 입장이나 관점 안에 서서 말하거나 글쓰기
	빨간불, 노란불 (Red Light, Yellow Light)	관찰하기, 편견 식별하기, 문제 제기하기	추론 시 발생 가능한 오류, 입안자의 과도한 개입, 질문해야 할 영역 식별 등에 사용
	주장-근거-질문 (Claim-Support-Question)	일반화 및 이론 식별하기, 증거로 추론하기, 반론 펴기	텍스트와 함께 사용하거나 수학적 사고와 과학적 사고를 위한 기본 구조로 사용 가능
	줄다리기(Tug-of-War)	관점 취하기, 추론하기, 복잡성 식별하기	주장이나 긴장/딜레마의 양면을 식별하고 형성하기
	문장-구절-단어 (Sentence-Phrase-Word)	요약하기와 추출하기	독자가 중요하다거나 가치 있다고 여기는 것의 추출을 목표로 하는 텍스트 기반 프로토콜. 주제와 함의를 살펴보기 위해 토론에서 사용됨

새로운 아이디어를 도입하고 탐구하기: 단원 초기에 사용하는 루틴

보기-생각하기-궁금해하기
확대해서 보기
생각-퍼즐-탐구
분필 대화
3-2-1 다리
나침반 침
설명 게임

보기-생각하기-궁금해하기

이미지나 물체를 보자.
- 무엇이 보이는가?
- 무슨 일이 일어나고 있다고 생각하는가?
- 궁금한 것은 무엇인가?

교실 안팎에서 우리는 학생들의 관심과 사고를 촉발하는 자극적인 이미지와 복잡한 예술의 힘을 보아왔다. '보기-생각하기-궁금해하기(See-Think-Wonder)' 루틴은 예술뿐 아니라 폭넓고 다양한 대상과 자극을 자세히 관찰하는 능력을 학습의 기본 요소로 활용하려는 우리의 관심에서 만들어졌다. 이 루틴은 보다 깊은 통찰과 근거 있는 해석, 증거에 기반한 이론 구축, 광범위한 호기심 등을 토대로 학생들이 자세히 관찰하고 열정적으로 관찰하도록 설계되었다.

목적

이 루틴은 자세히 관찰하기의 다음 단계인 생각하기와 해석하기의 기초로서 관찰의 중요성을 강조한다. 루틴을 시작하면 학생들은 몇 분 동안 예술 작품이나 이미지, 공예품을 말없이 바라본다. '보기'는 해석하기 전에 주의 깊게 관찰하고, 더 철저하게 관찰하고, 알아낼 기회이다. 루틴의 마지막 단계에 '궁금해하기'를 넣으면 학습자들이 주의 깊은 관찰을 통해 새로운 정보를 입수하고, 이 정보를 생각하고 종합한 다음 추가로 궁금한 것을 파악할 시간을 가질 수 있다. 이 궁금해하기는 학생들 스스로 시작한 완전히 새로운 탐구와 사고의 영역을 열어준다. 결과적으로, 이 루틴은 미래의 탐구로 이끄는 질문을 제기할 수 있기 때문에 교사들이 학습 단원을 시작할 때 가장 즐겨 선택하는 것이다.

내용 선택하기

설명을 위해 이미지/물체라는 용어를 사용하고 있지만, 학습자들에게 그림, 사진, 유물, 비디오 클립, 텍스트 발췌문, 풍자 만화, 차트, 발견된 오브제(found object), 즉 사실상 관찰하고 해석하고 궁금해할 수 있는 거의 모든 것을 주의 깊게 관찰하라고 요구할 수 있다. 그러나 생각을 자아내는 매력적인 대상을 선택하는 것이 중요하다. 루틴의 첫 번째 단계는 주의 깊은 관찰에 중점을 두기 때문에 루틴과 관련하여 보고 알아낼 만한 중요한 요소가 이미지/물체에 있어야 한다. 이는 일반적으로 이미지/물체가 다소 모호성을 가지면서도 학생들이 아직 알지 못하고 수많은 층위에서 설명이 가능하며 확장된 관찰을 해야 상세하게 드러날 수도 있다는 의미이다. 이미지/물체가 흥미를 유발하는지 스스로에게 묻는 것이 좋은 테스트 방법이다. 몇 분 동안 관찰한 후 새로운 것을 알아낼 수 있는가? 호기심을 유발하는가?

단계

1. 준비하기 학생들이 선택한 이미지를 최대한 상세하게 볼 수 있도록 제시한다. 교실 조명을 어둡게 해서 스크린에 투사하거나, 반 학생들이 함께 앉아서 볼 수 있는 대형 인쇄물을 사용하거나, 짝을 지어 관찰할 수 있도록 복사물을 만들어둔다. 대화나 토론을 시작하기 전에 2~3분 동안 자세히 관찰할 수 있도록 침묵의 시간을 충분히 준다.

2. 보기 학습자들이 알아낸 것을 말하게 한다. 이 단계에서 바라는 것은 해석이 아니라 학생들이 관찰한 것뿐임을 강조한다. 유용한 도움말은

관찰이란 이미지/물체에서 딱 집어낼 수 있는 어떤 것이라고 학생들에게 말해주는 것이다. '내가 본 것'을 공유하는 한 가지 방법은 학생들에게 '생각하기-짝짓기-공유하기(Think-Pair-Share)'를 하게 하는 것이다. 그러면 자신은 알아내지 못했으나 자신의 짝이 알아낸 것을 공유하면서 학급 토론이 시작될 수 있다.

3. 생각하기 학생들에게 이미지/물체에서 무슨 일이 일어나고 있다고 생각하는지 묻는다. 이 일반적이고 해석적인 질문을 이미지/물체에 따라 수정해도 된다. 예를 들어 이렇게 질문할 수 있다. "우리가 보고 알아낸 것을 바탕으로, 그것은 우리에게 무엇을 생각하게 만드나요? 우리가 관찰한 것을 기초로 우리는 어떤 종류의 해석을 할 수 있나요?" 여기서의 목표는 단지 주제를 명명하는 것이 아니라, 잠정적으로 해석의 층을 쌓아가는 것이다. 학생들에게 대안과 추가 내용을 요구해야 한다. "여기서 또 무슨 일이 일어나고 있나요?" 때로는 학생의 반응에 "무엇을 보고 그렇게 말하나요?"라고 반응하는 것도 효과적이다. 이는 학습자가 주장을 뒷받침할 증거를 제시하도록 장려한다. 시간이 지나면 이 루틴은 보다 신중한 반응을 불러일으키면서, 학생들이 추측이나 근거 없는 의견에서 벗어나도록 돕는다.

4. 궁금해하기 학습자들에게 지금까지 보고 생각해온 것을 바탕으로 현재 궁금한 것이 있는지 물어보자. 처음에는 학생들이 '생각하기'와 '궁금해하기'를 분간하기 어려워할 수도 있다. 학생들은 자신이 옳은지 궁금해할 수 있다. 예를 들어, "그녀가 진짜 누이인지 궁금해요."와 같은 것이다. 아니면, 학생들은 처음 한 '생각'을 잠정적인 조건부로 궁금하다고 할 수도 있다. "구석에 있는 저 물체가 보트인지 궁금해요." 이 혼동을 해결하기 위해, '궁금해하기'는 이미지/물체에서 비롯된 쟁점과 아이디어를 보기 위해 우리의 해석을 뛰어넘도록 밀어붙이는, 보다 폭넓은 질문을 하는 것이라고 말할 수도 있다.

5. 사고 공유하기 이 루틴에서는 보통 각 단계마다 다음 단계로 넘어가

기 전에 학생들의 생각을 공유한다. 이렇게 하면 수업이 이전 단계의 모둠의 사고를 토대로 이루어지며, 결과적으로 그렇지 않을 때보다 토론이 더 풍부해진다. 항상 필요하지는 않지만, 각 단계에서 공유한 생각을 기록하는 것은 매우 유용할 수 있다. '보기-생각하기-궁금해하기' 루틴을 사용해 주제에 대한 흥미를 불러일으키고 질문을 제기한다면, 지속적으로 주제가 고려 대상으로 삼도록 궁금한 점들을 적어 교실에 붙여두고, 시간이 지나 학생들이 새로운 아이디어를 떠올릴 때마다 추가하도록 권장할 수 있다.

사용과 응용

이미지/물체에 따라 '보기-생각하기-궁금해하기'를 (설명한 대로) 한 번에 한 단계씩 끝내거나, 세 가지 제시어(보기, 생각하기, 궁금해하기)를 동시에 사용하여 끝낼 수 있다. 이는 학생들이 '본' 것을 명명하는 것으로 시작해 그것에 대해 무엇을 '생각하는지' 말한 다음(관찰한 것의 해석), 질문을 제기하는 것을 의미한다. 예를 들면, "이미지에서 검정색이 많이 보여요. 이것이 밤을 나타낸다고 생각해요. 이 어둠이 작가의 기분까지 반영한 건지 궁금해요."이다. 비알릭 칼리지의 준 카메네츠키가 가르치는 1학년 학생들은 의사소통에 관한 단원을 배우는 동안 '보기-생각하기-궁금해하기' 루틴을 이런 방식으로 사용했다. 준은 상형 문자, 동굴 그림, 고대 동전에 새겨진 상징을 다양한 이미지로 가져와 학생들에게 소개했다. 학생들은 각 세부 사항을 관찰하고 이것들에 대해 생각한 다음 새로운 수수께끼와 궁금증을 무수히 갖게 되었다. 궁금한 점을 표현하게 하자 학생들은 새로운 조사 경로로 나아갔고, 탐구 단원은 더욱 풍성해졌다.

비알릭 칼라지의 넬리 깁슨은 2학년의 정체성에 관한 단원 내내 학생들에게 각자의 사진을 주고 '보기-생각하기-궁금해하기'를 개별적으로 수행하도록 했다. 학생들은 주제, 즉 자기 자신에게 빠져들었고, 루틴을 독립적으로 꽤 잘 완수했다. 넬리의 목표는 나중에 탐구할지 모를 궁금한 점을 제기하는 것이었고, 학생들의 응답은 실망스럽지 않았다. "너의 눈동자 속이 어떤 모습일지 궁금해." "내 코가 엄마 아빠나 할머니 할아버지의 코를 닮았는지 궁금해." "우리 엄마와 아빠 머리카락은 암갈색인데, 왜 나는 밝은 갈색인지 궁금해." "혀는 어떻게 우리가 말할 수 있도록 해줄까?"

동료 지아 프리먼은 유치원 학생들에게 '보기-생각하기-궁금해하기'를 사용하여 '공주' 개념을 계속 탐구하게 했다. 지아는 학생들의 상업적인 성 고정관념을 깨뜨리는 일에 관심이 있었고, 다수의 비전통적인 다양한 공주 이미지를 보고 토론하는 것이 학생들의 고정관념을 깨뜨리는 데 도움이 된다는 사실을 발견했다. 특정 에피소드에서 네 살짜리 아이들은 하나의 이미지를 보고 40분 넘게 토론하기도 했다.

'보기-생각하기-궁금해하기'를 변형하여 교사의 교실을 관찰하는 데 활용하기도 했다. 유치원 2년부터 12학년까지 있는 비알릭 칼리지의 전문적 학습 그룹 교사들은 서로의 교실을 돌아보며 자신들이 보고 들은 것을 목록으로 작성했는데, "모두가 흥미를 보였다."라거나 "학생들이 과제를 하지 않았다."와 같은 해석은 조심스럽게 피했다. 이미 '보기-생각하기-궁금해하기'를 사용한 경험이 있어서 교사들은 판단이나 해석 없이 그저 관찰하는 것의 중요성을 알고 있었다. 나중에 다같이 모여 관찰한 바를 토론했을 때, 교사들은 보거나 들은 것을 시작으로 몇 가지 가능한 해석을 내놓고, 그에 대한 질문을 제기했다. 이 같은 참관 루틴의 구조가 갖추어지자 특정 수업의 효과를 평가하기보다는 교실의 복잡성을 이해하려는 시도에 중점을 두고 상호 존중하는 분위기에서 집중적인 대화가 이루어졌다. 결과적으로 관찰 대상인 교사는 더 존중받는 느낌을 받았고, 수업을 옹호하기보다는 이해시키는 것을 목표로 대화에 참여했다.

평가 '보기' 단계에서는 학생들의 응답을 보면서 즉자적이고 표면적인 특징에 빠지기보다 학생들이 세부 사항을 알아내는 능력을 키워 이미지 속으로 한층 더 깊게 파고드는지 알아보아야 한다. '생각하기' 단계에서는 "무엇 때문에 그렇게 말하나요?"라는 질문에 대한 학생들의 응답을 보면서 학생들이 해석을 뒷받침하려고 제시한 근거에 주의를 기울여야 한다. 학생들은 관찰로 얻은 증거를 가지고 일관된 연결고리를 만들고 있는가? 아니면 단순히 신념과 의견을 바탕으로 주장만 하고 있는가? '궁금해하기' 단계에서는 매우 구체적이고 사실적인 응답을 요구하는 질문에 국한하기보다, 광범위하고 모험적인 질문을 찾아야 한다. 학생들은 이러한 유형의 질문에 응답하는 데 시간이 걸릴 수도 있으며, 스스로에게 개방형 질문을 던지는 것에 익숙하지 않을 경우 궁금해하기가 무엇을 의미하는지에 대한 모델이 필요할 수도 있다. 학생들이 많이 이해할수록 학생들의 질문이 핵심 쟁점의 중심에 더 가까워지는 경향이 있으므로 학생들의 질문 유형과 깊이를 보면 학생들이 주제에 대해 이해한 정도를 알 수 있다.

암스테르담 국제 학교의 리사 페르커크가 가르치는 5학년 학생들을 보면, 학생들이 얼마나 독립적이며 높은 수준의 성과를 내며 '보기-생각하기-궁금해하기'에 참여하는지 알 수 있다. 리사는 학생들을 3명씩 모둠으로 나누어 로드 브라운의 그림을 주의 깊게 살펴보게 한 후 줄리어스 레스터가 그림에 대해 쓴 글을 읽혔다. 학생들은 5학년 수업과 이전 학년 때 다양한 영역에서 이 루틴을 사용한 경험이 있었다. 따라서 학생들은 충분한 시간 동안 그림을 자세히 관찰하여 증거를 바탕으로 가능한 설명을 생성하는 데 익숙했다.

조언 학생들이 자세히 관찰하고 세부 사항을 알아내도록 충분한 시간을 주어야 한다. 해석하는 단계인 '생각하기'로 넘어가고 싶은 유혹에 빠질지 모르지만, '보기' 단계는 이미지 안에 무엇이 있는지 모든 사람이 더 잘 알게 해준다는 장점이 있을 뿐만 아니라, 학생들이 해석할 때 의지할 기초도 제공한다. 개입하기를 두려워할 필요는 없으나 동료 학습자처럼 해야 한다. 예를 들어, 이렇게 말하면 된다. "이걸 처음 보고 내가 알아내지 못한 것 중 하나는…." 그럼에도 처음에는 학생들이 관찰보다 해석을 더 힘들어한다는 사실을 발견할 수도 있다. 하지만 이를 오류로 취급하지 말기 바란다. 그러면 학생들을 중단시킬 수 있기 때문이다. 그 대신, 학생들에게 그들이 보고 있는 곳을 보여달라거나, 무엇을 보고 그런 말을 하는지 물어봄으로써 방향을 돌릴 수 있다.

아무리 그러고 싶더라도, 이 루틴을 개인이 진행표를 완성하는 것으로 바꾸지 말기 바란다. 우리가 관찰한 바에 따르면, 진행표를 사용하면 학생들은 제대로 파악하지도 못하며 관찰한 것을 모두 적고 싶어서 답을 짧게 쓴다. 이 루틴은 실제로 다른 사람의 아이디어를 듣고 그것을 바탕으로 자신의 아이디어를 구축하는 데 실제로 도움이 된다. 진행표 대신 '생각하기-짝짓기-공유하기' 루틴을 사용하여 학생들에게 말하게 한다

실행 장면 멜버른 근교의 메서디스트 레이디스 칼리지 역사 교사 레슬리 라이더는 항상 시각적 분석이 필수 능력이라고 생각했다. 레슬리는 고도로 시각화된 이 시대에 10학년 학생들이 시각적 분석에 어려움을 겪고 있다는 사실에 주목했다. 그녀가 이 사실을 인식하게 된 것은 학생들이 풍자 만화나 역사적인 예술 작품에 나타나곤 하는 상징적이거나 추상적인 형상화를 해석하지 못했기 때문이다. 그러나 레슬리는 학생들의 해석 능력을 저해하는 또 다른 문제도 느꼈다. "그것은 그림이든, 만화든, 드로잉이든, 사진이든 간에 시각적 이미지에서 의미 있는 세부 사항을 볼 수 있는가의 문제예요. 사실은 두 가지죠. 세부 사항을 보는 것과 특정 맥락에서 의미 있는 세부 사항을 분별하는 것." 레슬리는 '보기-생각하기-궁금해하기' 루틴이 학생들의 시각적 분석 능력을 개선하는 데 도움이 되는지 알아보기 위해 '교실 내 행동 연구' 프로젝트에 참여하기로 결심했다. 레

슬리는 다양한 교사 연수와 동료 교사의 교실에서 루틴을 경험했다. "접근하기 쉽고 간단한 '보기-생각하기-궁금해하기' 루틴에 깊은 사고와 성찰을 자극하는 힘이 있다고는 믿기지 않죠."

첫 번째 단계에서 레슬리는 자신이 가르치던 단원을 약간 다시 생각해봐야 했다. 그녀는 중세 시대 여성을 표현하는 데 중점을 둔 단원을 전통적인 방식대로 파워포인트 서식 중에서 기본 쓰기 자료와 시각 자료를 다양하게 활용하는 능력과 맥락을 이해시켜가면서 조심스럽게 학생들을 분석 단계로 이끌었다. 이는 중세 후기의 태피스트리*에 대한 최종적인 평가를 이끌어냈다. 그러나 레슬리는 다음과 같이 말했다. "그때 '보기-생각하기-궁금해하기'를 사용하면 이 접근법을 뒤집을 수 있다는 사실을 깨달았고, 중세 초기 예술가의 그림을 가지고 단원을 '보기-생각하기-궁금해하기'로 시작하기로 결정했어요. 태피스트리에 대한 최종 평가를 내리기 전에 수업 시간에 역사적인 맥락의 변화부터 탐구하려고요."

레슬리는 우선 흑백 그림 〈성 안토니우스의 유혹(The Temptation of St. Anthony)〉을 선택했다([그림 4-1]). 모든 학생이 볼 수 있도록 스크린에 그림을 비추고서, 학생들에게 무엇이 보이는지, 이 시각적인 세부 사항이 무엇을 의미한다고 생각하는지, 그리고 마지막으로 이 그림에서 궁금하거나 묻고 싶은 게 무엇인지 목록을 작성하라고 시켰다. 처음에는 학생들의 활동과 의욕적인 글쓰기에 신이 났지만, 학생들이 목록을 발표하기 시작하자 레슬리의 열광은 급속도로 식었다. '본 것(보기)' 목록은 세부 사항이 부족했고, 해석이 자주 나왔다. 레슬리는 학생들이 본다는 것과 해석한다는 것의 차이를 알아야 한다는 사실뿐만 아니라, 본다는 것을 주요한 특징에 명명하는 것과 같을 뿐이라고 가정하기보다는 그림에서 세부 사항과 모호성을 찾도록 더욱 학생들을 독려해야 한다는 사실도 깨달았다.

....

* 여러 색의 실로 그림을 짜 넣은 직물로 주로 벽걸이 등 장식용으로 쓰인다.

이 경험을 바탕으로 레슬리는 다음 수업에서 작업을 재편성했다. "각 단계에서 무엇이 필요한지 더 분명히 했으며, 학생들에게 가능하면 해석하지 말고 첫 번째 제목 밑에 '보이는' 실제 사물을 적어보라고 했죠." 그녀는 다음 단계로 넘어가기 전에 각 단계별로 발표를 듣는 시간도 할애했다. 이런 방법으로 모든 학생이 다른 학생의 아이디어에서 도움을 받았고, 혼자 했을 때보다 더 탄탄한 배경 지식을 쌓고서 루틴의 다음 단계로 넘어갈 수 있었다.

'본 것'에 대해 발표할 때, 아주 재미있는 일이 벌어졌다. 학생들은 포도주, 성경책, 여자의 옷, 다양한 종류의 나무, 언덕의 경사, 지팡이, 종탑, 초가집 등 다양한 세부 사항을 말하기 시작했다. 그때 한 학생이 말했다. "여자 옷 아래로 보이는 웃기게 생긴 꼬챙이 모양은 무엇인가요? 꼭 닭발처럼 보여요." 다른 학생이 즉시 대꾸했다. "아, 나도 봤는데, 너무 우스꽝스러워 적지 않았어요." 이것이 나머지 학생들의 흥미를 자극했고, 한 학생이 "나는 못 봤어요. 그건 뭐예요?"라고 말하자 이제 모두 새로운 관심을 보이며 그 그림을 살펴보기 시작했다. 이때 레슬리는 재빨리 설문조사하여 약 3분의 1의 학생이 '꼬챙이'를 적었고, 또 3분의 1은 그것을 보았지만 중요할 리 없다고 생각해 적지 않았으며, 나머지 3분의 1은 아예 알아차리지 못했다는 사실을 발견했다. 레슬리는 이 그림을 꽤 여러 번 보았지만 꼬챙이를 알아차리지 못했다고 학생들에게 털어놓았다.

'꼬챙이'에 대한 관찰 덕분에 매끄럽게 루틴의 '생각하기' 단계로 넘어갔고, 레슬리는 학생들에게 그림 안에서 무슨 일이 벌어지고 있는지 해석해보라고 했다. 갑자기 반 전체가 '꼬챙이'를 이해하는 데 열중했다. 한 학생이 학급의 생각에서 크게 벗어나서 비약했다. "아마 여자가 아닐지도 몰라요. 어쩌면 악마의 발일지도 몰라요." 이 아이디어에 편승한 다른 학생이 이를 뒷받침하는 근거를 제시했다. "드레스를 잘 봐요. 끝이 말려 올라간 거 보이죠? 아마 악마의 꼬리일 거예요." 이 말에 제3의 학생이 반응

[그림 4-1] 성 안토니우스의 유혹
출처: Courtesy of Sir John Soane Museum, London.

했다. "이 친구 말이 옳다고 생각해요. 드레스가 왜 저런 모양인지 궁금했
어요. 뭔가 이상해 보이지만 왜 그런지 모르겠어요." 물론 약간의 배경지
식이 없었다면 학생들이 이토록 크게 도약하지 않았을 것이다. 학생들은
이것이 종교적 그림이라는 것을 알고 있었고, 성 안토니우스가 아니더라
도, 학생들 다수가 일반적으로 유혹 이야기에 익숙했다.

　이 경험을 통해 레슬리는 진지하게 생각하게 되었고, 본다는 것이 얼
마나 어려운 일인지 알게 되었다. 수업을 마친 후 되돌아보던 중 그녀는 궁
금해졌다. "우리가 이해하지 못하거나 해석할 수 없는 것을 '보지' 않는 것
(아니면 무시하기로 하는 것)이 가능할까요? 우리 맥락에서 작동하는 아이디

어, 신념, 가치와는 상관이 없는 사물을 보지 않는 것이 가능할까요?" 레슬리는 이 생각을 더 깊이 조사하는 데 관심이 있었고, 다음 수업에서 학생들에게 '본다는 것'과 '생각한다는 것'의 차이가 무엇인지 물었다. 특히 각각의 경우에 학생들의 머릿속에서 무슨 일이 벌어지는지 물었다. 한 학생이 그 차이를 요약했다. "우리는 '생각할' 때 이미 알고 있는 것과 연결고리를 만들어요." 이는 우리의 신념이 어떻게 우리가 보는 것을 결정하는지에 대한 토론과 그리고 어떤 것도 판단하지 않은 채 정말 자세히 관찰하기에 대한 도전을 촉발했다. 왜 그토록 많은 학생이 중요한 세부 사항으로서 '꼬챙이'를 놓쳤는지, 생각을 멈추고 해석하지 말고 그냥 보기만 하는 것이 왜 그토록 어려운지 이해하려고 애쓰면서 메타인지와 자신의 사고를 생각한다는 것에 관해 풍부하게 토론했다.

레슬리 라이더는 「생각하는 것과 보는 것에 대한 궁금함: 메타인지 뛰어넘기(Wondering About Thinking and Seeing: Moving Beyond Metacognition)」(Ryder, 2010, p. 5)에서 자기 경험을 성찰하며 이렇게 말했다.

그 후 2년 동안 나는 10학년과 11학년 역사 수업에서 다양한 주제에 '보기-생각하기-궁금해하기' 루틴을 계속 사용했다. 언제나 〈성 안토니우스의 유혹〉과 똑같은 복잡한 반응을 끌어내지는 못했지만, 나는 대개 '보기'와 '생각하기'의 정신 활동의 차이를 고려하는 방향으로 대화를 이끌수 있었다. … 내가 점차 이 작업을 쉽고 유연하게 할 수 있게 된 것은 '보기-생각하기-궁금해하기' 루틴과 연관된 정신 활동이나 인식 활동을 명확하게 이해한 덕분이다. '보기'는 자세히 관찰하고 세부 사항을 분별할 뿐, 해석하고 평가하려는 지속적인 경향을 중단하는 것이다. '생각하기'는 이미 알고 있는 것과 연결고리를 만들어 그 세부 사항을 해석하는 것과 관련이 있다. '궁금해하기'는 우리가 연결고리를 만들 수 없는 세부 사항이 그림 안에 있을 가능성, 게다가 이 세부 사항이 다른 시대, 다른 문화 사람들에게 중요한 의미를 가질 가능성을 열어두어야 한다. 그러면 이 단계는 역사적인 맥락을 더 폭넓게 탐구하게 한다. 그러나 학생들은 과도한 해석의 위험성도 의식할 필요가 있다. 설명하지 않은 세부 사항이 반드시 예술가에게 더 깊은 의미가 있는 것은 아니다. 때때로 시각적 요소는 오직 미학적 이유로만 존재하기도 한다. 다른 주요 자료와 역사적 맥락에 대한 면밀한 연구는 본질적인 것과 부차적인 것을 구별하는 데 도움을 준다. 가끔 '꼬챙이'는 그냥 '꼬챙이'일 뿐이니까!

확대해서 보기

전체 그림 중 공개된 작은 부분을 자세히 관찰해보자.
- 여러분이 본 것은 무엇인가? 알게 된 것은 무엇인가?
- 여러분이 본 것을 바탕으로 이것이 무엇일지에 대해 어떤 가설을 세우고 어떤 해석을 하는가?

그림을 더 공개하고
- 어떤 새로운 것이 보이는가?
- 이것이 가설이나 해석을 어떻게 바꾸는가? 새로운 정보로 궁금증이 풀렸거나 생각이 바뀌었는가?
- 어떤 새로운 점이 궁금해지는가?

그림이 전부 공개될 때까지 공개하기와 질문하기를 반복한다.
- 이 그림에 관해 여전히 풀리지 않은 질문은 무엇인가?

　　이 루틴은 원래 버지니아주 페어팩스의 중학교 교사 마크 페렐라가 만들었다. 나중에 이 루틴을, 교사들의 의회 도서관 자료 이용을 돕는, 버지니아 북부에 위치한 기구 '1차 자료 학습(Primary Source Learning)'의 론다 본디가 개조했다. 론다는 학생들이 1차 자료를 가지고 매력적이고 의미 있는 방식으로 역사 학습을 하도록 하는 일에 관심이 있어서 '잘라내!(Crop It!)'라는 제목으로 수많은 디지털 버전을 만들기도 했다. 이 책에는 우리가 개조한 루틴을 소개할 것인데, 우리는 '확대해서 보기(Zoom In)'라고 이름 지었다. '보기-생각하기-궁금해하기'처럼 이 루틴도 자세히 관찰하고 해석하는 것에 초점을 맞추고 있다. 차이점이라면 이 루틴은 일정 시간 동안 그림의 일부만 공개한다는 점이다. 다른 과목뿐만 아니라 역사에 대한 해석은 가지고 있는 정보에 따라 잠정적이며 제한적일 수밖에 없다는 개념이 이 루틴 자체에 담겨 있는 학습에 대한 은유이다.

목적 이 루틴은 학습자들에게 그림의 일부를 자세히 관찰해 가설을 세우도록 한다. 새로운 시각 정보가 제공되면 학습자는 새로운 정보의 관점에서 다시 한번 그림을 자세히 관찰한 뒤 초기 해석을 재평가한다. 학습자들은 제한된 정보만 대해야 하므로 자신의 해석이 기껏해야 잠정적일 수밖에 없으며 새로운 정보가 제공되면 변경될 수 있음을 안다. 이처럼 잠정적인 가설을 세우는 과정에서 학습자들은 어떤 대상에 대한 생각을 바꿔도 괜찮다는 사실뿐만 아니라, 새롭고 때로는 상충되는 정보도 이용 가능하며 원래의 가설이 더 이상 진실이 아닌 것으로 밝혀질 때 생각을 바꿀 만큼 개방적이고 유연한 태도가 중요하다는 사실도 알게 된다.

이 루틴은 한 번에 그림의 일부만 공개함으로써, 전체 그림을 한꺼번에 보지 않는 방식으로 원자료에 대한 참여를 촉진한다. 학습자들은 개별적으로나 집단적으로 의미를 형성하기 위해 탐정처럼 행동해야 한다.

내용 선택하기 내용을 고를 때 그림의 일부만 보여줄 것이라는 점을 끝까지 명심해야 한다. 이는 처음에 어떤 부분을 공개할 것인가에 따라 익숙한 그림을 사용할 수도 있다는 말이다. 무엇을 염두에 두든, 스스로에게 다음과 같이 묻기 바란다. "이 그림에서 따로 떼어놓고 보면 전혀 다른 이야기를 들려주는 영역이 있는가? 전체만큼 부분부분도 잠재적으로 흥미로운가?" 그림 전체를 보면 수많은 사람이 각자 다른 일을 하고 있지만 처음에 공개할 부분은 한 사람이나 한 가지 활동에만 초점을 맞출 수도 있다. 복잡한 그림, 지질학적 유적 사진, 데이터 디스플레이, 그래프나 차트, 심지어 시 일부를 고를 수도 있다. '확대해서 보기'가 단순한 게임이 아니게 하려면 교과 영역에서 의미 있으면서 학생들을 연구 주제로 끌어들일 수 있는 내용을 선택해야 한다.

그림을 선택했다면, 각 단계에서 공개할 부분이 어떤 정보를 전달할지 고려해야 한다. 새로이 공개하는 부분은 처음 공개한 부분에 의미를 상당히 보태야 하고, 학생들이 새로운 방식으로 사고할 수 있도록 도전적이어야 한다. 교사는 놀라게 하거나 새로운 해석을 강제하는 부분을 언제 공개할지 고려해야 한다. 그런 다음 프레젠테이션 소프트웨어를 활용해 각 부분의 슬라이드를 만들거나, 그림을 확대해서 공개하기 전에 가려둘 가림막을 제작하여 '확대해서 보기' 루틴을 준비하면 된다.

단계

1. **준비하기** 교사는 선택한 그림의 한 부분을 공개하여 학습자들에게 신경 써서 관찰하게 하되, 주의 깊게 관찰할 시간을 충분히 허용한다. 학습자들이 자신이 본 것을 바탕으로 가설이나 해석을 발전시키기 전에 먼저 관찰을 시작하도록 지도하는 것이 좋다. 학생 개인이나 모둠, 학급 전체에서 할 수 있다.

2. **공개하기** 그림을 더 많이 공개한 후 또 학습자들에게 새로 보이는 것을 찾아내게 하고, 이 새로운 정보가 이전의 해석과 가설에 어떤 영향을 미치는지 고려하도록 한다. 자극에 따라 좀 더 날카로운 질문을 할 수도 있다. "이 두 사람이 어떤 관계라고 생각하나요? 지금까지 드러난 말들에서 어떤 것이 느껴지나요? 다음에 볼 부분에서 무엇이 보일지 예측할 수 있나요?" 이 단계에서 학생들이 궁금해하는 점에 대해 물어볼 수도 있다.

3. **반복하기** 그림이 전부 드러날 때까지, 공개하고 해석하는 과정을 반복하고 학습자들에게 여전히 풀리지 않는 질문을 말하게 한다. 학습자들이 서로 다른 해석에 대해 토론하고, 정보가 추가될 때마다 생각이 어떻게 바뀌었는지를 성찰하도록 독려한다.

4. **사고 공유하기** 학습자들과 과정에 대해 토론한다. 시간이 지남에 따

라 자신의 해석이 어떻게 바뀌고 변화했는지 성찰하게 한다. 그림의 더 많은 부분을 본 것이 학습자들의 생각에 어떤 영향을 미쳤는가? 어떤 부분이 특히 정보가 풍부하고 극적인 영향을 미쳤는가? 어떤 부분이 더 모호했는가? 만약 다른 순서로 그림이 공개되었다면 어떤 효과가 나타났을까?

사용과 응용　읽기 교사인 토니 카벨은 글에 깊이 몰입하는 학생들에게 관심이 있었다. 비알릭 칼리지의 6학년생들이 리춘신의 자서전 『마오쩌둥의 마지막 댄서』를 배우기 시작하자, 토니는 리춘신이 베이징역에 도착하는 장면을 그린 앤 스퍼드빌라스의 그림을 확대해서 보면 학생들이 당시의 상황과 배경을 더 잘 이해할 수 있을 것이라고 판단했다. 토니는 첫 번째로 배경을 모두 가리고 홀로 서 있는 아이만 보여주었다. 학생들이 그림을 들여다보는 동안, 토니는 학생들에게 그림 속 아이가 되었다고 생각해보게 한 후 추가 질문을 던졌다. "무엇을 느낄 수 있나요? 무엇을 볼 수 있나요? 무슨 냄새가 나요? 무슨 소리가 들리나요? 무엇을 알 것 같나요?" 학생들은 각자 응답을 적었다. 새로운 부분을 공개할 때마다 토니는 이 질문을 반복했고, 학생들이 새로운 정보를 통합하여 상황에 대한 인식을 발전시키도록 했다.

　비알릭 칼리지의 교사 폴 벨먼은 4학년 학생들에게 호주 원주민이 사용하는 다양한 언어에 대해 더 많이 가르쳐주고 싶었다. 그래서 호주 지도를 연속해 보여주며 궁금증을 키워주는 방식으로 수업하기로 결정하고서 매번 투명 용지에 더 많은 정보를 적어 지도 위에 겹쳤다. 정확히 말하면 지도 자체를 가지고 '확대해서 보기' 루틴을 한 건 아니지만, 점점 더 많은 지도 정보를 겹침으로써 새로운 정보를 층층이 쌓았다. 오직 뚜렷한 경계선만 있던 초기 지도에서 구획이 점점 더 많아지는 지도로 발전하여 마침내 모든 토착 언어의 발원지를 보여주자 학생들의 기대와 호기심, 궁금증이 커졌다. 학생들은 새로운 정보가 이전의 생각과 충돌할 때마다 지도에 드러난 것을 추론하려고 노력했다. 처음에 모든 정보를 공개하지 않고, 수업에 따라 가설을 세우도록 학생들을 북돋움으로써, 폴은 흥분과 신비감을 형성했다. 학생들은 이 경험을 성찰하면서, 제한된 정보로만 가정하는 것이 얼마나 쉬운지, 그 가정이 어떻게 바뀔 수 있는지에 대해 언급했다.

평가　　학생들이 가설을 세울 때 어떻게 세부 사항에 주의를 기울이는지, 또 본 것과 알아낸 것을 가지고 어떻게 가설을 뒷받침하는지 살펴보아야 한다. 학생들은 새로운 가설을 세우거나 가설을 수정하기 위해 새로운 정보를 종합하고 있는가, 아니면 처음 세운 이론에서 벗어나지 않으려고 하는가? 학생들은 다른 사람의 아이디어를 기반으로 하는가, 아니면 자신의 아이디어에만 사고를 제한하는가? 학생들은 과정 내내 자신의 생각이 어떻게, 왜 변했는지 성찰할 수 있는가?

조언　　'확대해서 보기' 루틴에서 '공개하기' 횟수는 정해져 있지 않지만, 매번 학생이 무엇을 보고 접하는 정보가 얼마나 되며 어떤 유형인지 알려면 공개 과정을 교사가 직접 체험해보는 게 좋다. 학생들의 사고에 문제 제기를 할 수 있을까? 유연한 사고를 계발하는 것이 이 루틴의 중요한 목표인 만큼, 학생들이 이전에 배운 것이나 상황을 더 많이 알고 있어서 사고를 바꾸었을 때 교사는 학생들이 다른 상황과의 연관성을 찾아내도록 장려하기 바란다. 다음의 '실행 장면'에서는 교사가 그림을 제시하고 공개하는 데 대화식 전자칠판을 사용했다.

실행 장면　　비알릭 칼리지의 수학 전담 교사인 케이틀린 페이먼은 학생들과 함께 몇 가지 사고 루틴을 사용해왔다. 학생 일부는 이전에 토니 카벨의 문학 및 사회과학 수업에서 '확대해서 보기' 루틴을 일부 접한 적이 있었고, 케이틀린은 이 루틴에 무척 흥미를 느꼈다. 동시에 수학에도 이 루틴을 사용할 수 있을지 궁금했다.

케이틀린이 세운 5학년 수학 수업의 목표 하나는 학생들에게 수학의 큰 그림을 보고 수학이 주변에 널려 있다는 사실을 깨닫게 하는 것이었다. 그녀는 '확대해서 보기' 루틴이 풍부한 토론을 유도할 수 있는지 확인하기 위해 에셔(M. C. Escher)의 그림 〈낮과 밤(Day and Night)〉([그림 4-2] 참조)을 가지고 시도하기로 결정했다. 케이틀린은 어떻게 될지 궁금했다. "전체 그림은 틀림없이 매력적이지만, 학생들이 그림 안에서 수학을 알아볼 수 있을까? 아니면 한 번에 오직 일부만 보여주는 것은 너무 제한적일까?"

케이틀린은 처음 공개할 부분으로 새 한 마리가 날아가는 부분을 골랐다. 그녀는 명확하고 비교적 모호하지 않은 것으로 시작하고 싶어서 이 부분을 골랐고 그래서 수학적 연관성 찾기에 학생들을 집중시킬 수 있었다. 케이틀린은 학생들에게 카벨 선생님의 '확대해서 보기' 경험을 상기시키고, 일단 자세히 관찰하기부터 시작하도록 했다. 몇 분간 생각할 시간을 준 후, 지금 수학 수업 중이라는 사실을 명심하면서 본 것이나 알아낸 것을 기록하게 했다.

학생들은 즉시 새와 직사각형에 주목했다. 케이틀린은 무엇을 그린 그림인지 학생들에게 묻고, 단지 이것은 처음 떠오른 아이디어일 뿐으로 잠정적이고 조건적이어도 괜찮다는 점을 상기시켰다. 학생들은 속사포처럼 연이어 대답하기 시작했다. "갇힌 새일 수 있어요." "직사각형은 세상에 있는 새장의 주된 모양이에요." "제 생각엔 새장 속의 새 같아요." 조슈아가 토론에 보다 정교한 아이디어를 추가했다. "저는 배열, 새들의 배열로 끝나서 결국 곱셈 문제가 될 거라고 생각해요." 마른은 모양과 연관 지었다. "새 한 마리가 보여요. 저는 실제로 모양을 보고, 이 모양이 어떻게 만들어지는지 알아보기 위해 이 그림을 보고 있다고 생각해요. 왜냐하면 이 새를

[그림 4-2] M. C. 에셔의 〈낮과 밤〉

보면 머리가 원이고 부리가 삼각형이라는 것을 알 수 있기 때문이에요. … 파란색 직사각형 안에 있고… 타원형 몸도 볼 수 있어요. 몸통이요. 다른 유형의 삼각형도 있고….”

새로운 부분이 공개될 때마다, 케이틀린은 학생들에게 무엇이 보이는지, 생각이나 해석이 어떻게 바뀌었는지, 새로운 정보가 어떻게 가설을 바꾸거나 새로운 궁금증을 유발했는지 물었다. 새로운 시각 정보가 공개될 때마다 토론은 더욱 풍성해졌다. 관찰 내용은 “새가 날아다니고 있어요. 근데 구석에 뭔가 육지 같은 게 보이는 걸로 봐서 바다 위를 날고 있는 것 같아요. 어쩌면 겨울일지도 몰라요. … 아니면 새들이 날아갈 때마다…”와 같은 새에 대한 발언에서 수학 용어가 대부분인 다음과 같은 응답으로 바뀐다. “지금은 [배열보다는] 피라미드처럼 보여요. 머리가 두 개 그 사이로 끼어드는 것처럼 보여요.”

세 번째 공개했을 때, 학생들은 행, 열, 수직선, 수평선, 대각선에 대해 토론하고 ‘인수’에 대해 말하기 시작했다. “[수의] 배열을 찾으려면 인수만 모두 찾으면 됩니다. … 1, 2, 4, 8이요. 8개가 1행, 1개씩 8열, 그리고 4개가 2행, 2개씩 4열이에요." 새로운 발언이 나올 때마다 케이틀린은 수학 개념을 소개하거나 수정하여 교육했다.

"학생들이 너무나 수학을 많이 발견했어요! 정말로 학생들의 통찰력에 감탄했죠."라고 케이틀린이 말했다. "우리는 대칭, 변환, 방향, 삼각수, 합동, 반사, 2D 형상 및 3D 형상도 다루었어요. 학생들이 예전에 경험하고 이해한 것을 떠올리는 방식이 놀라웠죠. 그것을 중단시키고 싶지 않았어요." 그러나 케이틀린은 학생들의 발언을 중단시켜야 했는데, 전체 그림이 공개되기도 전에 수업 시간이 끝났기 때문이다.

다음 날 케이틀린은 중단했던 부분에서 수업을 다시 시작했다. 그녀는 지금까지 학생들이 관찰한 것을 정리해주고서 사고를 촉진하고자 애썼다. "그러니까 이쪽으로는 흰 새로 변형되고, 저쪽으로는 검은 새로 변형되고 있어요. 우리는 새들이 날아가는 방향을 어떻게 설명할 수 있을까요? 수학적으로는 어떻게 설명할 수 있을까요?"

수직, 수평, 뒤집기, 변형하며 날아가는 형상에 대한 논의가 계속될 때, 케이틀린은 학생들이 이름도 알지 못하는 새로운 수학 개념을 발견했음을 알게 되었다. 그녀가 끼어들며 말했다. "지금 우리 모두가 언급한 것은 수학 용어로 '테셀레이션(tessellation)'이라고 해요. 틈새 없이 모양이 서로 들어맞죠. 여기서 어떤 것이 테셀레이션일까요?"

일단 그림이 전부 공개되고 논의가 이루어지자 케이틀린은 다음과 같은 질문으로 수업을 마무리했다. "만약 여러분이 이 그림을 그린 화가라면 어떤 제목을 붙일 수 있나요? 수학 렌즈로 이 그림을 탐구했으니까 제목에도 이런 관점이 들어가야 한다는 점 잊지 마세요." '대칭선이 가른 낮과 밤', '대칭 조감도', '대칭 변환', '시간의 경과', '새들의 3D 깊이', '대칭과 배열의 속임수' 등의 대답이 있었다.

이렇게 '확대해서 보기' 토론은 한 시간짜리 수업으로 2회 진행되었다. 이 수업을 돌아보던 케이틀린은 학생들이 숨겨진 정보의 미스터리에 얼마나 흥분했는지 언급하며 다음과 같이 말했다. "학생들은 위험을 감수하거나, 가설을 세우거나, 추측하는 것을 너무나 편하게 받아들였고, 자신의 아이디어를 뒷받침할 근거를 제시해야 한다는 점도 잊지 않았죠." 케이틀린도 몇 가지 의문과 문제를 제기했다. 그중 중요한 것은 "각 그림에 얼마나 시간을 배분할 것인가?"였다. 그러나 케이틀린은 자신이 그 질문을 제기했음에도 불구하고 이미 그 해답을 찾은 듯했다. "목표한 사고 수준에 도달하기 위해 아이디어를 충분히 발전시킬 만큼이면 충분해요. 그러나 수업 활동을 너무 오래 끌어서 학생들이 다음 그림을 보기 싫어하거나 불쾌히 여길 만큼 길어서는 안 되죠."

생각-퍼즐-탐구

방금 제시된 주제나 화제를 생각해보자.
- 이 주제에 대해 어떻게 생각하는가?
- 이 주제에 대해 어떤 질문 또는 퍼즐을 가지고 있는가?
- 이 주제와 관련해 우리가 가진 퍼즐을 여러분은 어떻게 탐구하겠는가?

이 루틴은 가장 널리 사용되는 교실 루틴 중 하나인 '아는 것-알고 싶은 것-배운 것(Know-Want to Know-Learned)'을 사실 중심적이기보다는 좀 더 질문과 과정을 지향하도록 만들고 싶었던 우리의 소망에서 개발한 것이다. '아는 것-알고 싶은 것-배운 것'에서는 학생들에게 "여러분은 이 주제에 대해 무엇을 알고 있나요? 여러분은 무엇을 알고 싶나요? 이제 공부를 마쳤는데 여러분은 무엇을 배웠나요?"라고 묻는다. 학생들에게 어떤 주제에 대해 '아는 것'을 물어보고 이를 가지고 목록을 만들 때 빠지기 쉬운 함정은 종종 학생들이 잘못된 정보를 주거나 아무것도 모른다고 말할 수도 있다는 점이다. '생각-퍼즐-탐구' 루틴은 교사가 "여러분은 무엇을 안다고 생각하나요?"라고 물어봄으로써, 학생들의 아이디어를 잠재적 지식 혹은 부분적 지식, 탐구될 수 있는 아이디어로 분류한다. 또 "여러분은 무엇을 알고 싶나요?"라고 묻기보다는 "이 주제의 어떤 점이 여러분을 혼란스럽게 하나요?"라고 물음으로써, 학생들이 사실의 수집보다는 탐구 측면에서 더욱 폭넓게 생각하도록 독려한다. 이 루틴의 '탐구' 부분은 학생들의 관심을 혼란스럽게 하는 것(퍼즐)을 어떻게 연구할 것인가로 이끈다.

목적 　　　　　　　 이 루틴은 학생들이 사전 지식과 연결하고 호
　　　　　　　　　　 기심을 가지며 독립적인 탐구나 그룹 탐구를
계획하도록 한다. '생각-퍼즐-탐구'는 학생들이 현재 주제를 이해한 수준
을 교사들이 알 수 있으므로, 따라서 이후의 교육·학습 형태와 구조에 영
향을 미친다. 이처럼 이 루틴은 더 깊은 탐구의 장을 마련해주며, 보통 단
원의 시작 부분에 배치한다. 그러나 새로운 퍼즐을 찾고 추가 탐구 계획을
수립하기 위해 단원 내내 계속 사용해도 된다.

　　또한 단원의 끝부분에 이 루틴의 첫 단계를 결합하면 강력한 효과가
나타난다. 학생들이 이해해온 과정과 지금 안다고 생각하는 것을 보여주는
성찰 도구로 사용되기 때문이다. 루틴의 '퍼즐' 부분을 다시 이용하면, 학
습을 연장할 수 있으며, 주제를 꽤 오래 생각했다고 해도 언제나 더 이해해
야 할 것이 남아 있다는 사실을 학생들에게 상기시킨다.

내용 선택하기 　　　　 루틴의 속성상 주제에 대해 제기되는 퍼즐은
　　　　　　　　　　 보통 구체적이다. 그러나 복잡하고 풍부한 주
제를 선택하면 뻔한 대답 이상의 것을 찾고 여러 해석을 탐구하도록 유도
하는 질문으로 이어질 것이다. 주제는 큰 아이디어, 수학 과목의 특정 주
제, 그날 신문 기사에서부터 학생들과 관련이 있으면서도 더 깊게 이해할
가치가 있는 것까지 거의 모든 것을 포괄할 수 있다.

단계 　　　　　　　　 1. 준비하기　이 루틴은 미래의 탐구를 준비하
　　　　　　　　　　 는 데 도움이 되며 단원을 시작하는 기준으로
사용되므로, 어떤 형태로든 문서화하고 싶을 것이다. 모둠 단위로 기록하
거나 교사가 화이트보드에 기록하거나 접착 메모지를 사용해 학생들의 아
이디어를 모으고 수집해도 된다.

　　2. "여러분은 무엇을 알고 있다고 생각하나요?"라고 묻기　질문한 후 학생들

이 생각하고 아이디어를 모으며 과거의 기억과 경험을 끌어내도록 시간을 준다. 학생들이 자신의 생각과 아이디어를 말로 하거나 종이에 적게 한다. 학생들은 서로의 아이디어를 토대로 하기 때문에, 공유하기 시작하면 새로운 아이디어가 출현한다는 점을 인식하게 된다.

3. "여러분은 질문하고 싶은 게 있나요?" 혹은 "어떤 혼란스러운 퍼즐이 있나요?"라고 묻기 다음과 같이 추가 질문을 하고 학생들이 주제에 대해 더 많이 궁금해하게끔 유도하여 사고를 진전하도록 독려한다. "무엇을 조사하고 더 자세히 알아보는 것이 흥미로울까요? 여러분은 이 주제에 대해 무엇이 궁금한가요? 이 주제에서 여러분의 호기심을 불러일으키는 것이 있나요?" 학생들에게 주제에 대한 질문이나 혼란스러운 퍼즐을 소리 내어 말하게 하거나 접착 메모지에 적어 분명히 표현하게 한다.

4. "이 퍼즐을 어떻게 탐구할 수 있나요?"라고 묻기 학생들에게 목록에서 퍼즐을 가려내도록 시킨다. 또는 수업 중에 가끔 퍼즐을 몇 개 골라도 좋다. 그런 다음 교사는 학생들에게 어떻게 하면 학급 전체나 개인적으로 이 퍼즐을 더 깊이 탐구할 수 있을지 묻는다. "여러분은 누구한테 물어볼 수 있나요? 어디에서 더 많은 정보를 얻을 수 있나요? 검색 키워드는 무엇으로 할 건가요? 어떤 자료가 이용 가치가 있나요? 정보를 검색하는 것 말고 퍼즐을 조사하기 위해 스스로 무엇을 할 수 있나요? 여러분의 퍼즐에 답하는 방법을 어떻게 찾을 수 있나요?"

5. 사고 공유하기 이 루틴은 전체를 모둠 단위로 수행할 때 많은 학생들의 사고가 공유된다. 만약 모둠 단위로 한다면, 모둠별로 퍼즐에 집중하여 발표시켜도 좋다. 또는 학생들에게 학급 전체의 응답을 검토시켜 비슷한 주제나 연관성이 강한 퍼즐끼리 함께 묶게 할 수도 있다. 이때 학생들은 짝을 짓거나 모둠을 형성해 자신이 가장 흥미롭다고 생각하는 질문이나 퍼즐에 대한 탐구 계획을 세울 수도 있다. 그리고 학생들의 탐구 계획을 모둠끼리 공유하여 피드백할 수도 있다.

비알릭 칼리지 1학년 교사인 캐슬린 조지우는 예술 및 과학기술 전문가인 헬린 오버먼과 함께 일하면서, 물 자원을 다루는 단원에서 물과 물 사용을 묘사한 예술 작품을 학생들이 관찰하는 것을 돕기 위해 '생각-퍼즐-탐구' 루틴의 '생각'과 '퍼즐' 부분을 사용하기로 했다. 빅토리아 국립미술관에서 회화, 드로잉, 조각을 보기 전에 두 사람은 시간을 들여 학생들에게 예술 작품 사진을 보여주며 토론을 조직하는 데 루틴을 사용했다. 사진마다 이렇게 물었다. "여러분은 이 사진에 대해 무엇을 안다고 생각하나요? 무엇이 여러분을 혼란스럽게 하나요? 무엇이 궁금한가요?" 캐슬린과 헬린은 현장 학습 때 모둠에 동행할 학부모와도 만나 루틴을 가르쳐주고 학생들이 어떻게 응답했는지 사례를 보여줬으며, 미술관에서 학생들과 함께 응답을 가지고 토론해보라고 격려했다. 미술관에서 학생들은 앞으로 관찰하게 될 새로운 예술 작품의 사진과, 탐구로 이끌어갈 루틴의 질문이 담긴 클립보드를 받았다. 학생들이 루틴에 익숙해지자 자신의 생각과 궁금증에 대해 활발한 토론이 벌어졌다.

캐런 글랭크는 비알릭 칼리지 5학년 학생들과 리더십에 대해 폭넓은 연구를 한 후, 학생들이 리더십에 대해 어떤 생각을 하고 있는지 알고 싶었다. 그녀는 또한 리더십이 하나의 연구 주제 그 이상이며, 심지어 그 단원을 '끝냈다' 하더라도 여전히 더 알아야 할 것이 많다는 점을 학생들이 이해하기를 바랐다. 그녀는 '생각-퍼즐-탐구' 루틴을 성찰 도구로 택하여, 학생들이 지금 리더십에 대해 무엇을 알고 있다고 생각하는지와 어떤 새로운 퍼즐이 출현했는지를 밝혀내고, 학습을 계속할 수 있는 방법에 대해 생각하도록 만들려고 했다.

루틴의 첫 번째 부분, 즉 '생각'에 대한 학습자들의 응답을 듣는 것 그리고/또는 읽는 것,

문서화를 통해 학생들이 주제에 대해 가질 수 있는 오해를 알게 된다. 이해를 발전시켜야 한다면, 교육은 이러한 오해를 다루어야 한다. 루틴의 두 번째 부분에서 드러나는 '퍼즐'은 학생들이 더 탐구하고 싶어 하는 아이디어에 대한 통찰을 제공한다. 학생들이 탐구 질문을 만들어낼 수 있는지, 단순한 사실 모으기가 아니라 주제에 대해 광범위한 호기심을 표현할 수 있는지 살펴보자. 보통 이것을 개발하는 데는 시간이 걸린다. 이는 사실적 질문을 못하게 하자는 말이 아니라, 이해라는 쟁점에 도달할 보다 폭넓고 모험적인 유형의 질문으로 보완되어야 한다는 말이다. '탐구' 부분은 탐구 계획을 수립하는 학생들의 능력을 살펴볼 기회이다.

조언   '생각-퍼즐-탐구' 루틴은 '아는 것-알고 싶은 것-배운 것' 루틴의 외관만 바꾼 것같이 보이는데, 목표가 매우 유사하기 때문이다. 그런데 교사들이 사용하는 언어는 학생들의 사고에 영향을 준다. 단어 선택에서 매우 미묘한 변화처럼 보이는 것이 학생들의 응답 방식에 큰 영향을 줄 수 있다. "여러분은 ~에 대해 무엇을 알고 있나요?"라는 질문이 대상에 자신감이 없는 학생들의 말문을 곧바로 막아버린 사례가 있다. "여러분은 ~에 대해 무엇을 알고 있다고 생각하나요?"라는 질문은 학생에게 한번 시도해보게 하고 질문에 가능한 한 대답을 하게 한다. 자신이 절대적인 사실을 알고 있다고 장담할 수는 없지만 약간의 생각이 있음을 알기 때문에 안전하다고 느끼는 것이다. 마찬가지로, 퍼즐과 궁금한 점에 대한 토론은 학생들이 보다 개방적인 질문을 하도록 돕고, 학생들의 호기심을 키워줄 수 있다.

교육자들이 루틴과 루틴의 언어에 익숙해질수록 더 유연하게 루틴을 사용할 수 있다. 교사가 루틴의 한 부분만 사용하는 것은 드문 일이 아니다. 예를 들어, 어떤 뉴스 기사에서 익숙하지 않은 것을 접할 때, "여러분은 ~에 대해 무엇을 알고 있다고 생각하나요?"라고 질문하여 매우 유익한 토론을 유도할 수 있다. 아니면 교실에 차트지를 걸어 학생들이 탐구 중인 주제에 대한 퍼즐과 궁금한 점을 기록하여 탐구를 심화할 수 있고 더 많은 관심과 호기심을 불러일으킬 수 있다.

일부 교사들은 루틴의 '탐구' 부분을 어떻게 다룰지 확신하지 못한다. 그 이유 중 하나는 학생들에게 자신만의 탐구 계획을 수립하고 그 탐구를 감독하도록 시키는 데 익숙하지 않기 때문일 수 있는데, 바로 이것이 '탐구' 부분에서 학생들이 해야 할 일이다. 교사는 이 영역에서 학생들의 능력을 개발하기 위해 반 하나를 모델로 집단 탐구 계획을 수립하는 것부터 시작해도 좋다. 그러면 교사는 계획 과정 자체를 가시화할 수 있다. 만약 루틴의 '탐구' 부분에 대한 학생들의 유일한 답변이 '인터넷에서 찾아보기'라면, 교사는 학생들이 다음과 같은 점을 고려하도록 좀 더 독려해야 한다. "어떤 종류의 자료가 믿을 만한가요? 어떤 키워드를 사용해야 할까요? 보고된 내용이 사실인지 아닌지 어떻게 판단할까요? 또 누구에게 물어봐야 할까요?" 학생들이 더 생각하도록 독려하기 위해 이렇게 질문할 수도 있다. "책이나 인터넷에서 믿을 만한 정보를 찾을 수 없다면, 어떻게 우리가 직접 찾아낼 수 있을까요?"

실행 장면 키런 밴설은 비알릭 칼리지의 2학년 수업에 시간이라는 주제를 소개할 때 질문으로 시작하기로 했다. "여러분은 시간에 대해 무엇을 알고 있다고 생각하나요?" 키런이 '생각-퍼즐-탐구' 루틴을 선택한 이유를 말해주었다. "시간 개념에 대한 사전 지식과 호기심을 작동시키려고요. 이 루틴을 통해 모든 학생이 생각을 발전시키고, 자신 있게 호기심을 생성하기를 바랐어요."

키런은 이 루틴을 어떻게 실행했는지 설명했다. "학생들을 4~5명의 모둠으로 나누고 테이블에 큰 종이 한 장과 연필을 놓았어요. 시간을 주고서 시간에 대한 아이디어나 생각을 종이의 '생각' 부분에 적게 했죠. 그런 다음 모든 아이디어를 학급 전체에 공유했어요. 그다음에는 학생들에게 시간에 대해 궁금한 점이나 질문이 있는지 물었어요. 학생들은 '퍼즐' 부분의 접착 메모지에 이것들을 적었어요. 학생들의 생각이 한눈에 보이도록 칠판에 게시하자 학생들의 응답이 더 많아졌어요. 그러고 나서 학급 차원에서 궁금한 점을 다루었고, 우리가 모은 질문을 어떻게 모둠이나 개인 차원에서 탐구할 수 있을지 토론했답니다." 학생들의 응답은 [표 4-1]에 있다.

'시간'에 대한 학생들의 사고와 퍼즐은 내용뿐만 아니라 이해 수준, 정교함 수준에서 대단히 다양했다. 제기된 주제에는 시계가 어떻게 작동하는지의 역학, 시간을 측정하는 다양한 방식, 시간의 역할과 중요성에 대한 커다란 철학적 쟁점을 둘러싼 접전, 시간의 본질에 대한 커다란 질문 등이 있었다. 학생들의 응답은 '시간 말하기'와 관련된 사실이나 능력 그리고 시간 말하기 방법에 대한 질문도 훌쩍 넘어서는 것이었다. 그 결과, 키런은 가르치려던 단원에 대해 완전히 다른 생각을 갖게 되었다.

키런은 모든 학생들의 응답을 듣고 본 후, 시간 말하기의 기준 목표뿐만 아니라, 시간의 역사, 필요성, 중요성에 대한 학생들의 더욱 광범위한 질문까지 약간 다루도록 단원 계획을 수립했다. 그리하여 단원 내내 풍성한 토론이 많이 이루어졌다. 키런은 제기된 퍼즐 중 일부를 탐구하기 위해 학생들을 관심별로 모둠을 나누어 연구하게 했다. 그중에는 시계 내부를 살펴보는 모둠도 있었고, 타임머신을 설계하는 모둠도 있었다. 학생들은 여전히 시, 분, 초와 시간 말하기의 기초를 배우고 있었지만, 시간에 대한 학생들의 집단적인 경험과 이해는 훨씬 더 많은 내용을 배우게 했다.

키런은 '생각-퍼즐-탐구' 루틴이 단원 접근법을 변화시킨 점을 다음과 같이 회상했다. "시간을 다룬 수학 단원을 가르친 과거의 경험을 돌이켜보면, 언제나 사전 시험과 사후 시험을 정해놓고 가르쳤어요. 유일하게 평가한 능력은 교육과정에서 정한 학습 성과를 학생들이 얼마나 잘 달성

[표 4-1] 시간에 대한 2학년생의 사고와 퍼즐

여러분은 시간에 대해 무엇을 알고 있다고 생각하나요?	여러분은 시간에 대해 무엇이 궁금한가요?
• 시간은 낮과 밤이다. 또 시간은 오전과 오후이다. 시계로 시간을 볼 수 있다. 하루는 24시간이다. 시간은 시간표일 수도 있다. 해가 뜨는 시간은 아침이다. 달이 뜨는 시간은 밤이다. • 디지털과 아날로그가 있다. 취침 시간, 점심 시간, 아침 식사 시간이 있다. 낮과 밤, 일몰, 초와 분. • 시간은 빨리 갈 수도 있고, 천천히 갈 수도 있다. 어떻게 만들어졌는지는 아무도 모른다. 시간이 멈추면 아주 작은 것조차도 움직이지 않을 것이다. • 디지털 시간이 있다. 초도 있다. 대낮이 있고 황혼이 있다. 시간과 분이 있다. • 하루는 24시간이다. 취침시간, 낮 시간, 노는 시간. 시(o'clock)가 있다. • 나무가 자라는 데 걸리는 시간. 저녁 식사 시간이 있다. • 시간을 생각하면, 내가 어떻게 자라고 있는지를 생각하게 되고, 곱셈, 지루함, 기다림, 취침 시간, 컴퓨터, 내가 어떻게 아기 때 장난감에서 벗어나 새 장난감을 갖게 되었는지처럼 장난감에 대해 생각하게 되고, 수업 시간, 시간과 디지털, 일출과 일몰과 역사를 생각하게 된다.	• 누가 시간을 발명했나? • 시간은 어떻게 만들어졌나? • 시간을 거슬러 올라갈 수 있을까? • 시간이 없다면 우리는 무엇을 할까? • 언제 시계가 처음 만들어졌을까? • 왜 시간을 '시간'이라고 부를까? • 아날로그란 무엇인가? • 나무가 다 자라는 데 얼마나 시간이 걸릴까? • 시간은 어떻게 만들어졌을까? • 시계는 언제 울지를 어떻게 알까? • 왜 시간은 그토록 중요할까? • 시침과 분침은 어떻게 움직이는가? • 누가 '시간'이라는 말을 생각해냈을까? • 숫자와 시간과 시계에 대해 알고 싶다. • 시간에 대해 정말 아무것도 몰라서 혼란스럽다. • 누가 시계를 만들었을까? • 시간이 없다면 무슨 일이 일어날까?

할 수 있는가였죠. 이 루틴을 직접 배웠을 때, 상당히 흥미를 느꼈어요. 이 과정을 통해서 아이들의 개념 수준과, 어떻게 아이들이 이 개념을 더 깊게 이해하는 여정을 감당할 수 있을지 제가 잘 이해할 수 있을 테니까요."

키런은 학생들의 단원 참여도 과거와 상당히 달라진 것을 깨달았다. "학습 장애 학생 일부도 즐거이 자기 생각을 발표하는 모습을 보고 깜짝 놀랐어요. 수동적인 학습자였던 과거와 비교되잖아요. 아이들은 생각하고 탐구하고 배우는 여정 동안 매우 열정적으로 참여했어요. 아이들의 사고를 가시화함으로써 아이들이 학습을 따라올 수 있었고, 이 여정은 학생들에게 제공된 경청하기, 상호작용, 사고의 기대치, 공유하기, 질문하기, 위험 감수하기, 서로의 생각 존중하기와 같은 풍부한 경험들로 가득했어요."

분필 대화

차트지에 적힌 주제나 질문을 보자.
- 이런 아이디어나 질문 또는 문제점을 살펴볼 때 어떤 생각이 떠오르는가?
- 다른 사람들의 응답에서 어떤 연관성을 찾을 수 있는가?
- 아이디어에 대해 생각하고 다른 사람의 응답과 발언을 고려할 때 어떤 의문이 떠오르는가?

교사로서 우리는 모든 의견을 말할 수 있는 공간을 만들고 모든 학습자들을 학습에 초대하기를 바란다. 그러나 때로는 모둠의 모든 학생에게 충분한 발언 시간을 제공하는 것이 어려울 수 있다. 폭스파이어 펀드의 히톤 스미스가 개발한 '분필 대화(Chalk Talk)'는 아이디어에 대한 비선형적 탐구를 촉진하여 이 문제를 해결하기 위한 것이다. 이 루틴은 종이 위에서 조용히 진행하는 '대화'이다. 때로는 하나의 '프로토콜'로 간주되기도 하지만, 분필 대화는 사고를 가시화하기 위한 유용한 도구이다. 반응과 연관성과 질문에 초점을 두는 분필 대화의 단순한 구조는 사고 루틴의 정의에 잘 들어맞는다.

목적

이 루틴은 다른 사람의 도움말이나 생각에 대해 말없이 서면으로 응답함으로써 학습자들이 아이디어나 질문 또는 문제를 살펴보게 한다. 이 '침묵의 대화'는 학습자들이 다른 관점을 고려하여 의견을 말할 준비가 되었을 때를 선택해 방해받지 않고 생각을 전개할 시간을 제공한다. 이 루틴은 비선형적 방식으로 한 아이디어에서 다른 아이디어로 옮겨가고, 질문이 떠오를 때 표현하며, 수집된 전체 정보를 시간을 들여 충분히 생각하게 하는 유연성을 제공한다. 분필 대화의 과정은 아이디어를 제시하고, 서로 질문하며, 아이디어를 한층 더 발전시키는 것을 통해 협업 방식으로 이해를 형성한다는 개념을 강조한다. 이 루틴은 자유롭고 탐구적인 속성이 있어 학생들이 쉽게 접근할 수 있다. 또한 개인의 의견에 이름을 쓰지 않아도 되기 때문에 어느 정도의 익명성이 보장되며, 이에 자유로움을 느낀 일부 학습자들이 더 많은 위험을 감수하고서 아이디어를 제시할 수 있게 된다.

내용 선택하기

분필 대화의 제시어는 연구 주제와 관련된 하나의 단어나 구절일 수 있다. 그러나 종종 질문은 더욱 풍부한 토론 및 상호작용을 만들어낸다. 하나의 단어나 주제는 학생들에게 그 주제에 대해 알고 있는 것을 단순히 보고하도록 장려하는 반면, 질문은 더 숙고하고 사고하게 할 수 있다. 질문은 다수의 관점과 반응을 끌어내는 것이다. 예를 들면, "복수와 화해의 관계는 무엇인가?", "여기서 실제로 무슨 일이 일어났는지 우리는 어떻게 알 수 있는가?", "복제는 허용되어야 하는가?"처럼 말이다. 논란이 있는 주제나 쟁점 또는 질문을 던지는 걸 부끄러워해선 안 된다. 사실 분필 대화는 말로 하는 실시간 토론에서 거론하기 어려운 쟁점을 안전하고 차분한 환경에서 토론하게 해준다. 또 다른 제시어로는 탐구 중인 주제와 관련된 핵심 아이디어나 이전 토론에서 제기된 질문, 텍스트에서 뽑은 의미심장한 인용문이 있다. 큰 그룹에서는 앞에 놓인 주제와 관련된 다수의 질문을 사용해도 된다.

분필 대화는 성찰에도 사용할 수 있다. 따라서 학생들이 성찰했으면 하는 쟁점이나 주제 또는 학습 순간이 무엇인지 생각해보아야 한다. 예를 들어, 이번 연구 단원에서 여러분이 가장 놀란 것은 무엇인가? 이 주제에서 여러분이 익히기 힘든 것은 무엇인가? 스스로 어떤 부분이 가장 개선되길 바라는가? 이 주제에서 여러분이 다른 사람과 공유할 수 있는 능력은 무엇인가? 여러분이 실제로 어떤 것을 이해했을 때 그것을 어떻게 알 수 있는가?

단계

1. 준비하기 각각의 도움말을 큰 차트지에 적어서 교실 안 각 테이블 위에 놓는다. 테이블에 마커펜을 놓아두거나 학생들에게 나눠준다. 분필 대화를 위해 학생들을 모둠으로 나눌지 아니면 자유롭게 교실 안을 돌아다니게 할지 결정한다. 모둠으로 할 거라면, 분필 대화의 첫 회에 얼마나 시간을 할애할지 결정한다.

2. 제시어 보여주기 학습자들에게 제시어에 대한 응답을 생각하여 아이디어와 질문을 기록하게 한다. 학습자끼리 서로의 응답을 읽어보고 발언과 질문을 덧붙이도록 권한다.

3. 회람하기 분필 대화 용지를 회람하여 제시어를 읽은 뒤 응답을 추가하게 한다. 모둠으로 과제를 하는 경우라면, 대화를 발전시키기 위해 용지 하나당 5분씩 머물게 한다. 그런 다음, 모든 모둠을 일제히 다른 모둠의 기록지로 순차적으로 움직이게 해 적힌 것을 읽고 거기에 응답과 질문을 추가하게 한다. 이렇게 순환하면 대화가 막힐 만한 모둠의 '대화'에 새로운 아이디어를 주입하는 데 도움이 된다.

4. 촉진하기 모둠의 구성원이 기록된 것을 읽으면서 하는 응답의 유형에 따라 교사의 지시가 필요할 수 있다. 즉 아이디어들을 연결하고, 다른 아이디어를 더 정교하게 발전시키고, 다른 사람들이 쓴 것을 논평하고, 사람들에게 좀 더 상세하게 응답해달라고 요청하는 것 등이다. 교사는 발언과 질문에 대답하고 새로운 통찰과 의문을 제기하는 적극적인 참여자이면서 모델이 된다. 수업이 끝날 무렵 응답할 시간이 얼마나 남아 있는지 학

생들에게 알려준다.

5. 사고 공유하기 학생들이 한 바퀴 돌았다면, 출발지로 돌아가 '자신의' 분필 대화 용지에 다른 사람들이 적은 내용을 읽어보게 한다. 분필 대화 내용이 많다면 모둠 구성원이 다양한 분필 대화 내용을 검토할 시간을 준다. 모둠 구성원에게 어떤 주제가 드러나고 있는지 물어보자. 학생들은 어디에서 공통의 쟁점과 반응을 보았는가? 어떤 질문이 그들을 놀라게 했는가? 모둠 구성원에게 분필 대화를 진행하는 동안 어떻게 생각이 발전했는지 물어보면서 그 과정에 대해 말하게 하라.

사용과 응용 미시간주 프랑큰무스에 있는 리스트 초등학교의 체육 교사 질 윌리첵은 '분필 대화' 루틴을 사용해 2학년 학생들이 볼링에 대해 무엇을 배웠는지 돌아보게 했다. 질은 체육관에서 학생들이 4인 1조로 과제를 할 수 있도록 준비했다. 한 학생은 볼링을 하고, 한 학생은 핀 세터로 볼링 핀을 정리하며, 한 학생은 공을 돌려주고, 네 번째 학생은 분필 대화 제시어에 응답하는 역할을 맡았다. 모든 학생이 돌아가면서 각각의 역할을 한 번씩 했다. 그런 다음 모둠 구성원 네 명은 분필 대화 제시어 말고는 모든 것이 동일한 다음 장소로 이동했다. 학생들이 학습에 대해 생각하게 하기 위해 질은 다음과 같은 제시어를 골랐다. "볼링하는 사람이 공을 굴리기 전에 무슨 일이 일어나나요? 여러분은 볼링의 어떤 부분을 잘하나요? 볼링에서 역할 교체는 어땠나요? 여러분은 볼링공을 어떻게 겨냥하나요?"

비알릭 칼리지 7학년 영어 교사인 조시 싱어는 유머를 주제로 전체 학급 토론을 시작했다. 토론 중 그녀는 학생들이 제기한 다음과 같은 핵심 질문을 기록했다. "우스운 것을 찾지 못하는 사람은 유머 감각이 있는 것일까요?" "성, 국적, 외모, 장애에 관해 농담하는 것이 용인될까요?" "여러분은 유머 감각을 배울 수 있을까요?" "왜 유머가 중요할까요?" 그녀는 학생들을 모둠으로 나누어 이 질문 중 하나로 분필 대화를 하게 했다.

세인트 찰스 초등학교 교사 릴랜드 제닝스가 가르치는 2학년 학생들은 식물 공부의 일환으로 분필 대화에 참여했다. 학생들은 '연필 대화'로 이름을 바꾸었다. 릴랜드는 2학년 내내 연필 대화와 여러 루틴을 사용한 덕분에 학생들의 아이디어에 대해 말하고 토론하는 방식이 어떻게 바뀌었는지, 그리고 학생들이 루틴에서 배운 보다 정확한 사고 언어를 얼마나 자주 사용하는지 말해주었다.

평가　　　　　　　　　교사는 분필 대화 제시어에 대한 학습자의 응답에서 그들이 기여한 바를 살펴보아야 한다. 학생들의 기여는 큰 아이디어와 관련이 있는가, 아니면 지엽적인 것과 관련이 있는가? 학생들은 자신만의 아이디어와 독창적 사고를 내놓을 수 있는가, 아니면 뒤로 물러나 다른 사람들의 응답을 그대로 따라 하는가? 제기된 질문은 주제의 핵심과 실체에 근접하는가, 아니면 별 관계가 없는가? 학생들은 다른 학생의 글에 어떻게 반응하는가? 학생들은 다른 학생이 말한 아이디어와 궁금한 점을 포함하여 이해를 형성하는가, 아니면 다른 학생의 아이디어를 통합해내는 것을 어려워하는가?

학생들의 반응이 부자연스럽고 제한되어 보인다면, 제시어가 학생들의 사고에 미쳤을 영향을 고려해보자. 제시어의 범위가 너무 협소했는가? 다른 사람의 아이디어와 상호작용하는 일보다 교사가 알고 있는 것을 말하는 일에 더 초점을 맞추지는 않았는가?

조언　　　　　　　　　분필 대화를 할 때 학습자들은 자기 펜을 사용해도 되지만, 테이블 위에 다양한 색상의 마커펜을 놓아두면 학습자들이 익명성을 보장받고 싶은 경우 돌아다니면서 색깔을 바꿔가며 마커펜을 사용할 수 있다. 그와 달리 특정 사고방식이나 특정 학생의 응답을 추적하고 싶다면 각 학생에게 과정 내내 한 가지 색깔의 마커펜만 사용하게 하면 된다.

분필 대화는 학생들을 테이블에 둘러앉히거나 칠판 앞에 세우고 진행할 수도 있지만, 말 그대로 테이블을 빙 돌아다니며 글을 읽게 하면 해방감을 준다. 이런 움직임은 종종 학생들이 한곳에 서 있거나 앉아 있는 경우에 발생할 수 있는 수다스러움이나 산만함을 제한하는 데 도움이 된다. 게다가 글을 읽고 그 자리를 떠나면 읽은 것을 생각할 시간이 생기므로, 다시 그 자리로 되돌아올 때쯤 학생들은 그것에 응답할 준비가 되어 있다는 사실을 발견하게 된다.

시간은 분필 대화에서 매우 중요하다. 시간을 모니터링해서 학생들이 지루해하지 않으면서 성찰하고 읽고 응답하려면 얼마나 시간이 걸릴지 생각해보아야 한다. 예를 들어, 성인은 흔히 대략 5분이면 분필 대화를 훌륭히 시작하고, 또 5분 동안 위치를 바꾸어 다른 그룹의 기록지를 읽고 응답할 수 있다. 그러나 어린 학생들은 읽기와 쓰기 과정에 조금 더 시간이 필요할 수도 있다.

몇 주 동안 분필 대화 기록지를 학습자들의 손이 닿는 곳에 두어서 학습자들이 해당 아이디어를 다시 확인하고 원할 경우 내용을 추가하게 할 수도 있다. 사실, 분필 대화는 한 수업에서 끝내지 않고 다른 수업으로 계속 이어갈 수도 있다. 이렇게 하면 학생들은 복잡한 주제와 쟁점에 대해 더 많이 생각할 시간을 얻게 된다.

실행 장면 비알릭 칼리지의 커린 캐플런은 4학년 우주 공간 탐구 수업의 도입부에서 1960년대에 최초로 우주 로켓을 발사하는 DVD를 보여주었다. DVD를 보여준 뒤 학생들에게 다큐멘터리에서 '흥미를 끌었던 것'에 대해 생각해보게 했다. 활발한 토론 결과, 4학년 학생들을 가장 매혹시킨 영역으로 우주 탐사의 세 가지 측면이 밝혀졌다. (1) 원숭이 한 마리가 처음으로 우주로 보내진 것, (2) 우주 개발을 둘러싼 국가 간 경쟁, (3) 우주 탐사에 사용된 금액.

커린은 이 주제가 더 깊이 탐구할 가치가 있다고 생각했다. 그래서 학생들의 이해를 향상시키기 위해 이들 아이디어를 생각하는 데 더 많은 시간을 할애하고 싶었다. "분필 대화 루틴이라면 토론에서 나온 '큰 아이디어' 일부에 대해 학생들이 고심하고 생각할 기회가 생길 거라고 판단했어요." 그녀는 이 루틴의 침묵하는 속성 덕분에 학생들이 방해받지 않고 자기 아이디어를 생각해보고, 또한 뒤로 물러나서 다른 사람의 생각을 살펴보고 고찰할 시간이 충분할 거라고 믿었다. 커린은 어린 학생들이 돌아다닐 필요가 있음을 자각하고, 종이에 쓰인 다양한 질문들 사이를 걸어다니는 과정이야말로 이 루틴의 긍정적인 측면이라고 여겼다.

커린은 분필 대화에 사용할 차트지 한가운데에 적어넣을 제시어를 생각하며 시간을 보냈다. 커린은 우주 탐사에 사용된 비용 총액에 대한 자신의 매우 강한 사견을 자각하고, "무심코 빠져들지도 모르는 어떤 편견도 주의하기로" 마음먹었다. 커린은 이 문제를 4학년 교사 모임에서 토론했다. 동료들의 조언을 바탕으로 그녀는 "~에 대한 여러분의 아이디어, 생각, 질문, 의문은 무엇인가요?"라는 일반적인 도움말로 루틴을 시작했다. 그런 다음 이 질문 줄기에 제시어를 세 개 추가했다. (1) "우주 비행사보다 먼저 동물을 보낸다?", (2) "정부가 그렇게 많은 돈을 쓰고 있다?", (3) "우주 개발 경쟁?"

커린은 방습지에 질문을 적고 테이블 위에 올려놓았다. 학생들이 쉽게 테이블 주위로 모여 편안하게 응답을 기록하고 읽을 수 있도록 이미 테이블을 배치해둔 상태였다. 또한 학생들이 쉽게 테이블 세 개를 오가며 각각의 질문에 대해 기여하고 생각하게 하고 싶었다. 색색의 마커펜도 테이블 위에 놓아두었다.

커린은 분필 대화가 10~15분 걸릴 것이라고 예상했지만, 학생들의 참

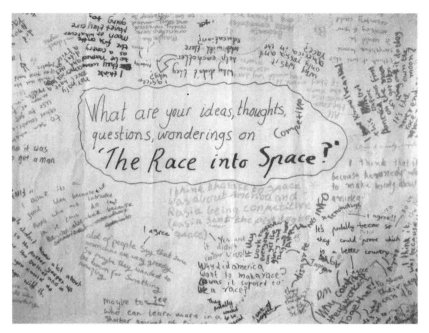

[그림 4-3] 4학년 학급의 분필 대화: 우주 개발 경쟁

여 상황을 지켜보다가 시간을 연장할 필요가 있다고 판단했다. 학생들이 각 질문에 대해 할 말이 너무 많고, 다른 학생의 의견을 읽고 응답하는 데 흥미로워 하는 바람에 수업이 거의 한 시간 동안 지속되는 것을 보고 놀랐다. 이 시간 동안 학생들은 침묵한 채 테이블 사이를 걸어다니면서 질문을 생각하고 기록하고 연관성을 찾고 친구의 의견에 동의하거나 동의하지 않았다. 학생들이 너무나 몰두한 나머지 수다를 떨거나 버릇없는 행동을 하지 않았다. 커린은 이렇게 말했다. "학생들이 이런 큰 질문을 그토록 재미있어 한다니 정말 놀랐어요."

일단 분필 대화가 끝나자, 학생들은 종이에 적힌 생각을 자세히 검토했다([그림 4-3], [그림 4-4] 참조). 학급 전체가 핵심 주제와 공통된 관심사, 생각을 확인한 이 검토 작업은 또 다른 토론으로 이어졌다. 커린은 다음과 같이 회상했다. "분필 대화는 마치 '평등한 기회의 시간' 같아요. 무수히 많

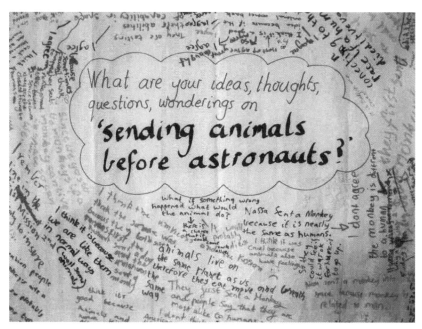

[그림 4-4] 4학년 학급의 분필 대화: 우주 비행사보다 동물을 먼저 우주로 보낸 것

은 이유로 보통 때는 말하기 망설이던 학생들이 매우 풍부하지만 침묵의 대화를 할 기회가 되니까요. 이 루틴은 이 점이 좋아요."

3-2-1 다리

핵심 개념이나 주제에 대해 생각해보면서 다음을 확인하자.

처음 응답
3개 단어
2개 질문
1개 은유/직유

새로운 응답
3개 단어
2개 질문
1개 은유/직유

다리 놓기
새로운 응답이 처음 응답과 어떻게 연관되는지 또는
어떻게 변화되었는지 확인해보자.

교사들은 흔히 주제에 대한 학생들의 사전 지식을 밝혀냄으로써 새로운 주제를 탐구하기 시작한다. 이 루틴은 바로 그 과정에 대한 우리의 관심에서 나온 것이지만, 어떤 면에서는 단지 학생들이 알고 있을 듯한 사실을 밝혀내는 것보다 더 나아갈 수도 있다. 그 대신에 이 루틴은 단어, 질문, 연결이라는 면에서 주제와의 연관성에 초점을 둔다. 이 루틴의 '다리 놓기' 부분은 학생들이 단원을 진행하는 동안 계발하는 새로운 아이디어를 사전 지식, 질문, 이해와 연결하도록 돕기 위해 고안되었다. 이 과정은 학생들이 학습자로서 스스로를 이해하도록 돕는다.

목적

'3-2-1 다리(3-2-1 Bridge)' 루틴의 첫 번째 부분은 모두 학습 경험을 시작하기 전에 사전 지식을 활성화하는 것이다. 이 루틴은 3개 단어로 시작함으로써 매우 쉽게 몇 가지 기본 아이디어를 활성화한다. 2개 질문은 아이디어를 조금 더 촉진한다. 마지막으로, 1개의 은유나 직유는 학생들이 주제나 쟁점을 어떻게 이해하고 표현하는지 테스트하는 것이다.

학생들이 처음 사고를 생성하면, 이 아이디어는 옆으로 밀어두고 토론하지 않는다. 그 대신에 교사는 단원 수업을 시작한다. 처음 경험은 간단하게, 단문 독해나 비디오 시청, 아니면 좀 더 확장해 1주일 동안의 실험실 활동이나 다른 탐구가 좋을 것이다. 주제에 대한 학생들의 생각을 발전시켜 새로운 방향으로 나아가게 하는 이 처음 학습 시간이 끝나면, 학생들은 처음으로 돌아와 두 번째 3-2-1을 만든다. 이 단계에서 학습자들이 하는 핵심 사고는 주제에 대해 현재 사고하고 이해하고 있는 것을 평가하면서 새로운 아이디어를 추출해내는 것이다.

루틴의 마지막 부분인 '다리 놓기'는 학습자들 스스로 학습과 발달을 인식하고 명명하는 것을 목표로 한다. 이것은 학생들의 메타인지 능력, 즉 뒤로 물러나 자신의 생각과 학습을 검토하는 능력을 개발하는 데 도움이 된다. '다리 놓기'는 학생들이 (때로는 짝과 함께한) 처음 응답을 보면서 첫인상이 현재의 느낌과 어떻게 다른지 성찰하는 것이다.

내용 선택하기 이 루틴은 모든 학습자가 주제나 개념에 대한 사전 지식을 갖고 있을 때 잘 작동한다. 이 조건에 들어맞는 단원이 학교에 많이 있다. 행성, 서식지, 재즈, 대수학, 보존, 지도, 침식, 동화(童話) 등이다. 일부 학생이 전혀 알지 못하거나 인식하지 못하는 주제는 좋은 선택이 아니다.

처음 3-2-1 이후의 수업 선택은 루틴의 효과를 보장하는 데 중요하다. 수업이 어떻게 학생들의 사고를 새롭고 다른 방향으로 확장할지 생각해보아야 한다. 만약 '분수'를 주제로 루틴을 시도한다면 수업 시간에 그저 학생들의 과거 지식과 기능만 검토하는 데 그치면 효과적이지 않을 수 있다.

이런 수업은 분수라는 주제에 대한 학생들의 생각을 바꾸지 않을 것이다. 따라서 다리 놓기 수업에 어떤 새로운 아이디어를 도입하지 않으면 거의 효과가 없을 것이다. 수업이란 자극을 하고 새로운 정보를 소개하며 다른 관점을 제시하는 것이자 더 넓고 깊게 이해하는 데 도움이 되도록 학습자의 생각에 문제를 제기하는 것이다.

단계   1. 준비하기 학생들이 응답을 기록할 방법을 결정한다. 수업 시간이 한참 지난 후에 처음 3-2-1로 돌아갈 것이므로, 학생들은 자기가 한 응답을 잊지 않아야 한다. 학생들은 일지나 교사가 고른 종이에 응답을 기록하면 된다. 주제나 개념을 가능한 한 간단하고 단순한 언어로 학습자들에게 제시해야 한다.

2. 3개 단어 요청하기 학생들에게 주제를 생각하자마자 머릿속에 떠오른 단어를 세 개 적으라고 한다. 너무 오래 생각하지 않도록 권한다. 시험이 아니다. 학생들이 주제와 신속히 연관성을 찾아내는 것에 집중한다.

3. 2개 질문 요청하기 학생들에게 주제를 떠올렸을 때 재빨리 머릿속에 떠오른 질문을 두 개 적으라고 한다. 다시 말하면, 이는 매우 피상적인 질문으로서 그다지 깊이 생각할 필요가 없다는 점을 학생들에게 상기시킨다. 이 시점에서 교사는 학생들에게 가장 먼저 떠오른 피상적인 아이디어를 알아보는 데에만 관심이 있다는 사실을 학생들에게 상기시킨다.

4. 1개의 은유나 직유 요청하기 학생들에게 주제에 대한 은유나 직유를 만들어보게 한다. 직유나 은유가 무엇인지 설명한 뒤 이 용어를 사용해야 한다. 예를 들어, "행성은 ~이다."라거나 "행성은 ~와 같다."가 있다. 은유에 대한 간단한 예를 들 필요가 있다. 은유와 직유는 연관성 찾기와 다르지 않으며, 중요한 특징을 공통으로 가지고 있기 때문에 어떤 것을 다른 것과 비교하는 것에 불과하다는 점을 학생들에게 상기시켜야 한다.

5. 수업 시간 제공하기 이는 새로운 정보를 전달하는 동영상, 글, 이미

지, 이야기, 실험일 수 있다. 시간 제약은 없다. 기준은 학생들이 처음 이해한 수준을 넘어서서 생각하도록 충분한 시간을 주어야 한다는 것이다.

6. 두 번째 3-2-1 수행하기 앞의 2~4단계를 반복한다. 이번에는 학생들에게 수업 중에 나왔거나 권장된 단어, 질문, 비유를 선택하게 한다.

7. 사고 공유하기: 다리 놓기 학습자들에게 처음 3-2-1 응답과 새로운 응답을 짝과 공유하게 한다. 공유하는 동안 학습자들은 주제에 대한 자신의 생각이 처음 응답에서 어떻게 변화되었는지 짝과 토론해야 한다. 학생들의 처음 생각은 옳은 것도 틀린 것도 아니며, 단순히 출발점일 뿐이라는 사실을 반복해서 알려준다. 학급 전체나 모둠 차원에서 새로운 생각과 생각의 변화를 확인해본다. 이러한 주요 변화를 포착하려는 노력이 필요하다. 어떤 상황에서는 은유에 대해 더욱 정교한 토론을 하는 것도 가치 있을 것이다.

사용과 응용 비알릭 칼리지의 교사 토니 카벨은 6학년 독서 학습에 3-2-1 다리 루틴을 정기적으로 포함한다. 토니는 책 제목만 가지고 시작해 학생들에게 처음 3-2-1을 완성하게 한다. 학생들의 첫 질문은 보통 매우 일반적이며, "그게 미스터리일지 궁금해요."처럼 궁금증으로 표현되기도 한다. 학생들의 은유는 진정한 은유보다 더 기본적인 연관성과 비교인 편이다. 예를 들면, "이 책은 ~와 비슷할 거라고 생각해요." 같은 것이다. 다음으로, 새로운 장마다 수업 시간을 할애해 학생들에게 각 장에 대한 3-2-1을 완성하게 한다. 학생들은 새로운 장에 있는 정보에서 찾아낸 새로운 연관성과, 현재 소설을 어떻게 이해하고 있는지에 대해 토론한다.

비알릭의 유대학 교사인 재니스 킨다는 매년 똑같은 종교 축제를 가르치는 것에 한계를 느꼈다. 그녀는 학생들이 흥미를 잃고 "또 시작이군." 하고 생각한다고 느꼈다. 재니스는 3-2-1 다리 루틴이 학생들이 현재 종교 축제를 이해하고 있는 것을 표면화하여 사전 테스트의 형태로 이전에 배운 것이 무엇인지 알려준다는 사실을 발견했다. 그녀는 새로운 정보를 제공할 뿐만 아니라, 학생들의 생각을 새로운 방향으로 이끌어줄 도전적이고 매력적인 내용을 찾았다. 이러한 방식으로 3-2-1 다리 루틴을 사용하면서 재니스는 주제에서 새로운 면을 찾아내는 것을 생각하게 되었다. 이렇게 하면 자신이 학생들에게 새로운 관심과 호기심을 일깨울 수 있다는 사실을 깨달았다. 그 결과, 루틴 2회째에 생성되고 다리 놓기에서 토론된 학생들의 생각, 질문, 비유에서 눈에 띄는 사고의 변화가 보였다. 재니스는 또한 학생들의 은유가 기념하는 전통이라는 측면 말고도 축제의 핵심과 중요성을 학생들이 이해했는지를 통찰하게 해준다는 사실을 발견했다.

평가

주제를 시작할 때 처음 3-2-1을 도입하면 효과적인 약식 사전 평가가 가능하다. 주제와 관련하여 학습자들의 생각이 어디쯤에 있는지 알려주기 때문이다. 효과적인 교육은 반복이 아니라 이런 지식에 기반해야 한다. 학교에서 '직업 교육' 과목을 담당하는 한 중등 교사는 처음으로 학생들과 이 루틴을 사용하기로 결정했다. 놀랍게도 학생들의 질문과 은유가 애초에 상당히 풍부하고 수준이 높으며, 자신이 계획한 것이 새로운 지평을 넓혀주지 못할 것이라는 사실을 깨달았다. 그래서 과목 내용을 어떻게 구성했었는지 다시 생각해보기로 했다.

3-2-1을 사전 평가로 사용할 때 한 가지 주의할 점이 있다. 처음 응답은 학생들의 의식 표면에 있는 생각을 빠른 시간 안에 포착하기 위한 것이기 때문에 빈약하거나 피상적인 응답, 특히 단어나 질문과 관련한 응답을 너무 많이 들여다보는 것은 그리 현명하지 못하다. 은유는 더 많이 더 오래 생각해야 발전되므로, 이해하거나 오해한 것의 층위를 보여준다. 예를 들어, 브뤼셀 국제 학교의 앨리슨 프리처는 소화기관에 대한 5학년 학생들

의 처음 비유가 경로, 길, 강 등 본질적으로 모두 선 모양이라는 사실을 깨달았다. 그녀는 처음에 그 사실을 알아차렸고, 3주간의 수업 후에 학생들의 변화를 면밀히 지켜보았다. 이 무렵 학생들의 은유는 '시계 같다', '공장 같다', '휴가 같다' 등으로 바뀌었다. 이 새로운 은유는 본질적으로 훨씬 더 상호작용적이고 체계적이었다. 다음 수업 후 3-2-1 단계를 반복하는 과정을 통해, 교사는 학습자들이 얼마나 쉽게 새로운 정보를 주제에 대한 생각 안에서 종합하고 통합해내는지 알 수 있었다.

이 루틴은 또한 학습자들 스스로 주제를 잘 이해하고 있고 수업을 통해 모든 주제가 새롭고 놀라운 차원을 지닌다는 사실을 알 수 있다고 느끼는 단원 말미에 사용하면 큰 호기심을 불러일으킬 수 있다. 2회나 3회 반복하면서 학생들이 생성한 새 질문을 살펴볼 때는 그 질문이 호기심과 참여를 드러냈는지, 학습을 촉진했는지, 주제를 더 깊이 이해하는 데 도달했는지 확인해야 한다.

조언 은유와 직유가 루틴의 가이드라인에 제시되어 있지만, 유추도 똑같이 작동한다. 그러나 학습자의 나이와 경험에 따라 유추에 대한 약간의 사전 교육이 필요할 수 있다. 아주 어린 학생들을 가르치는 몇몇 교사는 수없이 예를 들고 규칙적으로 은유와 유추를 모델로 사용하는 것이 유용하다는 사실을 알고 있다. 또 다른 교사들은 은유의 연관성 찾기 측면을 강조하는 방법을 선택하고, 심지어 "이 주제와 여러분이 알고 있는 다른 사물을 연결하거나 비교하는 글을 써보세요."와 같은 말을 하기도 했다. 무엇이 떠오르는가?

처음 3-2-1 뒤에 선택한 수업 내용은 루틴의 효과에 결정적이다. 따라서 스스로에게 질문해볼 가치가 있다. "어떻게 하면 학생들의 학습을 새롭고 다른 방향으로 이끌어갈 수 있을까?" "내가 고른 주제에서 학생들을 완전히 놀라게 할 만한 흥미로운 시각, 측면, 새로운 발견이 있을까?" 내용 선택에 대해 동료들에게 자문을 구하고, 익숙한 주제에 대한 새롭고 흥미로운 자료를 함께 찾아보는 것을 고려해보기 바란다.

응답이 어떻게 달라지고 바뀌었는지에 대한 '다리'나 토론은 이 루틴의 핵심적인 측면이다. 이것은 학생들에게 메타인지 기회를 부여한다. 이를 촉진하기 위해 학습자들이 짝이나 모둠과 함께 자신의 응답에 대해 토론하는 것이 유용할 때가 많다. 때로는 너무 가까워서 놓치는 것을 우리 응답에서 다른 사람이 알아챌 수 있다. 예를 들어, 사람들이 꺼내는 첫 단어가 명사인 것은 드문 일이 아닌데, 사람들은 대개 주제와 관련된 것을 명명하기 때문이다. 풍부한 수업을 하면 단어는 더 역동적이 되고, 동사나 형용사로 더 많이 바뀔 수 있다.

실행 장면 비알릭의 교사 안드레아 밀러가 가르치는 3학년 학생들은 자신들이 살고 있는 도시에 대해 배우고 있었다. 안드레아는 학생들이 멜버른의 문화적 다양성뿐만 아니라 도시의 과거와 현재를 형성하는 과정에서 이민자의 역할에 대해서도 더 잘 알기를 바랐다. '멜버른 사람들'이 단원의 주요 주제가 되었다. 안드레아가 학생들에게 멜버른 사람들에 대한 3개 단어, 2개 질문, 1개 은유를 써보라고 했을 때는 이미 학생들은 도시의 지리와 역사 여러 측면에 대해 토론을 한 후였다. 학생들의 부모와 조부모를 언급한 응답이 상당수였는데, 그들 다수가 이민자였기 때문이다.

이 무렵 호주 언론은 참혹한 상황 속에서 작은 보트를 타고 북쪽 해안에 도착한 난민들에 대해 보도했다. 안드레아는 멜버른 사람들에 대한 학생들의 이해를 증진할 교육 기회에 대해 고심하다가 이 복잡한 문제를 다루기로 했다.

안드레아는 아프가니스탄 난민 캠프에 관한 글 읽기로 이 새로운 수업을 시작했다. 즉시 많은 학생들이 이미 들은 뉴스와 연결하여 난민에 대해 질문을 쏟아냈다. 안드레아는 동료인 니키 도레비치를 수업에 초대해 이야기하게 했다. 니키는 매주 망명 신청자 보호소에서 자원봉사를 했고, 그 사람들이 처한 상황에 대해 열렬한 관심이 있었다. 니키는 보호소에서 경험한 일과 그들에 대한 많은 이야기를 학생들에게 들려주었다. 학생들은 완전히 몰입해서는 이렇게 물었다. "호주에 있는 난민은 더 이상 난민이 아닌 건가요?" "그곳은 호텔 같은가요?" "그곳(보호소)에서 태어난 아기는 호주 시민권을 획득하나요?" "보호소가 감옥 같다고 하셨는데, 잘못한 게 없는데 어떻게 감옥 같은 곳에 있나요?"

학생들은 난민 관련 신문 기사를 가져와서 토론을 몇 주 동안 계속했다. 그리고 부모와 조부모가 아이들에게 가족사와 멜버른으로 이주해온 일이 어땠는지 들려주었다. 그러는 동안 난민 보호소의 가족들이 겪는 곤경에 대해서도 관심을 놓지 않았다.

안드레아는 다시 학생들에게 멜버른에 살고 있는 사람들에 대한 3개 단어, 2개 질문, 1개 유추 또는 은유를 써보라고 했다. 학생들의 응답, 특히 은유는 그들이 난민 문제의 복잡성을 어떻게 대하는지 보여주었다.

- 난민은 여우에게서 도망치려고 깡충깡충 뛰는 토끼와 같다.
- 난민은 담벼락 위에 있는 고양이에게서 달아나는 새와 같다.
- 난민은 바람과 같다.
- 난민은 새와 같다.
- 나는 난민들이 외롭다고 생각한다. 난민은 구걸하는 개와 같다.
- 난민과 가난의 관계는 대통령과 부유함의 관계와 같다.
- 난민은 집 없는 방랑자이다.
- 난민들은 안전을 위해 떠난다.
- 난민들은 자신의 삶에서 벗어나기 위해 고향을 떠난다.

안드레아는 학생들이 보여준 이해 수준에 놀라고 신이 난 한편, 이 루틴이 명확하고 체계적인 방식으로 핵심 문제를 다루는 데 어떻게 도움이 되었는지를 깨닫고 충격을 받았다. 학생들의 통찰과 공감은 뚜렷했다. 이 루틴은 학생들에게 사고를 강력한 방법으로 요약하게 하는 구조를 제공했다. 또한 이 루틴을 통해 안드레아는 자신이 과거에 멜버른에 대한 연구를 어떻게 소개했는지, 이번 경험이 얼마나 달랐는지, 학생들이 주제를 탐구하는 데서 보인 깊이를 자신이 얼마나 중시하는지 생각해보게 되었다.

나침반 침

여러분 앞에 있는 아이디어나 질문 또는 제안을 살펴보자.

동쪽(E): 흥분(Excitement). 이 아이디어나 제안에서 흥분되는 점은 무엇인가? 장점은 무엇인가?

서쪽(W): 우려(Worry). 이 아이디어나 제안에서 우려되는 점은 무엇인가? 단점은 무엇인가?

북쪽(N): 필요(Need). 이 아이디어나 제안에서 더 알아야 하거나 찾아봐야 할 것은 무엇인가?

남쪽(S): 입장(Stance)이나 후속 조치(Step), 제안(Suggestion). 이 아이디어나 제안에 대한 당신의 현재 입장이나 의견은 무엇인가? 이 아이디어나 제안을 평가할 때 다음 단계는 무엇이 되어야 하는가? 이 시점에서 어떤 제안을 할 것인가?

이 루틴은 의사 결정 과정에 초점을 맞추어 만들어졌다. 새로운 모험, 정책, 제안을 결정하기 전에, 상황의 장단점을 탐구하고 추가 조사가 필요한 영역을 확인해야 한다는 개념에서였다. 그러나 이 루틴은 장단점 목록이라기보다 '의사 결정자' 역할을 할 그룹이나 개인이 어떤 제안에서 흥분되는 점을 확인하고 출발점으로서 우려스러운 점을 찾아내도록 한다. 그런 다음 앞으로 나아가기 위해 더 알아야 할 것을 확인한다. 나침반에 흥분(Excitement), 우려(Worry), 필요(Need, 꼭 알아야 할 것)라는 세 개 침이 있다는 것을 알아냈으니, 이제 나침반의 '남쪽' 침으로 주의를 돌려보자. 결과뿐만 아니라 의사 결정 과정에 집중할 수 있도록 돕는다는 우리의 원래 목표에 따라, 나침반의 '남쪽' 침은 앞으로 나아가기 위한 입장(Stance)이나 후속 조치(Step), 제안(Suggestion)을 확인하는 마지막 단계이다. 의

사 결정과 제안 심사에 효과적인 루틴이지만, 앞으로 살펴볼 내용처럼 교사들은 더 많은 사용법을 발견해냈다.

목적　'나침반 침(Compass Points)' 루틴은 학습자 집단이 여러 각도에서 아이디어나 제안을 검토할 수 있게 한다. 여러 관점에서 문제를 탐구하고 정보가 더 많이 필요한 영역을 확인함으로써 성급한 판단을 피할 수 있다. 어떤 아이디어에 열광할 때, 이 아이디어에 대한 개인적인 반응이 사고에 영향을 미치는 것은 매우 자연스러운 일이다. 따라서 깊게 살펴보지 않고 흥분되는 것에만 집중하기 쉽다. 이 루틴은 그런 흥분되는 것을 확인하는 한편, 학습자들이 우려되는 점도 고려하여 더욱 균형 잡힌 사고를 하게 한다. 그다음 '행동 촉구'라는 단계가 뒤따르는데, 학습자가 알아야 할 것을 살펴보게 하고, 앞으로 나아가기 위한 제안을 개발하게 한다.

'꼭 알아야 할 것' 도출하기는 이 루틴에서 가장 복잡한 단계일 가능성이 크다. 이미 알고 있는 것을 살펴보고, 그것을 분석하고, 어디에 틈이 있는지 판단하고 이 틈을 메우는 데 도움이 될 질문들을 개발하는 성찰적인 사고가 필요하기 때문이다. 때로는 해당 모둠의 구성원들에게 '입장이나 조치, 제안'을 확인해보라고 요구하기 전에, 처음의 세 가지 제시어로 생성한 것을 먼저 생각해보도록 시간을 연장해주는 것이 유용하다.

내용 선택하기　'나침반 침' 루틴은 주제나 아이디어, 제안이 딜레마나 반대 관점을 지닌 경우에 효과적이며, 자신의 관점에 지나치게 애착을 느낀 나머지 도움받을 만한 구조가 없이는 더 폭넓게 아이디어를 살펴보기 힘든 경우에도 효과적이다. '나침반 침' 루틴은 어떤 문제를 두고 토론하는 것(이를 위한 루틴은 따로 있다)이라기보다 제안을 살펴보는 것이기 때문에, 고려되어야 할 입장은 질문의 쟁점이나 탐구해야 할 사건을 명확히 하는 것이다. 예를 들면, '복장 규정 폐지', '곧 있을 현장 학습', '독자적인 독립 연구 프로젝트 수행' 등이 있다.

단계

1. 준비하기 쟁점이나 사건, 제안을 짜서 학습자들에게 제시한다. 새로운 제안일 경우, 학습자들이 주제를 어느 정도 이해할 수 있도록 명확한 질문을 허용한다. 문서화하기 위해 교실 벽 나침반 침 네 곳에 전지를 한 장씩 붙인다. 종이마다 나침반 침을 나타내는 글자를 한 자씩 적는다. 그 대신, 제안을 화이트보드에 적고 그 둘레에 나침반의 네 침을 표시할 수도 있다. 그런 다음 학생들이 아이디어를 적도록 접착 메모지를 나눠준다.

2. 흥분 확인하기 "이 아이디어나 제안에서 흥분되는 점은 무엇인가요? 장점은 무엇인가요?"라고 묻는다. 학습자들에게 시간을 주어 아이디어를 생각하고 적고 '동쪽' 영역에 게시하게 한다. 학습자들이 자기 입장에 갇혀 있다면, 질문을 바꿔보자. "사람들은 무엇에 흥분하게 될까요?"

3. 우려 확인하기 "이것에서 우려되는 점은 무엇인가요? 걱정되는 점은 무엇인가요? 단점은 무엇인가요?"라고 묻는다. 학생들이 준비가 되면 아이디어를 게시하게 한다.

4. 꼭 알아야 할 것 확인하기 "이 쟁점을 더 잘 이해하거나 이 행사 준비를 더 잘하기 위해 알아야 할 것이 있거나 정보를 더 모아야 하나요?"라고 물어보자.

5. 입장이나 조치, 제안에 대해 묻기 다루고 있는 쟁점이나 사건에 따라 학생들에게 제안에 대한 입장을 밝히게 하거나, 다음 조치로 취할 행동을 찾게 하거나, 상황을 개선할 제안을 하게 하는 것이 더 적합할 수도 있다.

6. 사고 공유하기 학습자들에게 다른 사람의 의견을 검토하게 한다. 이를 각 단계나 마지막에 수행할 수도 있다. 그러나 사람들이 집단 개개인의 '흥분'과 '우려'를 알고 나면 아주 강력한 '필요'가 출현할 때가 많다. '조

치나 입장, 제안'에서도 같은 일이 일어날 수 있다. 각 범주에 등장하는 주제에 대한 의견을 말하도록 유도한다. 응답의 공통점이 있는가? '앞으로 나아가기 위한 제안'에 응답할 시간을 주고, 적어도 제안 중 일부를 실행할 계획을 수립하게 한다.

사용과 응용   앞에서 요약한 단계는 전체 학급에서 루틴을 사용하여 집단의 사고를 가시화하고 서로의 아이디어를 바탕으로 생각을 발전시켜나가는 과정을 설명한다. 그러나 학습자들은 충분히 자신의 응답을 생각한 다음 다른 사람과 토론하는 과정에서 개별적으로도 루틴을 진행할 수 있다. 이러한 방식으로 비알릭 칼리지의 샤론 베렌홀츠는 10학년 학생들이 존 스타인벡의 『생쥐와 인간』에 대한 공부를 끝냈을 때, 나침반 침 루틴을 성찰 구조에 사용했다. 샤론은 학생들에게 글을 염두에 두고 각자 독립적으로 이 루틴을 완성하라고 지시했다. '제안'의 경우, 학생들은 주인공에게 가능한 다른 시나리오를 제안하라고 요구받았다. 샤론의 동료인 러셀 캐플런은 7학년 과학 수업에서 학생들이 크로마토그래피를 탐구하는 데 이 루틴을 사용했다. 러셀은 학생들이 산출한 연구 결과를 가지고 동료 교사들과 함께 '학생 사고 관찰' 프로토콜을 사용하여 토론했다.

수 아이작스는 나침반 침 루틴이 사춘기에 대한 토론을 열 실마리를 제공한다는 사실을 발견했다. 비알릭 칼리지 6학년의 '모녀 주말 모임'에서 수는 어머니 그룹과 딸 그룹을 따로 만난 다음 나침반 침 구조를 사용하여 다음으로 시작하는 문장에 응답하게 했다. 어머니들에게는 "여러분의 딸이 사춘기에 접어들면~ ", 딸들에게는 "여러분이 사춘기에 접어들면 ~ "으로 시작하는 문장이었다. 응답은 매우 개방적이었고, 우려되는 점과 바라는 점이 무수히 표현되었다. 이후 지속적인 토론이 이어져 '우려'에 응답하고, '흥분'을 극대화하는 법과 '꼭 알아야 할 것'과 '제안'에 대한 후속 조치를 찾을 수 있었다.

나침반 침 루틴은 교수 회의에서 새로운 프로그램 도입을 고려할 때도 매우 효과적일 수 있다. 이때 참석한 모든 사람이 건설적으로 의사 결정 과정에 의견을 내는 것이 중요하다.

평가 나침반 침 루틴은 학습자가 루틴의 한 단계에서 다음 단계로 이동할 때 문제의 다양한 측면을 고려하는 과정에서 나타나는 유연성을 관찰할 다양한 기회를 제공한다. 학생들은 즉각적인 반응과 입장을 뛰어넘어서 생각할 수 있는가? 학생들은 각 단계에서 여러 답변을 내놓을 수 있는가, 아니면 오직 한 가지의 답변만 내놓을 수 있는가? 학습자들이 '꼭 알아야 할 것' 단계를 어떻게 운영하는지 알면 교사는 어떻게 학생들이 가지고 있는 정보를 분석하는지 알 수 있고 학생들 개개인과 집단의 이해를 증진하기 위해 무엇이 더 필요한지 파악할 수 있다.

실행 장면 학기 초는 학생들과 학부모 모두에게 중요한 시기이다. 비알릭 칼리지 예비 학교(5세 대상) 교사인 나탈리 클루스카, 캐슬린 조지우, 에밀리 민터는 학생들을 새로운 환경에 적응시키고 학부모가 새 학년에 대해 안심할 계획을 짜기 위해 팀으로 함께 일했다. 그리고 학부모와 학생 모두에게서 흥미롭거나 우려되는 주제에 대한 정보를 수집하는 방법으로 나침반 침 루틴을 사용하기로 결정했다. 나탈리는 이 루틴을 선택한 이유를 다음과 같이 설명했다. "이 루틴이 아이들의 구체적인 생각과 관심을 강조하는 데 도움이 되고, 학기 초에 아이들을 이해하고 지원할 바탕이 될 거라고 생각했어요. 또 이 루틴이 매우 명시적이어서, 아이들(및 학부모들)이 압도당한 생각과 감정 일부를 분석하고 식별하는 데 도움이 될 거라고 생각했죠. 학부모들과 마찬가지로, 지도 이 루틴을 통해 아이들의 생각과 우려, 그리고 아이들을 지원할 최적의 방안을 찾을 수 있었어요.”

이 팀은 글쓰기 이전 단계의 어린 학생들의 생각을 문서화할 방법을 논의했고, 학기 초에 학생들에게 흥분되는 것, 우려되는 것 등을 그림으로 그리게 하기로 결정했다. 나탈리는 나침반 아이디어를 소개하면서 수업을 시작했다. 그런 다음 나침반이 되어줄 훌라후프를 가져왔다. 그러곤 나머지 과정을 다음과 같이 설명했다. “우리는 학생들이 예비 학교에서 느낀 ‘흥분’을 공유하고 싶어서 동쪽을 살펴보는 일부터 시작했어요. 학생들은 각자 종이에 그림을 완성했고, 교사 한 명이 그림 뒷면에 학생들의 설명을 적었죠. 이 그림들을 대형 훌라후프 나침반의 동쪽에 놓았어요. 그 후 다른 날에는 북쪽을 살펴보았어요. 먼저 동쪽에 놓은 생각을 검토한 다음에야 북쪽을 살펴보았죠. ‘우려’, 즉 서쪽은 그다음에 완성했고, 반에서 마지막으로 ‘제안’, 즉 남쪽을 살펴보았어요.”

3개 반의 학생들 모두 루틴에 열정적으로 응답했으며, 학생들의 집단적 응답과 개인적 응답 모두 매우 유용한 정보를 제공해주었다([그림 4-5], [그림 4-6], [그림 4-7], [그림 4-8] 참조). 읽고 쓰는 법을 알아야 한다는 것, 새 친구를 사귄다는 흥분 등 어떤 응답은 예측 가능한 것이었지만, 방과 후에 손위 형제자매를 언제 어디서 찾을지 모르는 채로 부모가 데리러 오는 것을 잊어버릴 경우에 대한 우려 등 놀라운 응답들도 있었다. 부모가 데리러 오지 않는 것을 학생들이 두려워한다는 것을 알게 된 교사들은, 학부모들에게 방과 후 절차를 알리고 학부모들과 연락을 주고받는 과정에 대해 학생들과 이야기할 필요성을 느꼈다. 학부모들은 학교와 교사 연락처를 알고 있어서 누군가 늦는다면 서로 쉽게 연락할 수 있다. 교사는 또한 학생들이 ‘흥분되는 것’으로 인식한 것들이 학교생활의 필수적인 부분이라는 점을 분명히 확인할 수 있었다.

내털리는 나중에 동료들에게 “학생들의 응답이 얼마나 사려 깊은지 깜짝 놀랐어요."라고 말했다. "한 아이가 다른 아이의 재능이 자기보다 나을까 봐 걱정하는 것이 정말 큰 걱정거리라고 말하는 걸 보고 충격을 받았거든요. 이를 확인하자마자 토론한 것이 그 상황에 도움이 되었죠. 아이들은 진짜 마음을 열고 편안하게 생각을 나누었어요. 이름을 밝히지 않은 응답을 깊이 성찰했기 때문에 위협적이지 않은 방식으로 그 모든 응답을 토론할 수 있었어요." 내털리는 학생들의 제안에서도 그와 비슷하게 감명을 받았다. "아이들이 다른 구역에서 다른 아이들이 적은 '우려되는 것'이나 '꼭 알아야 할 것'에 응답하는 데 남쪽, 즉 '제안'을 어떻게 사용하는지 보고 놀랐어요. 이러한 또래끼리의 도움이 크게 눈에 띄었고, 예비 학교 초기

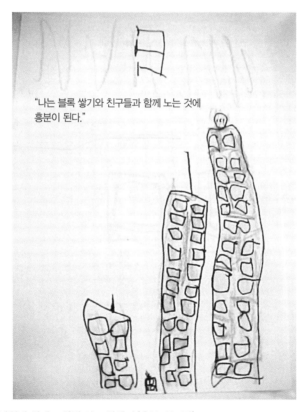

[그림 4–5] 나침반 침에 표현된 어느 학생의 '흥분되는 것'

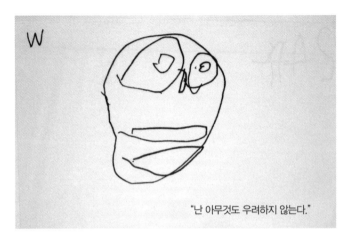

"난 아무것도 우려하지 않는다."

[그림 4-6] 나침반 침에 표현된 어느 학생의 '우려되는 것'

"나는 읽고 쓰는 법을 더 알아야 한다."

[그림 4-7] 나침반 침에 표현된 어느 학생의 '꼭 알아야 할 것'

"나는 좀 더 조용히 있을 시간이 필요하다."

[그림 4-8] 나침반 침에 표현된 어느 학생의 '제안'

에 처음 모인 아이들과 함께 이를 본다는 것이 매우 놀라웠어요."

　　모든 예비 학교 과정에서 이 루틴의 다른 구역을 마친 후, 교사들이 모여 그 작업을 검토하고, 디지털 포토 스토리 프레젠테이션을 통해 공개할 문서에 넣을 응답지를 골랐다. 선택할 때 모든 학생들의 기여를 보여주면서도 학생들의 폭넓은 생각 또한 보여주려고 노력했다. 그들은 이러한 문서화가 학생들뿐만 아니라 학부모들에게도 도움이 되기를 바랐다.

　　'학부모 오리엔테이션의 밤' 행사 때 교사들은 학부모들과 나침반 침 루틴을 해보기로 했다. 내털리는 이 과정을 다음과 같이 설명했다. "우리는 나침반 침 루틴을 간단하게 설명하고, 학부모들이 각 구역의 물음에 응답하면서 생각을 공유하게 했어요. 그들은 접착 메모지에 생각을 적어 아이들의 생각이 붙어 있는 곳에 붙였죠." 익명의 접착 메모지 덕분에 학부모 모두가 자유롭고 위협적이지 않은 방식으로 우려되는 것과 제안을 표현할 수 있었고, 의견을 제시할 기회가 모두에게 주어졌다. 이 루틴은 목소리가 큰 소수의 학부모들이 그날 밤 시간을 장악하지 못하게 하는 이점도 있었다. 마지막 단계로, 학부모들은 교사들이 아이들의 나침반 침 샘플로 만든 포토 스토리를 보았다. 그런 다음 자신들의 응답에 추가적인 생각을 덧붙일 기회를 가졌다.

학부모들은 이 루틴에 매우 기꺼이 참여했으며, 게시한 메모를 통해 학부모들이 알고 싶어 하는 정보가 명확해졌을 뿐 아니라 우려되는 점 유형도 확실해졌다. 우려되는 것과 '꼭 알아야 할 것'에는 아이들이 행복한지, 친구들을 잘 사귀고 있는지 등 아이들의 사회적, 정서적 행복에 대한 것이 많았다. 또한 학교에서 무슨 일이 일어나는지, 아이들의 읽기 첫걸음을 학부모가 어떻게 도와야 할지에 대한 질문도 있었다. 자녀가 학교에 입학하여 새롭게 독립한다는 사실에 대한 흥분도 있었다.

내털리는 이 루틴이 아이들과 학부모들의 생각을 밝혀내 교실 공동체를 형성하는 바탕으로 사용되기를 바랐다. 그녀는 학생들이 "혼자서만 우려하고 걱정하는 게 아니라는 점을 깨닫고, 제안을 통해서 우리 모두가 서로서로 도울 수 있다는 점을 확실히 알게 되기를" 바랐다.

경험을 돌아보던 내털리는 지난 몇 년 동안 학생들과 함께 이 루틴을 수행하면서 배운 점을 다음과 같이 말했다. "이 루틴은 나중에 성찰할 때 사용할 매우 소중한 도구라고 생각해요. 최근에는 모둠으로 2학년을 시작한 느낌에 대한 나침반 침 루틴을 마쳤어요. 일단 아이들이 이 루틴을 끝내자, 우리는 (포토 스토리에) 아이들이 예비 학교를 시작할 때 했던 응답을 담았어요. 아이들이 성찰한 내용을 보는 것과 2년 전의 자신들이 한 생각에 어떻게 반응하는지 보는 것은 놀라운 일이었어요. 믿을 수 없을 만큼 풍요로운 과정이었고, 아이들이 2학년이 되는 것을 아주 편하게 느끼도록 해주었죠. 예비 학교 시작 때 우려했던 것 일부를 보고 웃을 수 있다면, 이런 일이 2학년 때에도 일어날 것이니까, 크게 걱정할 게 없다는 사실을 알게 될 거예요. 또한 학부모가 이 루틴을 사용하면 자녀들의 학습의 한 측면, 즉 우리가 일하는 방식의 예도 볼 수 있잖아요. 학부모 서로가 생각과 우려되는 것을 알고 또 이를 완화하는 데 대단히 훌륭하게 기여했어요. 오리엔테이션의 밤 행사에 참석한 학부모들 사이의 서먹서먹한 분위기를 깨는 데도 도움이 되었고요."

설명 게임

이해하려는 대상을 자세히 관찰하자.
- 명명하기: 인식한 대상의 특징이나 양상에 이름을 붙여보자.
- 설명하기: 이것이 무엇일 것 같은가? 어떤 역할이나 기능을 할 것 같은가? 왜 이것이 여기 있을까?
- 이유 제시하기: 무엇 때문에 그렇게 말하는가? 또는 무엇 때문에 그렇게 되었다고 생각하는가?
- 대안 생성하기: 이 밖에 무엇일 수 있는가? 그리고 무엇 때문에 그렇게 말하는가?

이해하기는 대개 사물의 부분들, 그것들이 하는 일, 그것들이 기능하는 방식, 그것들의 역할 및 목적 등을 인식하는 것을 포함한다. 이 사고 루틴은 학생들이 대상이나 사건의 특징과 세부 사항을 자세히 관찰한 다음 왜 어떤 것이 그런 방식으로 존재하는지에 대한 다수의 설명을 생성하도록 고안되었다. 이런 의미에서 이 루틴은 부분적으로는 사물을 해체하는 연습이나 부분을 조사함으로써 전체를 이해하는 활동이라 할 수 있다.

목적   '보기-생각하기-궁금해하기' 루틴처럼, 이 루틴은 자세히 관찰하고 설명하고 해석하는 것을 포함한다. 그러나 '보기-생각하기-궁금해하기'에서 학습자들은 보통 자세히 관찰하여 해석을 발전시키면서 모호한 이미지나 대상에 대한 이해를 형성한다. 이와는 대조적으로, '설명 게임(Explanation Game)'에서는 학습자들이 보고 있는 것을 이미 알고 있을 수도 있지만, 그것이 어떻게 작동하고 기능하는지 또는 설치되었는지 완전히 이해하지 못했을 수 있다. 따라서 학생들은 보통 이 루틴을 사용할 때 전체보다는 부분에 더 집중한다. 예를 들어, 학생들은 자신이 현미경을 보고 있다는 것을 알지만, 이 과학 기구의 부분들을 더 잘 이해시키기 위해 설명 게임을 사용할 수 있다. 마찬가지로, 학생들은 수학 다이어그램의 특징을 조사하여 그 특징이 어떤 일을 하는지, 어떤 목적을 수행하는지 판단할 수 있다.

이렇게 설명 게임은 학습자들이 어떤 것이 왜 그런 식으로 존재하는지에 대한 인과적 설명을 구축하게 하고, 그것이 왜 그렇게 기능하는지 그 용도와 이유를 이해하게 한다. 이 루틴이 이해력을 발달시키는 데 강력한 까닭은 부분을 인식하게 하고, 부분과 전체 간의 관계에 대해 있을법하거나 심지어 대체 가능한 이론과 설명까지도 산출하기 때문이다.

내용 선택하기

설명 게임은 학생들이 근거를 가지고 해석하고 추론하게 하면서 더 정밀한 조사가 필요해 보이는, 다양한 부분과 특징이 있는 내용에 잘 작동한다. 과학 현상, 역사적 사건, 지리학적 이미지, 수학적 모형은 모두 학생들이 어떤 것을 자세히 관찰하고 그것이 왜 그렇게 존재하는지 설명하게 할 가능성이 있는 영역들이다.

'보기-생각하기-궁금해하기'와 마찬가지로 직접 선택한 내용으로 설명 게임을 해보면 도움이 될 것이다. 이미지나 대상에서 독특하면서도 약간 모호한 부분이나 특징이 있는가? 그 부분이 어떤 목표와 역할에 기여하는지 어느 정도 합리적으로 설명할 수 있는가? 이 부분들을 이해하고 설명하는 것이 전체를 이해하는 데 도움이 되는가?

1. **준비하기** 학생들이 더 잘 이해하기 바라는 대상 쪽으로 학생들의 주의를 돌린다. 만약 학생들이 대상을 곧바로 알아차리지 못한다면, 그게 무엇인지 말하게 하지 않는 게 좋다. 그 대신에, 학생들이 모든 것을 보도록 대상을 주의 깊게 관찰하게 하면 서로 다른 특징들이 어떻게 관련되어 있는지 추측하기 시작할 것이다.

2. **명명하기** 이제 학생들이 알아낸 대상의 다양한 특징이나 양상을 짝과 공유하게 한다. 이 단계에서는 학생들이 관찰한 상이한 부분을 모두 기록하게 하는 것이 중요하다. 접착 메모지에 기록해도 좋다. 학생들은 짝이나 모둠으로 과제를 하면 혼자서 할 때 놓칠 수도 있는 특징을 알 기회가 생긴다.

3. **설명하기** 일단 학생들이 알아낸 다양한 특징을 목록으로 작성하고 나면, 교사는 학생들에게 이러한 특징을 설명하도록 요청한다. 이때 '설명 게임'이라는 루틴의 이름을 강조하는 것이 중요하다. 이 단계에서 모둠의 관심을 설명 생성에 집중시키고, 학생들에게 설명을 최대한 다양하고 많이 생각해내는 것이 목표라고 알려준다. 학생들에게 설명을 문서화하게 한다.

4. **이유 대기** 학생들에게 자신의 설명이 왜 그럴듯한지 이유를 대게 한다. 이 단계는 증거를 요구하는 단계로, 특히 어떤 특징이 왜 어떤 방식으로 설명될 수 있는지, 즉 학생들이 본 것을 분명히 말하게 한다.

5. **대안 생성하기** 이 단계에서는 학생들에게 처음에 설명한 것 말고 대안적인 설명을 하게 한다. 여기서 목표는 학생들을 너무 빨리 정해진 설명에 도달하게 하는 것이 아니라, 학생들이 인지한 대상의 특징과 왜 그 특징이 이런 식으로 존재하는지의 관계에 대한 관심을 계속 유지하게 하는 것이다. 학생들은 각자 제안한 대안적 설명에 대해 서로 "무엇 때문에 그렇게 말하니?"라고 물어야 한다.

　　　　　　암스테르담 국제 학교의 유치원 교사인 데비

오헤어는 수년 동안 유치원생들과 설명 게임 루틴을 사용했다. 예술가들의 의사소통 방법에 대한 공부의 일환으로 원생들이 설명 게임을 하면서 예술 작품을 탐구한 적도 있었다. 데비는 최근에 이 루틴을 사용하여 학생들에게 우편제도를 소개했는데, 학생들이 살고 있는 지역 사회를 알게 하는 교과과정의 일부였다. 데비는 우편 도구로 가득 찬 '수수께끼 상자'를 조립한 뒤, 모둠마다 돌아가며 상자에서 물건을 꺼내 그것이 무엇일지 추측하게 했다. 물건을 모두 쟁반 위에 꺼내놓자, 모둠마다 물건들이 서로 어떤 식으로 연결되는지 생각했다. 학생들이 물건 각각을 면밀하게 살펴보고 그 특징을 알아내 이 물건들이 서로 어떻게 연결되는지에 관한 이론까지 만들게 하는 것이 데비의 의도였다.

취리히 국제 학교의 4학년 교사들은 고대 문명 단원 수업에 설명 게임을 일부 사용했다. 취리히에는 로마 시대의 고고학 유적지가 많이 남아 있어서, 교사들은 이를 수업에 활용하고 싶었다. 그러나 학생들이 고고학이 간단한 과정이 아니며 특정 유물을 이해하여 결국 문명을 이해하게 되기까지 설명이 뒷받침되어야 한다는 사실을 이해하기 바랐다. 유적지 탐방에 앞서 지역 박물관에서 그 지역 출토 유물 복제품 몇 세트를 빌렸다. 교사들은 학생들이 고고학자처럼 생각하는 것을 돕기 위해 설명 게임을 사용했다.

평가　　　　　　학생들이 대상을 보면서 하는 설명을 경청할

때 말의 정확성보다는 그 이론의 질적인 면에 중점을 두어야 한다. 학생들이 단지 뻔한 것만 말하고 사물이 어떻게 관련되어 있는지를 수박 겉 핥기식으로 다루는가, 아니면 그 이면을 탐구하여 연관성과 가능한 관계까지 찾으려고 하는가? 설명이 대충이고 지나치게 광범위하며 일반화되어 있는가, 아니면 세부 사항이 풍부하고 주의를 환

기하며 뉘앙스까지 묘사하는가? 학생들의 설명은 중요한 특성이나 주제 또는 요소를 포착한 것처럼 보이는가, 아니면 중요하지 않거나 파편적인 세부 사항 또는 아이디어에 머무른 것처럼 보이는가? 전체적으로 볼 때 수업은 최선의 증거를 토대로 다양하게 설명한 것을 평가하는 데 참여할 수 있다. 이는 수업이 정답을 추측하는 것이 아니라, 아이디어를 뒷받침할 증거를 최대한 많이 모으는 것임을 학생들에게 알려준다.

조언 ─ 설명 게임을 해보면 대개 학생들은 대상에 이름을 붙이고 싶어 하고, 자신이 맞았는지 틀렸는지 알고 싶어 한다. 가능한 한 이런 충동을 최대한 억누르면서, 사물이 어떻게 연관되어 있는지 또는 이 부분들이 어떤 목적에 도움이 되는지 그 특징을 면밀히 살펴보고 설명하는 것에 집중하는 것이 중요하다. 학생들이 대상이 무엇인지 맞히려고만 고집한다면, 교사는 "무엇 때문에 그렇게 말하나요?"라고 물으며 증거를 요구하고, "이것이 여러분이 생각한 것이 아니라면, 다른 무엇일 수 있나요?"라고 물어 방향을 바꾸면 된다. 이 질문의 목적은 학생들이 눈에 띄는 특징에 기초하여 설명하는 태도를 유지하게 하는 것이다.

이 루틴의 단계는 분명히 '명명하기, 설명하기, 이유 대기, 대안 생성하기'이지만, 각 단계는 쉽게 서로 뒤섞일 수 있다. 전적으로 문제가 되는 건 아니지만, 이 모든 단계가 교실 담화와 문서화의 뚜렷한 부분이라는 사실은 중요하다. 설명하면서 근거를 대지 않거나 대안적인 설명을 하지 않으면 설명 게임은 '이 대상이 무엇인지 추측하기' 게임으로 전락할 수 있다. 이렇게 되면 추측해서 가설을 세우는 환경을 조성한다는 목적에서 벗어난다.

미첼 그레고리(가명)는 설명 게임을 중학교 개학일에 사용해, 한 해 동안의 학습의 장을 마련하고자 했다. 그는 설명 게임을 활동 이상의 것으로 생각했다. 6학년이 된 학생들에게 길러주고 싶은 사고 패턴이었다. 둘째로, 그는 설명 게임이 6학년 교사 팀 구성원들에게 교육에 대한 책임을 분담시킴으로써 지리 과목을 접하는 학생들이 큰 주제의 쟁점으로 곧장 뛰어들게 하며 남은 학년 동안 형성해나갈 공통의 경험을 제공함을 알았다. 설명 게임은 학생들이 자세히 관찰한 후 이유와 함께 설명을 생성함으로써 지리적 관계를 인식하도록 돕는데, 학생들은 이를 1년 내내 해야 했다. 마지막으로, 그는 이 루틴을 사용하여 지속적인 대화, 탐구, 토론, 재고의 토대를 마련하고자 했다. "사회 과목에서 큰 아이디어를 이해하는 데 어떤 종류의 인지적 행동이 필수적인지를 생각한 것은, 우리 교사들이 하나의 팀으로서 공동 계획을 세우는 데 결정적인 역할을 했어요."라고 미첼은 회상한다. "우리가 촉진하고자 하는 사고 유형에 정신을 집중하자, 어떤 사고 루틴을 사용할지 결정하기가 훨씬 쉬워졌죠."

미첼과 6학년 교사 팀에게 지리학은 전 세계 장소에 대한 사실을 명명하는 것이자, 어떻게 자연 과정과 인류가 상호작용해 이 세계를 형성하는지를 알아내고 설명하는 것이었다. 지리학자들에게 중요한 이런 사고를 통해 교사 팀은 교과 영역에서 학생들이 해야 할 것들을 떠올렸다. 즉 표면과 이면을 모두 면밀하게 관찰하고, 사물이 왜 그런 식으로 존재하는지 설명하고 그 이론을 생성하며, 증거를 가지고 주장하거나 추론하고, 연구를 더 발전시키기 위해 증거에 의문을 제기하는 것들이다. 그 결과, 미첼은 이내 설명 게임이 새 학년을 시작할 완벽한 방법이라는 생각이 들었다.

계획 수립을 위해 미첼과 동료들은 사람, 장소, 환경 과정에 대한 역동적 이미지를 포착한 사진들을 잡지와 인터넷에서 찾았다. 그들은 모든 설명을 제거한 후 사진을 확대하고 번호를 달아 각 교실에 게시했다. 개학 첫날, 새로운 6학년생들이 교실에 들어와 자리에 앉자 교사 팀은 새 학년을 맞은 학생들을 환영했다. 그리고 미첼은 새 학년을 시작하고 싶은 사람이 누구인지 물었다. 학생들은 환호하면서 "예!" 또는 "저요!"라고 대답하며 손을 들었다. 6학년 교사 팀의 리더인 미첼은 학생들에게 게임을 시작하기 전 몇 가지 지시 사항을 알려주었다. "오늘은 '설명 게임'이라는 게임을 할 거예요. 자, 이 게임에서 우리가 무슨 일을 해야 할 거라고 생각하나요?" 한 학생이 머뭇거리며 반응했다. "설명을 많이 하는 거요?" 미첼이 대답했다. "말해줘서 정말 고마워요! 우리 사회 선생님들 귀에는 음악처럼 들렸어요! 여러분은 많은 설명을 하게 될 거예요. 지리학자들처럼요!"

미첼은 계속해서 지시 사항을 말했다. "교실 여기저기에서 선생님들이 지난여름 수집한 온갖 이미지가 보일 거예요. 어떤 건 꽤 멋지고 재미있지만 어떤 건 꽤 불길하고 조금 무섭기도 해요. 짝과 함께 모든 이미지를 보았으면 좋겠어요. 짝과 함께 가능하면 모든 사진을 보세요. 두 사람의 눈이 한 사람의 눈보다 나으니까요." 그는 열의에 찬 학생들에게 말했다. "일단 사진을 보고 서로 많은 것들을 지적해요. 그다음에 각자 사회과 일지를 꺼내 메모를 몇 개 적어봐요."

미첼은 설명 게임의 단계를 정리해주었다. "우리를 위해 마치 지리학자처럼 여러분이 무엇을 알아냈는지 기록해봐요. 다시 말해, 여러분이 찾아낸 특징에 이름을 붙이는 거예요. 그다음에는 설명해봐요. 어디에 있는 것인지 또는 무엇과 같은지, 여러분이 생각한 것을요. 이유도 찾아봐요. 만약에 여러분이 알아낸 다른 무언가 때문에 다른 것일 수도 있다고 생각되면, 그것도 적으세요!" 그는 학생들이 기억할 수 있도록 칠판에 이 네 단계를 적었다. 미첼은 첫날에는 진행표를 준비하지 않았다. 그는 이 기회에 학생들이 자연스럽게 메모와 생각을 어떻게 정리하는지 보고 싶었다. 교사 팀이 이 정보를 활용하면 향후에 학생들을 가르치는 데 도움이 될 체계화의 종류를 결정할 수 있다.

학생들은 짝을 지어 교실 여기저기 붙어 있는 사진들을 들여다보기 시작했다. 미첼은 지시 사항을 더 설명해줘야 할 쌍이 있는지 알아보려고 빠르게 교실을 돌아다녔다. 그런 다음 교사 팀 전체가 가치 있다고 여기는 학생들의 대화를 들을 기회가 있었다. "학생들에게 지시하고, 돌아다니면서 그들의 작업을 감시하는 것이 제 일이라고 생각하곤 했죠. 그러나 갈수록 학생들의 이야기를 듣는 것이 유용하다는 사실을 깨닫게 되었어요. 그러면 학생들의 생각을 더 많이 알게 되거든요." 미첼은 나중에 이렇게 회상했다. "아이들이 설명 게임의 단계를 이해하자, 저는 여기저기를 돌아다니면서 아이들의 대화를 들을 수 있었어요. 겨우 개학 첫날인데도, 아이들의 생각은 저의 예상을 훌쩍 뛰어넘더군요!" [그림 4-9]는 설명 게임에서 학생들이 작성한 일지 내용의 예들이다.

45분 후 미첼은 학생들에게 전체 모둠 토론을 할 것이니, 모두 자리에 앉으라고 했다. 그는 의도적으로 설명 게임의 단계를 사용하여 학생들의 대화를 구성했다. "자, 알다시피 훌륭한 대화가 많았으니까, 훌륭한 생각도 많았을 거예요!" 미첼이 교사 팀을 대표하여 말했다. "누가 먼저 일어나서 가장 관심을 끈 이미지를 말해줄래요? 또 여러분이 짝과 함께 본 것이 정확히 무엇인지, 어디에 있고 무엇과 같다고 생각하는지, 무엇 때문에 그렇게 말했는지 말해줄래요?"

첫 번째 학생이 자신과 짝의 생각을 발표했다. 즉시 다른 학생들이 손을 들었는데, 같은 사진을 보고 자신이 한 생각을 빨리 말하고 싶어서였다. 미첼은 자세히 들으면서 각 쌍의 생각을 칠판에 적었다. 교사들이 지금 공유되고 있는 생각을 쫓아가려고 애쓰고 있으니 다른 학생들은 잠시 기다려달라고 요청했다. 다음 학생의 경우, 교사 한 명이 그 학생의 생각을 적고 칠판에 적힌 첫 번째 학생의 설명과 선을 그어 연결했다. 어떤 학생이 단순히 "그건 알래스카입니다."라는 식으로 단정을 내리자, 미첼은 그 학생의 생각을 계속 캐묻기 위해 루틴의 언어를 사용하여 부드럽게 물었다. "그래서 학생은 그게 알래스카일 거라고 생각하는군요. 무엇을 보았거

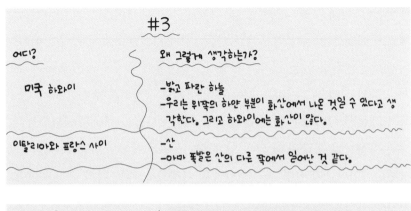

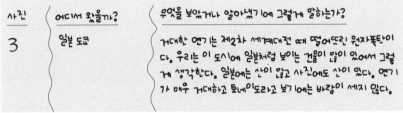

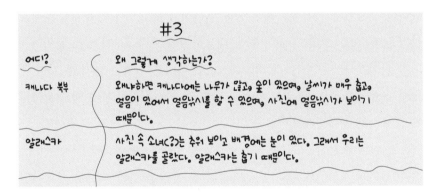

[그림 4-9] 6학년 학생의 설명 게임 일지 내용

나 알아냈기에 그렇게 말하는 건가요?" 설명을 듣고 난 미첼은 또 물었다. "이제 설명을 다 들었어요. 같은 사진에서 보았거나 알아낸 것을 근거로 다른 설명을 할 사람 있나요?"

6학년 학생들의 사고는 풍부했다. 미첼은 이를 기록해두면 반 학생들이 학년 내내 사고를 촉진하는 수단으로 사용할 수 있을 거라고 생각했다. "설명 게임이 학년을 시작하는 데 얼마나 도움이 되었는지 매우 기뻤어요."라고 미첼은 회상했다. "일종의 닻이 되었어요. 여러 단원에서 계속 그것을 다시 언급했거든요. 사진이 아니라 루틴의 질문 말이에요. '무엇을 보았거나 알아냈나요? 그것이 무엇일 것 같은가요? 무엇 때문에 그렇게 말하나요? 이 밖에 다른 무엇일 수 있을까요? 그리고 무엇 때문에 그렇게 말하나요?' 설명 게임은 단지 일회성으로 그치지 않았어요. 우리가 계속 반복해 사용하는 사고 과정이 되었거든요."

정보를 종합하고 체계화하기: 읽기, 토론하기, 이해하기에 사용하는 루틴

헤드라인
CSI: 색, 기호, 이미지
생성–분류–연결–정교화: 개념도
연결–확장–도전
4C: 연관성, 도전, 개념, 변화
마이크로 랩 프로토콜
예전 생각, 지금 생각

헤드라인

여러분이 배운 것에서 큰 아이디어와 중요 주제를 생각해보자.
- 이 주제나 쟁점과 관련해 의미 있고 중요하다고 생각하는 핵심 요소를 요약하고 포착해 헤드라인을 작성해보자.

이 루틴은 하버드 '프로젝트 제로'의 그룹 회의에서 자연스럽게 나온 것이다. 쟁점을 논의하거나 토론을 마무리할 때마다 우리는 그룹의 모든 구성원이 더 이상의 논의가 필요 없게 간단명료하게 자신의 의견을 말하기를 바랐다. 리더는 단지 모든 사람에게 탐구 주제에 대한 생각, 느낌, 핵심 아이디어를 포착한 '헤드라인(Headline)'을 작성하라고 요청했다. 이 루틴으로 각 그룹의 구성원들이 신속하게 의견을 종합할 수 있으며, 그룹의 구성원 각자가 그 주제를 어떻게 바라보는지 알 수 있다. 앞으로 알게 되겠지만, 우리는 이 기본 아이디어를 교실에 응용했다.

목적 헤드라인 루틴은 학생들이 어떤 상황 및 학습 경험의 본질이나 핵심을 확인할 때 성찰하게 하고 종합해내게 한다. 흔히 교실 활동은 학습자가 학습에서 중요하거나 핵심적인 것이 무엇인지 고려할 기회도 없이 계속 진행되기 쉽다. 그러나 학습자가 중요한 본질을 포착하지 못하면, 큰 아이디어와 핵심 원칙을 이해해나가기 어려울 수 있다. 학생들이 나무만 보느라 숲을 놓칠지도 모른다. 학생들 스스로 배우고 있는 내용의 핵심을 파악할 수 없다면, 앞으로의 학습에서 이 아이디어와 의미 있는 연관성을 찾기는 어려울 것이다.

학생들에게 헤드라인을 사용하여 수업이나 개념에 대한 현재의 생각을 요약하게 하는 것은 큰 아이디어를 알아내는 것이 이해하는 데 결정적이라는 메시지를 교사가 보내는 것이다. 어떤 방식으로든 모둠의 헤드라인을 문서화하면, 학생들이 여러 각도에서 주제를 고려하고 자신의 생각에서 가장 중요한 것에 대한 풍부한 그림을 마음속에 그릴 수 있게 한다.

내용 선택하기　　헤드라인 루틴은 종합해내야 하기 때문에, 종종 지속적인 학습의 경계선 안에서 학생들이 다층적이거나 풍부한 뉘앙스를 가진 주제의 핵심을 파악하도록 돕는다. 단지 학생들에게 여섯 가지 단순 기계*의 정의를 헤드라인으로 작성하게 하면 물리학의 핵심적이고 중요한 아이디어를 포착하는 설득력 있는 그 어떤 것도 산출해내지 못할 것이다. 학생들은 지렛대, 도르래, 쐐기의 핵심 원리를 포착하기보다는 '목록 지향적'으로 보일 수도 있는 캐치프레이즈를 제시할 가능성이 크다. 반면에 학생들에게 이 단순 기계의 이점을 이해한 대로 표현하고, 이들 모두가 더 큰 아이디어와 어떻게 연관되는지 헤드라인으로 나타내도록 하면 통찰력이 생길 수 있다. 이 경우 헤드라인 루틴은 기초 물리학 아이디어의 몇 가지 기본적인 본질을 포착할 기회를 준다. 헤드라인 루틴은 견학, 독서, 영화 감상 등과 같은 일회성 학습 후에도 사용될 수 있다. 이러한 맥락에서 헤드라인 루틴은 학생들이 경험한 것에서 중요하거나 눈에 띈 것을 파악할 수 있게 한다. 학생들이 중요하게 여기는 것을 더 잘 이해하면 앞으로의 수업을 계획할 때 유용할 수 있다.

---

* 　지렛대, 쐐기, 도르래, 바퀴와 축, 경사면, 나사를 가리킨다.

1. 준비하기 학생들이 학습 경험을 한 뒤, 어떤 핵심 아이디어를 배웠는지 생각해보게 한다.

2. 헤드라인 작성하기 학생들에게 "이 주제나 쟁점에서 기억하고 싶은 중요한 측면이나 핵심 아이디어를 포착해 헤드라인을 작성해보자."고 한다. 학생들은 교사가 원하는 대로 혼자 또는 짝과 함께 수행하면 된다.

3. 사고 공유하기 학생들이 헤드라인 초안을 작성하면 주변 학생들과 공유하게 한다. 학생들이 헤드라인뿐만 아니라 헤드라인을 선택하게 된 뒷이야기와 추론도 공유하여 다른 사람들에게 헤드라인을 분석해내는 것이 중요하다. 이 단계는 최고의 헤드라인을 가려내는 경쟁이 아니다. 목표는 다양한 관점과 뉘앙스가 드러나는 토론장을 만드는 것이다.

4. 추가적인 공유 유도하기 짝을 짓거나 모둠 단위로 헤드라인을 공유하고 헤드라인에 얽힌 이야기를 서로 들려주고 나면, 모둠 구성원들의 생각을 문서화하여 학급 헤드라인 모음집을 만들 수 있다. 헤드라인 모음집을 가지고 반에서 헤드라인의 공통 주제나 공통 요소를 찾도록 장려할 수 있다.

호주 태즈메이니아에 있는 브라이턴 초등학교 교사인 줄리 미첼과 동료들은 헤드라인 루틴이 학생들이 운동장에서 발생하는 갈등을 해결하는 훌륭한 방법임을 발견했다. 줄리는 헤드라인 루틴에 필요한 종합하기 활동이 갈등을 겪고 있는 학생들에게 유용할 것이라고 생각했다. 그녀는 갈등이 생겼을 때 학생들이 교사에게 달려가 해결하거나 고자질하거나 있었던 일 전부를 복기한다는 사실에 주목했다. 학생들을 말린 다음 쟁점을 헤드라인 형태로 만들게 함으로써, 줄리는 6학년 학생들이 갈등이나 사건의 핵심에 놓인 쟁점이 무엇인지 생각해보도록 장려했다. 학생들은 진정한 다음 이 과정을 통해 무엇 때문에 화가 났는지 스스로 생각해보았다. 줄리와 동료들은 다른 사람의 말을 경청하는 행위와 결부된 종합하기가 때로는 긴장을 완화하고, 교사들이 심판으로 나서야 할 사건 발생을 줄인다는 사실을 발견했다. 학생들이 이 과정에 익숙해지자, 줄리는 '다른 학생의 관점에서 헤드라인 만들기'라는 아이디어를 도입했다. 학생들이 다른 쪽에서 갈등을 바라보게 되면서 그녀는 상황을 더 완화하고 학생들이 자신의 갈등을 해결하도록 도울 수 있었다.

미시간주 트래버스시티의 이스트 중학교 교사 클레어 태글로어는 8학년 언어 교육 수업에서 학생들과 문학 주제를 탐구하면서 헤드라인 루틴을 수정해 사용했다. 클레어는 수업에서 학생들과 벤 마이켈슨의 『스피릿 베어』를 읽은 후, 학생들에게 소설의 핵심 주제를 가장 잘 포착한 듯한 노래를 각자의 mp3 플레이어에서 고르게 했다. 선정한 노래에 대해 학생들은 선정한 이유를 설명하여 정당화해야 했다. 중요한 문학 주제에 초점을 맞춘 이 활동은 학생들에게 읽어온 것 전부를 성찰할 기회를 제공했다. 학생들의 노래 선정은 글에서 기억할 만한 중심 아이디어를 조명하는 헤드라인 같은 역할을 했다. 학생들이 『스피릿 베어』와 연결 지어 선정한 노래를 함께 듣는 활동은 학습을 마무리하는 매우 인상적인 방식이었다.

암스테르담 국제 학교의 유치원 교사 엘리 콘데는 헤드라인 루틴을 서너 살짜리 아이들 눈높이에 맞추어 '이야기 제목(Story Titles)'이라고 불렀다. 아이들이 지난 주말에 무엇을 했는지 발표하는 시간에 이 루틴을 도입했다. 모든 아이가 주말에 있었던 일을 이야기한 후에 엘리가 반 아이들에게 물었다. "카를라의 이야기에 어떤 제목을 달 수 있을까요?" 응답을 듣고 나서 엘리는 "이 밖에 뭐라고 부를 수 있을까요?"라고 질문함으로써 더 많은 생각을 하도록 부추겼다. 이런 방식으로 엘리는 어린 학생들에게 요약하기 개념을 소개했다.

학생이 작성한 헤드라인뿐만 아니라 그것을 선택한 이유에도 주의를 기울여야 한다. 놓쳤을지 모르는 아이디어를 학생들이 보았거나 알아냈는가? 이 학생은 전체 모둠이 관심 가질 만한 쟁점을 강조하는 헤드라인을 만들었는가? 헤드라인은 사건을 종합하고 그 정수를 추출하는 데 중요한 기능을 하는가, 아니면 주변 요소들에 초점이 맞춰져 있는가? 헤드라인은 학생이 현재 이해하고 있는 주제에 대해 무엇을 드러내고 있는가?

물론 우리가 가르치는 주제의 뉘앙스와 복잡성을 모두 헤드라인 하나에 요약할 수 있다고 기대하는 것은 지나치다. 따라서 어떤 큰 아이디어가 학생들의 공감을 얻고 있는지 더 잘 알기 위해 학급 전체의 헤드라인을 모아서 평가해보고 싶을 것이다. 덧붙여, 한 학급의 헤드라인 모음집은 이어서 탐구해볼 만한 퍼즐이나 질문을 드러내는 잠재력을 지닌다.

헤드라인 루틴은 충분히 간단해 보인다. 하지만 교사는 학생들이 주제의 맥을 따라갈 기회를 창출하는 것과, 학생들이 기억하기 쉬운 슬로건이나 제목만 제시하는 것은 종이 한 장 차이라는 사실을 경험했다. 이 루틴은 학생들에게 피상적인 캐치프레이즈를 제시하게 하는 것이 아니라는 점을 기억해야 한다. 이 루틴은 학습자들이 혼자서나 모둠으로 연구하고 있는 주제의 중심부에 있는 핵심, 즉 중심 아이디어와 요소를 생각하도록 유도하기 위한 것이다.

예를 들어, 한 학생의 헤드라인 '기하급수적 성장 연구'는 다른 학생의 헤드라인 '지수 패턴: 예측 가능한가, 아닌가?'만큼 그 학생이 이해한 것이 정확하게 드러나지 않는다. 전자는 단지 학생이 배우고 있는 것의 제목인 반면, 후자는 변화나 성장의 수학적 패턴을 학생이 이해하기 시작했다는 본질을 더 잘 포착하고 있다([그림 5-1] 참조). 만약 학생들이 작성한 헤드라인이 드러내는 것보다 더 기억하기 쉽고 영리해 보인다면, 학습자

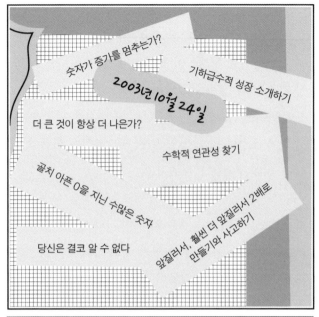

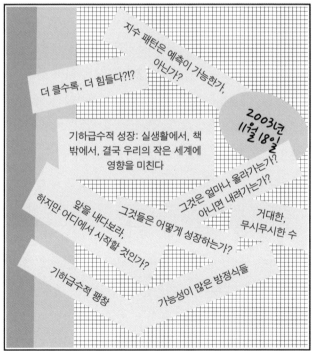

[그림 5-1] 기하급수적 성장 단원에서 8학년 학생들의 헤드라인

가 배운 것에서 가장 중요한 아이디어라고 믿고 있는 것을 이해하도록 교사는 주저하지 말고 학습자와 함께 그 아이디어를 더 검토해야 한다.

헤드라인 루틴은 학생들에게 요약을 하게 하기 때문에, 헤드라인 자체만으로는 학생들이 왜 그런 선택을 했는지 분명하지 않을 수 있다. 이럴 때는 '헤드라인 이면의 말'을 물으면 이해하는 데 유용하다. 한 학생의 헤드라인 이면에 어떤 '이야기'가 있을지 반 학생들에게 먼저 생각하게 한 후, 그 학생이 이에 동의하여 단어를 몇 개 더 제시하게 하는 것도 흥미로울 수 있다.

실행 장면 미시간주 트래버스시티 지역 공립학교 5, 6학년 교사인 캐리 터프츠는 수학 수업에 처음 헤드라인 루틴을 사용하면서 학생들이 어떤 것을 생각해낼지 궁금했다. 캐리는 수학의 분수 수업을 마친 후 학생들에게 물었다. "자, 오늘 수업에 헤드라인을 단다면 여러분은 무엇이 좋은가요?" 비록 일부 학생이 간단하고 단순한 사실을 나열하는 데 그쳤지만, 일부 학생은 상당한 깊이를 보여주어서 캐리를 놀라게 했다([그림 5-2] 참조).

헤드라인 루틴에 좀 더 익숙해지자 캐리는 학생들에게 성찰을 요구하여 헤드라인에 피상적인 지식 이상의 것을 담게 하고 싶었다. 캐리는 학생들이 만들어낸 헤드라인이 훌륭하다고 생각했지만, 헤드라인 이면을 수없이 '해석'해야 했다. 학생들이 배우고 있는 다양한 수학 주제에서 어떤 것이 왜 그런 방식으로 작동하는지에 대해 학생들이 어떤 이론이나 아이디어를 결합하고 있는지 명확하지 않았다. 이 때문에 캐리는 학생들에게 배우고 있는 것의 헤드라인을 만들 뿐만 아니라, '좀 더 많은 이야기'를 전해주는 문장 몇 개를 종이 뒷면에 적게 했다. 캐리는 이것이 학생들에게 너무 힘겨운 과제가 되지 않기를 바랐다. 그녀는 헤드라인 선택의 배경을 적은 몇몇 문장을 통해 학생들의 사고를 더 많이 통찰할 수 있었다. 또한 그

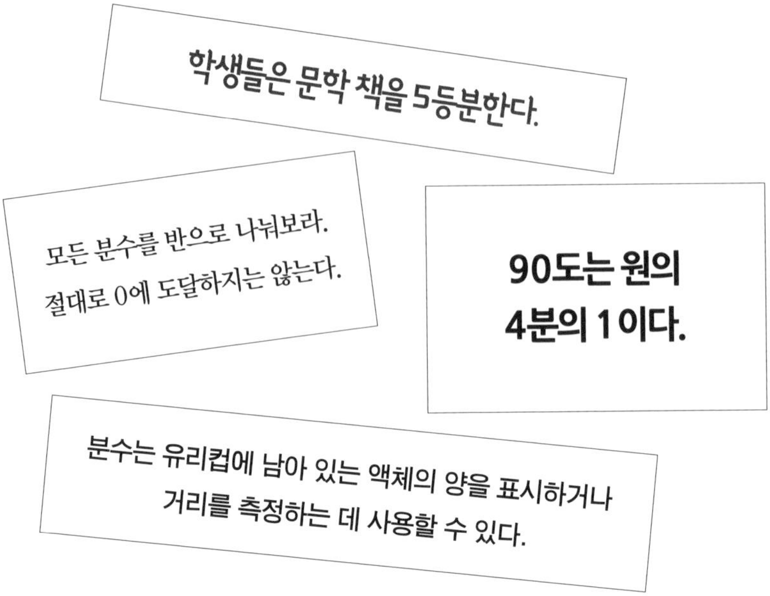

학생들은 문학 책을 5등분한다.

모든 분수를 반으로 나눠보라.
절대로 0에 도달하지는 않는다.

90도는 원의
4분의 1 이다.

분수는 유리컵에 남아 있는 액체의 양을 표시하거나
거리를 측정하는 데 사용할 수 있다.

[그림 5-2] 분수에 대한 5, 6학년 학생들의 헤드라인

녀는 추가 설명이 일부 학생이 헤드라인으로 정확히 포착할 수 없었던 아이디어를 더 명확히 표현한다는 사실도 발견했다.

헤드라인 루틴이 캐리의 수업에서 지속적인 학습의 일부가 되어감에 따라 그녀는 이 루틴을 다양하게 사용하기로 결정했다. 처음에는 학생들에게 개별적으로 헤드라인을 만들어 오게 했지만, 나중에는 짝을 지어 주고 공부한 것 이면의 큰 아이디어를 포착하여 헤드라인을 몇 개 작성하게 했다. 짝짓기를 통해 캐리는 아이디어를 교환하고 토론하는 학생들의 능력을 알 수 있었다. 학생들이 얻길 바라는 중요한 메시지는 서로 아이디어를 주고받을 때 학습이 얼마나 알차질 수 있는가 하는 것이었다.

짝을 지은 학생들이 잠정적으로 핵심에 가까운 헤드라인을 몇 개 만들자, 캐리는 미세 조정만 하고 학급의 헤드라인 모음집에 추가할 헤드라

인을 하나 고르도록 학생들을 밀어붙였다. 학생들은 헤드라인 중에서 어떤 것이 가장 강력해 보이는지 짝과 토론했다. 캐리는 왜 어떤 헤드라인은 선택되고 어떤 헤드라인은 선택되지 못했는지 이유를 학생들에게서 듣는 일이 흥미로웠다. "짝과 함께 진행한 짧은 토론은 학생들이 특히 중요하게 생각하는 것이 무엇인지 이해할 수 있는 매우 유익하고 유용한 기회였어요."라고 캐리는 회상했다. 각 쌍은 교실에 전시할 최종 헤드라인을 제출했다. 캐리는 모둠의 생각을 수학을 배우는 모든 학생, 심지어 다른 수업을 듣는 학생들에게도 보여주고 공유할 수 있기를 바랐다.

헤드라인 루틴을 통해 캐리는 수업 주제 중 특히 강력하다고 생각했던 아이디어에 학생들이 어떤 관심을 갖고 또 왜 관심을 갖지 않는지 알게 되었다. 학생들의 사고를 더 잘 알게 되자 캐리는 수업을 어떻게 진행할지 결정할 때 필요한 정보를 더 많이 얻을 수 있었다. "오늘 학생들의 헤드라인을 알면 내일 수업에 어떤 내용을 다룰지 결정하는 데 도움이 돼요."라고 캐리는 회상했다. 그녀는 또한 학생들의 헤드라인에서 그들이 오해하거나 지나치게 일반화한 것이 드러난다는 점도 발견했다. 신중하게 학습 환경을 조성해왔기 때문에 캐리는 이런 오해를 재빨리 해결하기보다는, 학습자의 사고에 도전하고 사고를 자극하는 방식으로 오해를 풀 자신이 있었다.

캐리의 수학 수업 교실에서는 학생들이 정기적으로 체험 활동에 참여했다. 사고 루틴 사용은 학생들이 이처럼 활동적인 수업을 통해 배우는 것을 우연에 맡기지 않고 더 잘 유념하게 한다. 캐리는 심지어 학습에 어려움을 겪는 학생조차 헤드라인에 주제의 일부 측면을 담을 수 있음을 알게 되었다. 캐리는 또한 학생들이 자기 생각을 표현하려고 할 때 다른 사람의 헤드라인을 참조하고, 때로는 헤드라인을 교실 벽에 걸고 며칠이 지나서도 참조한다는 사실을 알게 되었다. 이런 식으로 교육과정에 모든 학습자가 더 쉽게 접근할 수 있게 되었다. 시간이 지남에 따라 모든 학생은 헤드라인을 통해 모둠의 집단적인 사고와 상호작용할 만큼 편안함을 느끼게 되었다.

캐리는 5학년과 6학년 학생들의 사고 가시화 작업을 마치면 그들이 무엇을 얻어서 교실을 나설지 궁금했다. 그래서 1년 후 캐리는 이 학생들을 다시 만나서, 어떤 사고 유형을 새로운 수업에서도 계속하고 있는지 물어보았다. 몇몇 학생은 특히 헤드라인 루틴을 언급했다. 이런 일은 수업의 교사가 의도하지 않은 학습 시나리오에서 일어날 때가 많다. 예를 들면, 캐리의 수업을 들은 학생 하나는 지역 평가에서 몹시 어려운 문제가 나오면 혹시 문제를 파악하거나 푸는 데 도움이 될까 하여 종종 "이 주제의 헤드라인은 무엇일까?"라고 자문한다고 말했다. 다른 학생은 축구 코치가 새로운 전략이나 기술을 설명할 때 지시의 핵심이 무엇인지 떠올리기 위해 흔히 "여기서 헤드라인은 무엇일까?" 하고 생각한다고 말했다. 만약 여전히 아리송한 부분이 남아 있으면, 코치에게 물어볼 질문을 짤 때 헤드라인 루틴을 사용한다고 말했다.

CSI: 색, 기호, 이미지

방금 읽고 보고 들은 것에서 큰 아이디어와 중요한 주제에 대해 생각해보자.
- 여러분이 생각한 아이디어를 가장 잘 나타내는 색을 찾아보자.
- 여러분이 생각한 아이디어를 가장 잘 나타내는 기호를 만들어보자.
- 여러분이 생각한 아이디어를 가장 잘 드러내는 이미지를 그려보자.

'CSI: 색, 기호, 이미지(Color, Symbol, Image)' 루틴은, 문어든 구어든 언어에 크게 구애받지 않는 방식으로, 학생들의 사고를 가시화하기 위해 만들었다. 늘 새로운 언어 환경에서 배워야 하는 국제 학교에서 주로 근무해온 교사들이 우리에게 이 루틴이 필요하다고 알려주었다. 마찬가지로, 교사들은 아직 어학 능력이 부족한 어린 학생들은 자기 생각을 충분히 표현하기 어려울 때가 많다고 느꼈다. 색, 기호, 이미지를 사용하면 학생들의 타고난 창의성과 표현 욕구를 끄집어낼 수 있다. 동시에 학생들이 연관성을 찾아내고 은유적으로 생각하도록 이끌 수 있다.

목적　이 루틴은 책 읽기, 동영상 시청, 음악 청취에서 발견한 큰 아이디어의 본질을 파악하고 추출하는 데 색, 기호, 이미지를 비언어적인 방식으로 사용한다. 선택하는 과정에서 학생들은 은유적으로 생각할 수밖에 없다. 유사점을 찾고 비교하면서 새로운 것을 이미 알고 있는 것과 연결할 때 은유는 아이디어를 더 잘 이해하게 만드는 주요 수단이다. 간단히 말해, 은유란 어떤 것과 다른 것을 연결하는 것이다. "~하기 때문에 이것은 저것과 같다.", "~하기 때문에 이 아이디어는 이런 것을 떠올리게 한다." 등이다.

CSI는 학생의 이해력을 높이고 은유적 사고를 발전시키기 좋은 방법이다. 그러나 은유와 직유라는 공식 용어를 소개할 필요는 없다. 물론 고학년 학생들과는 논의해도 되지만, 학생들이 찾아내는 연관성은 매우 개인적이며 개인의 설명에 기초하여 이해할 필요가 있다는 점을 잊지 말기 바란다. 예를 들어, 어떤 학생은 가능성과 미지의 대상을 표현하는 데 검은색을 고를 수 있고, 반면 다른 학생은 하늘의 개방성과 무한한 자유, 가능성을 떠올리게 하기 때문에 똑같은 아이디어를 표현하는 데 파란색을 선택할 수도 있다.

내용 선택하기

해석이나 의미가 다양하고 양이 많은 내용을 선택한다. 복잡성, 모호함, 뉘앙스를 피하지 말기 바란다. 해석하고 토론할 거리가 있어야 하기 때문이다. 내용은 개인 에세이, 문학 작품의 일부, 시 한 편, 도발적인 연설, 라디오 에세이, 단편 영화 등이다. 그러나 내용이 너무 길거나 상충하는 견해가 너무 많이 포함되어 있지 않아야 한다. 따라서 완성된 글 한 편보다는 책의 한 장이나 한 구절이 더 낫다. 학생들이 해석하고 사고할 수 있는 내용이면 된다. 그러면 학생들이 이해한 내용을 통찰할 수 있을 것이다.

단계

1. 준비하기 학생들에게 책의 한 구절을 읽게 하거나 연설을 들려주거나 비디오를 보여준다. 핵심 아이디어를 생각해보라고 한 다음, 흥미로웠고 중요하거나 통찰력이 돋보이는 것을 필기하게 한다. 학생들 각자 해도 되지만, 이 루틴을 처음 사용하는 경우라면 학생들이 찾아낸 다양한 아이디어를 모아 학급 목록을 생성할 수도 있다.

2. **색 찾기** 학생 각자 탐구 중인 내용에서 찾아낸 핵심 아이디어를 나타낼 색을 찾게 한다. 대부분 한 가지 색만 고른다. 이 색을 기록하고, 적정 학년일 경우 왜 선택했는지 설명하고 정당화하는 글을 쓰게 한다.

3. **기호 만들기** 학생 각자 탐구 중인 내용에서 찾아낸 핵심 아이디어를 나타낼 기호를 찾게 한다. 기호는 무언가를 의미하는 사물이다. 예를 들면, 비둘기는 평화를 의미하고, '=' 기호는 평등을 의미한다. 컴퓨터를 켜면 다양한 프로그램과 기능을 상징하는 아이콘이 무수히 많다. 이 기호를 기록하고, 적정 학년일 경우 이 기호를 고른 이유를 설명하고 정당화하는 글을 쓰게 한다.

4. **이미지 스케치하기** 학생 각자 탐구 중인 내용에서 찾아낸 핵심 아이디어를 나타낼 이미지를 찾게 한다. 이미지는 사진이나 어떤 장면을 그린 그림이다. 찾아낸 이미지를 간단히 스케치할 것이므로, 그림 실력은 걱정하지 않아도 된다. 이 스케치도 기록하고, 적정 학년일 경우 이 이미지를 고른 이유를 설명하고 정당화하는 글을 쓰게 한다.

5. **사고 공유하기** 짝을 짓거나 모둠으로, 각자 선택한 색을 말하고 왜 선택했는지 설명하게 한다. 이 색은 나머지 학생들이 이해하려는 내용이나 글과 어떻게 연결되는가? 이 색은 방금 읽거나 듣거나 본 큰 아이디어와 어떻게 연결되는가? 짝 혹은 모둠 구성원이 돌아가며 색, 기호, 이미지를 발표하고 선택한 이유를 설명하게 한다.

사용과 적용   비알릭 칼리지의 에마 퍼먼은 2학년 수업에서 학생들이 이제 막 진급한 2학년에 대해 생각하도록 돕기 위해 CSI 루틴을 사용했다. 그녀는 학생들에게 2학년이 된다는 것이 스스로에게 어떤 의미인지, '2학년'에 대해 어떤 색을 부여하면 좋을지 생각해보라고 했다. 그런 다음 1학년이나 3학년이 되는 것과 다르게 2학년이 되는 것을 어떤 기호로 나타내면 좋을지도 생각해보라고 했다. 이

번 학년은 어떻게 다를까? 마지막으로 그녀는 2학년이 되어 바라는 것이 있다면 그것을 그림으로 그리게 했다.

태즈메이니아주 호바트의 존은 5학년 학생들에게 책의 새로운 장을 소리 내어 읽어주면서 전체 학급에 CSI 루틴을 시도할 계획이었으나 색 선택에 집중하는 것으로 바꾸었다. 그녀는 출석부에 학생 이름을 세로로 죽 적고, 책의 장 수에 맞춰 12개의 칸을 넣어 표로 만들었다. 한 장을 읽을 때마다 이 종이를 돌려서 학생들이 자기 이름 옆의 칸에다 색을 적어 넣었다. 일단 표가 채워지자 짧게 학급 토론을 했고, 학생들은 반 친구들에게 자신이 고른 색을 설명하고 정당화해야 했다. 다시 필요해질 때까지 이 표를 게시판에 전시했다. 이 표는 각 장에 대한 느낌뿐 아니라 학생 저마다의 개성이 드러나는 패치워크의 전시 같았다.

미시간주 체사닝 유니언 고등학교의 멜리사 레넌은 중등 화학반 학생들에게 CSI 루틴을 사용했다. 화학 반응에서 반응물과 생성물 사이에 존재하는 양적 관계를 다루는 화학의 한 분야인 화학량론(stoichiometry) 개념의 핵심을 포착하는 데 이 루틴을 적용했다. 멜리사는 이 관계를 알아가는 절차에 시간을 많이 들였고, 학생들은 CSI 덕분에 관심이 확장되었다.

평가 학생들이 색, 기호, 이미지를 선택할 때, 교사는 학생들이 맞닥뜨린 자극의 핵심을 포착하는 능력을 갖도록 도와야 한다. 학생들이 선택한 색을 보면 일면 분명해지겠지만, 이 능력은 학생들이 선택한 색을 설명할 때 더 많은 통찰력을 갖게 한다. 왜 학생은 이 색을 선택하고 이런 이미지를 그렸을까? 이런 색과 이런 이미지는 자극이라는 큰 아이디어와 어떻게 연결되는가? 학생들의 사고 발전을 돕는 동안 교사는 학생들이 표현한 은유의 특징도 살펴보고 싶어질 것이다. 처음에는 슬픔을 검은색, 행복을 태양으로 나타낸다거나, 이야기의 한 장면을 그대로 따라 그리는 등 매우 뻔할지도 모른다. 교사는 다른 사람들도 더 깊이 아이디어를 이해하도록 학생들이 뻔하지 않은 은유를 제시하길 바랄 것이다. 이것이 어떻게 가능한지는 '실행 장면'의 네이선 암스트롱의 예를 참조하기 바란다.

조언

색, 기호, 이미지가 명시되어 있지만, 꼭 순서대로 수행할 필요는 없다. 내용과 사람에 따라 이미지로 시작하는 것이 쉬울 수도 있고 즉시 기호를 떠올리게 하는 것이 쉬울 수도 있다. 이 루틴의 핵심이 은유적 사고, 연관성 찾기, 본질 추출인 만큼, 실제 그린 이미지를 너무 강조하진 말자. 어린 학생들은 이런 방향 전환이 반가울지 몰라도, 활동의 핵심이 돼버리면 생각을 방해할 수 있다. 고학년 학생들은 그리기보다 이미지를 말로 묘사하는 것을 더 선호할수 있다. 컴퓨터의 컬러 팔레트에서 색을 골라 칸을 '채우고', 기호는 '기호 삽입' 기능을 활용하고, '구글 이미지'에서 사진을 검색하여 효율적으로 루틴을 마칠 수도 있다.

실행 장면

멜버른의 웨슬리 칼리지 교사 네이선 암스트롱은 처음으로 7학년 영어 수업에 루틴을 시도할 때 CSI 루틴을 골랐다. 학생들은 마침 안네 프랑크가 쓴 『안네의 일기』를 읽고 있었다. 수업에서 책의 앞부분을 읽고, 나머지 부분은 휴일에 숙제로 읽어오기로 했다. 네이선은 학생들이 능동적으로 책을 읽고 학교에 와서 풍성한 토론을 할 수 있도록 CSI 루틴을 사용하기로 결정했다. 그래서 학생들에게 안네의 일기 중 다섯 편을 가지고 루틴을 수행하는 과제를 냈다.

학생들은 가로로 칸이 세 개인, 컴퓨터에 들어 있는 기본적인 템플릿으로 과제를 했다. 순서대로 칸에 색, 기호, 이미지가 들어가게 되어 있다. 학생들은 인터넷에서 이미지를 검색하고, '기호 삽입' 기능을 활용해 기호를 찾고, '색 채우기' 기능을 활용해 색 칸을 채웠다. 각 칸 아래에 왜 선택했는지 정당화하는 설명을 작성했다([그림 5-3] 참조).

휴일이 지나고 학생들이 다시 등교했다. 학생들의 CSI 루틴을 다섯 개쯤 게시하자 교실은 갤러리로 바뀌었다. 안네의 일기 순서에 따라 학생들의 루틴을 게시했는데, 교실 전면 벽은 시간순으로 전체 글을 시각적으로 표현한 것이 되었다. 안네의 일기에서 해석할 내용을 학생들이 스스로 골랐기 때문에, 일기의 많은 내용이 CSI로 표현되었다. 학생들이 해석한 방법에 대한 토론이 빠른 속도로 진행되었고, 색, 기호, 이미지의 유사성뿐 아니라 차이도 언급되었다.

네이선이 CSI를 사용한 목적은 학생들이 책을 더 깊이 이해하도록 하는 것이었다. 그래서 색, 기호, 이미지를 선택하고 그 이유를 설명하게 함으로써 이 목적을 성취했다고 생각했다. 그뿐만 아니라 네이선은 학생들의 이해력도 잘 파악할 수 있었다. 학생들이 해온 과제를 살펴보는 동안 일부 학생이 선택한 은유가 매우 정교한 것을 발견했다. 이걸 가지고 '좋은 은유가 무엇인가'에 대한 학급 토론을 벌였다. 여행을 상징하는 길, 성장을 상징하는 나무처럼 어떤 은유는 뻔해서 거의 글자 그대로처럼 보이는 반면, 물방울 하나는 고유한 존재이면서도 다른 물방울을 만나는 순간 자신을 잃어버리는 속성을 가지듯이, 분리와 통합의 느낌을 물방울로 표현한 은유는 매우 복합적인 것이라고 알려주었다.

네이선은 은유의 복합성과 정교함의 정도에 대한 이 토론을 바탕으로 학생들에게 은유적 사고를 독려하기로 했다. 네이선은 또 다른 글에서 다양한 대상을 임의로 선택한 후 학생들에게 해당 글과 연관될 만한 이미지를 찾게 했다. "이 이미지를 방금 우리가 읽은 글에 대한 CSI 이미지로 쓴다면 어떨 것 같나요?" 네이선이 고른 대상이 그 글과 어떻게 연관될지 토론하고 정당화하는 과정에서, 학생들은 글의 특징을 이미지의 특징과 연결해 풍부한 은유를 만드는 능력을 발전시켰다.

이처럼 CSI 루틴을 사용하면서 네이선은 겉으로 드러나지 않는 은유

색

안네는 페터와의 미래가
어떻지 확신하지 못한다.
검은색, 칠판처럼 검은색이
그들의 미래에 나타날 여러
가능성을 모두 표현한다.

기호

이날의 일기로 보아 안네가
페터에게 다가가려는 갈망을
억누를 수 있을지 의심스럽다
안네는 둘 사이의 침묵이
깨지고 진정한 모습으로
행동할 수 있을 때까지
기다려야 한다.

이미지

이 글에서 안네는 자신과
페터가 겉으로 보이는 것만큼
서로 다르지 않다고 말한다.
이 사과들처럼, 둘은 달라
보여도 취향은 비슷하다.

[그림 5–3] 『안네의 일기』에 대한 알렉산드라의 CSI 루틴

를 깊게 사고하는 경험을 처음 한 학생들의 우수성을 재는 평가 시스템을
개발했다. 이 '은유 등급'은 '1＝낮음'에서 '10＝높음'까지 연속된 숫자로
표시된다. 학생들은 7학년 내내 CSI 루틴을 사용하여 이 척도로 자신과 친
구를 평가했다. 그러는 동안 네이선은 필요한 부분을 보충하고 학생들의
사고를 유발하기 위해 계속 루틴을 수정했다. 때로는 학생들을 모둠으로
나누어 색, 기호, 이미지를 고른 후 친구들과 토론하고 평가하게 했다. 학
생들을 더 나아가게 하기 위해, 네이선은 선택에 참고한 인용문을 학생들
에게 보여달라고 한 적도 있다. 이런 방식으로 학생들은 자신이 알아낸 큰
아이디어와 주제를 정당화해야 했다.

생성–분류–연결–정교화: 개념도

여러분이 이해한 대로 원하는 주제, 개념, 쟁점을 선택해 지도를 만들어보자.

- 주제나 쟁점을 생각할 때 마음속에 처음 떠오른 아이디어와 생각을 목록으로 생성해보자.
- 얼마나 핵심적인지, 주변적인지에 따라 아이디어를 분류해보자. 핵심 아이디어를 종이 가운데에, 주변적인 아이디어는 바깥쪽에 배치해보자.
- 공통점 있는 아이디어끼리 선을 그어 연결해보자. 아이디어들이 서로 어떻게 연결되는지 설명하는 글을 짧게 써보자.
- 처음에 떠오른 아이디어를 확장하거나 확대하거나 보강하는 새로운 아이디어를 추가해 지금까지 작성한 아이디어나 생각을 정교화해보자.

수년 동안 우리는 전 세계의 학생들이 작성한 수천 개의 개념도를 모아서 검토했다. 주제와 상관없이 우리가 알아낸 사실 하나는 대체적으로 학생들이 개념도를 아주 잘 작성하지는 못한다는 것이었다. 그래서 우리는 한 사람의 사고와 아이디어를 체계화하고 그 사람이 특정 개념을 이해하는지 밝히는 데 도움이 되는 개념도를 만들려면 어떤 사고 유형이 필요한지 심사숙고했다. '생성–분류–연결–정교화(Generate-Sort-Connect-Elaborate)' 루틴이 그 결과였다.

목적 개념도는 주제에 대한 학습자의 심성 모형을 비선형적인 방법으로 밝혀준다. 개념도는 주제에 대한 지식을 활성화해 아이디어들을 의미 있게 연결해준다. 학습자들은 개념도를 만들면 사고를 체계화하고 아이디어가 서로 어떻게 연결되

느지 알아내는 데 도움이 된다는 사실을 발견하곤 한다. 이는 사고와 이해를 공고히 할 뿐만 아니라 사고를 다른 사람들에게 드러내는 데도 도움이 된다. 물론 교육자들과 연구자들은 오랫동안 이러한 목적으로 개념도를 사용해왔다. 그러나 개념도가 한 사람의 심성 모형이나 개념의 이해를 실제로 드러내려면, 사고를 제한하지 말고 더 나은 사고를 적극적으로 발전시키도록 개념도를 만드는 과정을 구조화하는 것이 도움이 된다. 이 루틴은 그래픽적인 성격을 최대한 활용하여 풍부하고 흥미로운 사실을 보여주는 개념도를 만드는 데 필요한 심성 모형을 강조한다.

내용 선택하기　　　　　루틴에 선택할 주제나 개념은 종종 민주주의, 서식지, 효과적인 프레젠테이션, 기하학 등 광범위하다. 이들 주제에는 여러 부분과 구성 요소가 있어서 다양한 반응이 다수 제기될 수 있다. 큰 아이디어나 목표를 제시한 후 학생들에게 다양한 아이디어 목록을 생성할 기회를 준다. 아이디어의 중심을 판단하는 토론을 이어서 진행하면 학생들이 이해한 깊이와 폭이 드러난다. 자유, 권력, 전기 같은 개념이나 아이디어, 과학 실험 설계하기, 애니메이션 영화 제작하기, 토론 준비하기 같은 과정이 모두 이 루틴의 대상이다. 이 루틴은 학습자들이 주제에 대해 이미 알고 있는 내용을 드러내 토론을 촉발하기 위해 단원 시작 부분에 배치할 수도 있고, 학습자들이 아이디어를 어떻게 이해하고 있는지 평가하기 위해 단원 후반부에 사용할 수도 있다. 때때로 학생들은 단원 끝부분에 개념 지도를 작성하는 것이 시험을 준비하거나 과제물 작성을 계획할 때 배운 것을 복습하는 좋은 방법이라는 것을 깨닫는다.

단계　　　　　1. 준비하기　학생들이 개념 지도를 알고 있는지 확인하고, 모른다면 주제에 대한 생각을 보여주는 방법이라고 설명한다. 이미 학습자들이 개념 지도에 익숙하다면, 체계적인 방식으로 개념 지도를 만들게 될 거라고 알려주면서 간단히 루틴을 소개해도 좋다.

2. 생성하기 학생들에게 주제와 관련된 단어나 아이디어, 측면의 목록을 생성하게 한다. 주제에 따라 "이 주제의 주요 측면이나 구성 요소의 목록을 생성하세요."라거나, "이 목표 및 작업과 관련된 다양한 재료, 과정, 필요 사항의 목록을 생성하세요."라고 할 수도 있다. 이 단계는 처음 떠오른 아이디어의 목록을 생성하기 위해 설계되었다. 언제든지 내용을 추가할 수 있으므로, 다음 단계로 넘어가기 전에 학생들이 적어도 목록의 5~6개 항목만 떠올려도 된다는 것이 중요하다.

3. 분류하기 학습자들에게 아이디어를 중요한 것과 중요하지 않은 것으로 분류하게 하되, 중요한 아이디어를 가운데에 배치하고 중요하지 않은 아이디어를 바깥쪽에 배치하게 한다. 원한다면, 이 단계에서 학생들은 짝을 짓거나 모둠을 구성해 분류 작업을 할 수도 있다. 이렇게 하면 우선순위를 둘러싼 풍부한 토론을 할 수 있다.

4. 연결하기 학습자들에게 연관이 있는 아이디어끼리 선으로 연결하게 하고, 선 끝에 연관성을 간단히 적게 한다. 예를 들어, 하나의 아이디어가 다른 아이디어로 이어지거나, 두 아이디어가 동시에 작동할 수도 있다.

5. 정교화하기 학생들에게 중요한 아이디어를 몇 개 골라 정교화하게 하고 아이디어를 더 작은 부분으로 나누는 하위 범주를 만들게 한다.

6. 사고 공유하기 짝을 짓거나 모둠을 만들어서 학생들끼리 개념도를 공유하도록 한다. 개념도를 구성하면서 선택한 것과 배치나 연결에 관해 토론하거나, 문제가 있을 때 집중적으로 토론한다.

사용과 응용   분류할 때, 가장 중요한 것에서 덜 중요한 것으로 분류하는 것 말고 다른 분류법을 선택해도 된다. 예를 들어, 먼저 나왔는지 아니면 먼저 처리해야 할 필요가 있는지, 나중에 나왔는지 아니면 모두에게 공통되었는지, 반대로 일부에게 공통되었는지에 따라 아이디어를 분류할 수 있다. 일부 학생들은 동심원을 여러 개 그려 분류하고, 원의 안과 밖에 영향 관계를 나타냈다.

미시간주 블룸필드힐스의 웨이 초등학교 교사 제니 로시는 3학년 소모둠 학생들과 함께 '생성-분류-연결-정교화' 루틴을 사용하여 기하학 공부를 통해 무엇을 배웠는지 평가했다. 그녀는 학생들에게 배운 것 모두 종합해 목록을 생성하게 했다. 학생들이 아이디어를 내자, 제니는 색인 카드를 나눠주고 아이디어를 적게 했다. 그런 다음 제니는 카드들을 펼쳐놓고 중심성이 아니라 공통점이 있어 보이는 아이디어들에 따라 분류하게 했다. 이를 통해 제니는 학생들이 중요하게 생각하는 속성의 종류를 통찰할 수 있었다. 예를 들어, 도형을 분류할 때 학생들은 '대칭선'을 이야기했기 때문에 변의 개수 그리고 줄과 선의 대칭을 맞추었다. 색인 카드에 아이디어를 적으면 이처럼 유연하게 분류하고 필요에 따라 변경할 수 있다. 다음으로 제니는 학생들에게 이런 묶음이 어떻게 연결되어 있는지 말하게 했고, 이 정보를 연결선 위에 기록했다. '정교화하기'를 위해 제니는 학생들에게 다음에 피라미드와 프리즘을 공부할 것이며, 개념도에 이 새로운 정보를 추가할 거라고 말했다.

비알릭 칼리지 역사 교사 샤론 블룸은 9학년 학생들이 시험 공부를 하길 바라면서 '생성-분류-연결-정교화' 단계를 사용하기로 했다. 그 기간이 시작되어 그녀는 모든 학생을 교실 밖으로 내보낸 다음 한 번에 두세 명만 들였다. 첫 번째 모둠이 들어오자 그녀는 학생들에게 화이트보드에 적힌 '중세 유대인의 삶'이라는 주제에 아이디어를 추가하게 했는데, 핵심적이고 중요한 아이디어를 가운데에 배치하게 했다. 한 번에 두세 명씩 학생들은 아이디어를 추가했다. 자신들이 알고 있는 사건 이름을 말하거나 주제, 개념, 아이디어를 표현했다. 더 많은 모둠이 들어오자 지시 사항을 바꾸었고, 나중에 들어온 학생들은 적혀 있는 것들을 읽고 사건, 개념, 아이디어끼리 연관성을 나타내는 선을 그었다. 이 시점에서 교실 안 학생 모두가 아이디어, 연관성, 정교화를 추가했다. 샤론은 이어서 학생들이 작성한 개념도를 복습의 근거로 삼아 빠진 것이 있는지 혹은 배치에 이견이 있는지 물었다. 학생들에게 어떤 의문이 드는지 묻자 흥미로운 논의가 잇따랐다. 비극적인 사건이 모두 정중앙에 아주 가까이 놓인 것을 알아차린 한 학생이 물었다. "왜 우리는 언제나 행복하고 평화로운 시절보다 비극과 재난을 더 중요하게 여길까요?" 이 발언을 시작으로 학생들은 역사의 전환점이 재난으로 촉발될 때가 얼마나 많은지 토론을 벌였다. 또한 인간의 본성, 우리가 얼마나 삶의 부정적인 면에 초점을 맞추고 긍정적인 면을 당연시하는 경향이 있는지도 이야기했다.

평가 '생성-분류-연결-정교화' 루틴을 사용하여 작성한 개념도에는 학생들이 무엇을 알고 있는지, 그리고 그 지식을 학생들이 어떻게 전체와 관련되고 연결되어 있다고 보는지에 대한 평가 정보가 풍부하게 담겨 있다. 지도에서는 생성된 아이디어와 그 배치에 주목하기 바란다. 학생들은 핵심 아이디어와 주변적인 아이디어를 구별할 수 있는가? 학생들은 가장 중요한 아이디어를 찾아냈는가? 아이디어가 정교화되는 방식은 학습자들이 이해한 깊이를 나타낸다. 학생들은 어떤 종류의 연관성을 찾아내는가? 뻔한 수준을 뛰어넘고 아이디어의 심층 구조에서 통찰을 보여주는 연관성을 찾아야 한다. 익숙한 주제라면 '생성-분류-연결-정교화' 루틴을 비공식적인 사전 평가로 사용할 수 있으며, 단원 마지막에 사용하면 학생들의 사고가 어떻게 발전했는지 알 수 있다.

훌륭한 개념도는 작업하기 좋은 아이디어 목록을 생성하는 데 달려 있다. 이를 위해 학생들 각자 처음 목록을 생성한 다음 짝과 함께 또는 모둠으로 과제를 하게 해도 된다. 이러면 목록들을 '분류하기'와 결합할 수 있다. 물론 '생성하기'가 별도 단계로 존재하지만, 학생들은 언제든지 아이디어를 추가할 수 있다. 실제로는 학생들에게 커다란 전지에 적게 하는 것이 유용하다. 종이가 크면 배치할 때 주의하게 되고, 가능성이 더 넓어진다. 게다가 종이가 이러한 움직임을 수용할 만큼 크다면 학생들은 연관성을 적고 아이디어를 정교화하기가 더 쉽다고 여길 것이다.

비알릭 칼리지의 영어 교사인 라비 그레이월이 12학년 수업에서 다룬 소설 하나는 팀 오브라이언의 『숲의 호수에서(In the Lake of the Woods)』이다. 소설의 주인공 존 웨이드는 정서가 불안정한 베트남전 참전 용사이다. 이 까다로운 책으로 학생들에게 인물 분석 기술을 가르칠 건데, 나중에 졸업 시험으로 치르게 될 것이었다.

소설을 읽고 토론한 후, 라비는 학생들이 존 웨이드가 신경 쇠약에 걸린 이유를 분석하기를 바랐다. 라비는 학생들에게 단순히 분석적인 에세이를 쓰게 하기보다는 '생성-분류-연결-정교화' 루틴을 사용해 학생들이 사고를 체계화하고 분석하는 것을 돕기로 했다. 그녀는 또한 이 루틴이 학생들끼리 활발한 토론을 벌여 아이디어를 재검토하게 할 것이라고 생각했다. "부정확해도 두려워하지 않고 학생들이 자유롭게 다양한 관점을 발표하고, 서로 연관성을 찾으며, 결론에 도달할 수 있는 구조가 되기를 바랐어요. 또 학생들이 토론에 주도적으로 참여하여 토론을 주도하기를 바랐죠."

라비는 처음 수업에 '생성-분류-연결-정교화' 루틴을 사용할 때, 다음과 같은 지시 사항을 분명하게 전달했다. "각자 어떤 아이디어라도 생성하길 바랍니다. 존 웨이드라는 개인에게 영향을 미친 것을 모두 생각해보고 목록을 만들어보세요." 학생들에게 시간을 준 후, 그녀는 다음과 같이 지시했다. "여러분이 생각하기에 가장 중요한 아이디어를 가운데에 배치하고, 주변적인 것을 가운데에서 멀리 배치하기 바랍니다." 그런 다음 라비는 서로를 어느 정도 보완하거나 영향을 주는 요인들 사이에 연결선을 긋도록 지시했다. 마지막으로, 그녀는 학생들이 더 잘 이해하도록 세부 사항을 추가하여 학생들에게 자신의 아이디어를 정교하게 표현하도록 시켰다(존 웨이드라는 인물에 대한 학생의 '생성-분류-연결-정교화' 루틴 개념도의 예는 [그림 5-4]를 참조하라).

학생들이 각자 개념도를 완성하면 모둠으로 나누어 같은 방법으로 모둠 개념 지도를 만들게 했다. "학생들은 '분류' 단계에서 아이디어를 어디에 배치할지 먼저 합의해야만 했죠. 열정적인 토론이 벌어졌는데, 모두들 자신이 가장 정확한 '지점'을 알고 있다는 생각이 강했기 때문이에요. 토론하면서 제가 기대한 것과 정확히 일치했죠."라고 라비는 말했다.

모둠의 학생들을 관찰하면서 라비는 대화의 수준에 깊은 감명을 받았다. "개인 개념도가 아니라 모둠 개념도를 만들 때 토론하면서 각 기여 요인의 상대적 중요성을 논의하게 해서 학생들에게 아이디어를 더 명확하게 이해시킬 수 있었죠. '분류하기' 단계에서 가장 열띤 토론이 벌어져 매우 효과적이었어요. '연결하기' 단계는 학생들조차 밝혀낸 층위의 숫자에 놀랐을 만큼 새로운 아이디어가 정말 많이 드러난 단계였죠."

특히 활발했던 토론은, 베트남에서의 경험이 웨이드를 벼랑 끝으로 내몰았는지, 또 유년기에 아버지의 학대 때문에 그가 신경 쇠약이 되었는지를 다룬 것이었다. 학생들은 '만약 유년기에 아버지가 웨이드에게서 자존감을 없애지 않았더라면, 웨이드가 베트남 전쟁의 트라우마를 견뎌낼 만큼 충분히 강인하게 성장했을까' 하는 가능성을 논의했다. 이 아이디어를

생성·분류·연결·정교화:개념도

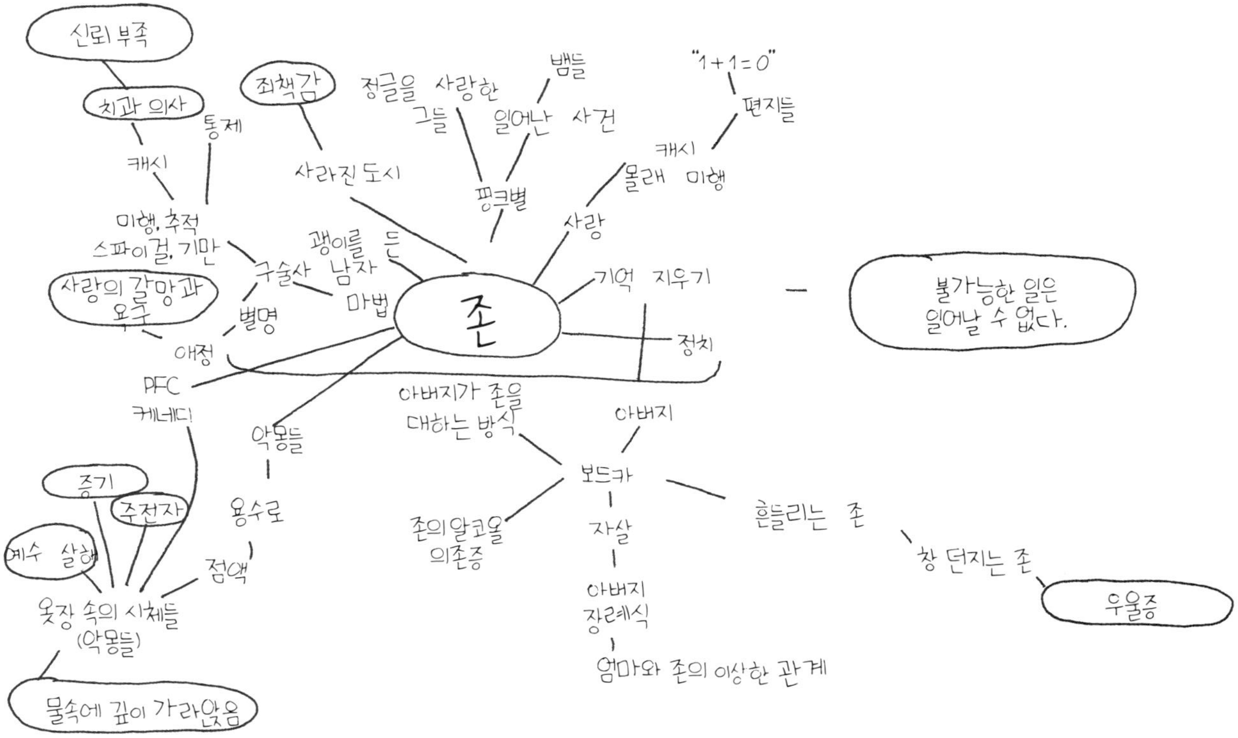

[그림 5-4] 『숲이 호수에서』 속 인물 존 웨이드에 대한 타이론의 개념도

둘러싸고 토론이 격렬해졌고, 일부 학생들은 밀라이 대학살*이라는 정신적 충격을 경험하고서 트라우마를 겪지 않을 사람은 아무도 없다고 주장했다.

학생들이 이해한 내용을 되돌아보다가 라비는 다음과 같은 사실을 알아차렸다. "학생들의 최종 분석은 모든 요인이 중요하고, 웨이드는 각각의 요인에 비슷하게 반응하며, 그가 유년기에 완성한 전략을 유지한다는 것이었어요. 이것이 바로 제가 학생들에게 이해시키고 싶었던 것들이었죠. 학생들이 웨이드를 상처 입은 참전 용사로만 보거나, 단지 학대를 일삼는 아버지의 영향을 받은 아이로만 보지 않기를 바랐거든요. 그런데 학생들이 정말로 그걸 이해한 거예요! 결국 주어진 상황에서 모든 사람이 이러한 악을 저지를 수 있다고 학생들이 결론 내렸을 때, 저는 그들이 이 책의 핵심 쟁점을 이해했다는 것을 알았죠."

90분 수업의 말미에 학생들은 "존 웨이드는 괴물인가?" 아니면 "웨이드의 유일한 잘못은 그가 사람이라는 사실인가?"를 논하는 에세이를 작성하라는 말을 들었다. 에세이 작성은 다음 날에 진행되었다. 라비는 이 루틴이 조직되는 과정과 이어진 토론이 어떻게 학생들의 에세이에 반영되는지를 확실히 깨달았다. "매우 많은 요인을 탐구한 덕분에 개인이란 경험의 결과물로, 누구도 개인을 괴물로 비난하는 의견을 형성할 수 없다는 사실을 학생들이 깨달았어요. 모든 인간은 결함이 있고, 그 결함은 경험의 결과로 분명히 드러나게 된다는 점을 이해해야 해요."

이 루틴을 처음 사용하던 때를 떠올리며 라비는 말했다. "학생들은 각자 과제를 하면서 결정을 내린 이유를 토론하고 듣고 알아내는 일에 대단

....

* 1968년 3월 16일 베트남 전쟁 당시 미군이 남베트남 밀라이에서 자행한 민간인 대량 학살 사건으로, 어린이와 여성 등 500여 명이 희생되었다. 1970년 사건 관련자 26명이 재판에 회부되었으나 한 명을 제외하고 모두 무죄판결을 받았다.

히 적극적이었어요. 학생들도 대안적인 관점을 알긴 했지만, 여전히 자신의 확고한 관점을 견지했죠. 놀랐던 것은 학생들이 기꺼이 토론에 참여하면서도 다른 사람의 관점에서 제시한 이유를 알게 될 때 기꺼이 수긍하는 합리적인 방식이요. 저는 이 루틴이 제공하는 구조에 정말 만족했어요. 그리고 개념 지도가 생성하기, 분류하기, 연결하기, 정교화하기 등의 정신 활동을 성찰하는 구조를 제공한다는 점을 학생들이 알게 되어서 정말 만족스러워요."

라비는 루틴 사용을 더 폭넓게 돌아보면서 말했다. "사고 루틴은 학생들이 하기 바라는 '사고'를 염두에 두고 계획을 세우게 해주고, 구조를 제공하며, 교사의 지시 없이도 어떤 형태이든 문학적 분석에서 이 '활동'을 하도록 학생들을 격려했어요. 학생들은 이제 '뇌'에 적절한 '신호'를 보내 '연결하기'나 '분류하기'를 지시하거나 스스로에게 '무엇 때문에 그렇게 말하는가'라고 질문함으로써, 확신 이면의 이유를 탐구할 만큼 독립적인 사고로 나아가고 있어요."

연결-확장-도전

방금 읽었거나 보았거나 들은 것을 생각해본 다음 스스로에게 물어보자.
- 제시된 아이디어와 정보가 여러분이 이미 알고 있는 것과 어떻게 연결되는가?
- 여러분의 생각을 새로운 방향으로 확장하거나 넓혀준 새로운 아이디어는 무엇인가?
- 제시된 아이디어와 정보에서 어떤 도전이나 퍼즐이 머릿속에 떠올랐는가?

가르침과 배움의 문제로 골머리를 앓던 중, 우리는 특히 학교에서 학습이 실패하는 흔한 이유가 학생들에게 정보는 주지만 정신적으로 어떤 활동도 요구하지 않을 때라는 것을 깨달았다. 경청하기 자체가 학습으로 이어지지는 않는다. 수동적으로 흡수한 정보는 미래에 유용하게 사용할 수 없다. 그렇다 하더라도 사람들은 여전히 읽기, 보기, 경청하기를 통해 많은 것을 배운다. 능동적인 경청하기와 수동적인 듣기를 구분함으로써, 폭넓게 적용 가능한 새로운 루틴이 등장했다. 바로 '연결-확장-도전(Connect-Extend-Challenge)' 루틴이다. 새로운 정보를 능동적으로 처리하는 것은 새로운 정보를 이미 알고 있는 것과 연결하고 사고를 확장할 새로운 아이디어를 찾아내며 이 새로운 아이디어를 새로운 방식으로 생각하는 방법이나 가설에 의문을 제기할 방법을 모색함으로써 촉진될 수 있다.

학생들은 대개 교실에서 정보를 조금씩 얻는다. 이 때문에 학생들은 중요한 아이디어를 개별적인 것으로 인식할 수 있다. '연결-확장-도전' 루틴은 학생들이 아이디어를 결합하도록 돕고, 더 관심을 가질 가치가 있는 퍼즐을 더 잘 인식하게 한다고 생각하면 유용하다. 이 루틴을 사용하면 새로운 학습 경험으로 영감을 얻어 주제에 대한 새로운 사고가 가시화되는 구조와 공간을 제공받는다.

이 루틴에서 학생들은 방금 읽었거나 보았거나 들은 결과로 자신의 사고가 어떻게 확장되고 있는지 돌아보면서, 새로운 아이디어를 이미 보유하고 있는 아이디어에 연결한다. 연결과 확장 모두를 학생들에게 요구함으로써, 교사는 아이디어와 사고는 역동적이면서 심화되고 성장하며, 학습의 상당 부분은 받아들인 정보를 처리하는 것이라는 강력한 메시지를 학생들에게 보낸다. 연결과 확장 외에도 이 루틴은 학생들이 쟁점이나 개념을 탐구하려고 노력할 때 특히 중요하다고 믿는 도전과 퍼즐을 분명하게 표현하게 한다. 주제 중 잠재적으로 복합적인 난제들을 알아내서 표현하게 하면 학생들은 더 깊이 이해하는 데 필요한 중요한 아이디어를 더 많이 인식하고 더 민감하게 반응할 것이다.

이 루틴은 학생들이 능동적으로 정보를 처리하는 사람이 되게 하기 위해 고안되었다. 따라서 정보가 많이 다루어지는 수업에 이어서 정보를 종합해내는 방법으로 배치하면 좋다. 수업 끝이나 독서 후, 전체 단원을 끝낸 뒤이다. 우리는 1주간의 연수를 끝내고 전체를 돌아보는 방법으로 자주 이 루틴을 사용했다. 이 '연결하는' 성격 덕분에 매우 다양한 내용이 이 루틴에서 쉽게 작동할 수 있다. 스스로에게 물어보자. "이 내용과 반 학생들이 이전에 공부했거나 이미 알고 있는 내용에 어떤 연관성이 있는가? 학생들이 식별할 수 있을 만큼 새로운 정보가 제공되었는가? 이 정보로 인해 퍼즐과 도전이 제기되었는가?"

단계 1. 준비하기 학생들이 이야기를 경청하거나 구절을 읽거나 비디오를 보거나 전시회를 관람하거나 정보가 풍부한 다른 활동에 참여하기 전에, 이 새로운 학습 경험이 자신들이 이미 알고 있는 것과 어떻게 연결되는지 생각해보게 한다. 학생들에게 이것이 어떻게 사고를 새로운 방향으로 밀어붙이는지 생각해보게 하고, 그들이 듣고 읽고 보고 경험한 결과 떠오른 새로운 도전과 퍼즐을 알게 한다.

2. 연결하기 활동 후에 학생들이 방금 경험한 것이 이미 탐구했거나 생각해본 아이디어와 어떻게 연결되는지 기록하게 한다. 그리고 물어보자. "방금 들은 아이디어와 정보는 여러분이 이미 생각해보았거나 알고 있는 아이디어와 어떻게 연결되나요?" 모둠 토론 전에 학생들이 각자 찾아낸 연관성을 기록할 시간을 주는 것이 중요하다.

3. 확장하기 이제 학생들이 새로운 학습 경험의 결과로 아이디어가 어떻게 넓어지고 심화되고 확장되었는지 확인하도록 유도한다. 그리고 물어보자. "여러분의 생각은 어떤 식으로 확장되었나요? 어떻게 새롭고 더 멀거나 더 깊은 방향으로 나아가게 되었나요?" 다시 한번 학생들 각자에게 응답을 기록하게 한다.

4. 도전하기 마지막으로 학생들에게 주제에서 상당히 도전적으로 보이는 아이디어를 살펴보게 한다. "새로운 아이디어와 정보가 발표된 지금 이 주제와 관련하여 떠오르는 도전이나 퍼즐은 무엇인가요?" 떠오르는 의문이나 쟁점일 수도 있다.

5. 사고 공유하기 일단 학생 각자가 '연결-확장-도전' 루틴의 제시어에 응답하고 나면, 짝과 함께 또는 소모둠으로 생각을 공유한다. 발표할 때는

왜 그런 선택을 했는지 그 이유나 생각을 설명하게 하는 것이 중요하다. 모둠일 경우 토론을 세 번 나누어 진행하므로 루틴의 각 부분에 충분한 주의를 기울일 수 있다. 또한 소모둠의 연결, 확장, 도전을 모아 차트지에 표시하면 반 학생 모두의 새로운 사고가 더 잘 가시화될 수 있다.

사용과 응용　　　　　미시간주 트래버스시티의 짐 린셀은 6학년 사회과 교육과정의 일환으로 다양한 지역의 토착민 문화를 탐구했다. 공부하고 있는 문화를 더 잘 이해하기 위해 학생들은 각 토착민 집단 구성원이 토착민 집단 문화를 표현한 예술 작품을 감상했다. 짐은 학생들이 감상하기 전에 '연결-확장-도전' 루틴을 사용하여 학생들에게 작품을 자세히 관찰하고서 조사하고 있는 것이 이전에 이 집단에 대해 읽은 것과 어떻게 연결되는지 서로 공유하게 했다. 그런 다음 학생들이 조사하고 있는 것이 교과서에서 문화 집단에 대해 배운 것보다 어떻게 확장하는 것처럼 보이는지 물었다. 마지막으로, 계속 공부하면서 흥미로운 질문이나 의문이 생기면 이야기하게 했다. 짐의 학생들은 기후와 지리가 문화에 어떤 영향을 미치는지 조사하면서 연결, 확장, 도전을 지속적으로 사용하고 문서화했다.

　　암스테르담 국제 학교의 교사 마크 처치는 5주간의 면적과 둘레에 관한 6학년 수학 단원에서 각각을 조사한 뒤 드러난 연결 및 확장을 학생들에게 기록하게 했다. 학생들의 응답을 바탕으로, 마크는 공통적으로 나타난 연결 및 확장 10여 개뿐만 아니라 독특하고 시사하는 바가 많은 아이디어 몇 개를 모아 교실의 대형 게시판에 조사한 내용별로 게시했다. 이렇게 하여 마크는 전체 단원 수업 내 학생들의 연결과 확장을 보여주는 게시물을 전시했다. 마크는 학생들이 교실 담화에서뿐만 아니라 게시물에서도 시간이 경과하는 동안 수학 개념이 역동적으로 성장했음을 물리적으로 보고 경험하기를 바랐다. 게시판에 연결과 확장이 더 많이 추가되자, 마크는 면적과 둘레의 관계를 고려할 때 기억할 가치가 있는 공통 주제와 중요한 개념을 학생들이 직접 찾게 할 수 있었다. 마크의 학생들은 초기 인류의 기원에 대한 사회과 단원의 일환으로 루시(Lucy)* 의 고고학적 발견에 대한 동영상을 보고 토론할 때도 '연결-확장-도전' 루틴을 사용했다.

평가 교사는 공유한 연결과 확장을 통해 주제를 이해하는 데 중요한 지속적이고 집단적인 아이디어를 학생들이 어떻게 이해하고 있는지를 알기 위해 노력해야 한다. 학생들은 아이디어를 하나로 묶어주는 특정 주제나 뉘앙스를 인식하고 있는가? 또는 이전에 접했던 것이나 여기서 시작될 것과 전혀 상관없는 완전히 새로운 사건처럼 각 학습 경험을 바라보는가? 학생들은 이 주제에서 탐구한 아이디어와 개념이 어떻게 다른 과목이나 학교 밖에서 접하는 더 큰 아이디어와 연결되거나 관련되는지 알고 있는가?

학생들이 표현하는 연결과 확장에 대해 개방적인 태도를 유지하는 것이 중요하다. 개방적인 태도를 취하면 보이지 않았거나 간과했을법한 것을 보거나 들을 수 있다. 동시에 일부 연결이나 확장이 다른 것보다 더 강력하거나 심도 깊어 보일 수도 있다. 모든 학생이 볼 수 있고 모두가 공유하는 학급 차원의 연결 및 확장 목록을 작성하면 교사는 학생들에게 어떤 연결 및 확장이 특히 강력해 보이는지 생각해보게 할 수 있다. 이러한 유형의 문서화는 집단 대화처럼 사전 지식과 연결하고 새로운 영역과 연결하는 데도 강력한 모델 역할을 한다.

....

* 1974년 에티오피아 아와시 계곡에서 발견된 가장 오래된 인류 화석에 붙여진 이름으로, 오스트랄로피테쿠스 아파렌시스에 해당한다.

이 루틴을 교실에서 하려면 시간이 걸리는데, 학생들이 언어에 익숙해져야 하기 때문이다. 게다가 학생들에게는 의미 있는 연결과 풍부한 확장, 가치 있는 도전을 구성할 모델이 필요하다. 7장에서 마크 처치가 어떻게 학생들과 함께 이 루틴을 발전시키고 학습 지도 과정에서 이 루틴의 힘을 깨닫게 되었는지 더 자세히 알게 될 것이다.

일단 '연결-확장-도전' 루틴에 익숙해지면, 교사는 학습자들의 응답을 공유할 방법을 더 잘 알게 된다. 어떤 때에는 학생들이 연결과 확장을 한꺼번에 발표하여 교사가 학생들의 추론을 검토하는 것이 적절할 수 있다. 또 어떤 때에는 개인과 모둠이 응답을 공유한 후 교사가 학생들에게 공부하고 있는 주제에서 가장 중요하다고 생각하는 연결과 확장을 두세 가지 지명하게 하고, 무엇 때문에 그렇게 말했는지 묻는 식으로 수업을 이어갈 수도 있다.

교사는 또한 반에서 다음 단계로 '도전하기' 부분을 착수하거나, 처음의 '연결하기'와 '확장하기' 대화를 계속하고 싶을 수도 있다. 한 주제에 관한 이들 도전은 중요한 개념의 복잡성의 본질을 포착하는 '헤드라인'으로 표현할 수 있다(앞에 나온 '헤드라인' 루틴 참조.). 교사가 모든 도전에 대답하거나 설명해야 한다는 의무감을 갖지 않는 것이 중요하다. 교사는 이 모든 퍼즐을 풀기보다는, 모둠이 주제를 더 잘 이해하도록 이끄는 하나의 방법으로 퍼즐을 사용해야 한다.

일단 이 루틴에 익숙해지고 학생들이 언어를 편안하게 여기며 의미 있는 연결, 확장, 도전 사례를 보고 듣게 되면, 교사는 학생들에게 '연결', '확장', '도전'이라는 제목으로 노트를 정리하게 할 수 있다. 그러나 학생들이 아직 루틴에 익숙하지 않다면 이렇게 하는 것이 효과적이지 않을 수도 있다.

뉴욕 뱅가드 고등학교의 교사 조시 하이슬러는 사고 루틴과 인
문학 교육과정이 잠재적으로 잘 맞는다고 보았다. "인문학 수
업 때 우리 반 학생들이 탐구하는 개념 중 하나는 인종과 사회 구성원이에
요. 수업 중에 제국주의로서 미국의 첫 침략, 미국인이 역사의 다른 지점에
서 외국인을 어떻게 바라보았는지, 예컨대 만국박람회에서 초기 미국인과
비미국인의 만남을 자세히 살펴봅니다. 심지어 우생학 운동 같은 복잡하
고 논란이 많은 주제도 공부해요."라고 조시가 말했다. "이 주제 안의 많
은 패턴, 즉 이 다양한 단원을 서로 이어주는 수많은 연결고리가 제 머릿속
에 떠올랐어요. 저는 학생들이 이 중요한 연결고리를 인식하고 연결할 방
법을 만드는 것에 관심을 갖게 되었죠." 조시는 '연결-확장-도전' 루틴을
다양한 맥락에서 다양한 방식으로 사용해나갔다. 그렇게 하여 그는 오랜
기간 학생들과 함께 이 루틴의 진화를 이끌어냈다.

조시가 수업에 '연결-확장-도전' 루틴을 처음 사용한 사례 하나를 들
자면, 하워드 패스트의 역사소설 『프리덤 로드(Freedom Road)』를 읽었을
때이다. 이 소설은 '재건의 시대'로 알려진 미국 남북전쟁이 끝난 후의 사
우스캐롤라이나를 배경으로 한다. 소설의 주인공 기디언은 노예 출신으
로 자율과 자립을 추구하면서 땅을 사들였다. 그 시대에는 이것이 급진적
인 아이디어로 인식되었고, 사회 내에 존재하는 권력은 기디언의 꿈을 뭉
개버리려고 했다. 학생들이 소설의 일부를 읽은 뒤, 조시는 상단에 '연결-
확장-도전'이라고 적은 종이를 나눠주고는 이 제목을 염두에 두고 글을
약간 되돌아보기를 바란다고 설명했다. "아이들은 사실 조금 복잡하면서
도 흥미로운 연관성을 떠올렸더라고요."라고 조시가 말했다. "저는, 저 자
신은 똑같이 연결 지어 생각해본 적 없는 것이 그리 많지 않았어요. 오히
려 학생들이 우리 사회에서 인종과 계급이 야기하는 문제에 대한 생각을
그토록 분명하게 확장할 만큼 강력한 연관성을 찾아내리라고 전혀 기대하
지 않았던 거죠." 놀라기도 하고 기뻐하기도 한 조시는 처음부터 '연결-

확장-도전' 루틴이 학생들이 중요한 아이디어에 대해 이해한 것을 설명할 때 얼마나 도움이 되는지 알아차렸다.

얼마 후 조시는 학생들의 풍부한 사고의 비계를 지원하기 위해 또 어떤 일을 할 수 있을지 궁금했다. "'연결-확장-도전' 단계에 문장 시작 구절 몇 개를 집어넣기로 했어요. 학생들이 찾아낸 연관성을 증거와 풍부한 사고 언어로 뒷받침하고 싶었거든요." 이렇게 뒷받침하자 조시는 훨씬 더 많은 학생들이 꽤 인상적인 연관성을 찾아내는 것을 보았다([표 5-1] 참조).

조시는 처음부터 '연결-확장-도전' 루틴 사용을 만족해했지만, 학생들이 더 깊은 연관성을 찾아내게 하려면 더 깊은 연관성이라는 게 무엇인지 명확히 설명하도록 도와야 한다는 것을 깨달았다. 조시는 이 사고 루틴을 사용한 지 거의 2년이 되었을 무렵 학생들에게 찾아낸 연관성을 더 자세히 살펴보게 했다(그중 일부는 이전에 그에게서 배운 학생들이다.). "여러 해 동안 이 루틴을 아주 자주 사용했기 때문에 학생들이 이 루틴 안에서 자신의 사고의 질을 평가할 준비가 되어 있다고 생각했거든요."라고 조시가 말했다. 『타잔』을 읽으면서 사회진화론 개념과 관련된 복합적인 아이디어를 검토하는 동안, 조시는 교실 앞쪽에 차트지를 두 장 게시했다. 한 장에는 '괜찮은 연관성의 예'라는 제목을, 다른 한 장에는 '강력한 연관성의 예: 지속성이 있는 것'이라는 제목을 달았다. 조시는 학생들에게 자기 노트를 보고서 연관성의 각 유형에 맞는 예를 찾게 했다. 학생들이 자신의 노트에서 찾은 예를 공유하면, 조시는 그것을 적합한 제목 아래에 적고 나서 학생들에게 '괜찮은 연관성'과 '강력한 연관성'을 구별하는 특징을 설명하게 했다. 조시는 학생들이 좋은 연관성에 대한 공통의 기준을 개발하기를 원했다. 학생들이 이러한 특징을 함께 결정하고 검토함으로써, 앞으로 공부하면서 더 깊은 연관성을 발견할 수 있기를 희망했다([표 5-2] 참조).

"과거에는 학생들에게 어떤 개념에 대해 깊이 생각해보라고 할 때마다 학생들이 쉬운 방법을 택하거나 비교적 얕은 답을 내놓을 거라고 생각하는 편이었어요. 그러다가 어쩌면 학생들이 어떤 것을 보다 깊게 표현하는 방법을 모르는 거라고 생각하게 됐어요."라고 조시가 말했다. "그래서 좋은 연관성 찾기를 안 상태에서 명명하는 것이 저와 학생들에게 그토록 중요해졌답니다. 학년이 올라갈수록 연관성 찾는 능력이 더 나아지기를 바라요."

시간이 지나면서 조시는 학생들이 자신의 생각을 평가하고 그것에 대한 주

[표 5-1] 어느 고등학생의 '연결-확장-도전' 독서 노트

여러분이 읽은 것에서 **연관성**을 찾았거나, 사고를 **확장**하거나, **도전** 또는 질문을 제기하는 구절을 적어도 네 곳 찾아보자.	다음의 문장 시작 구절 중 한 가지를 활용해보자. **연결**: "이 인용구는 ~을 상기시킨다." **사고의 확장**: "이 인용구는 ~이기 때문에 생각을 확장해준다." 혹은 "~라고 생각했었는데 지금은 ~라고 생각한다." **도전**: "이 인용구는 ~라는 의문을 품게 한다."
"그리고 만약 그들이 농장에서 일하기를 거절하면 집을 비워야 한다."	이것은 인디언 이주법을 상기시킨다. 아메리칸 인디언들은 동화되거나 그들의 땅에서 쫓겨났다.
"무기를 지닌 흑인을 보는 것은 노예제를 옹호하는 백인들에게는 공포스러운 일이었다."	이것은 늑대의 귀를 붙잡고 있는 상황*에 관한 토머스 제퍼슨의 인용구를 떠올리게 한다. 왜냐하면 노예제를 옹호하는 백인들은 흑인들이 반란을 위해 모이는 것을 두려워하기 때문이다.
"이제 우리의 주인은 예수 그리스도 단 한 분뿐이고, 그는 절대 세금을 걷거나 우리를 몰아내려고 이곳에 오지 않을 것이다."	이 인용문은 냇 터너(Nat Turner)가 신에 대한 믿음을 자유의 열쇠로 사용한 것을 상기시킨다.
"땅에 대한 노예 출신들의 열망과 무장한 흑인 군인들의 존재는 폭발적인 결합이었다."	이것이 생각을 확장해주었다. 흑인들이 강제로 그 땅을 떠날 거라고 생각했기 때문이다. 하지만 이제는 그들 자체가 강제로 떠나는 것을 허용하지 않을 거라는 점을 깨달았다.
"그 땅의 니그로(negro)들은 무장을 하고서 자신들의 목적은 그곳에 어떠한 백인도 들여놓지 않는 것이라고 선언했다."	이것은 나를 놀라게 했는데, 기디언이 애브너 라이트(백인 소작인)를 설득해 토지 구입을 돕게 했기 때문이다.

....

* 늑대를 풀어줄 수도 없고 안전하게 잡을 수도 없는 위험한 상황으로, 이러지도 저러지도 못하는 상황을 의미한다.

인 의식을 가질 때의 힘을 제대로 느낄 수 있다.

[표 5-2] 좋은 연관성 찾기를 위한 고등학생의 기준

괜찮은 연관성의 예	강력한 연관성의 예: 지속성이 있는 것
『타잔』은 『정글의 조지』를 연상시키는데, 둘 다 나무를 타고 오르기 때문이다. 타잔은 '우리와 그들'을 생각나게 한다.	타잔의 학습은 유인원과 아프리카인으로부터 자기 자신을 구별한다(이것은 '우리와 그들' 관계와 같다). 이것은 '우리와 그들'이라는 아이디어를 강화시킨다. 타잔이 읽기를 독학하는 모습은 프레더릭 더글러스(Frederick Douglass)를 생각나게 한다(교육은 곧 힘이다). 그는 보통 사람보다 한 발 앞설 수 있다. 타잔은 많은 사람들, 즉 선원, 아프리카 부족으로부터 자신을 구별한다. 이것은 사회진화론과 같다. 약자와 가난한 자는 살아남지 못하지만, 부자는 살아남을 것이다. 타잔은 적자생존의 한 예인데, 그는 귀족의 유전자를 갖고 있기 때문이다.
괜찮은 연관성의 특질이나 특징을 어떻게 설명할 것인가….	강력한 연관성의 특질이나 특징을 어떻게 묘사할 것인가….
마치 설명이 없는 단 하나의 진술처럼, 건조하고 신선하지 않고 자세하지 않고 단순하다. 이것들은 분석되지 않는다. 이것들은 손쉬우며, 아주 일반적이다. 증거가 많지 않고, 무슨 일이 일어나고 있는지에 대한 단서도 많지 않다. 단순해서 이것들로는 아무것도 할 수 없으며, 생각을 더 확장할 수 없다.	이것들은 주제와 더 깊은 연관성, 세부 사항, 아이디어를 끌어내며, 다각적인 관점을 고려한다. 새롭고 몹시 흥미로운 정보, 새로운 아이디어를 끌어낸다. 어떤 것을 알아차리고 상황을 더 잘 이해하도록 만들며, 새로운 아이디어를 유발한다. 다른 아이디어로 이끄는 아이디어를 얻을 수 있고 관심을 끌며 아이디어를 확장하는 데 도움이 된다. 이것들은 상상력을 자극한다.

4C: 연관성, 도전, 개념, 변화

텍스트를 읽고 난 후
- 연관성(Connection): 텍스트와 여러분의 삶 또는 텍스트와 여러분의 다른 학습 사이에 어떤 연관성이 있는가?
- 도전(Challenge): 텍스트에서 어떤 아이디어나 입장, 가정에 대해 도전하거나 논쟁하고 싶은가?
- 개념(Concept): 텍스트에서 중요하고 유지할 가치가 있다고 생각하는 핵심 개념이나 아이디어는 무엇인가?
- 변화(Change): 읽고 나서 여러분이나 다른 사람에게 태도, 사고, 행동에서 어떤 변화를 제안하는가?

다양한 종류의 논픽션 텍스트는 모든 교과 영역과 모든 연령대에서 사용된다. 이러한 텍스트가 단순히 내용 정보의 출처를 제공할 뿐이라고 당연시하기 쉽다. 논픽션 텍스트는 매우 풍부한 정보의 원천이지만, 활발한 토론을 이끌어내고 사고를 더 깊게 발전시키는 수단도 될 수 있다. 4C 루틴은 학습자가 텍스트에 제시된 정보를 목적 지향적이고 구조화된 방식으로 다루게끔 하는 일련의 질문을 제공한다.

목적 이 루틴은 학습자에게 연관성 찾기, 질문하기, 핵심 아이디어 식별하기, 적용법 살펴보기를 중심으로 형성되는 텍스트 기반 토론의 구조를 제공한다. 독자가 집중적이고 목적 지향적인 방식으로 텍스트를 읽고 재검토하도록 장려하여 표면 아래를 탐구해 첫인상을 뛰어넘게 한다. 원래는 논픽션 텍스트에 사용하도록 고안되었지만, 약간만 변경하면 소설에도 적용할 수 있다.

각 단계는 교사가 모든 독자에게 바라는 능동적인 읽기와 생각이 무럭무럭 자라나는 읽기 유형에 부합하는 다양한 사고 활동을 요구한다. 여기에 소개된 순서를 토론을 촉진하는 데 그대로 유지해도 되지만, 이들 각각의 사고 활동은 실제로 독해 연습에서는 비선형적으로 이루어진다. 학습자에게 텍스트와 경험의 연관성을 찾게 하면, 새로운 연관성을 찾을 때마다 텍스트에 차원이 추가되므로, 내용을 개인화하는 동시에 내용을 확장한다. 도전을 식별하면 비판적 사고를 유도하고, 논픽션 텍스트를 읽으면서 진실과 진실성에 대한 의문을 제기해야 한다는 점을 독자들에게 전달한다. 핵심 개념을 인식하려면 학습자는 주제와 메시지를 밝혀내기 위해 아이디어를 비교하고 우선순위를 매겨야 한다. 행동이나 접근법에서 가능한 변화를 찾아내면 학습자가 정보의 중요성과 사용법을 고려할 때 정보를 뛰어넘어 생각하게 한다. 이는 분석적 사고와 종합을 모두 요구한다.

내용 선택하기　　4C 루틴은 복잡한 아이디어와 개념을 포함하고 있는 텍스트와 함께 사용할 때 가장 효과적으로 작동한다. 이런 텍스트는 둘 이상의 관점에서 고찰할 수 있고, 아이디어와 씨름하게 할 만큼 충분히 '알차며', 토론과 논쟁을 촉발한다. 텍스트는 다양한 출처에서 가져올 수 있다. 다양한 견해를 담은 논문, 신문 기사, 과학 보고서, 학술 논문, 개인의 수필 등에서 발췌해도 된다. 일부 교과서가 해당되지만, 대체로 교과서는 핵심 개념을 굵은 글씨로 표시하는 반면 어떤 입장이나 의견도 공공연하게 제시하지 않으려 하므로 교과서는 토론에 쓰기에 덜 흥미로운 자료로 여겨지는 편이다. 텍스트가 검토 수단을 제공하긴 하지만, 이 루틴을 비디오와 함께 사용하거나 테드 토크(TED talk; www.ted.com) 같은 자극이 되는 발표를 들은 후에 사용해도 된다.

소설도 단계를 염두에 두고 선택한다면 자료의 출처가 될 수 있다. 문구를 약간 수정하는 것은 괜찮다. 예를 들어, '도전' 단계에서 학생들이 의견이 서로 다른 등장인물의 행동에 초점을 맞출 수도 있다. '개념' 단계는 주제와 관련될 수 있다. '변화' 단계는 등장인물이 이야기가 진행되면서 어떻게 변화하고 진화했는지, 무엇이 그 변화를 초래했는지에 초점을 맞출 수 있다. 그러나 어떤 이야기는 이렇게 물어보는 것이 적절하다. "이 이야기가 여러분의 생각을 어떻게 변화시켰나요? 여러분은 어떤 교훈이나 핵심을 배웠나요?"

단계　　　　　　　　　**1. 준비하기** 선정한 텍스트가 길다면 학습자들에게 수업 전에 미리 읽어오게 하거나, 수업을 시작하고 나서 읽을 시간을 알맞게 준다. 루틴을 가르친 후에는, 학습자가 4C 루틴이 텍스트 토론의 뼈대가 될 것이라는 점을 알면 유용하다. 토론 뼈대이므로 4C 루틴을 모든 학습자가 잘 볼 수 있는 곳에 게시한다.

2. 연관성 찾기 텍스트를 읽은 후, 학습자가 자신에게 일어났거나 다른 학습 경험과 연관되어 있다고 식별할 수 있는 구절을 텍스트에서 찾게 한다. 학습자들이 연관성이 있다고 찾아낸 구절을 읽히는 것으로 모둠 토론을 시작한다. 학습자들에게 연관성을 설명하라고 한다.

3. 도전하기 학습자들에게 텍스트를 읽으면서 이런저런 이유로 적신호를 보낸 아이디어나 입장을 찾아내게 한다. 이는 학습자들이 동의하지 않아서 도전하고 싶거나 단지 결정을 내리기 전에 정보가 더 필요하다고 느껴서일 수도 있다. 소설의 경우에는 등장인물의 행동에 집중할지 모른다. 텍스트를 읽힌 다음 토론을 시작하고, 학생들이 아이디어를 읽으면서 머릿속에 어떤 의문이 떠올랐는지 설명하게 한다.

4. 개념 기록하기 학습자들에게 텍스트를 잠시 검토한 뒤 핵심 개념, 주제, 아이디어를 적게 한다. 이러한 요소는 텍스트를 아직 읽지 않은 사람과 텍스트의 요점, 핵심 아이디어를 공유하게 한다. 이전 활동처럼 텍스트에

기반한 아이디어는 아닐 것이다. 그러나 그 아이디어의 토대를 이끌어내기 위해 "무엇 때문에 그렇게 말하나요?"에 대한 학생들의 발언을 알아내는 것은 여전히 적절하다.

5. 변화 식별하기 학습자들에게 텍스트 전체를 되돌아보고 그 의미를 생각해보라고 한다. 만약 우리가 텍스트를 진지하게 받아들인다면 그 텍스트는 어떤 행동이나 입장을 제안하거나 장려하는가? 읽고 나서 개인들에게 일어날 수 있는 생각이나 행동의 모든 변화를 식별하기 바란다. 소설의 경우, 등장인물에게 일어난 변화와 그 변화를 일으킨 추동력에 중점을 둔다. 이들 아이디어는 특별히 텍스트에 기반한 것은 아니지만, 학생들에게 자신이 한 응답에 대한 이유와 그 정당성을 제시되어야 한다.

6. 사고 공유하기 이전 단계에서 학습자들은 루틴의 각 단계마다 서로의 사고를 공유했다. 이 구조의 대안은 처음에 4C 모두를 찾는 시간을 준 다음 차례대로 C를 각각 살펴보는 것이다. 어떤 경우이든 토론이 끝나면 잠시 동안 토론을 돌아보는 시간을 갖는다. 학습자가 텍스트를 더 깊이 이해하는 데 구조가 어떤 도움이 되었는가? 4C 중 자료를 찾기 어려운 게 있었는가? 토론 중 학생들을 놀라게 한 것이 있었는가?

사용과 응용 비알릭 칼리지의 1학년 교사 로즈 마크스는 읽기 수업에서 처음으로 이 루틴을 시도했다. 그녀는 다섯 명으로 모둠을 만들어 소설책을 읽힌 다음 종이를 4등분해 나눠주었다. 필요할 경우에 이 루틴의 어휘를 명료화하고 단순화하여 설명하였다. 그녀는 학생들에게 그들이 찾아낸 연관성, 이야기에서 동의할 수 없는 것과 자신들에게 가장 중요한 것, 이야기에서 배운 새롭거나 중요한 것 등을 그려보라고 했다.

또 다른 경우, 로즈는 주니어 그레이트 북스 프로그램의 '페라지와 루트' 이야기로 진행한 모둠 토론에 4C 루틴을 약식으로 사용했다. 로즈는

4C 루틴의 질문을 다른 말로 바꾸었다. "여러분이 경험해서 알고 있는 것과 이 이야기에서 어떤 연관성을 찾을 수 있나요? 이 이야기에 여러분이 도전하고 싶거나 동의하지 않는 것이 있나요? 이 이야기에서 어떤 아이디어가 가장 중요하다고 생각하나요? 무엇 때문에 그렇게 말하나요? 이 이야기를 듣고 나서 세상에 대한 생각이나 아이디어가 바뀌었다고 생각하나요?" 모둠에서 각 질문을 살펴보는 동안, 로즈는 학생들의 응답을 차트지에 기록했다.

이타카 프로젝트의 월례 교사 모임에서 줄리 랜드보그트는 교사 독서 토론의 정식 프로토콜로 4C 루틴을 사용했다. 모임 전에 참석자들은 논문이 어떤 방식으로 논의되고 어떤 순서로 준비될지 모두 알고 있었다. 모임 일정이 빠듯했으므로, 돌아가면서 사회를 맡아 각각의 C를 40분간 토론했고, 기록자는 그룹 대화를 기록해서 나중에 위키에 게시했다. (이 그룹의 루틴 사용에 대해서는 7장에서 더 자세히 알 수 있다.)

평가   학습자가 연관성, 도전, 개념, 변화를 선택하면 텍스트에 대한 이해뿐만 아니라 주제를 더 넓은 맥락에서 볼 수 있는 능력을 통찰하게 한다. 학생들의 연관성은 오직 개인적인 경험에만 연관되어 있는가? 아니면 수업받은 다른 학습과도 연관되어 있는가? 학생들은 뻔한 것을 뛰어넘고 있는가? 아이디어나 개념에 도전할 때, 학생들은 어떤 종류의 질문을 던지는가? 학생들은 텍스트의 편향과 과도한 일반화를 인식하면서 건강한 회의론을 드러낼 수 있는가? 학생들은 보편적인 주제나 큰 아이디어를 식별하고 있는가? 학생들은 핵심 개념과 덜 중요한 개념을 구별할 수 있는가? 학생들에게 자신이 생각하고 있는 변화와 그 이면의 이유를 설명하도록 요구할 때 교사는 학생들이 변화를 제안하는 이유를 찾아야 한다.

비록 이 루틴은 네 단계로 이루어져 있고 그 순서는 토론 순서로는 가장 효율적이지만, 텍스트를 읽거나 심지어 텍스트를 성찰하는 행위는 매우 비선형적일 가능성이 있다. 루틴을 처음 실행할 때는 앞에서 설명한 대로 순서대로 진행하는 편이 좋을 것이다. 그러나 일단 이 루틴이 학습되면, 학생들은 순서에 얽매이지 않고 토론을 위해 메모하고 조직하는 편을 더 편안하게 여길 수도 있다. 텍스트를 읽기 전에 이 루틴을 도입해도 되고, 학습자들이 텍스트를 읽으면서 루틴에 응답해도 되며, 아니면 읽기가 끝났을 때 질문을 제기해도 된다. 학생들이 루틴과 그 기대에 익숙해질수록 이 루틴은 학생 주도로 텍스트 토론을 구성하는 프로토콜의 역할을 할 수 있다.

4C 루틴은 텍스트에 대한 풍부하고도 완벽한 토론을 가능하게 한다. 그럼에도 불구하고, 각 단계를 독립적 토론으로 사용할 수 있다. 예컨대, 읽기가 끝난 뒤 교사는 다음과 같은 질문을 할 수 있다. "이걸 읽고 나서 여러분은 올해 초에 우리가 했던 것과 어떤 연관성을 찾았나요? 우리는 이 등장인물들에게서 어떤 변화를 알아냈나요?"

이 루틴은 학생들에게 익숙하거나 익숙하지 않은 텍스트 기반 토론 과정에서 학생들을 훈련할 때 유용할 수 있다. 텍스트 기반 토론에서는 텍스트에 대한 명시적 참조가 토론의 출발점으로 사용된다. 이렇게 하면 토론이 갑자기 다른 길로 빠지지 않고 중심을 잡아 정상 궤도에 오르게 될 것이다. 그런데 교사나 진행자는 항상 정신을 바짝 차리고 학습자들이 텍스트를 참조하도록 독려해야 한다. 이를 위해 토론 전에 학습자에게 참조할 텍스트를 찾아낼 시간을 주어야 한다. 토론 중에는 발표자들에게 먼저 텍스트의 페이지와 단락 위치를 알려달라고 하여 발표자가 구절을 읽을 때 다른 사람이 따라갈 수 있게 해야 한다.

비알릭 칼리지 5학년 학생들은 사로지 싱의 수업에서 루이스 새커(Louis Sachar)의 소설 『구덩이』를 읽고 있었다. 사로지는 이 책이 5학년 학생들이 중요시해야 할 쟁점을 많이 다루고 있다고 판단했다. 이 목표 아래 사로지는 이 책을 어떻게 소개하고 수업할지 계획을 세우기 시작했다. 4C 루틴을 결합하면 학생들을 심도 있게 이해시킬 수 있고, 학생들의 사고를 확장할 수 있다고 생각했다. "줄거리가 풍부해서 지금까지 해보지 않은 루틴을 시도해도 될 것 같았어요. 그리고 4C를 읽었을 때, 심지어 읽는 동안에도 이 루틴을 어디에, 어떤 시점에 사용할지 머릿속으로 생각하고 있었어요."

이 루틴은 반 학생들이 책을 읽고 나서 읽은 책의 깊은 의미를 말할 때 유용한 구조와 일련의 질문을 제공한다고 사로지는 생각했다. 그러나 책이 5학년에게는 다소 길었으므로, 사로지는 학생들이 줄거리를 뛰어넘어 쟁점에 집중하려면 책을 읽기 전에 루틴을 먼저 소개하는 게 낫겠다고 생각했다. 사로지는 4C 루틴에 대해 사람들이 독서를 할 때 자연스럽게 이루어지는 사고 활동이라고 설명했다. 그녀는 학생들에게 조간신문 읽기 경험을 모델로 자신의 생각을 분명히 말했고, 그리하여 학생들은 그녀가 어떻게 연관성을 찾고 아이디어에 도전하며 핵심 개념을 식별하고 함의와 도전에 대해 생각하는지를 알 수 있었다. 그녀는 학생들이 책을 읽는 동안 4C를 염두에 두길 바라며 이야기가 진행되면 책의 여백에 생각을 기록하라고 학생들에게 말했다.

사로지는 각 장을 마칠 때마다 토론에서 훨씬 더 많은 생각이 보인다는 사실을 알았다. 학생들은 더 넓은 세계에서 비슷한 상황을 찾아냈고, 아파르트헤이트,* 편견, 인종 차별 등의 문제가 서로 연관성이 있음을 발견했

....

* 남아프리카공화국에서 시행한 극단적인 인종 차별 정책으로, 1994년 넬슨 만델라가 최초의 흑인 대통령에 취임하면서 폐지되었다.

다. 토론 내용은 소설의 결말에 가까워질수록 더욱 심도 있어지고 통찰력을 가졌다. 사로지가 유도하지 않아도 학생들은 수업이 시작되자 텍스트에 잘 맞다고 생각하는 특정 'C'에 대한 토론을 간절히 원했다. 그녀는 종종 말을 잘 안 하거나 짧게만 대답하던 학생들이 대화에 참여해 자신의 입장이나 생각을 명확히 말하는 것을 보고 힘을 얻었다.

소설 읽기 수업이 끝난 날, 사로지는 교실 벽에 전지를 네 장 붙였다. 각 전지 상단에는 크게 4C 단어가 하나씩 써 있었다. 사로지는 학생들에게 읽는 동안 해온 사고와 문서화를 상기시키며 교실의 벽면 네 곳에 붙인 전지로 주의를 돌렸다. "이제 여러분은 이 책을 전체적으로 생각하면서 눈에 띈 것이 무엇인지 생각해보기 바랍니다. 핵심 개념이 무엇이라고 생각하나요? 어떤 연관성을 찾을 수 있나요? 어떤 행동과 사건에 도전하고 싶나요? 등장인물의 태도와 행동에서 어떤 변화를 알아챘나요?" 그런 다음 사로지는 학생들에게 접착 메모지를 나눠주며 각 질문에 대한 응답을 적어 전지에 붙이도록 했다(학생들의 응답 모음에 대해서는 [표 5-3] 참조).

일단 학생들이 4C에 대한 아이디어를 모두 적어 붙이고 나자, 반 학생들은 차례차례 각 전지에 대해 토론했다. 학생들은 각 전지를 주의 깊게 살펴보면서 거기에 게시된 아이디어를 토론하고, 응답의 공통점을 찾고, 떠오르는 큰 아이디어를 찾았다. 사로지가 흥미를 느낀 것은 이 루틴의 사용이 그녀 개인에게 끼친 영향이었다. "제 사고도 확장되었어요."라고 사로지는 회상했다. "저는 삶의 경험이 더 많은 성인이니까 학생들과 다르게 특성이나 상황을 볼 수도 있잖아요. 하지만 학생들의 응답을 듣는 동안 생각할 양식을 확실히 얻었고, 저도 도전해서 사고를 확장할 수 있었어요."

[표 5-3] 『구덩이』에 대한 5학년 학생들의 4C

연관성	도전
• 집에서 나는 내가 하지도 않은 일로 꾸지람을 듣지만, 대개 내 사정을 설명하지 않는다. 스탠리처럼 나는 언제나 잘못된 시간에 잘못된 장소에 있을 뿐이다! • 나는 『정상에 오르기(Reaching the Summit)』라는 책을 읽고 있다. 에드먼드 힐러리 경(Sir Edmund Hillary)에 대한 이야기이다. 아주 적은 자원만 가지고 에베레스트산에 오르면서 살아남은 사람들 이야기이다. 스탠리와 제로 역시 산에서 양파만으로 살아남아야 했다. • 이 책에 "누군가를 비난하니 기분이 좋아졌다."라는 구절이 있다. 나도 내가 한 일로 형을 비난하는 걸 좋아할 때가 있다. • 책 대 책―『천사(Cherub)』와 『구덩이』. 『구덩이』에서는 그들이 과거 사건을 이야기할 때마다 다른 글꼴로 표시된다. 『천사』에서도 마찬가지였다. • 펜댄스키 씨는 제로의 머릿속에 아무것도 없다고 말했다. 나도 '바보'라고 불렀다.	• 스탠리는 왜 곤경에 처했을 때 자신이 놀이 캠프(fun camp)에 갈 것이라고 생각했을까? • 모든 사람이 제로가 '아무것도 아니다'라고 생각했지만, 제로는 스탠리 말고는 아무에게도 실제 모습을 보여주지 않았다. • 초록 호수 캠프의 사람들은 어떻게 고된 노동이 사람의 성격을 형성할 거라고 추정했을까? • 왜 "걸스카우트 캠프가 아니다."라는 말이 수없이 언급되었을까?―소녀들은 열등하지 않다!!!!!
개념	**변화**
• 시도를 결코 포기하지 마라! 시도하고, 시도하고, 다시 시도하면, 넌 성공할 것이다. • 구덩이에서 평생 산다면 갈 수 있는 유일한 길은 위로 올라가는 것뿐이다. • 우정 • 인내 • 자신에 대한 믿음 • 지도력 • 결단력 • 친구에게 도움 주기 • 용기 • 베푼 만큼 돌려받는다 • 겉표지만 보고 책을 판단하지 마라	• 이 이야기는 유색 인종에 대해 그 당시(아마 좀 덜하긴 하겠지만 심지어 지금도) 사람들이 가진 편견을 분명하게 말해준다. • 케이트는 샘의 죽음으로 완전히 변하기 전까지 훌륭한 여성이었다. 어떤 사건은 생각하는 방식을 영원히 바꾸어버릴 수 있다. • 스탠리의 아버지가 헌 운동화로 새 운동화를 만들고 있는 걸 보고 바보 같다고 생각했지만, 책을 다 읽고 나서는 그를 전혀 다르게 생각하게 되었다. • 스탠리가 하늘에서 '떨어지는' 신발을 잡자, 그를 둘러싼 모든 것이 바뀌었다. 그는 붙잡혀 초록 호수 캠프로 끌려가 힘든 시간을 보냈다. 그때조차 자신에게 일어난 일을 '행운'이라고 생각하다니!!! • 책을 절반쯤 읽었을 때에야 제로가 백인이 아니라는 것을 알았다.

마이크로 랩 프로토콜

연구 중인 쟁점이나 주제에 대해 각자 생각한 다음 세 명씩 모둠을 만들어 다음의 과제를 수행해보자.
- 공유하기: 모둠의 첫 번째 사람이 정해진 시간(보통 1~2분) 동안 말한다. 나머지 구성원들은 말을 하거나 방해하지 말고 주의 깊게 듣는다.
- 정지하기: 20~30초간 침묵하며 들은 것을 소화한다.
- 반복하기: 두 번째, 세 번째 사람도 반복하고, 매회 잠시 침묵하며 정지한다.
- 토론하기: 5~10분간 모둠 토론을 하면서 발표된 발언을 참조하고, 모둠 구성원의 응답에서 연관성을 찾는다.

마이크로 랩 프로토콜(Micro Lab Protocol)은 원래 줄리언 웨이스글래스가 미국 교육평등연합(National Coalition for Equality in Education)의 토론 구조로 개발한 것이다. 여기 제시하는 것은 티나 블라이드가 수정한 것이다. 마이크로 랩은 핵심 주제를 토론하기 전에 모든 사람이 의견을 말하고 모든 아이디어를 검토하는 단순한 구조이다. 마이크로 랩 자체가 사고 루틴은 아니지만, 즉 그것이 구체적인 사고 활동을 촉발하진 않지만, 교사들은 그것이 학생들의 사고를 가시화하는 데 가치 있는 수단이자 모둠 대화를 지도하는 데 유용한 구조임을 발견했다. 그 결과, 마이크로 랩은 많은 교사의 교실과 교무실에서 사고 문화 창조에 기여하는 루틴으로 자리 잡았다.

교사들은 종종 모둠별로 아이디어를 토론하게 하지만 성공적일 때도 있고 그렇지 않을 때도 있다. 모둠은 자주 핵심에서 벗어난다. 그리고/또는 한 사람이 지배하고 나머지는 가만히 있는다. 마이크로 랩은 동등한 참여를 보장하고, 반드시 모든 사람이 기여하도록 고안되었다. 발언 시간은 교사나 진행자가 정한다. 이렇게 하면 모든 모둠이 주제에서 벗어나지 않고 주제에 집중할 수 있다. 침묵의 순간은 마지막 발언자가 한 말을 생각하는 시간이며, 전체 모둠이 스스로 '다시 중심을 잡는' 기회이다. 세 명으로 모둠을 만들면 사람들에게 오랜 시간 침묵하라고 할 필요 없이 최적의 상호작용을 할 수 있다.

일단 모든 아이디어가 공유되면, 모둠의 공개 토론이 이루어진다. 토론자들은 이제 아이디어의 연관성을 찾고 질문을 명확히 하도록 요구하고 주제를 강조하고 주제를 더 심도 있게 탐구할 수 있다. 이 프로토콜을 정기적으로 사용한 교사들은 학생들이 다른 사람의 아이디어를 더 경청하고 이를 기반으로 연관성을 찾는 방법을 배우도록 돕는다는 점을 파악했다. 일부 학생은 다른 사람을 의지하지 않고 더 자신감을 갖고서 아이디어를 발표하고 자신의 관점으로 이야기하는 법을 배운다.

모든 토론이 그렇듯, 중요한 건 내용이다. 의미 있는 토론은 의미 있는 내용에서 나온다. 또 서로 다른 시각이 있을 경우 토론은 더욱 풍부해진다. 마이크로 랩은 현재의 사건이나 정치적 쟁점에 대한 관점을 토론하거나 탐구하고, 지금까지 배운 것을 되돌아보거나 공유하며, 지금까지 세운 계획을 탐구하거나 처리하며, 가능성 있는 문제 해결 전략을 토론하는 데 사용될 수 있다. 다른 용도로는 학습자가 자신을 성찰하는 데 쓰는 것이다. "여러분은 독자 또는 저자로서 얼마나 더 성과를 내고 있나요? 여러분은 여러분 자신의 어떤 부분을 더 향상시키고 싶은가요?" 어떤 경우든 토론이 공유하기 이상의 것이라면, 토론이 모둠 구성원의 학습에 어떤 도움이 될지 생각해봐야한다.

토론 준비에서 중요한 요소는 미리 성찰하는 것이다. 어떤 면에서 토론 준비는 학생들이 '토론 자리에 가져올' 내용이라고 생각할 수 있다. 모둠의 구성원이 토론 자리에 뭔가를 가져오지 않으면 토론은 풍성하게 진행되기 어려울 것이다. 학생들이 토론 자리에 무언가를 가져오도록 돕는 마이크로 랩은 학생들의 생각을 체계화하는 또 다른 사고 루틴과 결합될 수 있다. 예를 들면, 현장 견학을 다녀온 후 교사는 개별 학생들에게 '연결-확장-도전' 루틴이나 '예전 생각, 지금 생각(I used to Think…, Now I Think…)' 루틴을 사용한 글쓰기를 통해 성찰하게 할 수도 있다.

단계

1. 준비하기 학습자들에게 토론할 내용과 토론에서 얻었으면 하는 것을 알려준다. 학습자들에게 (보통 서면으로 하는) 성찰 시간을 얼마나 줄지 결정한다. 학습자들이 종합해야 할 자료의 양에 따라 대개 5~10분이면 충분하다. 프로토콜, 프로토콜의 목적, 지침을 설명하고, 매회의 공유와 침묵에 시간이 어느 정도 주어질지 설명한다. 세 명씩 모둠을 만들고, 모둠 구성원마다 번호를 붙여서 어떤 순서로 발표할지 정하게 한다. 교사는 계시원 역할을 할 것임을 모둠에 알린다.

2. 공유하기 1번 학생이 할당된 시간(1, 2분의 제한시간) 동안 발언할 것이라고 알린다. 발언자 외에는 아무도 발언하지 않는다. 모둠의 다른 구성원은 주의 깊게 듣고 유용하다고 생각하면 메모를 할 수도 있다. 가능하면 벨이나 종을 울려 종료 시간을 알린다. 모둠 구성원들에게 침묵할 것을 요청한다.

3. 침묵 요청 모든 사람이 들은 내용을 소화할 수 있도록 20~30초간 침묵의 시간을 갖는다. 침묵이 불편한 사람도 있겠지만, 시간이 흐르면 진

정 효과와 집중 효과를 알게 될 것이다. 처음에는 들은 것을 마음속으로만 되새겨보라고 할 수도 있다.

　4. 2, 3단계 반복하기　모둠의 구성원 모두가 순서대로 생각을 말할 때까지 앞의 2단계와 3단계를 반복한다. ※만약 발언자가 할당된 시간을 채우지 못하면 그 모둠은 조용히 성찰하면서 남은 시간을 보낸다.

　5. 토론 시작하기　이제 미리 정한 시간(보통 5~10분) 동안 공개 토론을 하라고 모둠에 알린다. 다른 사람이 말한 것에서 연관성을 찾거나 의미를 명확히 따지는 질문으로 토론해도 된다고 모둠을 격려한다. 벨이나 종을 울려서 종료 시간을 알린다.

　6. 사고 공유하기　전체 모둠 차원에서 학생들에게 프로토콜 자체에 대해 성찰하게 하고, 그것이 쟁점이나 주제에 대한 생각을 어떻게 촉진했는지 생각해보라고 한다.

사용과 응용　수학 수업에서는 토론 프로토콜이 대단한 역할을 할 수 없을 것으로 보이겠지만, 멜버른 멘톤 중등학교의 마누엘라 바든과 메서디스트 레이디스 칼리지의 린다 샤들로는 각자 중학교와 고등학교 수업에서 다양한 사용법을 찾아냈다. 마누엘라는 마이크로 랩이 학생들을 더욱 독립적으로 만든다는 사실을 깨달았다. 그녀는 7학년 학생들에게 조사가 필요한 기하학 과제를 내준 후, 학생들에게 5분 동안 과제에 대해 생각하고, 교과서를 복습하고, 떠오르는 대로 질문이나 쟁점을 모두 기록하게 했다. 이후 학생들은 과제를 명확히 하는 방법으로 1분간 발표, 20초간 침묵, 5분간 토론하여 마이크로 랩을 마쳤다. 마누엘라는 학생들이 작년보다 교사의 지시가 훨씬 줄어들었는데도 더 큰 자신감을 갖고서 과제를 완수하는 것을 보았다.

　린다 샤들로는 12학년 수업에서 마이크로 랩을 사용하여 수학에 관해 더 많이 집단적으로 문제를 풀고 더 나은 대화를 조직했다. 프로토콜을 한

번 실행해본 린다는 모든 학생이 같은 문제를 풀 때 서로 다르더라도 관련된 생각을 토론 자리에 가져올 수만 있다면 마이크로 랩이 더 효과적일 것이라고 생각했다. 세 명으로 모둠을 만들어 과제를 수행하게 하면서 린다는 각각의 모둠에 함수와 관련된 일련의 문제를 냈다. 누가 무엇을 할지 결정이 내려졌고, 학생들은 마이크로 랩을 시작하기 전에 10분 동안 과제를 했다. 마이크로 랩 회전에서 학생들은 자신이 한 일, 그 일을 한 이유, 어디에서 막히거나 헷갈렸는지에 대해 설명했다. 침묵 시간은 필기를 하는 데 활용되었다. 린다는 이어진 토론이 풍부했고, 학생들이 서로의 문제에서 훌륭한 통찰력을 보여주었으며, 연관성도 찾고 있음을 보았다. 나중에 한 여학생이 말했다. "단순히 베끼는 대신 우리가 무엇을 하고 있는지 진정으로 생각해봐야 했어요. 내가 어떻게 했는지 다른 사람에게 설명할 자신이 없을 거라고 생각했지만, 저는 그렇게 했어요. 그랬더니 정말로 기분이 좋아졌어요."

교육 코치이자 개발자로서 우리는 종종 마이크로 랩을 사용해 학습에 대한 그룹의 성찰을 촉진한다. 우리가 자주 사용하는 질문 중 하나는 "이 아이디어로 작업한 결과, 교실이 어떻게 바뀌고 있나요?"이다. 이 질문은 학습자들이 우리 교사 연수 활동의 효과에 집중하도록 돕고, 토론은 우리가 발전하도록 돕는 수많은 공유하기, 질문하기, 명료화하기로 이끈다.

평가 　마이크로 랩은 한순간에 평가의 기회와 과제를 모두 제공한다. 한편으로 개인의 발언과 이에 뒤따르는 대화로 사고를 가시화하지만, 다른 한편으로 특히 순번이 잘 돌아갈 때에는 단편적으로만 들을 수 있다. 따라서 토론의 결과를 예상해 미리 결정하는 것이 유용할 수 있다. 계획, 주제에 대한 이해 수준의 향상, 주요 아이디어의 추출 그리고 뒤의 '실행 장면'에서 앨런 블리스가 학생들과 진행한 방법처럼, 마지막에 학생들에게 이를 문서화하게 해야 한다.

그러나 가능한 한 많이 모둠의 이야기를 경청해야 한다. 모둠을 하나 선택해 옆에 서서 경청할 수도 있다. 이렇게 하면 대화가 발전되는 과정과 아이디어가 어디에서 어떻게 형성되고 있는지 파악할 수 있다. 학생들은 다른 사람이 말한 것과의 연관성을 찾을 수 있는가? 학생들은 필요한 경우 명료화 질문을 하는가? 학생들은 서로의 아이디어를 바탕으로 더 깊게 이해할 수 있는가? 학생들은 자신의 아이디어와 유사한 아이디어, 상이한 아이디어를 모두 발견할 수 있는가?

조언 마이크로 랩은 학생들에게 질문을 던지고 대답하기 전에 생각할 시간을 약간 주는 정도로 사용할 수도 있지만, 시작하기 전에 써보고 나서 생각할 시간을 충분히 주면 더 나은 결과를 보장한다. 이렇게 하면 학생 개개인이 무엇을 생각하고 있는지 확인하고 싶을 경우 나중에 다시 꺼내볼 수 있는 기록이 된다. 프로토콜을 배우는 단계에서는 대화, 묵상, 토론 시간을 아주 짧게 하고, 학생들이 익숙해지면 시간을 길게 하는 것이 좋다. 간섭하지 않기와 짧은 침묵이라는 규칙을 실행할 때에는 일관되고 신중해야 한다. 이 규범이 깨지면, 다른 사람의 아이디어를 경청하고 이를 바탕으로 자기 생각을 키워나가는 일 역시 실패하고 만다. 마지막으로, 침묵을 두려워하지 말기 바란다. 교사로서 우리는 수업 시간을 말로 채우는 데 너무나 익숙한 나머지, 교실에서 좀처럼 침묵하지 않는다. 침묵의 목적이 방금 들은 것을 소화하면서 이것에 다시 집중하고, 잡념을 비운 채 다음 발언자의 말을 들을 준비를 하는 것이지, 단지 조용히 있는 것이 아니라는 사실을 학생들에게 말해주자. 침묵 시간이 학생들에게 어떻게 작용했는지 반드시 학생들과 함께 정리해야 한다.

멜버른 중등학교의 앨런 블리스와 동료들은 학년 초에 8학년 학생들에게 역사, 과학, 지리가 포함된 학제간 단원을 가르친다. 9주간의 이 단원은 아틀란티스 개념을 탐구한다. 구체적으로 "산토리니섬은 아틀란티스일 수 있는가?"라고 묻는 식이다. 앨런은 단원의 구성을 다음과 같이 설명한다. "우리는 이 단원에서 특정 과목으로 한정하지 않고 공통되게 소개한 다음, 세 과목 각각에서 퍼즐의 상이한 요소를 탐구해요. 단원을 마칠 때 학생들은 세 과목에서 배운 것들을 모두 결합해 핵심 질문에 응답해야 해요."

이 단원은 항상 성공적이었으며 남학교인 이 학교 학생의 마음을 사로잡았는데, 앨런은 "지난 몇 년 동안 학생들에게서 드러난 핵심 쟁점 중 하나로 우리가 인식한 것은 이 과목들이 어떻게 하나로 결합되는가 하는 것이었어요."라고 말했다. 게다가 교사들은 장기적이고 프로젝트 지향적인 모든 업무에서 공통된 문제로 씨름하였다. "학생들의 이해력 발달을 가시화하고 평가할 수 있는 시나리오를 어떻게 하면 가장 효과적으로 가능하게 할 수 있는가?"였다.

앨런은 교사 연수 환경에서 학습자의 입장에서 마이크로 랩을 실행해 본 후 다음과 같이 말했다. "마이크로 랩 프로토콜은 남학생들이 현재 이해하고 있는 바를 명확하게 표현할 수 있게 하는 이상적인 구조로, 남학생들 스스로 이해한 것과 오해한 것을 점검하는 기회를 제공하는 것 같아요. 또 학생들이 친구들과 생각을 공유하고, 서로의 생각을 자원으로 활용하여 이해와 지식을 형성하는 것을 가능케 하는 건전한 구조로서, 학습 과정에서 학생들의 대화를 효과적으로 증진하는 것처럼 보였어요."

마이크로 랩 루틴은 또한 중학교 학생들의 독립적인 토론 능력을 발전시키려는 앨런의 원대한 목표에 부합했다. 「교실에서 더욱 효과적인 토론하기」라는 글에서 앨런은 다음과 같이 썼다. "지난 5년 동안 나는 교실에서의 토론이 학생들에게 자신의 이해력을 발달시키고 점검하는 과정에서,

그리고 교사로서 내가 학생들의 이해와 오해를 점검하는 과정에서 중요한 단계가 될 수 있음을 더욱 명확히 알게 되었다."(Bliss, 2010, p. 1)

앨런은 새로운 사고를 계발하고 신선한 관점을 얻는 데 관심이 있었기 때문에, 두 학급을 결합하여 마이크로 랩을 시도해보기로 결정했다. 그래서 각 반의 학생 두 명씩으로 이루어진 4인조 모둠을 만들었다. 그러나 60명의 학생들이 참여하는 대규모 모둠이 가능하려면 도서관의 학습 공간에서 만나야 했다. 앨런은 학생들에게 "산토리니섬은 아틀란티스일 수 있나요?"라는 질문에 5분 동안 개별적으로 글을 쓰게 하는 것으로 수업을 시작했다. 그런 다음 각 모둠의 구성원들은 1분 동안 자신의 아이디어와 그 추론을 발표하고, 이어서 20초 동안 침묵했다. 모든 구성원이 발표하고 5분 동안 토론을 했다. 앨런은 토론 뒤에 다시 5분 동안 핵심 질문에 대한 깊이 있는 글을 쓰게 했다.

모둠이 너무 큰 데다 이 루틴을 가르치는 일이 처음이었으므로, 앨런은 원하는 만큼 효과적으로 돌아다니면서 모든 대화를 효과적으로 들을 수는 없었다. 학생들이 토론에서 무엇을 배웠는지 더 잘 이해하기 위해 그는 학생들에게 학급 위키(이 온라인 대화를 일부 발췌한 [표 5-4] 참조)에 생각을 게시하게 했다. 이것을 모두 읽은 앨런은 다음과 같이 언급했다. "위키 항목을 보면 일부 학생들이 세 과목에서 적합한 사고를 발전시켜 이를 주제에 대한 자신의 생각에 적용할 수 있게 되었음이 밝혀졌죠. 놀라운 것은 일부 학생은 이 프로토콜에서 진행한 발표를 통해 사고가 깊어졌다는 사실이에요."

이 첫 번째 회차에서 앨런은 프로토콜이 학생들 사이에서 참여 수준을 향상시킨 방식이 마음에 들었다. 그리하여 그는 단원을 진행하는 동안 이 구조를 2주마다 반복했고, 학생들에게 학과 공부에서 나온 점점 더 많은 아이디어를 통합하게 하면서 프로토콜에서 쓰기와 대화 시간을 점차 늘려나갔다.

[표 5-4] 아틀란티스에 대한 8학년 학생들의 위키 대화

카터(5월 19일 오전 11시 28분): 진심으로 말하건대 산토리니는 아틀란티스**일 수 있지만** 그게 꼭 아틀란티스라는 의미는 아니야.

에릭(5월 19일 오전 11시 30분): 맞아, 산토리니가 여러 가지 사실 때문에 아틀란티스일 수 있다고 생각해.

- 리비아, 이집트 근처라는 지리적 언급.
- 목록에 '온수와 냉수, 황소, 북쪽으로부터 안전한 곳' 같은 여타의 많은 것들이 있다.
- 그리고 매우 중요한 건 그 섬의 둥그런 모양.
- 화산, 쓰나미, 지진이 모두 일어난 점.

이게 산토리니가 아틀란티스일 수 있는 이유야.

맬콤(5월 19일 오전 11시 30분): 산토리니가 아틀란티스일 수 있냐고? 당연하지.
증거:

1) 그곳은 헤라클레스의 기둥이 있었을법한 딱 그 위치에 있다.
2) 대략 아틀란티스가 있었던 때로 추정되는 시대에 분출한 화산이 중앙에 있으므로, 아틀란티스가 화산 폭발로 파괴되었다는 이론을 뒷받침한다. 화산은 아틀란티스에 온수 배관이 있었다는 이론을 뒷받침하는 데도 도움이 될 수 있다. 즉, 그 물은 천연 온천에서 데워져 필요한 곳에 펌프로 공급되었을 것이다.
3) 그곳은 이야기가 유래한 곳이자, 플라톤의 『대화』에서 언급된 코끼리들이 있었던 곳인 이집트와 리비아와 관련해 딱 들어맞는 위치이다.
4) 아테네와 가까우므로, 아테네인이 아틀란티스인과 전쟁을 벌였을 가능성이 있다는 사실을 뒷받침한다.
5) 섬은 둥글고, 정상까지 경사가 있으며, 기반암이 급속히 침식된 것으로 보아 한때 섬이 훨씬 더 거대했음을 알 수 있다.
6) 화산 덕분에 토양이 매우 기름졌을 것이고, 그로 인해 음식이 풍부해서 문명이 번성했을 것이다.
7) 대화에는 사람이 지나다닐 수 없는 진흙층이 언급되어 있다. 이는 화산 폭발 후 화산의 잔재일 수 있다.

크리스(5월 19일 오전 11시 31분): 나는 산토리니가 아틀란티스일 수 없다고 생각해. 유일한 공통점이 둥근 모양 때문이지. 하지만 이 점에 대해 생각해보자. 만약 배 위에서 크레타섬의 꼭대기만 보았다면, 그 섬도 원형으로 보였을 거야. 안 그래?

앨런 블리스 박사(5월 19일 오후 2시 43분): 에릭과 맬콤의 사려 깊은 대답에 깊은 인상을 받았어. 무엇보다도 증거를 들어 뒷받침했기 때문이야. 에릭과 맬콤의 말이 다 옳은 건 아니지만 둘의 응답 방식은 매우 논리적이야.

데시(5월 24일 오후 2시 06분): 에릭, 나는 산토리니가 리비아와 아시아 사이에 있다는 네 말이 옳다고 생각해. 하지만 리비아와 아시아가 산토리니 정도의 크기라면 어떻게 되는지, 이 옵션도 생각해봐. 지금은 그렇지 않다는 걸 알지만, 어쩌면 플라톤이 살았던 시절 리비아와 아시아는 훨씬 작았기 때문에 아틀란티스와 같은 크기였는지도 몰라.

※강조는 원문대로임.

전반적인 과정을 되돌아보던 앨런이 말했다. "교실에서 이 프로토콜이 실행되는 방식에 대체로 만족해요. 학생들은 대개 협동적이었어요. 비록 개별 말하기 부분에서 참견하지 않기를 지킨다는 개념이 학생들에게는 도전이었지만요. 프로토콜의 마지막 단계에서 가끔 토론을 경청하다가 알게 된 것은, 그 국면에 좀 더 많은 구조를 도입할 필요가 있다는 것이었어요. 예를 들어 개별 발표의 자연스러운 결과로 토론할 만한 몇 가지를 제안한다거나 떠오른 쟁점이나 명료화 질문에 좀 더 끈질기게 집중하는 것이요."

마이크로 랩은 앨런이 교실에서 정기적으로 사용하는 루틴 중 하나일 뿐이다. "지난 몇 년 동안 루틴을 사용한 결과, 학생들이 때로는 듣기보다 생각하고 고려하고 추론해야 한다는 사실을 받아들이게 된 것 같아요. 저는 학생들이 이 루틴을 생각을 집중하는 방법으로 여긴다고 생각해요. 비록 학생들이 항상 명확하게 표현할 수는 없을지라도요. 따라서 어떤 학생이 '우리가 마이크로 랩 루틴을 사용 중인가요?'라고 묻는다면, 이는 이 학생이 이 루틴을 이해로 이끌어주는 매우 중요한 과정으로 인식하고 있음을 보여주는 것일 수 있어요."

예전 생각, 지금 생각

현재 주제에 대해 이해한 것을 되짚어보고 다음 문장을 각각 완성해보자.
- 예전에는 ~라고 생각했다.
- 지금은 ~라고 생각한다.

한 단원을 끝낸 후 학생들에게 성찰하게 하는 것은 교실에서 흔한 일이다. 그러나 학생들은 대부분 자신이 수행한 활동 그리고 수행한 과제를 어떻게 평가할지에 집중하는 경향이 있다. 학생들에게 어떤 것이 자랑스럽고 다음에 어떤 것을 더 잘하고 싶은지 묻는 것은 흥미로운 대화가 될 수 있지만, 우리는 학생들 스스로 활동을 보고하기보다는 교실 활동으로서의 사고에 학생들의 관심을 집중시킬 성찰적인 루틴을 만들고 싶었다. 또한 이해력의 발달이 어떻게 새로운 정보의 축적에 그치지 않고 종종 사고의 변화를 초래하는지 관심을 기울이고 싶었다. 그래서 '예전 생각, 지금 생각(I Used to Think…, Now I Think…)' 루틴을 만들게 되었다.

목적   이 루틴은 학생들이 주제나 쟁점에 대한 생각을 돌아보고 이 생각이 어떻게 그리고 왜 바뀌었는지 탐구하는 데 도움이 된다. 학생들이 새롭게 이해한 것, 새로운 의견과 신념을 식별한다면 이 루틴은 새로운 학습을 강화하는 데 유용할 수 있다. 학생들은 자신의 생각이 어떻게 그리고 왜 바뀌었는지 검토하고 설명함으로써 추론 능력을 발전시키고 인과관계를 인식한다. 이 루틴은 또한 학생들의 메타인지 기능, 즉 사고 자체를 식별하고 설명할 수 있는 능력도 발전시킨다.

내용 선택하기　학생들의 초기 생각, 의견, 신념이 수업이나 경험의 결과로 바뀌었을 가능성이 있을 때 언제든 이 루틴을 사용할 수 있으며 다양한 교과 영역에 적용할 수 있다. 새로운 정보를 읽거나 영화를 보거나 발언을 듣거나 새로운 것을 경험하거나 수업에서 토론을 하거나 단원을 마친 후야말로 교사가 잠정적으로 이 루틴을 사용하기 좋은 강력한 시기이다. 성찰 대상이 단순히 새로운 사실의 축적이 아니라 개념적인 것이거나 과정 지향적인 것일 때 더 깊이 생각하고 통찰할 수 있다. 학생들이 자신이 오해한 것에 맞서거나 직접 경험한 것을 바탕으로 생각을 근본적으로 전환할 기회가 있었는지 교사는 스스로에게 물어봐야 한다.

단계　1. 준비하기　학생들에게 이 루틴의 목적이 주제에 대한 학생 자신의 생각을 되돌아보고, 시간이 지나면서 아이디어가 어떻게 발전했는지 파악하도록 돕는 것임을 설명한다. 학생들이 일지를 손에 들고 수업 문서를 열람하며 그리고/또는 최근 과제 모음이 담긴 학습 포트폴리오에 접근하는 것은 유용할 수도 있다.

2. 개별적 성찰 권장하기　학생들에게 다음과 같이 말한다. "이 공부를 시작했을 때, 여러분은 모두 처음에 이것에 대한 그리고 이것이 무엇에 관한 것인지에 대한 아이디어를 가지고 있었어요. 잠시 시간을 내어 시작했을 때를 되돌아보고, 여러분이 그때 어떤 종류의 아이디어를 가지고 있었는지 떠올려보세요. 주제에 대해 생각했던 것을 '예전에는 ~라고 생각했다'

라는 글로 적어보세요." 일단 학생들이 응답했다면 다음과 같이 말한다. "수업에서 공부하고 실행하고 토론한 결과, 이제 주제에 대한 여러분의 아이디어가 어떻게 변화했는지 생각해봤으면 해요. 지금 여러분이 생각하고 있는 곳을 포착하기 위해 '지금은 ~라고 생각한다'라는 구절로 몇 줄 적어보세요."

3. 사고 공유하기 학생들에게 생각의 변화를 발표하고 설명하게 한다. 처음에는 학급 전체가 함께하는 것이 가치 있을 수 있으므로, 교사는 학생들의 생각을 탐색하여 설명하게끔 독려해도 된다. 이것이 어려움을 겪고 있는 학생들에게 모델이 된다. 일단 학생들이 자신의 생각을 설명하는 데 익숙해지면, 소모둠이나 짝을 지어 공유하게 한 뒤 전체 모둠의 응답을 얻을 수도 있다.

사용과 응용   비알릭 칼리지의 1학년 교사인 준 카메네츠키는 의사소통에 대한 단원을 마치자 학생들을 하나의 모둠으로 합쳐서 처음 의사소통을 탐구하기 시작했을 때를 떠올려보고 그때 의사소통을 어떻게 생각했었는지 말하게 했다. 준은 모든 학생이 볼 수 있도록 화이트보드에 학생들의 응답을 받아 적었다. "예전에는 의사소통이 '일종의 메시지 및 수화 언어', '말하기의 다른 말', '전화로 이야기하고 그림 보여주기', '긴 말', '선하고 유용한 것'이라고 생각했습니다." 그다음으로 학생들에게 생각이 어떻게 바뀌었는지를 물었다. 이 질문에 대한 그들의 대답은 다음과 같았다. "지금은 의사소통이란 '어디로 가야 할지 모를 때 표지판이 우리에게 말해주는 것', '원하는 것을 알리기 위해 얼굴에 표정을 짓는 것', '말을 할 수 없는 사람이 컴퓨터를 사용할 때, 다른 사람들이 그것을 읽을 수 있는 것', '또 화석과 그림이 사람들에게 전달하는 것'이라고 생각합니다."

뉴욕시 뱅가드 고등학교의 인문학 교사들은 '예전 생각, 지금 생각'

루틴을 12학년생들의 졸업 전시회 준비를 돕는 데 사용했다. 구체적으로, 학생들은 "무엇이 민주주의이고 왜 그것이 중요한가? 자유롭다는 것은 실제로 무엇을 의미하는가?"라는 수업의 전체를 고려할 때, 시간이 지남에 따라 자신의 사고가 어떻게 성장했고 달라지고 변화했는지 설명하라는 요구를 받았다. 일단 학생들이 성찰을 마치자, 교사들은 학생들에게 민주주의와 자유의 개념에 관한 과거의 생각을 현재의 생각으로 변화시킨, 한 해 동안 경험한 수업 활동 중 가장 중요한 활동의 과제물을 모아 포트폴리오를 작성하게 했다. 학생들에게 성적을 잘 받은 과제나 맘에 드는 프로젝트가 아니라 자신들의 생각과 관련된 포트폴리오를 구성하게 했으므로, 교사는 이 과제물 모음을 인문학 수업에서 학생들이 경험한 가장 중요한 학습을 대표하는 것이라고 생각했다.

평가   이 루틴은 상당히 개방적이므로 교사는 학생들의 성찰에서 어떤 정보를 얻든 유연해야 한다. 학생들이 주제에 대해 처음 생각한 것이 바뀌었다는 사실을 인지하고 있음을 정확하게 기록하는 것이 유용하다. 이렇게 하면 교사가 이전에 알아차리지 못한 오해가 드러날지도 모른다. 응답은 학생마다 다를 수 있다. 그럼에도 불구하고 응답 유형을 찾는 것은 교사가 수업의 핵심 영역을 확인하는 한 가지 방법일 수 있다. 학생들이 자신에게서 변화된 특정 개념을 언급하는가? 아니면 자신이 습득한 일련의 새로운 능력을 되돌아보는가? 학생들은 교사가 예상한 대로 핵심 아이디어에 대한 생각의 변화를 언급하는가? 아니면 교사가 예상하지 못한 방식으로 그들에게 중요하게 다가온 다른 종류의 아이디어를 언급하는가? 가능한 주제별로 학생들의 성찰을 분류하면 교사가 연구된 주제 안에서 학생들에게 일어난 학습 이야기를 알아내는 데 도움이 된다.

중요한 것은 교실에서 노력한 결과로 학생들의 사고가 어떻게 성장했고 심화되었으며 달라지거나 변화되었는지에 대해 교사가 진정으로 궁금해한다는 메시지가 이 루틴에 담겨 있다는 것이다. 때때로 학생들은 이 루틴이 예전에 '잘못' 알았으나 지금 '올바로' 알게 된 것을 말하는 것이라고 생각하는 경향이 있다. 학생들이 자기 성찰보다 교사를 만족시켜야 한다고 느끼면, 자신의 사고를 진정으로 성찰하지 못한다. 루틴의 이 자유로움 때문에 학생들로부터 특정 응답을 기대하는 교사라면 불안해할 수 있다. 학생들이 무엇을 성찰하든 열린 태도를 유지하면 교사는 종종 다음에 어디를 가르칠지 새로운 아이디어를 얻을 수 있으며 심지어 학생들의 응답이 교사가 처음에 상상했던 것과 정확히 일치하지 않을 때도 그러하다.

때때로 사람들은 "예전에는 ~라고 생각했다." 부분을 단원 초반부나 수업 시작 전에 실행하는 것이 좋겠다고 생각한다. 그러나 사람들은 실제로 접하기 전에는 오해나 뿌리 깊은 억측을 식별할 수 없다. 따라서 이러한 유형의 성찰은 오로지 새로운 학습이 진행된 이후에만 효과적으로 이루어질 수 있다. 시간이 지남에 따라 이 루틴은 학생들이 한 일과 사고가 어떻게 변화했는지의 인과관계를 지속적으로 분명히 강조함으로써, 자신의 생각을 인식하려는 학생들의 성향을 발전시킨다. 그 결과, 새로운 통찰을 갑자기 알아차리게 된 학생이 "예전에는 ~라고 생각했지만, 지금은 ~라고 생각한다."라고 분명히 표현하는 일이 드물지 않다.

뉴욕시 뱅가드 고등학교의 9학년 읽기·쓰기 워크숍에서 사고 루틴을 처음으로 사용하기 1년 전, 에리카 도일은 한 학생이 쓴 체험기를 가지고 그 학생과 나눈 긴장된 대화를 기억했다. "이 학생이 쓴 세부 사항 몇 가지에 대해 물었어요. 이 학생이 기억하는지 아닌지 상관없이, 어떤 것이 어떤 모습이었는지 기억하고 있는지, 체험기를 더 좋게 하려면 어떤 세부 사항을 추가해도 될지요." 이 학생은 에리카의 질문에 좌절한 듯 보였고, 마침내 이렇게 말했다. "무엇을 써야 할지 그냥 말씀해주시는 게 어때요?" 에리카는 이 반응에 깜짝 놀랐다. 이 학생은 계속해서 말했다. "그래요, 선생님은 제가 썼으면 하고 바라시는 게 분명히 있잖아요. 그러니까 뭘 써야 하는지 말씀해주세요!" 에리카는 그 순간, 이 학생이 학교란 학생들의 사고가 중요한 곳이 아니라는 것을 배워왔음을 깨달았다. 학교는 어른들의 생각을 되풀이하기 위해 이 학생이 들어온 곳이었다. "전에는 한 번도 이런 생각을 한 적이 없었어요. 이 어린 학생은 이 게임에 저를 처음으로 불러낼 만큼 아주 대담했던 거죠."라고 에리카는 회상했다. "그때는 어떻게 하면 학생들의 사고가 중요한 교실 문화를 형성할 수 있을지 정말 궁금했어요. 저는 어떻게 해야 우리의 읽기·쓰기 워크숍이 우리의 생각을 다루고, 어떻게 해야 나만의 아이디어가 아닌 우리의 아이디어가 모두 인정받고 가치 있게 여겨질지 스스로에게 묻기 시작했죠."

에리카는 워크숍에 참가하는 수많은 학생들이 스스로를 좋은 독자나 작가로 여기지 않는다는 사실을 알고 있었다. "마치 특정한 사람만 잘 읽고 잘 쓸 수 있는 능력이 있고 나머지 대부분은 그렇지 않다는 식의 고정된 관념을 갖고 있는 것 같아, 어떻게 하면 그런 사고방식을 바꿀 수 있을지 고민되었어요. 저는 좋은 독자와 좋은 작가가 되는 것이 무엇을 의미하는지에 대한 생각에 어떻게 도전할 수 있을지 궁금해졌죠. 학생들이 스스로의 성장을 깨닫게 하는 방법을 알아내는 것이 열쇠였어요."라고 에리카는 믿고 있었다. "사고 루틴을 처음 접했을 때, '예전 생각, 지금 생각' 루틴이야말로 학생들이 한 학년 동안 자신의 생각이 얼마나 성장할 수 있는지 세심한 주의를 기울이도록 돕는 데 완벽해 보였죠."

에리카는 루틴을 가능한 한 개방적으로 유지하려고 애쓰면서, 처음에는 수업 시간이 끝날 때마다 학생들에게 읽기와 쓰기에 대해 예전에는 어떻게 생각했는데 지금은 어떻게 생각하는지 적게 했다. "학생들이 작성한 응답이 수업에서 읽기와 쓰기를 할 때 무슨 일이 일어나는지를 말하는 것보다 훨씬 폭넓다는 사실을 곧 깨달았어요."라고 에리카는 회상했다. 그녀가 처음 이 루틴을 사용했을 때 학생들은 이렇게 말했다. "이 장르를 좋아하지 않아서 예전에는 이 책을 좋아하지 않을 거라고 생각했지만, 지금은 이 책을 좋아한다고 생각해요." "초등학교와 중학교 때 사실 좋은 성적을 내지 못했기 때문에 예전에는 절대 학교에서 좋은 성적을 내지 못할 거라고 생각했지만, 지금은 졸업을 할 거라고 생각해요." 이러한 성찰들은 정확히 에리카가 목표로 했던 것은 아니었지만, 학생들이 진심으로 마음속에 있는 것을 말하고 있다는 사실을 금방 알아차릴 수 있었다. "처음에는 학생들이 루틴을 제대로 이해하지 못했다고 생각했는데, 실제로 이 내용은 학생들이 학습자로서 스스로를 어떻게 바라보고 있는지에 관한 놀라운 정보라는 점을 깨달았어요. 이것은 '있는 그대로의' 그들의 생각이었고, 유능한 학습자가 되는 것이 어떤 의미인지에 대한 그들의 사고방식에 도전할 수 있는 훌륭한 출발점이 되었죠."라고 에리카는 말했다.

에리카는 '예전 생각, 지금 생각' 루틴을 포기하지 않고 더 많이 사용하기로 마음먹었다. "이 루틴을 워크숍에서 우리 사고를 가시화할 정식 방법으로 삼고 싶었어요. 그래서 매일 수업 시간이 끝날 때 이 루틴을 사용하자고 계속 주장했어요. 학생들이 스스로를 사회적으로, 정서적으로, 학습자로서 어떻게 바라보았었는지 솔직히 털어놓게 함으로써, 학생들이 체험하기 바라온 문화를 형성할 수 있었어요."

마침내 에리카는 학생들의 생각을 읽고 있는 내용으로 조금 더 향하도록 했다. "학생들에게 말했어요. '좋아요, 오늘 예전 생각, 지금 생각 루틴을 한 것처럼 수잰 콜린스의 『헝거 게임』을 읽고 나서 생각이 어떻게 바뀌었는지 살펴봤으면 해요. 특정 등장인물이나 플롯, 설정에 대해 어떤 생각을 했었나요? 아마 예측한 것 중에 실현되지 않은 것도 있었죠? 오늘은 이런 것들을 염두에 두고 글을 써보길 바라요.'" 이 루틴에 익숙해진 학생들은 에리카가 텍스트로 그들의 관심을 은근하게 집중시키자 성찰을 다음과 같이 써냈다.

- 예전에는 캣니스를 겁쟁이로 생각했다. 왜냐하면 그녀가 게임 초반에 큰 소리로 말하지 않았기 때문이다. 그러나 지금은 그녀가 심사위원단을 향해 활을 쏘았기 때문에 겁쟁이라고 생각하지 않는다.
- 예전에는 캣*이 인간성이 별로 좋지 않아서 프림이 싸우도록 내버려두었다고 생각했지만, 지금은 그녀가 자기 자신을 희생한 만큼 사려 깊다는 걸 안다.
- 예전에는 영화 〈글래디에이터〉 때문에 콜로세움을 매우 영웅적인 것이라고 생각했지만, 지금은 그것이 끔찍하다고 생각한다. 그 원리가 『헝거 게임』과 똑같기 때문이다.

예전에 자신은 독자도 아니고 작가도 아니라고 에리카에게 말한 학생이 독자나 작가가 하는 것과 똑같은 방식으로 수업에서 에리카와 다른 학생들과 함께 사려 깊은 통찰을 하기 시작했다. 에리카는 매우 기뻤다.

에리카는 학생들에게 사고를 가시화해도 충분히 안전하다고 느끼도록 돕고, 또 그들 스스로 생각의 가치를 알아야 한다는 것을 알고 있었다. 에리카는 "학생들의 생각을 이 '예전 생각, 지금 생각' 루틴 성찰 때 의도적으로 활용할 필요가 있다고 판단했어요."라고 말했다. "그래서 다음 날 수업을 '어제 성찰 시간에 많은 사람들이 주인공인 캣니스 에버딘에 대해 언급한 걸 봤어요. 그래서 오늘은 그녀에 대해 좀 더 말해보면 어떨까요?' 라거나 '여러분 중 다수가 성찰 시간에 등장인물의 성격 묘사를 하는 걸 들었어요. 그런데 여러분이 상징과 상징화에 대해 무엇을 알았는지 궁금

....

* 캣니스의 약칭.

해요. 여러분은 거기서 어떤 종류의 것들을 알게 되었나요? 여러분 생각은 무엇이 바뀌고 있나요?'라는 말로 시작했어요." 에리카는 학생들이 '예전 생각, 지금 생각' 루틴의 성찰을 교사 책상에 제출하곤 다시 볼 일 없는 것으로 생각하지 않기를 바랐다. 오히려 그녀는 다음에 무엇을 학습할지를 안내하는 데 이 루틴을 사용하여 학생들의 생각이 지닌 가치를 전달하고 싶었다.

에리카는 시간이 지남에 따라 학생들이 자신의 생각이 어떻게 발전하는가에 관심을 집중하도록 한 것이 많은 단계에서 그들에게 막대한 영향을 미쳤다고 믿었다. 한 학년 내내 에리카는 독자로서, 작가로서 개인적인 발전에 대한 학생들의 성찰을 모아서 그것을 범주별로 분류해보려 했다. 그 결과 드러난 유형들로부터 배울 수 있었다([표 5-5] 참조). 이를 통해 그녀는 자신의 수업이 독립적이고 참여적인 학습자인 학생들의 발전에 미치는 영향에 대해 소중한 통찰을 얻을 수 있었다.

생각의 진화 과정을 보여주는 학생 응답 모음은 에리카에게 매우 소중한 데이터를 제공하는데, 그것을 통해 그녀는 학습자들에게 특히 유용해 보이는 게 무엇인지, 또는 다음 수업에서 학생들과 다시 찾아봐야 할, 수업에서 빠진 내용이 무엇인지를 알 수 있게 되었다. "이 사고 루틴은 학생들 마음속에 정말 무엇이 있는지 알려주었어요. 어떤 학생이 저에게 한 말은, 그게 무엇이든 모두 그 학생에 대해 뭔가를 말해주죠. 그 모두가 학생들을 독자로서, 작가로서, 인간으로서 성장하도록 돕는 데 사용할 훌륭한 정보랍니다."라고 에리카는 말했다. "학생들의 생각을 가시화하는 것이라면 무엇이든 진정 가치 있는 소중한 것이라고 생각해요."

[표 5-5] '독자, 작가, 학습자로서의 성장에 관한 학생들의 성찰'에 대한 에리카 도일의 범주화

자기 관찰

- 예전에는 대화와 일을 동시에 하면서 멀티태스킹을 할 수 있다고 생각했지만, 지금은 내가 좋아하지 않는 사람과 앉아 있어야 한다고 생각한다. 내가 말이 너무 많기 때문이다. (안드레아, 2010년 4월 26일)
- 예전에는 혼란스러워서 이 일을 할 수 없다고 생각했지만, 지금은 할 수 있다고 생각한다. (호세, 2010년 5월)

정서적인 것

- 예전에는 내가 스트레스를 받지 않는 사람이라고 생각했지만, 지금은 가족, 인생, 연애, 학교와 같은 많은 것들이 내 마음속에 있어서 그렇지 않다고 생각한다. 많은 것들이 적지 않은 시간을 요하기 때문에 스트레스를 준다. 항상 뭔가가 마음속에 있기 때문에 이것을 알고 있다. (니콜라스, 2009년 10월 26일)
- 예전에는 사람들이 나에게 못됐다고 하고 끔찍한 말들을 했기 때문에 내 인간성이 엉망이라고 생각했다. 하지만 캣닙(우리가 함께 읽은 『헝거 게임』 주인공의 별명)이 실용적이고 나도 그렇기 때문에, 지금은 자신을 괜찮은 사람이라고 생각한다. (아라비스, 2010년 3월 9일)

사회적인 것

- 예전에는 이 학교에서 결코 누구와도 잘 지낼 수 없을 거라고 생각했는데, 중학교 때 거의 누구와도 잘 지내지 못했기 때문이다. 하지만 지금 고등학교에서는 친구들이 많기 때문에 많은 사람들과 잘 지낸다고 생각한다. (디오나, 2010년 3월 23일)
- 오늘 배운 것은 샐림이 훌륭하고 똑똑한 친구라는 것이다. 예전에는 이 프로젝트를 어떻게 해야 하는지 몰랐기 때문에 이 프로젝트가 형편없을 거라고 생각했다. 그러나 지금은 샐림이 도와주기 때문에, 이 프로젝트는 잘될 거라고 생각한다. (알렉시스, 2010년 4월 22일)

학교—성적

- 성적이 나빠서 지난 학기에 낙제할 거라고 생각했었다. 하지만 지금은 예상보다 성적이 더 높아서 통과했다고 생각한다. (디오나, 2010년 3월 22일)

글쓰기 과정—일반적인 것

- 예전에는 글쓰기가 진짜로 지루하다고 생각했는데, 너무나 많은 시간을 들여야 하고 창의성이 있어야 하는 것처럼 보였기 때문이다. 그러나 지금은 글쓰기가 재미있다고 생각한다. 내가 원하는 건 무엇이든 표현할 수 있고, 쓸 주제를 부여받는 게 아니라 자유롭게 쓰기 때문이다. (파멜라, 2009년 10월 26일)

- 예전에는 두 문장을 쓸 수 있다고 생각했다. 왜냐하면 나는 지독히 게으르고 글쓰기를 좋아하지 않기 때문이다. 하지만 지금은 아주 많은 세세함을 추가할 수 있는데, 글쓰기가 완전히 다른 세상을 열어주기 때문이다. (루이스, 2009년 10월 26일)

- 예전에는 글쓰기가 중노동이고 혼란스러워서 지루하다고 생각했다. 하지만 지금은 내가 쓴 글에서 많은 것을 배우기 때문에 재미있다고 생각한다. (후안, 2010년 4월 27일)

- 예전에는 문법이 별로 중요하지 않다고 생각했다. 왜냐하면 그저 학교 작문 과제를 하면 선생님이 점검할 뿐, 실제로 문법에 관해 가르쳐주지 않았기 때문이다. 그러나 지금은 문법이 정말로 중요하며 실제로 배워야 한다는 걸 안다. 왜냐하면 문법은 중요하고, 나는 더 분명하게 말해야 하기 때문이다. (체케시아, 2010년 5월)

- 예전에는 흥미를 끄는 건 그저 남이 쓴 문장이라고 생각했다. 그런데 지금은 독자가 내 에세이를 읽도록 끌어들이는 어떤 것이라고 생각한다. 이것이야말로 독자로 하여금 뭔가 읽고 싶도록 만드는 것이기 때문이다. (제시카, 2010년 4월)

- 예전에는 에세이가 대상을 요약한 것일 뿐이라고 생각했다. 왜냐하면 나는 항상 선생님이 어떻게 말씀하셨는지에 대해서만 에세이를 작성했기 때문이다. 지금은 에세이가 좀 더 복잡한 것이라고 생각하는데, 왜냐하면 문법을 이해하도록 돕고 또 나를 더 나은 독자로 만들어주기 때문이다. (에스티벤, 2010년 4월 27일)

쟁점과 복잡성을 깊이 있게 생각하기:
심화하기에 사용하는 루틴

어떤 사람이 말한 진술, 주장, 견해에 대한 후속 조치로 다음과 같이 질문해보자.
• 무엇 때문에 그렇게 말하는가?

'무엇 때문에 그렇게 말하나요(What Makes You Say That)?' 루틴은 하우센과 예나윈(Housen et al., 1991)이 개발한 '가시적 사고 전략'의 질문을 적용하고 변형한 것이다. 가시적 사고 전략'에서 학생들은 예술 작품을 본 후 개방형 질문을 받는다. "이 그림에서 어떤 일이 벌어지고 있나요?" 학생들이 대답을 하면 "무엇을 보고 그렇게 말하나요?"라는 후속 질문이 따른다. 약간 수정된 이 질문은 교실 안팎의 모든 상황에서 유용하게 쓰인다. '무엇 때문에 그렇게 말하나요?'는 사고 루틴인 동시에 담화 루틴이다.

목적

'무엇 때문에 그렇게 말하나요?' 루틴은 학생들에게 그들의 응답 이면의 생각을 자세히 설명하게 함으로써, 학생들이 자기 생각의 뿌리를 확인하도록 돕는다. 단순해 보이지만 이 루틴을 정기적으로 교실 담화에 사용하면 장기적으로 증거추론의 성향을 육성하는 데 도움이 된다. 학생들은 증거에 기초해 해석을 공유하여 다른 사람들이 주제나 아이디어에 대한 다양한 견해와 관점을 살펴볼 기회를 보장한다. 이런 식으로 토론은 심화되어 표면적인 답변이나 단순한 의견을 넘어선다. 이 루틴을 사용할 때 교사는 모든 대답을 다룰 필요는 없고, 전체 학습 공동체가 가능한 설명 이면의 이유와 증거를 조사하여 그 가치를 판단하도록 권한을 부여한다. 이렇게 하면 답변의 정확성이 독자적인 외부의 권위에 있는 것이 아니라 뒷받침하는 증거에 달려 있다는 인상을 전한다.

내용 선택하기　　　살면서 무언가를 자세히 관찰하고 개인적 이론을 개발하는 것이 유용한 경우가 많다. 종종 학생들은 사물이 작동하는 방식, 변화하는 방식, 그런 방식으로 존재하는 이유 등에 대한 의견을 숨긴다. 이 같은 이론 뒤의 사고를 가시화하기 위해 교사는 학생들이 이 이론을 낳은 증거와 추론을 찾도록 도와야 한다. 그래야만 처음의 이론과 아이디어를 토론하고 논쟁하고 그것에 도전하여 의미 있는 방향으로 발전시킬 수 있다. 따라서 '무엇 때문에 그렇게 말하나요?' 루틴은 예술 작품이나 역사 유물을 감상하고, 시를 탐구하고, 과학적 관찰을 하여 가설을 세우고, 독서 중 예측을 하며, 인종차별이나 공정성과 같은 보다 광범위한 개념의 아이디어를 조사할 때 유용할 수 있다. 뛰어난 유연성 때문에 교사들은 이 '무엇 때문에 그렇게 말하나요?' 루틴을 거의 모든 주제에 적용해왔고, 특히 새로운 주제를 다루면서 학생들의 처음 아이디어를 표면화할 때뿐만 아니라, 학습 단원 전반에 걸쳐 학생들에게 자세한 관찰, 설명 구축, 탄탄한 증거가 뒷받침된 정당화 등을 지속적으로 독려할 때 사용해왔다.

　　교실에서 사고 문화를 창조하고자 하는 교사들은 모든 종류의 상황에서 학생들의 사고를 밝혀내는 것이 대단히 중요하다는 점을 알 것이다. 이 중요한 목표는 특정 내용에 맞는 것을 찾는 것 이상이며, 교사가 "무엇 때문에 그렇게 말하나요?"라고 물을 자연스러운 지점을 찾는 데 도움을 줄 것이다. 좀 더 깊이 파고들어 학생들이 그렇게 응답한 이면의 이유를 말하게 할 때마다 이 루틴은 잘 맞을 것이다. 시간이 흐르면서 루틴은 교실에서 자연스러운 부분이 될 것이다.

단계 1. 준비하기 다른 루틴과 달리 '무엇 때문에 그렇게 말하나요?' 루틴은 적절한 시점에 배치하는 것 말고는 준비할 게 없다. 학생들의 설명이나 해석에 응답하는 과정에서 자연스럽게 자리를 찾아본다. 학생들이 주장하거나 설명하거나 해석하거나 의견을 제시하는 순간을 찾아야 한다.

2. 증거를 가지고 정교화하도록 독려하기 학생들이 아이디어와 설명을 공유할 때 이 루틴의 핵심 질문을 던지는 것이 중요하다. "무엇 때문에 그렇게 말하나요?" 여기서 목표는 학생들에게서 정당화 시도를 이끌어내고 지원하는 것이다. 그러므로 이렇게 묻는 것이 필요하다. "그래서 무엇을 보고 그렇게 말하나요?" "그래서 무엇을 알고 있기에 그렇게 말하나요?"

3. 사고 공유하기 '무엇 때문에 그렇게 말하나요?' 루틴은 교사가 학생들과 주고받는 대화에서 주로 나타나므로 학생들의 사고를 문서화하는 것은 선택 사항이다. '무엇 때문에 그렇게 말하나요?' 루틴으로 더 많은 학습자들의 사고를 공유할 기회를 만들어내는 것만으로도 대화가 충분히 풍부해진다.

사용과 응용 우리가 '가시적 사고' 연구를 처음 시작한 스웨덴의 렘샤가 아카데미에서는 '무엇 때문에 그렇게 말하나요?' 루틴을 교사들이 '마법의 질문'이라고 불렀는데, 지금까지 숨어 있던 학생들의 사고가 얼마나 많이 드러나는지에 늘 놀랐기 때문이다. 렘샤가 교사들은 학생들과 상호작용할 때 이 질문을 정기적으로 사용하면 학생들의 사고가 훨씬 더 가시화된다는 사실을 발견했다. '무엇 때문에 그렇게 말하나요?'의 뉘앙스를 전달하는 다른 질문으로는 "무엇을 근거로 그렇게 생각하나요?", "그 아이디어를 뒷받침하는 어떤 증거를 찾을 수 있나요?"가 있다.

학생들이 사고를 공유할 때 이 사고 루틴은 수많은 어떤 루틴과도 조합을 잘 이룬다. 암스테르담 국제 학교의 리사 페르커크와 데비 오헤어는 이 루틴을 '보기-생각하기-궁금해하기' 혹은 '설명 게임' 루틴과 함께 사용했다. 유치원 수업에서 데비가 이 질문을 사용하여 어떻게 더 깊이 있는 대답과 상세한 설명을 끌어내고 학생들의 참여 수준을 훨씬 높였는지 주목하기 바란다. 다른 교실에서도 교사는 학생들의 사고를 발전시키기 위해 학생들과의 상호작용에서 '무엇 때문에 그렇게 말하나요?' 루틴을 자주 사용한다. 이러한 질문이 어떻게 교사가 학생들의 아이디어에 관심 있다는 사실을 전달하고 교실 안에서 사고 문화를 창조하는 데 어떻게 도움이 되는지 생각해보기 바란다.

평가   '무엇 때문에 그렇게 말하나요?' 루틴이 교사와 학생의 담화뿐 아니라 학생 간 담화에도 정기적인 유형이 되므로, 이 질문에 대한 학생들의 응답에 주목하는 것이 중요하다. '무엇 때문에 그렇게 말하나요?' 루틴은 절차에 대한 설명이나 단답형 응답을 요구하는 것 이상으로, 학생들이 보았거나 알고 있던 것 또는 이전의 경험이나 상황상의 증거에서 도출한 것에 기초한 이유를 요구한다. 전반적인 목표는 학생들이 설명하고 이론을 생성하고 증거로 인정받을 만한 이유를 제시하는 능력과 성향을 지원하는 것이다. 시간이 흐름에 따라 학생들의 대답이 심층화되는지 살펴보기 바란다. 학생들이 자신이 옳다는 단순한 주장을 넘어서고 있는가? 외부 권위에 의존하는 수준을 넘어서고 있는가? 학생들은 교사가 유도하지 않아도 이유를 제시하는가? 학생들이 다른 사람의 주장을 강화하는 방식으로 그 주장을 지지하는가?

이 루틴의 핵심 질문인 "무엇 때문에 그렇게 말하나요?"는 의도를 지닌다. 진정으로 존중하는 어조로 이 질문을 하면 우리가 타인에게 관심이 있다는 사실을 전달할 수 있다. 질문이 도전이나 테스트처럼 들려서는 안 되고, 학습자가 복잡한 아이디어나 난해한 현상을 어떻게 이해하고 있는지에 대한 교사의 호기심을 전달해야 한다. 만약 교사가 학생들이 어떻게 아이디어를 이해하고 있는지 진짜 관심이 없다면, 학생들은 금방 이를 알아차리고 응답도 상세한 설명 없이 단답형으로 하고 말 것이다. 그러므로 "무엇 때문에 그렇게 말하나요?"라는 이 질문은 학생들의 응답이 교실의 지속적인 학습을 촉진하는 데 도움되는 확실한 맥락에서 하는 것이 중요하다.

실행 장면 "사고 루틴을 소개받기 전 오랫동안 저는 학생들에게 질문하는 데 관심이 있었어요." 미시간주 북부 트레버스시티 지역 공립 학군의 초등학교 교사이자 수학 전공자인 메리 케이 아처가 말했다. "늘 질문을 핵심 수단으로 사용하여 학생들이 이해한 깊이를 조사해보고 싶었거든요. 그래서 '무엇 때문에 그렇게 말하나요?' 루틴에 즉각 매료되었죠. 대충 보면 간단한 말처럼 보이지만 매우 복잡한 뉘앙스가 있잖아요." 메리 케이가 교실에서 처음 사고 루틴을 사용했을 때는 이미 20년 이상 유치원생들을 가르쳐본 후였다. 그녀는 '생각-퍼즐-탐구'와 '보기-생각하기-궁금해하기' 같은 사고 루틴을 보자마자 즉시 매우 어린 학습자들과 함께 사용할 수 있다는 사실을 알아차렸다. '무엇 때문에 그렇게 말하나요?' 루틴은 학습의 주요 동인인 질문과 조사에 대한 전문가적인 관심에 부합하는 것처럼 보였던 것이다.

"저희 학군 교사 연수 환경에서 처음 '무엇 때문에 그렇게 말하나요?' 루틴의 힘을 경험했어요." 메리 케이가 설명했다. "질문받은 맥락은 정확히 기억 안 나지만, 이토록 단순한 질문이 압박하여 제가 전보다 더 깊이 사고하고 추론했던 건 기억해요." 이 사고 루틴에 대한 개인적 경험을 통해 메리 케이는 이 질문이 교실에서 어린 학생들의 사고와 추론을 가시화하기에 아주 좋은 방법이 될 수 있다고 판단했다. "그때 저는 수년간 해온 대로 유치원생들을 가르치고 있었는데, 너무나 흥분되었어요. 어린 학생들이 머릿속에서 무슨 일이 일어나고 있는지 실제로 말하기 시작했어요. 이전에는 없었던 일이죠. 심지어 그다음 해에 4학년을 가르쳤을 때는 이토록 간단한 질문이 학생들이 응답을 정당화하도록 격려하는 걸 보고 놀랐죠. '무엇 때문에 그렇게 말하나요?' 루틴으로 자극받자 학생들은 자신의 생각을 설명하고 정교화하여 저와 친구들에게 아이디어를 분명하게 전달했어요."

처음에 메리 케이는 '무엇 때문에 그렇게 말하나요?' 루틴의 언어가 그다지 자연스러워 보이지 않았다고 기억했다. "이 루틴이 수업에 블렌드되고 교실 토론과 연결되었으면 했어요."라고 메리 케이는 회상했다. "처음 질문을 꺼낼 때마다 이 루틴이 어디로 향할지 확신할 수 없었지만, 저 또한 전문적인 학습자로서 그것이 제 안에서 이루어낸 사고의 깊이를 체험했기 때문에 이 질문을 교실 상호작용의 일부로 만들려고 죽 고집해왔죠. 학생들에게서 효과를 발휘하는 데는 오랜 시간이 걸리지 않았어요."

메리 케이는 학생들과 함께 풍부한 토론을 여러 번 경험했다. 그녀는 4학년 학생들이 그토록 세련되게 자기 생각을 설명하는 것이 놀랍고도 기뻤다. "방문객이 우리 교실에서 학생들의 응답을 듣고 깊은 인상을 받았죠. 방문객들은 입을 모아 그처럼 심도 있게 아이디어를 토론하는 학생들을 결코 본 적이 없다고 말했어요. 정말로 교실 담화가 몇 단계 끌어올려졌죠." 메리 케이는 또한 이 간단한 질문이 모든 학생, 특히 전통적인 수업 방식에 어려움을 겪는 아이들에게 참여할 기회를 제공한다는 것을 알아차렸다. "이 아이들은 교실에서 누구 못지않게 흥미를 보였고, 자기 생각을 말하고 싶어 했어요. 특히 우리가 진행한 과학 실험이나 정리 중이던 수학 연구에서 '무엇 때문에 그렇게 말하나요?'라고 질문했을 때요. 상상조차 못한 방식으로 학생들이 복잡한 아이디어에 대한 자기 생각을 정확히 표현했거든요."

이 사고 루틴이 학생들에게 제공하는 혜택을 고려할 때 한 가지 중요하게 발전한 것은 학생들이 모둠 프로젝트나 짝과의 상호작용 환경에서 서로 "무엇 때문에 그렇게 말하니?"라고 묻기 시작한 것이라고 메리 케이는 말했다. "학생들에게서 도전적이었을 학습에 대한 어떤 독립성과 책임이 보이기 시작했어요. 내가 가르치는 학생들이 더 독립적이 되고 책임감을 가질 기회를 제공하는 최선의 방법이 늘 궁금했는데, 학생들은 서로의 자연스러운 상호작용 유형에 '무엇 때문에 그렇게 말하나요?' 루틴의 언어를 사용하더군요. 이 질문은 마치 우리가 탐구 중인 주제를 궁금해하는 학생들의 자연스러운 능력과 성향의 일부가 된 것 같았어요."

이 사고 루틴을 사용하면서 배운 점을 되돌아본 메리 케이는 처음에는 루틴을 남용하고 있다고 느꼈다고 떠올렸다. "너무 여러 번 사용하면 효과가 약화되는 것 같았어요. 학생들의 응답, 특히 4학년 학생들의 응답은 마치 그들 앞에 제가 만들어놓은 빈칸을 말로 채우는 것처럼 다시 피상적이어 보였어요. 그때 '무엇 때문에 그렇게 말하나요?' 루틴을 어떻게 배치해야 할지 더 잘 알게 되었죠." 그러나 시간이 흐르면서, 메리 케이는 교육과 루틴 사용이 더욱 목적의식적이 되었다고 느꼈다. "그제야 학생들의 사고를 가시화한다는 것이 무엇을 의미하는지 이해하기 시작했어요. 가르치는 순간에 하는 결정은 학생들에게서 이끌어내고 싶은 사고 유형에 더욱 집중하게 되었고요. 증거를 가지고 추론해야 할 때 '무엇 때문에 그렇게 말하나요?' 루틴을 배치하는 것이 적절해 보였고 그때 저는 학생들이 해낼 추론의 깊이를 더 잘 알게 되었죠. 여러 해 가르쳤지만, 이제야 진정으로 학생들에게 스스로의 생각을 생각할 기회를 제공하려고 노력 중이에요. 학생들의 사고가 가시화되고 가치 있는 교실을 만들려고 애쓰고 있어요. 학생들에게 단지 해야 할 활동만 제공하고 싶지는 않았어요. 오히려 학생들이 사고하고 서로 생각을 이야기하고 우리 교실 공동체 안에서 서로의 사고를 소중히 할 기회를 만들고 싶었어요. 특히 '무엇 때문에 그렇게 말하나요?' 루틴으로 아이들의 사고를 가시화하고자 노력한 일은 실제로 우리 모둠을 하나로 묶어주었죠. 정말 강력했어요."

관점의 원

방금 읽고 보고 들은 것에 들어 있거나 그것의 영향을 받을 수 있는 다양한 관점을 찾아보자. 찾은 것들을 쟁점이나 사건 중심으로 동그랗게 적자. 이 관점 중 하나를 채택하여 더 깊이 탐구하되, 다음의 제시어를 출발점으로 삼는다.

1. 나는 ~의 관점에서 [사건이나 쟁점의 이름]을 생각하고 있다.
2. 나는 ~라고 생각한다(여러분의 관점에서 주제를 설명해보자. 여러분의 관점을 취한 배우가 되어보자). 왜냐하면 ~이기 때문이다(당신의 추론을 설명해보자).
3. 이 관점에서 내가 갖게 된 질문, 또는 우려되는 것은 ~이다.

원을 이루어 앉거나 테이블에 둘러앉거나 극장에 앉으면, 원의 다른 쪽에 앉아 있는 사람은 진행 상황에 대한 관점이 문자 그대로 나와 다를 거라는 생각을 쉽게 이해할 수 있다. 이러한 물리적 모델을 발판 삼아 우리는 '관점의 원(Circle of Viewpoints)'이라는 루틴을 개발했다. 이 루틴은 학생들이 나중에 더 깊이 탐구할 수도 있는 쟁점이나 사건, 주제 등에 대한 다양한 시각과 관점을 찾는 과정을 돕는다. 그리고 우리는 이 탐구 과정을 시작할 몇 가지 제시어를 준비했다.

목적　　　　　　　이 루틴은 관점 취하기에 초점을 맞춘다. 관점 취하기 기술을 발전시키려면, 먼저 현재 존재하는 상이한 관점들을 식별할 수 있어야 한다. 우리는 너무나 쉽게 자신만의 관점으로 사물을 보는 바람에 때때로 대안적인 관점을 의식하지 못하는 패턴에 빠지기 쉽다. 이 루틴은 학습자들이 주제, 사건, 쟁점과 관련된 서로 다른 다양한 관점을 식별하고 고려하도록 돕는다. 이 과정은 다른 사람들이 어떻게 사고하고 느끼는지 더 잘 인식하게 해주고, 사람들이 같은 것을 다르게 생각할 수 있고 또 다르게 생각하고 있다는 점을 강조한다. 이 루틴은 이들 관점 중 하나를 탐구하는 데도 유용한 구조를 제공한다. 이 과정의 궁극적인 목표는 이 과정을 통해 주제나 사건, 쟁점을 보다 폭넓고 완전하게 이해하는 것이다.

내용 선택하기   이 루틴의 효과는 수많은 다양한 관점에서 탐색할 수 있는 원자료의 확보에 달려 있다. 따라서 캐릭터 그리고/또는 가능성이 풍부한 이미지, 이야기, 쟁점, 주제는 단순하고 뻔한 관점과는 대조적으로 수많은 다양한 관점을 즉시 고려하게 해준다. 선택할 자료를 숙고할 때는 스스로 상이한 관점을 찾으려고 노력해야 한다. 어떤 경우이든 관점 찾기와 탐구는 학습자들이 검토 중인 주제나 쟁점, 사건을 맥락화하고 문제화하고 이해하는 데 도움이 되어야 한다. 소개 단계에서는 그림이나 여타의 이미지가 유용할 수 있는데, 이미지 안에서 관점을 찾을 기회를 제공하기 때문이다.

'관점의 원' 루틴의 기본 아이디어는 여러 관점에서 건물이나 이정표를 찍은 사진들, 주변에 화가들이 앉아 있는 정물화 또는 야구 경기의 홈런을 타자, 포수, 야수, 관중의 관점에서 보여주는 유튜브 영상으로 소개할 수 있다. 이 중 일부는 이 상이한 관점들을 스크린에 나란히 보여줌으로써, 이것이 모두 동시에 일어나고 있음을 강조한다. 수많은 예가 있지만, 특히 스포츠에서 많이 찾을 수 있다. 똑같은 사건을 슬로모션이나 다른 각도에서 보여주어 같은 것이라도 그것을 바라보는 방법이 다양하다는 점을 분명하게 강조한다.

1. 준비하기 이미지나 이야기, 쟁점, 사건, 주제 등의 원자료를 소개할 때는 반드시 검토할 시간을 가져야 한다. 여기에는 이미지 자세히 관찰하기나 사건을 명확히 하는 질문이 포함될 수 있다. 이 초기 검토가 끝나면, 수업에서 이 루틴을 통해 더 잘 이해해야 할 주제를 찾아 이름을 붙인다. 그리고 나서 그 주제나 쟁점을 칠판이나 차트지에 적는다. (※교사는 구두 활동으로 진행할지, 학생들이 생각을 간단히 메모하는 활동으로 진행할지, 아니면 보다 공식적인 글쓰기 과제로 진행할지 결정해야 한다. 어린 학생들은 종종 글쓰기에 대한 부담감 때문에 글쓰기를 요구받으면 비공식적인 토론을 할 때보다 생산성이 떨어진다는 점을 염두에 두기 바란다.)

2. 관점 찾기 관점 목록을 생성해보자. 사람의 관점에서 시작하는 게 당연하지만 꼭 사람일 필요는 없다. 학생들은 환경의 일부, 어떤 장면의 가장자리에 있는 나무, 머리 위로 나는 새, 발밑의 잔디 등을 찾아낼 수 있다. 학생들은 이야기나 이미지에 직접적으로 나타나 있지는 않지만 그 영향을 받은 배우와 그룹을 찾아낼 수도 있다. 현재뿐만 아니라 미래에 대한 생각일 수도 있다. 열거된 주제나 쟁점을 원 모양으로 기록하자.

3. 탐구할 관점 선택하기 학생들에게 탐구하고 싶은 관점을 선택하게 한다. 모둠으로 작업할 경우, 주제나 쟁점을 더욱 풍부하고 완전하게 탐구할 수 있도록 서로 다른 관점을 선택하게 한다. (※원한다면 처음부터 관점을 하나만 선택해 학급 전체가 함께 작업할 수도 있다.)

4. '나는 ~라고 생각한다' 문장 채워 넣기 학생들에게 자신의 관점에서 캐릭터를 취하고, 이 새로운 관점에서 주제를 서술하게 한다. 이 인물이나 캐릭터는 해당 사건이나 상황에 대해 어떻게 생각하나요? 그들의 관점은 무엇인가요? 그들은 왜 이렇게 생각하나요? 학생들에게 이 사람이나 이 사물이 무엇을 고려하고 있는지 생각하거나 상상할 시간을 준다. 이 시간에 메모하거나, 보다 격식을 갖추어 아이디어를 기록해도 되고, 그저 마음속

으로만 생각해도 된다.

5. '이 관점에서 내가 갖게 된 질문은 ~이다' 문장 채워 넣기 학생들에게 이 사람이나 사물이 혼란스러워 하거나 궁금해하는 것이 무엇인지 상상해보고, 마치 이 사람이나 사물이 큰 소리로 질문하듯이 이들의 관점에서 질문을 만들게 한다. 아이디어를 생성하거나 기록할 시간을 다시 준다.

6. 사고 공유하기 모둠 단위로 할지, 전체 학급 단위로 할지 결정한다. 처음에는 전체 학급 단위로 하는 것이 모든 사람에게 많은 모델을 제공하고, 교사에게는 모든 사람의 노력을 평가할 기회가 될 것이다. 돌아가며 자신의 관점을 소개하고 그 관점에 따른 생각과 질문을 말하게 한다. 토론에 배어 있는 주요 맥락을 문서화해보자. 특히 관점의 차이에 유의한다.

사용과 응용 학습 단원을 시작할 때 학생들이 주제에 대한 새로운 관점을 브레인스토밍하고 이와 연관된 다른 캐릭터, 주제, 질문을 상상하도록 하는 데 이 루틴을 사용할 수 있다. 특히 이 루틴은 학생들이 다른 관점을 이해하는 데 어려움을 겪거나, 흑백논리로만 보려 할 때 유용하다. 예를 들어, 비알릭 칼리지의 에마 퍼먼은 5학년 학생들에게 영화 〈토끼 울타리〉를 보여준 후, 영화에서 몰리, 그레이시, 데이시가 엄마와 생이별한 부분을 생각해보게 했다. 반 학생들은 경찰, 몰리, 트럭의 창문, 맞닥뜨린 울타리, 엄마, 트럭 운전사, 그레이시, 할머니가 다른 관점을 가졌다고 파악했다. 학생들은 모둠별로 앉아서 서로 다른 관점을 토론하고, 새로운 질문과 통찰을 제기하여 상황을 '복잡하게' 만들었다.

관점 찾기는 더 큰 공감과 더 많은 이해를 형성하는 데 도움을 준다. 비알릭 칼리지의 데이비드 리스는 학교 캠프를 계획하면서 학생들에게 캠프와 관련된 모든 사람의 관점을 확인하고 그 관점을 취해보게 했다. 이 경험은 학생들이 캠프와 관련된 모든 쟁점의 복잡성과, 온갖 요구와 아이디어가 항상 충족되지 못하는 이유를 이해하는 데 도움이 되었다.

관점 찾기의 제시어는 단지 제안일 뿐이다. 이 제시어는 학생들이 실제로 자신의 관점과 다른 관점을 취하도록 돕는 데 유용하다. 그러나 학생과 탐구할 내용에 더 잘 맞도록 제시어를 추가하거나 변경해도 된다. 또 학생들의 관점 찾기를 돕는 방법은, 그들이 비슷한 관점과 다른 관점을 가진 사람들을 판별하도록 돕는 질문을 하는 것이다. 예를 들면 다음과 같다. "우리가 생성한 관점을 재배치하여 반대되는 관점을 가진 사람을 실제로 원의 반대편에 앉힌다면, 어떤 입장을 어디에 배치할 건가요? 어떤어떤 입장이 비슷하니까 바로 옆에 배치해야 하나요? 여러분은 누구 옆에 앉을 건가요?"

평가　다른 관점에서 쟁점을 바라보는 것은 어렵다. 특히 특정 관점에 강하게 매어 있는 경우라면 더욱 그러하다. 학생들이 얼마나 명확하게 관점을 구별하는지를 보면, 하나 이상의 관점이 가능도 하고 실제로도 유효하다는 것을 학생들이 이해하고 있는지 알 수 있다. 일반적으로 이 단계는 모둠 단위로 수행된다. 그러나 일단 학생들이 이 루틴을 학습하고 다수의 관점을 찾아내어 어느 정도 밝혀내면, 모둠에서 공유하기 전에 학생들 개개인이 수행하게 하는 것을 고려할 수 있다. 이 개별 응답을 통해 상이한 관점을 찾아내는 학생들의 능력을 알 수 있다.

학생들이 어떤 관점을 취하여 그 관점에서 생각할 때, 단순히 자신의 입장을 말하는지, 아니면 갖고 있던 생각과 아이디어와는 다른 생각과 아이디어를 표현하는지 주목해야 한다. 마찬가지로 학생들이 자기 캐릭터를 진부하거나 상투적인 응답으로 채우고 있는지 주목해야 한다. 예를 들면, 학생이 다른 입장을 가진 누군가를 매우 비꼬거나 조롱하면서 악의적인 의도가 있는지 등이다. 또한 그 관점에서 나오는 질문의 복잡성에도 주목해야 한다. 단순히 "~는 무엇인가요?"라는 명료화 질문인가, 아니면 여러 층위를 지닌 보다 탐색적인 질문인가? 그 질문이 광범위하고 일반적인 것인지, 아니면 교과의 본질에 초점을 맞추거나 특별한 의미를 지닌 퍼즐을 찾는 것인지 알아보자. 그 질문들은 표면적인 질문인가, 아니면 깊이 탐구하는 질문인가?

조언　　　　　이 루틴을 처음 사용할 때 생성 가능한 관점들의 목록은 보통 매우 예측하기 쉽다. 예컨대, 행진하는 군인들을 찍은 신문 사진을 가지고 가능한 관점들을 찾아보자. 예상되는 관점으로는 군인들, 구경꾼들, 사진작가, 어쩌면 신문을 읽고 있는 사람의 관점이 있다. 예로 삼거나 또 제안할 수 있는 관점으로는 군인들이 서 있는 땅이 있다. 땅은 무슨 생각을 하고 있나요? 땅은 어떤 질문을 할까요? 또는 어쩌면 전투화나 군대의 행진을 많이 목격해온 주변 나무의 관점이 있다. 일단 이러한 관점이 가치 있고 장려된다는 것을 알게 되면, 학생들이 오래지 않아 수많은 상이한 관점들을 제안하게 된다.

　이와 마찬가지로, 사고를 자극하는 통찰과 흥미로운 질문을 더욱 장려하기 위해 주제의 심층에 있는 '생각'이나 '질문'이 무엇을 의미하는지에 관심을 집중시키고 그리고/또는 예로 삼아야 할 수 있다. 이런 일이 순식간에 일어나기를 기대하면 안 된다. 하지만 학생들은 항상 '교사가 자신들에게 무엇을 원하는지' 알아내려고 한다. 만약 피상적이거나 웃기는 응답이 통할 거라는 인상을 받으면 학생들은 교사에게 그런 것을 더 많이 내놓을 것이다. 사고하도록 학생들을 계속 독려해야 한다. 여러 학급을 가르치고 있다면, 다른 반 학생들의 응답을 (이름을 밝히지 않고) 입력해 현재 학급에 제공하여 탐구 중인 관점의 캐릭터에 대한 응답을 사려 깊음과 통찰이 드러나는 정도에 따라 분류하게 할 수도 있다.

　학생이 하나하나 일어나서 읽기보다는, 한 학생이 발표하고 나서 같은 관점을 가진 다른 학생들이 응답을 추가하는 식으로 반 학생들이 그 관점을 상당히 잘 이해할 때까지 계속한다. 그런 다음 '관점의 원의 반대편에 있는' 누군가, 즉 관점이 뚜렷하게 다른 학생에게 아이디어를 발표하게 한다. 다음으로, 이 두 관점 사이에서 더 많은 입장을 발언하게 한다. 이는 학생들이 자기 차례를 기다리는 것보다 더 적극적으로 경청하고 정보를 처리하도록 장려할 것이다.

실행 장면 니키 도레비치는 창조적 글쓰기 세미나에서 비알릭 칼리지의 5학년 학생들과 빈곤이라는 주제를 탐구하고 있었다. 토론은 활기차고 흥미로웠지만, 니키는 아이들이 쟁점을 진정으로 깊이 파고들지 않아서 걱정이 되었다. "어쩌다가 '빈곤의 역사화'라는 문구에 대한 열띤 토론을 들었는데, 아이들의 말에 나타난 빈곤에 대한 관점 상당수가 기본적으로 상투어라는 것을 깨달았어요. 그래서 이것이 정말 흥미롭고 가치 있는 주제가 될 거라고 느꼈어요."라고 니키는 말했다.

그녀는 빈곤에 대해 학생들이 알고 있는 바를 정확히 파악하고 학생들이 이 주제를 다른 관점에서 더 폭넓게 생각하도록 하기 위해 '관점의 원' 루틴을 사용하기로 결정했다. 니키는 '관점의 원' 루틴을 선택한 이유를 털어놓았다. "빈곤에 대한 아이들의 관점을 탐구하기 위해 이 루틴을 선택했어요. … 이 루틴이 아이들이 상이하고 다양한 관점을 살펴보도록 돕고, 또 아이들이 민감하고 겸손하게 이 주제를 대하도록 격려할 거라고 생각했어요." 어떤 학생도 이 루틴을 해본 적이 없었으며, 학생들은 저마다 관점을 선택한다는 아이디어에 흥미를 느꼈다.

이 탐구를 촉진하기 위해 니키는 몽골의 어느 가족 사진을 선택했다. 그들은 공장에서 생산되었다기보다는 손으로 만든 것처럼 보이는 오래된 파란색 지프차의 낡은 앞좌석에 비좁게 끼여 앉아 있었다. 자동차 지붕 위에 가재도구로 보이는 것들이 위태롭게 쌓여 있고, 지붕 모서리에 걸친 낡요가 유리창을 일부 가리고 있었다. 모두 새까만 머리의 가족 구성원 일곱 명이 보이는데, 몇몇의 얼굴은 앞 유리에 눌려 납작해지다시피 했다. 아버지로 짐작되는 셔츠를 입지 않은 남자가 운전을 한다. 사진 중앙의 빨간 셔츠를 입은 소녀가 뒤에 앉은, 밝은 격자무늬 옷을 입고 활짝 웃고 있는 여인(어머니?)에게 미소를 짓고 있다. 차는 나무도 없고 건물도 없는 메마르고 평평한 풍경 속에 있다. 단지 짧은 풀 더미가 아주 작게 프레임 한편으로 보일 뿐이다. 지프차가 도로에 있는지 들판을 가로질러 여행 중인지 알 수 없다. 배경에는 어둠이 내리는 하늘이 풍경을 자줏빛을 띤 분홍빛으로 물들이고 있다. 이 이미지는 특별히 슬프거나 우울하지 않고, 어느 정도의 역경을 보여주지만 빈곤에 대한 고정관념에서 벗어나 있다. 니키는 학생들이 특정 방식으로 사고하도록 유도하고 싶지 않아서 이 사진에 대한 정보를 말하지 않기로 했다. 학생들에게 사진을 자세히 관찰할 시간을 주었다. 학생들은 다양한 관점을 찾아내기 전에 관찰한 것에 이름을 붙이며 알아나갔다. 그다음에 학생들은 이 사진 속의 사람이나 사물의 관점을 선택한 후 선택한 관점에서 루틴의 제시어에 응답하도록 요구받았다.

한 학생은 어머니의 관점을 선택해 이렇게 썼다. "오, 우리 남편은 너무나도 착해서 모두 겁에 질려 있을 때 아이들이 차분해지도록 애써요. 우리가 안절부절못하면 아이들은 거머리처럼 더 달라붙거든요. 연료가 언제 바닥날지 걱정이에요. 적어도 오늘밤은 버틸 수 있었으면 좋겠어요. 그때쯤 작은 마을에 도착할 거거든요. 정말 식량도 충분했으면 좋겠어요. 온 가족을 다 먹여야 하잖아요. 아이들이 배고파하는 건 참을 수 없어요. 누군가 배고파야 한다면, 진심으로 아이들이 아니길 바라요. 오, 안 돼요. 적이 따라잡으려 해요. 아이들이 뒤돌아보지 못하게 해야 돼요. 엑셀을 세게 밟는 남편 얼굴을 보니 지금 상황이 안 좋다는 걸 알겠어요." 이것은 "연료가 떨어지면 무슨 일이 일어날까요?"라는 질문에 대한 간단한 응답이었다.

다른 학생들은 자동차, 지붕 위의 담요, 도로, 바퀴 등 사진 속 무생물의 관점을 취했다. 아마도 이걸 선택하면 더 창의적이고 자유롭게 글을 쓸 수 있을 거라고 느꼈던 것 같다.

자동차의 관점에서 글을 쓴 어느 학생은 제시어에 다음과 같이 응답했다. "나는 오래되고 낡은 차다. 내 보닛은 언제든 날아갈 수 있고, 타이어는 떨어져나가기 직전이다. 아, 왜 일곱 명이나 되는 사람이 내 안으로 욱여들었을까? 연료가 거의 다 떨어졌다. 갈 길은 먼데, 340킬로미터가량 달려오는 내내 주유소는 보지 못했다. 전조등에는 보호 덮개가 없고, 핸들도 제대로 작동하지 않는다. 설상가상으로, 이들은 약 20킬로그램의 천막과 담요를 내 지붕에 실었다. 내부는 뜨겁고 질척거리지만, 늦은 오후여서 밖은 서늘하다. 타이어가 간신히 버티고 있어서 수리가 절대적으로 필요하다. 이런 관점에서 내가 묻고 싶은 것은 '나는 살아남을까?'이다."

학생들은 자신의 선택에 깊이 참여하였다. 그들은 새로운 관점을 지닌 페르소나를 매우 진지하게 받아들였다. 니키는 아마 '질문하기' 제시어에 대한 응답에서는 덜하지만 '생각하기' 제시어에 대한 응답에서는 학생들의 글이 주의를 환기하고 강렬하다는 걸 느꼈다. 학생들은 각각의 학생이 말하는 응답을 듣고 매우 재미있어하면서 흥분했고 이는 새로운 질문과 더 깊은 토론을 촉발했다. 루틴의 구조는 학생들이 대충 훑어보는 것 이상으로 이미지에 접근하도록 해주었고, 학생들은 일상의 삶에서 벗어나 빈곤의 개념에 대해 새롭고 상이한 연관성을 찾을 수 있었다.

여러분이 조사 중인 사건이나 상황의 일부, 또는 이와 연관된 사람이나 사물에 대해 생각해보자. 이 관점에서 사물을 보기 위해 사건이나 상황 안으로 들어가보자. 고려해야 할 질문은 다음과 같다.

- 이 사람이나 사물은 무엇을 보고 관찰하고 알아낼 수 있는가?
- 이 사람이나 사물은 무엇을 알고 이해하고, 진실이라고 믿고 신뢰할 것 같은가?
- 이 사람이나 사물은 무엇에 대해 깊이 신경 쓸 것 같은가?
- 이 사람이나 사물은 무엇에 대해 궁금해하거나 의문을 제기할 것 같은가?

어떤 캐릭터나 역사적 인물 안으로 들어가거나 이 인물이 되어본다는 아이디어는 교사들이 오랫동안 사용해온 것이다. 어떤 때는 학생들이 캐릭터와 사건을 더 깊게 이해하고 공감하는 방식으로 이것을 수행하지만, 또 어떤 때는 그것이 더 피상적일 수도 있다. 이 루틴처럼 어떤 캐릭터 안으로 들어가는 과정에 단지 지침을 몇 가지 추가함으로써, 우리는 학생들의 사고를 체계화하고 바라던 대로 학생들의 이해를 심화할 수 있다.

목적

아주 어린 나이 때부터 아이들은 역할 놀이와 다른 사람이 되어보는 상상 놀이를 자주 한다. '관점의 원' 루틴과 마찬가지로, 이 루틴도 관점 취하기에 중점을 둔다. 그러나 이 루틴은 사고를 다른 수준으로 끌어올리고 훨씬 더 큰 공감 반응을 개발하는 구조이다. 학습자에게 이 인물이나 사물이 무엇을 관찰하고 이해하고 믿고 신경 쓰고 질문하는지 가설을 세우라고 함으로써, 이 루틴은 학생들이 사람이나 사물 안을 더욱 깊이 탐구하도록 돕는다. 이 루틴은 흔히 관점에 따라 사건을 이해하는 방식이 달라진다는 사실을 학습자 바깥에서 이해시킨다. 이와 같이, '안으로 들어가기(Step Inside)' 루틴은 학생들이 '관점의 원' 루틴을 사용했을 때보다 학생들을 더 많이 생각하도록 강제하는 효과적인 방법이다.

내용 선택하기 다른 사람의 관점에 대한 더 깊은 인식과 공감을 나타내는 반응을 발전시키려면, 학생들에게 좋은 원자료를 제공하는 것이 중요하다. 정서적 반응을 불러일으키는 자료 그리고/또는 일종의 딜레마나 다수의 관점을 지닌 질문을 포함한 자료가 종종 효과를 발휘한다. 이런 자료가 있으면 상황에 대한 상이한 견해 그리고/또는 논리적 설명이나 이론을 표현하고 뒷받침할 수 있다. 개념은 학생들이 안으로 들어가서 상상하는 것이 아니라, 증거를 바탕으로 사물을 다른 관점에서 바라보는 것이다. 이것이 이 루틴을 사람이나 사물의 관점에서 알아내고 관찰하는 것으로 시작하는 이유 하나이다. 이때의 관찰은 앞으로의 입장, 의견, 아이디어의 기초가 된다.

예술 작품에 묘사된 사건, 뉴스에 등장한 사회문제, 반 학생들이 읽은 이야기나 소설, 신문에 실린 사진, 제안된 정책 등은 '안으로 들어가기' 루틴의 잠재적인 촉진제가 될 수 있다. 사건이나 상황에 존재하는 무생물을 포함해 가능한 관점을 모두 먼저 식별하는 것이 도움이 될 때가 많다. 이러한 이유 때문에 '관점의 원' 루틴은 '안으로 들어가기' 루틴과 자주 연결된다. 그러나 특정 관점을 탐구 대상으로 학생들에게 배정하고 싶다면, 그렇게 해도 괜찮다.

단계 1. 준비하기 이미지나 비디오, 오디오, 이야기, 쟁점, 질문을 소개한 후에 학습자가 이 시나리오의 배우와 관찰자(생물과 무생물 모두)에 대해 생각할 시간을 준다. 그런 다음 학습자들에게 '안으로 들어가기' 루틴을 위해 인물이나 사물 하나를 고르게 하거나(※준비 단계에 '관점의 원' 루틴을 일부 사용할 수도 있다), 아니면 학습에 맞을 경우 학급이나 모둠에 관점을 배정한다. 이 루틴을 전체 학급 차원에서 수행할지(처음 이 루틴을 수행할 경우에 효과적이다), 모둠 단위나 개인 단위로 수행할지 결정한다.

2. "이 사람이나 사물은 무엇을 보고 관찰하고 알아낼 수 있는가?"라고 질문하기 학생들에게 선택한 사람이나 사물을 상상해보고, 그들이 현재 무엇을 보고 관찰하고 알아냈는지 설명하게 한다. 개개인이 직접 항목을 생성해도 되고, 반 학생들이 소리 내어 말로 한 것을 교사가 문서화하여 간단히 목록으로 만들어도 된다.

3. "이 사람이나 사물은 무엇을 알고 이해하고 믿을 것 같은가?"라고 질문하기 학생들이 선택한 관점에서 이 질문에 답하게 한다. 이 아이디어들의 목록을 만들자. 처음에는 학생들의 사고가 다소 과장될 수 있으나, 곧 학생들은 이 새로운 관점에 몰입하여 새로운 지식과 신념에 대해 쓰거나 말한다. 전체 학급 차원에서 수행한다면, 학생들이 응답한 뒤 이 진술의 기초가 되는 증거에 집중하도록 "무엇 때문에 그렇게 말하나요?"라고 물어도 된다.

4. "이 사람이나 사물은 무엇에 대해 깊이 신경 쓸 것 같은가?"라고 질문하기 학생들이 선택한 관점에서 이 질문에 답하게 한다. 이 아이디어들을 기록하자. 대답하는 데 그치지 말고, 왜 이 사람이나 사물이 이 문제를 신경 쓰거나 쓸 수 있는지에 대한 정보도 제공하게 장려한다.

5. "이 사람이나 사물은 무엇에 대해 궁금해하거나 의문을 제기할 것 같은가?"라고 질문하기 학생들이 선택한 관점에서 이 질문에 답하게 한다. 이 아이디어들의 목록을 작성하자. 다시 한번 응답 이면의 근거와 타당성을 요구해도 된다.

6. 사고 공유하기 이 루틴을 전체 학급 차원에서 수행하고 기록했다면,

그동안 모든 구성원의 사고가 가시화되고, 모든 응답이 문서화되었을 것이다. 이 문서를 보면서 반 학생들에게 캐릭터의 어떤 이미지가 떠오르는지를 분명하게 설명하게 한다. 루틴을 개별적으로 수행했다면, 다음 중 한 가지 이상의 방법으로 학생들을 묶는다. 옵션 하나는 서로 다른 관점을 선택한 사람들을 모둠으로 묶는 것이다. 또 다른 옵션은 같은 관점을 선택한 학생들에게 '안으로 들어가기' 내용을 비교하게 하는 것이다. 또 다른 대안은 전체 학급 차원에서 쟁점이나 딜레마를 토론하는 것인데, 상이한 관점에서 나온 생각을 소개하여 토론을 자극하는 것이다.

사용과 응용　　　　비알릭의 4학년 교사인 사로지 싱은 교실 안팎에서의 친구 관계, 따돌림, 수용과 관련된 문제를 풀기 위해 학년 초 이 루틴을 도입했다. 사로지는 차이를 수용하는 것에 대한 책 몇 권과 시 몇 편을 읽었다. 그중 시 한 편은 험담의 영향을 다룬 것으로, 농담으로 시작한 발언이 어떻게 이 시의 등장인물인 데이비드를 불행하게 만들어 막 입학한 학교를 떠나게 만들었는지를 묘사했다. 아이들은 데이비드의 안으로 들어가보라는 요구를 받았다. 학생들은 데이비드가 "나는 슬프다. 사람들이 내 억양을 비웃는다. 나는 투명 인간이다."라고 말한 것을 안다고 했다. 그리고 응답 중에 데이비드가 "사람들이 생각하는 것, 친구를 사귀는 것, 수용되는 것"에 신경을 썼다고 한 것도 있었다. 사로지와 학생들 모두 이 상황에서 이 루틴이 사람들을 겸손하게 만드는 동시에 강력한 영향력을 발휘한다는 사실을 깨달았다.

미시간주 프랑큰무스의 리스트 초등학교 4학년 교사인 잔 짐바는 학생들에게 전기에 대해 가르칠 때 '안으로 들어가기' 루틴을 사용했다. 그녀는 학생들에게 이전에 전기 회로에 대해 배운 것과, 조명과 초인종처럼 이전에 탐구한 다양한 전기 회로에 대해 생각해보게 했다. 학생들은 '안으로 들어가기' 루틴을 수행하기 위해 전선, 전자, 백열전구 필라멘드 등 전기 회로의 한 가지 측면을 선택했다. 질문에 대한 응답을 작성한 학생들은 게임을 했는데, 한 학생이 선택한 관점을 밝히지 않은 채로 자신의 응답을 읽으면 나머지 학생들이 그 학생이 선택한 관점이 무엇인지 알아맞히는 것이다.

비알릭의 영어 교사인 샤론 베렌홀츠는 상급반의 텍스트를 연구하다가 학생들이 주로 주인공에게 초점을 맞추는 경향이 있음을 발견했다. 샤론은 학생들에게 이 루틴의 단계를 따르되 사람들이 흔히 간과하는 조연급 인물의 안으로 들어가게 했다. 그러자 이 루틴을 통해 학생들은 작품을 더 깊게 통찰하게 되었고, 상이한 관점들을 이해하게 되었으며, 강력한 이야기 구조를 만들어내는 복잡성을 더 잘 인식하게 되었다. 이와 유사하게, 비알릭의 초등학교 미술 교사인 바버라 자페도 예술 작품에 '안으로 들어가기' 루틴을 사용하면 학생들이 작품에 대한 새로운 통찰을 얻는다는 사실을 발견했다. 바버라는 목적에 따라 학생들에게 건물, 예술가, 그림 속의 사람, 사진 속 무생물의 '안으로 들어가게' 했다. 그 결과 학생들은 '다른 시선'으로 관찰할 때 만들어지는 상이한 이야기를 비교해가면서 활발한 토론을 벌였다.

평가　　　　주제에 접근하기 좋은 출발점이지만 학생들이 응답할 때 분명하고 가장 명백한 정의와 널리 알려진 측면만 말하는지, 아니면 일어날법한 일들을 추론하여 가설을 세울 수 있는지에 주목해야 한다. 학생들은 누군가가 느끼거나 관심을 쏟을 만한 것의 복잡성을 인식하고 있는가? 아니면 자신의 입장, 감정, 의문을 넘어설 수 없는가? 아직 학생들의 응답은 증거와 근거에 바탕을 둔 추론이 필요한가? 학생들은 자신이 옹호하는 입장에 대해 그럴듯한 사례를 만들 수 있는가?

뒤에 나오는 샤론 블룸의 '실행 장면'처럼, 때때로 교사들은 더 정교한 글쓰기를 위한 사전 단계로 '안으로 들어가기' 루틴을 사용한다. 학생들이 어떻게 이 루틴을 그 자체로 끝내기보다 글쓰기의 출발점으로 사용할 수 있는지 살펴보기 바란다. 학생들은 이 루틴에서 생성한 아이디어로 풍부하고 완전한 느낌의 캐릭터를 창조할 수 있는가?

조언　　　　　이 루틴을 도입할 때 용어에 대해 생각해볼 필요가 있다. 이 루틴의 2~4단계의 질문에서 '~할 것 같다(might)'라는 단어가 사용된 것에 주목해야 한다. "이 사람이나 사물은 무엇에 대해 궁금해할까?"보다는 "이 사람이나 사물은 무엇에 대해 궁금해할 것 같은가?"라는 질문을 통해 교사는 이 루틴이 단 하나의 명확한 답을 찾기 위한 것이 아니라 합리적인 가능성과 대안을 창출하기 위한 것이라는 메시지를 암묵적으로 학생들에게 전한다. 우리는 강이나 개, 해당 문제에서 역사적인 인물이 무엇을 생각하고 느끼고 궁금해하고 신경 쓸지 결코 정확히 알 수 없으므로, 이러한 조건부 언어의 사용은 더 폭넓게 생각하고 가설을 세우고 가능성을 제기하는 길을 열어줄 것이다.

이 루틴을 사용할 때 모험적이기 바란다. 이 루틴을 사용하면 가장 창의적이고 통찰력 있는 생각으로 이어질 수 있기 때문이다. 학생들이 예상을 벗어난 관점을 취하도록 격려해야 한다. 우리는 5세 아동들이 축하 파티가 벌어지는 방의 커튼을 보고 '안으로 들어가기' 루틴을 수행한 사례를 본 적이 있는데, 그때 아동들은 그곳에서 벌어지고 있는 일에 대해 주의 깊고 신중하게 생각하고 관찰한 것을 말했다. 또 교사들은 이란 병사를 찍은 신문 사진을 보면서 병사의 신발에서 소총의 개머리까지 매우 상이한 관점에서 토론했고 학생들은 나라와 도시, 심지어 자기 교실에 대해서까지 '안으로 들어가기' 루틴을 수행했다.

어린 아동들을 가르치는 교사들은 관점 취하기가 어린 아동들에게는 어렵다고 생각할지 모르지만, 아동의 세계에서는 역할극과 공상이 큰 부분을 차지한다. 관점 취하기는 수많은 다양한 기회를 통해 더욱 발전할 수 있고, 또 발전시켜야만 하는 기능이다. 비알릭의 2학년 교사인 에마 퍼먼이 만든 한 가지 전략은 '안으로 들어가기' 루틴을 보다 구체화하여, 아이들이 관점을 바꿀 때마다 종이 신발을 주었다. 이것은 새로움을 즐기는 아이들에게 아주 효과적이고 인기 있었다. 아주 짧은 시간에 학생들은 '안으로 들어가기' 과정을 이해하게 되어 더 이상 종이 신발이 필요없었다.

이 루틴이 단지 재미있는 활동으로 끝나지 않도록 '안으로 들어가기' 과정을 통해 학생들이 무엇을 배우게 할지 생각해야 한다. 학생들이 문제나 쟁점의 복잡성을 더 잘 이해하기를 바라는가? 학생들이 특정 캐릭터를 더 잘 이해하고, 그 결과 그들이 이해한 것을 글로 쓸 수 있기를 바라는가?

실행 장면 비알릭 칼리지 7학년 학생들은 고대 이집트의 역사를 공부하고 있었다. 교사인 샤론 블룸은 학생들이 고대 이집트에서 나일강의 중요성을 완전히 이해하지 못한 것 같아 걱정이 되었다. 샤론은 학생들이 고대 이집트인의 삶에서 나일강의 역할을 구체적으로 알게 하려고 '안으로 들어가기' 루틴을 선택했다. 10대들이 과거와 자신을 연관시키는 것을 얼마나 힘들어하는지를 알고 있는 샤론은 학생들이 정서적인 연관성을 찾으면 정신적인 면에서나 농업적인 면에서 나일강이 지닌 중요성을 더 잘 이해할 수 있을 거라고 생각했다.

샤론은 학생들이 나일강과 정서적 연관성을 찾고 과거를 조금이나마 이해하도록 돕기 위해 장면 설정부터 시작했다. 그녀는 학생들에게 눈을 감으라고 한 뒤, 나일강을 찬양하고 숭배하는 고대 이집트의 기도문을 연극하듯이 읽었다. 그런 다음 학생들에게 이집트를 가로질러 흐르고, 농민들이 홍수 수위를 확인하고 아기들을 목욕시키는 나일강이 된 것처럼 상상해보라고 했다. 샤론은 학생들에게 눈앞에 무엇이 있고 주위에서 어떤 일이 일어날 것 같은지 마음속에 그려보라고 한 후, 마음의 눈으로 사건들을 말없이 상상할 시간을 주었다. 학생들은 완전히 생각에 잠겼다.

샤론은 이제 눈을 뜨라고 한 뒤 학생들이 보고 느낀 것을 각자의 말로 종이에 적게 했다. 이 과정을 돕기 위해 샤론은 학생들에게 '안으로 들어가기' 루틴의 질문들을 말해주었고, 나일강이 되어 그들 앞과 주변에 무엇이 보이는지 물었다. 나일강은 무엇을 알고, 믿고, 이해했는가? 나일강은 무엇에 대해 신경 쓰고 궁금해했는가? 학생들은 이 질문을 사용하여 자신의 생각과 아이디어를 기록했는데, 어떤 학생들은 목록을 만들었고, 어떤 학생들은 보다 완전한 문장으로 적었다.

일단 학생들이 아이디어를 내놓자, 샤론은 학생들에게 각자의 단어와 생각 목록을 활용하여 나일강의 관점에서 시나 산문을 쓰게 했다. 한 학생의 시를 여기에 싣는다.

나는 나일강이다

제미마 지음

나는 농부와 가축을 볼 수 있다.

내 둑에서 친구들과 놀고 있는 한 소년이 보인다.

한 여인이 물에서 옷을 빨고 있는 게 보인다.

햇살이 내게로 떨어져 내리는 게 느껴진다. 나는 내가 모든 사람을 돕고 있음을 안다.

그래서 나는 계속 흐른다.

나는 소년과 농부를 지나 여인을 지나쳐 흐른다.

이제는 나뿐이다. 나는 홀로 있고 더 조용해진다.

곧이어 한 노인이 나를 마시는 걸 본다. 나는 혼자 미소 지으며, 그를 도울 수 있어 기뻐한다.

동물들이 물을 마시고 수영할 때 나는 바위와 뿌리 곁을 통과하며 물방울을 튀긴다.

나는 볼 수 있는 것들을 최대한 바라보고, '붉은 땅'이라 불리는 그곳을 본다. 그곳은 길고 건조하다. 나는 사람들에게 필요한 것을 주고 있음을 기뻐한다.

다음은 다른 학생의 산문이다.

안으로 들어가기: 나는 나일강이다…

다비나 지음

나일강이 된 나는 끊임없이 이집트를 관통하여 소용돌이치며 이동한다. 이런 나를 멈출 방법은 전혀 없다. 여인들과 아이들 곁을 지날 때, 그들이 나에게 인사하고 나를 이용해 빨래를 하거나 물을 긷는 것을 본다. 동물들은 내 속에서 맘껏 즐기고, 나는 배들과 내 속에서 헤엄치는 사람들을 떠받쳐준다. 농장, 사람, 동물, 식물이 나를 의지해 살아간다. 사람들은 나를 이용하여 낚시를 하고, 초목은 나를 둘러싸고 자란다. 저 멀리 시선을 돌리면 '붉은 땅'이 보인다. 식용 작물은 내 덕분에 자라고, 무기를 든 사람들은 나를 두고 싸운다. 사람들은 내 덕분에 먹고산다. 아이들이 둑에서 놀고 있다.

나는 강하다고 느끼는데, 내가 생명의 근원이기 때문이다. 나는 모두에게 열려 있기 때문에 이용당하고 착취당한다는 느낌을 받는다. 나는 내가 중력의 중심이라고 느낀다. 나는 과일에 물과 영양을 공급한다. 나는 가끔 초목 때문에 끔찍한 느낌을 받는데, 내 친구라고 여겨지는 나의 물의 분자를 사람들이 가져가기 때문이다. 내가 가진 영향력을 알기에 나는 겸손하다. 그러나 나는 '붉은 땅'을 돕고 싶다. 그곳은 너무나 건조하다. 나는 경배를 받지 못한다고 생각한다. 만약 사람들이 나를 거룩하게 여긴다면 왜

나를 더럽힌단 말인가?

　나는 자연환경과 사람을 돕고 있다고 느끼며, 사람을 구할 능력이 있다. 나는 가끔 전쟁이 벌어지는 것을 보고 죄책감을 느끼는데, 사람들이 나를 두고 싸우기 때문이다. 나는 희생물을 지켜보았고 그것의 일부분이기 때문에 내가 특별하다고 생각한다. 나는 긍지와 행복을 느낀다.

　샤론은 작문의 수준과 구체적인 묘사를 보고 놀랐다. "이전에도 학생들에게 다른 사람이나 사물이 된 것처럼 상상해보라고 하긴 했지만, 이 시와 산문에 나오는 수준의 구체적인 설명은 결코 본 적이 없어요. 이 루틴의 단계에서 정보를 재해석하면, 마치 건물을 볼 때 단지 그 모양만 보는 게 아니라 벽돌 하나하나를 보는 것과 실제로 같아져요. 벽돌을 몇 개 떼어내지 않으면 결코 볼 수 없는 것들이 있기 마련이죠. '안으로 들어가기'는 사람들이 건물 전체라는 무엇보다 중요한 주제만 본다면 놓쳤을 수도 있는 것들을 '볼' 수 있도록 해줘요.

　'안으로 들어가기' 루틴 수행 후 쓴 시와 산문으로 학생들의 학습을 입증한 샤론은 다음과 같이 말했다. "이 루틴은 세부 사항과 복잡한 내용에 주의를 기울일 기회를 제공하고, 그 과정의 속도를 늦춰줘요. 그래서 짧고 간결한 대답은 줄어들고, 학생들이 평소에는 인식할 수 없는 것들을 인식하게 해요. 제가 그들에게 나일강이 되어보라고 했다면, 아마 상투어에 머물고 말았을 거예요. 평온한 분위기가 조성되었고, 사고의 흐름과 그것을 기록하는 시간 덕분에 더욱 차분해졌어요."

빨간불, 노란불

앞에 놓인 자료를 읽거나 보거나 듣기 전에 다음 질문들을 생각해보자.
- 여기에서 빨간불은 무엇인가? 즉, 그 진실성이나 정확성이 의심스러워서 독자/청취자/관찰자로서 여러분을 멈추게 하는 것은 무엇인가?
- 여기에서 노란불은 무엇인가? 즉, 여러분의 속도를 약간 늦추게 하고, 잠시 멈추게 하고, 그것이 진실되고 정확한지 그렇지 않은지 궁금하게 하는 것은 무엇인가?

사고 성향 개발 연구에서 우리는 성향이 불안정해지는 핵심 지점을 확인했는데, 그것은 바로 적용할 기회를 찾는 때이다. 사람들은 사고 기능을 가지고 있지만 사용할 기회를 찾지 못해서 그 기능을 사용하지 못하는 경우가 많다. 이 때문에 우리의 동료인 데이비드 퍼킨스는 '빨간불, 노란불(Red Lights, Yellow Lights)' 루틴을 개발했다. 이것은 특별히 의심을 품고 의문을 제기할 기회를 찾는 데 초점을 맞춘다. 이러한 기회를 찾는 것은 학생들로 하여금 더 적극적인 청취자나 독자가 되어 원한다면 회의론의 안테나를 세우게 한다. 교통 신호등의 은유를 사용해서 계속할 자유를 주는 녹색불, 서행하게 만드는 노란불, 멈출 것을 요구하는 빨간불의 측면에서 학생들이 생각하도록 유도한다.

목적   '빨간불, 노란불' 루틴은 있을법한 진실의 수수께끼가 나타날 특정 순간을 더 잘 인식하기 위한 것이다. 지나친 일반화, 노골적인 사익 추구, 지나치게 단순화된 결론, 암묵적인 편견, 숨은 동기 등은 이론의 여지가 없어지거나 심지어 보이지 않게 되기 쉽다. 학생들이 주제를 깊이 이해하려면, 잠재적인 거짓을 알아내는 법과 무시하거나 간과하거나 평가절하하지 않는 방식으로 다루는 법을 배워야 한다. '빨간불, 노란불' 루틴은 주장, 아이디어, 결론, 일반화 등에서 잠재적 진실의 수수께끼를 찾는 것에 민감해지도록 하기 위해 계획적이고 다양한 방식으로 자주 사용되어야 한다.

내용 선택하기　　　　　　　　'빨간불, 노란불' 루틴에 가장 알맞은 내용은 특정한 입장, 주장, 결론, 일반화를 드러내는 원자료이다. 잡지의 의견 기사, 아직 풀리지 않은 미스터리, 몇 가지 약점이 있는 수학적 증거 등은 모두 학생들이 '빨간불, 노란불' 사고를 하기에 알맞은 내용이다. 잠재적으로 위험한 행동에 대한 규정, 놀이터에서의 논쟁, 학급 여행을 위한 기금 모금 제안 등 학교 외적 상황도 이 루틴의 유용한 내용이 될 수 있다.

'빨간불, 노란불' 루틴을 다룰 때 염두에 두어야 할 것 하나는 다양한 빨간불과 노란불을 식별할 수 있을 만큼 쟁점, 문제, 갈등, 논란이 충분히 커야 한다는 점이다. 너무 작으면 주의해야 할 잠재적 진실 문제를 풍부하게 대화할 수 없다. 마찬가지로, 같은 곳에서 빨간불과 노란불이 동시에 켜지거나, 예를 들어 "이 신문은 언제나 편향성을 띠므로 결코 아무것도 믿을 수 없다."처럼 자료 자체가 빨간불이라면 토론을 해봤자 학생들이 빨간불과 노란불의 다양한 출처와 근거를 식별하는 데 덜 유용할 것이다. 책에서 장들을 검토하거나 며칠 동안 현재 미디어에서 논쟁이 일고 있는 것을 추적한다면 학생들이 진실의 수수께끼에 지속적으로 주의를 기울이도록 도울 것이다.

단계

1. 준비하기 사용할 원자료를 간략하게 소개한다. 독서에 편견을 심어줄 말은 하지 않는다. 경우에 따라 의도적으로 출처를 공개하지 않을 수도 있다. 학생들에게 자료에 있을 수 있는 아이디어, 문제점, 결론을 심층적으로 탐구해보라고 말한다.

2. 빨간불과 노란불 찾기 학생들에게 혼자서 혹은 짝과 함께 또는 모둠 단위로 자료를 살펴본 뒤 있을법한 진실의 수수께끼가 포함된 특정 순간과 신호를 찾게 한다. 신호등의 빨간불 은유를 사용하면, 빨간불은 눈을 부릅뜨고 멈춰야 할 장소로 표현될 수 있다. 노란불은 약간의 관심과 주의를 기울이면서 지나갈 장소이다. 나머지 모든 것은 암묵적으로 녹색불로 볼 수 있다. 이 목적을 위해 원한다면 학생들에게 빨간색과 노란색 마커펜을 나눠줘도 된다.

3. 학생들의 관찰과 이유 수집하기 학생들이 모둠에 노란불과 빨간불을 제안하면 빨간불은 '빨강'으로, 노란불은 '노랑'으로 구체적인 지점을 표시해 목록을 만든다. 또한 학생들이 주로 빨강이나 노랑으로 식별한 특정 '구역'에 주목한다. 학생들에게 왜 특정 지점이나 구역을 빨간색이나 노란색으로 분류했는지 그 이유를 설명하게 한다. 이 이유도 기록한다.

4. 사고 공유하기 일단 빨간불과 노란불 목록이 만들어지면, 학생들에게 뒤로 물러나서 이 문서를 바라보게 한다. "진실의 문제나 수수께끼라고 알려주는 특별한 신호에 대해 무엇을 배웠나요? 경계해야 할 구역에 관해 우리는 무엇을 배웠나요?"라고 학생들에게 물어보자. 학생들의 생각과 그 이유를 공유하게 하자.

사용과 응용

미시간주 트래버스시티 지역 공립 학군의 마크 처치는 교사 학습 공동체를 촉진하기 위해 정기적으로 '빨간불, 노란불' 루틴을 사용한다. 교사들끼리 교실에서의 노력, 학생들의 과제, 교사의 독서에 대해 함께 성찰할 때, 마크는 '빨간불, 노란불' 루틴을 사용하여 교사들의 토론이 단순히 서로의 아이디어에 동의하거나 동의하지 않는 것을 넘어서도록 유도한다. "자신에게 어떤 빨간불이 켜질지, 어떤 노란불이 켜질지를 말할 수 있는 실질적인 공간을 만들자, 교사들이 서로의 말을 더 자세히 경청하고, 서로의 생각을 토대로 자신의 생각을 구축하게 된다는 것을 발견했어요. 이전에는 특히 모둠 구성원과 잘 어울리지 않는 특정 지점이 만들어지면 모두 침묵을 지키는 편이었죠."라고 마크가 말했다. "빨간불과 노란불은 대화가 어려워지자마자 곧장 장애물에 맞닥뜨리는 대신, 어려운 아이디어를 탐색하도록 안심시켜줘요. 빨간불과 노란불은 단호하고 고정된 판단이 아니거든요. 오히려 우리가 주의 깊게 지켜보아야 할 잠재적인 구역을 찾아주죠."

'빨간불, 노란불' 루틴을 전문적으로 사용한 또 다른 예는 실천 방안을 토론할 때 나타날 수 있다. 교장들과 학과 부장들은 더 큰 규모의 이해 당사자 그룹에 제안이나 실천 방안을 제출할 때 '빨간불, 노란불' 루틴을 사용했다. 리더들이 그룹에 속한 사람들에게 빨간불과 노란불이 떠오르면 이야기해달라고 요청함으로써, 어떤 제안이든 논쟁점이 생기는 게 자연스러우며 이런 논쟁을 거칠 필요가 있다는 메시지를 전달하는 데 도움이 된다. 그런데 이런 점들을 집단적으로 인식하면 오히려 그룹이 허둥지둥하지 않고 문제를 정면으로 해결하는 데 도움이 된다.

비알릭의 6학년 교사인 토니 카벨은 빨간불과 노란불의 은유가 학생들 스스로 독해를 점검하는 데 유용할 수 있음을 발견했다. 학생 각자가 텍스트를 읽는 동안 토니는 학생들에게 그 텍스트에서 어떤 이유에서든 독서를 약간 지연시키는 구절과 독서를 완전히 멈추게 하는 구절을 찾아내게 했다. 그다음 날 텍스트에 대해 토론하면서 학생들은 각자 찾아낸 빨간불 구절과 노란불 구절을 이야기하고, 독서를 지연시키거나 중단시킨 원인이 무엇인지 토론했다. 그런 다음 학급 차원에서 학생들은 책을 읽을 때 이 빨간불과 노란불을 어떻게 다루어야 할지 이야기할 수 있었다.

'빨간불, 노란불' 루틴을 사용하여 아이디어의 표면 아래로 들어갈 때 주의해야 할 사항이 몇 가지 있다. 학생들이 읽거나 듣거나 보거나 경험하는 것에서 잠재적인 수수께끼가 있는 곳을 얼마나 쉽게 식별하는지에 대해 교사인 여러분은 무엇을 알고 있는가? 학생들이 다양한 빨간불 또는 노란불을 식별할 때, 그렇게 선택한 이유에 대해 여러분은 무엇을 알고 있는가? 교사는 비판적인 정보 소비자로서 학생들이 어떻게 발전해가는지에 대한 감각을 발전시키는 것이 중요하다. 또한 학생들이 교실 토론에서 제시할 수 있는 주장의 질에 주목하는 것도 중요하다. 학생들이 과잉 일반화나 취약한 주장을 파악하기 위해 자신의 주장, 아이디어, 이론, 일반화를 빨간불과 노란불로 면밀히 검토하는가?

일단 빨간불과 노란불 찾기가 시작되면, 학생들은 "온통 빨간불이다!"라거나 "온통 노란불이다!"라는 마음 상태에 빠지기 쉽다. 이런 일이 일어나면 교실 대화를 풍부하게 이끌기 어려워진다. 학생들이 문제를 어떻게든 이분법적으로 보기 때문이다. 이런 일은 원본 자료가 빨간불로 시작하고 뒤따르는 모든 것이 빨간색으로 물들 때 발생할 수 있다. 이 경우 교사는 학생들에게 빨간불과 노란불을 하나씩만 찾도록 되돌린 다음, 거기에서부터 토론을 다시 시작해야 한다. 이렇게 하면 반 학생들의 관심을 다른 방향으로 돌려, 학생들로 하여금 곧장 '양자택일'식으로 판단하는 것이 아니라 진실의 수수께끼 안에 나타난 다양한 뉘앙스와 복잡성에 집중하게 할 수 있다.

교사들은 또한 학생들이 탐구 중인 자료에서 암묵적인 녹색불을 인정하는 것이 유용하다는 점도 발견했다. 주장이 견고한 곳을 학생들에게 식별하게 하는 것은 왜 다른 주장들이 우리를 멈춰 세우고 질문하게 하는지를 조사하는 것만큼 강력할 수 있다. 많은 교사들은, 특히 주제가 풍부하고 많은 영역을 포괄할 경우 학생들과 함께 빨간불과 노란불을 추적해가는 방법들을 알아냈다. 빨간불과 노란불 문서를 눈에 잘 보이게 공개하자 학생들은 '빨간불, 노란불' 루틴을 고립된 활동이 아니라 새로운 학습 상황에 적용할 수 있는 사고 유형에 대한 은유로 바라보기 시작했다. 이것을 지속적으로 실행하면 진실이라고 제시된 아이디어라 할지라도 더욱 신중하게 의문을 제기해야 하는 경우를 찾으려는 성향을 키울 수 있다.

실행 장면 미시간주 트래버스시티의 롱레이크 초등학교 5학년 교사인 태미 랜츠는 수년간 학생들과 함께 사고 루틴을 사용해왔다. 처음 사고 루틴을 사용한 것은 독립형 활동에 가까워서 특정 수업과 반드시 연결되지는 않았다고 회상한다. "학생들의 사고가 어디로 가는지 알려면 저부터 경험해봐야 한다는 걸 이제는 알아요. 내 기억에 아이들이 정말로 푹 빠졌었어요. 아이들이 실제 머릿속에 들어 있는 생각을 저에게 말해주었을 때, 제가 여러 번 '아하' 했던 것도 기억해요."

최근 태미는 '빨간불, 노란불' 루틴을 도입했고, 그것이 학생들의 사고를 어떻게 돕는지 알고 싶어졌다. "'빨간불, 노란불' 루틴은 저에게 새로워요."라고 태미는 말했다. "이 루틴의 각 단계에서 느끼는 편안함의 정도를 보니 처음으로 돌아간 것 같아요. 자연스럽게 흘러가는 다른 루틴과는 같지 않거든요. 그래도 저는 이 루틴이 어떻게 학생들과의 대화 안으로 들어올지 이미 알고 있어요."

태미는 '빨간불, 노란불' 루틴을 도입하는 방법으로, 학생들이 이미 익숙한 루틴을 사용하기로 결정했다. "몇 년 전부터 이전 학생들이 노예 매매와 중간 항로'를 일반화한 '주장-근거-질문(Claim-Support-Question)' 루틴을 샘플로 일부 전시했어요. 지금의 학생들은 이 주제를 이미 공부한 데다 '주장-근거-질문' 루틴도 이미 알고 있으므로, '빨간불, 노란불' 루틴을 시작하기에 완벽한 시점이라고 생각했어요."

태미는 지금의 학생들에게 이전 학생들이 제기한 주장들을 검토하게 하고, 그 주장 일부가 지닌 힘에 대해 생각해보게 했다. 학생들이 살펴본 주장에는 다음이 포함되어 있었다.

- 중간 항로는 시간이 오래 걸렸다.
- 서아프리카인들은 자유롭게 살았다.
- 서아프리카인들은 중간 항로를 횡단하는 끔찍한 여행을 두려워했다.
- 모든 노예는 아메리카로 가는 항해로 고생하기보다는 오히려 죽고 싶었을 것이다.

그 후 태미는 교통 신호등의 은유를 설명했다. "빨간불은 여러분을 멈춰 세우며, '이봐, 잠깐만!'이라고 말하는 거예요. 그리고 노란불은 여러분을 잠시 멈추게 한 다음, '네 말은 알겠는데, 그래도…'라고 말하는 거예요." 그런 다음 학생들에게 앞의 주장에서 빨간불과 노란불일 가능성이 있는 지점을 머릿속으로 암기하게 했다. 태미는 또한 학생들에게 빨간불이나 노란불을 지적만 하지 말고, 무엇 때문에 그렇게 말하는지 반 친구들과 공유하게 했다. 그녀는 의도적으로 벽에 다양한 샘플을 걸어놓아 학생들은 흥미롭게 이야기를 할 수 있었다.

학생들은 이 사고 루틴에 바로 뛰어드는 데 큰 어려움이 없었다. "대화는 처음부터 활기찼어요."라고 태미가 말했다. "학생들은 이미 공부한 내용을 조금씩 기억해내야 했고, 그런 다음 제가 칠판에 붙인 몇 가지 주장에

....

* 아프리카 서안에서 출발해 아메리카 서인도 제도로 가는 항로로, 이 항로를 통해 노예 무역이 이루어졌다.

대해 문제를 제기해야 했어요." 예를 들어, 많은 학생이 "중간 항로는 시간이 오래 걸린다."와 같은 주장의 모호성을 문제 삼았다. 그 주장의 기본 전제를 반박하진 않았지만, '오랜 시간'이 너무 범위가 넓고 충분히 구체적이지 않다고 언급하면서 노란불에 가깝다고 느꼈다. 학생들은 제시된 주장의 실제 언어도 비판했는데, '모두(all)', '전혀 ~ 않다(never)', '항상(always)'이라는 단어가 나올 때마다 빨간불일 거라고 식별해냈다. 태미는 '빨간불, 노란불' 루틴의 언어 덕분에 학생들이 건강한 회의론에 대한 감각뿐만 아니라 정확성과 진실성에 대한 감각을 가지고 이러한 주장을 검토할 수 있게 되었다고 느꼈고, 그 점이 매우 기뻤다.

'빨간불, 노란불' 루틴을 소개한 며칠 후, 태미는 학생들에게 각자 사회과 일지를 훑어보고 빨간불과 노란불을 이용하여 각자 면밀히 조사할 '주장-근거-질문' 항목 하나를 찾으라고 했다. 태미는 학생들이 자기 비판적으로 주장을 펼치는 데 관심 갖기를 바랐다. 태미는 학생들이 짝과 함께 서로가 선택한 것을 살펴본 다음 서로의 주장을 더 수정하고 견고하게 다듬도록 돕기 위해 다시 한번 빨간불과 노란불을 찾아보라고 했다. "이런 방식으로 상호작용할 때, 학생들의 주장이 얼마나 많이 개선되는지를 눈여겨보았어요. 서로의 아이디어를 이야기하면서 단순히 '옳고 그름'만을 말하지는 않더라고요."라고 태미가 말했다. "빨간불과 노란불을 사용하여 서로 가치 있게 피드백을 했죠. 모두가 정말 좋아하는 것 같았어요."

태미는 머지않아 이 사고 루틴의 언어, 즉 "여기서 빨간불은 무엇인가요? 이 자료의 어디에서 노란불이 보이나요?"가 교실 문화 속에서 흔한 말이 될 것이라고 믿는다. 그녀는 반에서 의견이 충돌하거나 논란이 인 순간을 마주할 때 자연스럽게 이 루틴이 사용될 것이라고 믿는다. "이 사고 루틴을 이제 막 사용하기 시작했지만, '빨간불, 노란불' 루틴이 어떻게 학생들에게 사려 깊은 추론으로 특정 관점에 문제 제기할 기회를 주는지 알아요. 그리고 빨간불은 다소 가혹해 보이는 반면, 노란불은 학생들에게 단지 회의론적으로 계속 생각할 기회를 제공해주죠."라고 태미는 말했다. "'빨간불, 노란불' 루틴은 진정으로 학생들에게서 더 풍부한 토론, 피드백, 자기 성찰을 촉진하는 비계라는 것을 이미 알 수 있어요."

여러분의 연구, 경험, 사전 지식, 독서에 근거하여
- 탐구 중인 주제, 쟁점, 아이디어에 대해 주장해보자. 주장은 조사 대상의 어떤 측면에 대한 설명이나 해석이다.
- 여러분의 주장에 대한 근거를 찾아보자. 여러분의 주장에 증거를 제공하는 어떤 것을 보고, 느끼고, 아는가?
- 여러분의 주장과 관련된 질문을 제기해보자. 무엇 때문에 여러분은 그 주장을 의심하는가? 무엇이 해결되지 않은 것처럼 보이는가? 무엇이 충분히 설명되지 않았는가? 여러분의 주장은 그 밖에 어떤 아이디어나 쟁점을 제기하는가?

학생들이 더 비판적인 정보 소비자가 되려면, '진실 주장(truth claim)'을 찾아내고 분석하는 데 더 능숙해져야 한다. 진실 주장은 말하는 사람이나 글쓰는 사람이 사실이라고 제시하더라도 실제로는 일반화, 추측, 가설, 제안으로 생각하는 게 더 맞을지도 모르는 아이디어나 의견이다. 이러한 것들을 통칭하는 말이 주장이다. 이 주장은 주장을 뒷받침하는 증거뿐만 아니라, 주장의 타당성을 의심하게 하는 것의 측면에서도 평가되어야 한다. '주장-근거-질문' 루틴은 이러한 단계에서 발달한 것이다.

목적　　　　　　　교사와 학생은 항상 사실에 대한 선언이나 믿음에 대한 선언과 마주친다. '주장-근거-질문' 루틴은 이 같은 주장을 식별해내어 조사하기 위해 고안된 사고 루틴이다. 주장을 식별하려면 학생들은 패턴을 찾아내어 일반화를 발견하고 단언을 식별해내야 한다. 이런 주장을 다른 사람들에게서 듣는 경우가 많은데, 우리도 사건을 분석하거나 현상 조사를 하여 무슨 일이 일어나고 있는지에 대해 주장을 펼칠 수 있다.

교실에서 설명이나 해석을 논의할 때, 대화는 학생들이 특정 주장에 동의하는지 아닌지를 말하는 쪽으로 자주 기운다. 이는 별 깊이나 도전 없이 무덤덤하게 흔히 일어난다. 그러나 주장이 흑백논리에 따르지 않는 주장이 드물게 있다. '주장-근거-질문' 루틴의 한 가지 목적은 진실이든 진실 주장이든 학생들이 제시된 주장에 주의하여 그것을 사려 깊고 철저하게 검토하도록 돕는 것이다. 이 사고 루틴은 학생들이 주장의 진위나 타당성을 판단할 때 증거에 초점을 맞추게 한다. 우리는 이 주장에 대해 어떤 근거를 모을 수 있는가? 무엇 때문에 이에 대해 의문을 제기하는가? 주장을 뒷받침하는 증거나 반박하는 증거를 제시하는 것은 학생들이 특정 문제에 대한 의견이나 반응, 느낌을 그저 제시하는 데 그치지 않고 사고를 가시화할 풍부한 기회를 제공한다.

내용 선택하기

지구 온난화의 실재성을 논하는 과학적 연구가 넘쳐나고, 정책을 지지하도록 지나치게 단순한 논거로 유권자들을 설득하는 정치인이 넘쳐나는 가운데, 사려 깊은 사회 구성원이라면 무엇이 진실이고 무엇을 의심해야 하는지를 밝혀낼 수 있어야 한다. 따라서 공개 토론에서 잠재적 주장에 대한 자료를 많이 구할 수 있다. 신문, 잡지, TV 토론, 심지어 정치 풍자 만화에서도 찾을 수 있다.

사회적으로 커다란 진실 주장이 탐구하기에 흥미로운 건 틀림없다. 교실에서는 학생들이 실험하고 분석하고 텍스트를 읽고 개방형 수학 문제를 풀면서 직접 이론, 아이디어, 일반화, 해석을 만들어보는 일이 자주 있는데, 이 또한 그만큼 중요하다. 수학은 어떤 일이 일어나고 있는지 또는 일어날 가능성이 있는지에 대해 풍부하고 다양한 주장, 일반화, 추측을 발견하거나 생성할 수 있는 영역이다. 즉, 학생들은 수학적 사건, 게임, 문제를 탐구하도록 격려받고 그것들을 가지고 추측하고 일반화한다. 교사는 학생들이 이 조사 작업 중에 생각해낸 것을 주의 깊게 경청해야 하는데, 반에서 더 탐구해볼 만한 흥미로운 주장을 쉽게 엿들을 수 있기 때문이다.

'주장-근거-질문' 루틴은 다양한 해석이나 설명이 필요한 모든 내용에 잘 들어맞아서 더 탐구하고 정당화하는 데 가치 있다. 주장, 해석, 일반화를 알아볼 준비가 되었다면 교사는 '주장-근거-질문' 루틴을 '매 순간' 도구로 사용하여 학생들이 자주 지지하는 주장을 뒷받침하거나 반박하는 증거를 요구할 수 있다.

단계

1. **준비하기** 학생들에게 주장의 개념부터 소개할 필요가 있다. '주장'이라는 단어가 이 루틴에 선택된 이유는 추측, 짐작, 일반화, 단언, 사실 진술, 이론, 가설 등 많은 것을 포함하기 때문이다. 매우 느슨한 정의일지 모르지만, 주장은 '여기에서 무슨 일이 일어나고 있는가'에 대한 진술이다. 교사는 학생들에게 검토해야 할 상황을 제시하고 모둠의 목표는 '여기에서 무슨 일이 일어나고 있는가'를 파악하는 것이라고 말해야 한다. 수업이 끝나면, 반 학생들은 이 상황의 진실과 현실을 더 잘 이해하게 될 것이다.

2. **주장 식별하기** 주제를 시작하기 전에 교사는 학생들에게 "이 주제에 대해 여러분은 어떤 주장, 설명, 해석을 이미 가지고 있나요?"라고 물을 수 있다. 아니면 수업에서 한동안 주제에 대해 다룬 후, 학생들이 주장을 하거나 찾아내도록 교사는 다음과 같이 물을 수 있다. "지금까지 이 주제를 공부했으니, 이제 여러분은 주제를 설명하거나 해석하기 위해 어떤 주장을 내놓을 수 있나요?" 그런데 학생들이 생성한 주장을 전체 학급이 볼 수 있도록 문서화하면 나중이나 다음 수업에서 더 생각할 여지가 남는다. 일부 교사는 종이나 게시판 한가운데에 주장을 적어 놓고, 한쪽에 근거를

추가하고 다른 한쪽에는 질문을 추가하는 방식을 선호한다.

3. **근거 식별하기** 학생들에게 다음과 같이 질문하자. "이제, 우리는 이 주장을 고려해봐야 하는데, 이를 뒷받침할 어떤 것을 보거나 주목하거나 알거나 발견할 수 있나요?" 학생들은 경우에 따라 추가 실험, 연구 또는 일부 사례 속 사실 발견을 통해 이를 뒷받침할 근거를 찾아내거나, 사전 지식을 활용할 수도 있다. 학생들에게 각각의 주장을 뒷받침하는 증거를 분명하게 설명하게 한다. 그리고 이 내용은 모든 학생이 보고 집단적으로 생각하도록 원래 주장 근처에 적어두어야 한다. 이 단계는 실제로 학생들에게 주어진 주장을 누군가가 왜 지지하는지를 생각해보게 하는 것이다.

4. **질문 제기하기** 이 단계에서 교사는 학생들에게 검토 중인 주장에 대해 건강한 회의론자가 될 것을 요구한다. 학생들에게 이미 제시된 주장의 근거를 넘어서서, 무엇이 주장의 진위나 정확성에서 주저하게 하는지 생각해보게 한다. 다음과 같이 묻는 것도 방법이다. "이제 이 주장을 뒷받침하는 근거를 어느 정도 제시했는데, 반박할 증거가 있나요? 정확하게 신뢰도를 검토하려면 이 주장에 어떤 질문을 해야 할까요? 무엇을 더 조사하거나 설명해야 할까요?"

5. **사고 공유하기** 이 루틴의 진행 상황을 문서화하면 과정 내내 학생들의 사고를 가시화할 수 있고, 학생들이 다른 사람의 생각에 도전하거나 그 사람의 생각을 기반으로 사고를 형성할 수도 있다. 일련의 주장을 충분히 검토한 후 학생들에게 그에 대한 입장을 취하게 하는 것이 적절하다. 학생들에게 '아직 의문스러움'에서 '절대적으로 신뢰함'까지 신뢰하는 순서대로 순위를 매기게 해도 된다. 어떤 쟁점을 '주장-근거-질문' 루틴을 사용하여 탐구한다면 학생들에게 쟁점에 대한 입장을 각자 제시하도록 요청할 수 있다.

'주장-근거-질문' 루틴은 충분히 학생들이 발전시켜야 할 가치 있는 사고 패턴이 될 수 있다. 비알릭의 수학 전담 교사인 케이틀린 페이먼은 초등학생과 중학생 모두에게 '주장-근거-질문' 루틴을 지속적인 대화의 일부로 통합시켰다. 케이틀린은 종종 학생들에게 여러 전략에 따라 다양한 관점에서 탐구될 수 있고 명백한 하나의 해답이 없는 수학 문제를 낸 다음 시간을 주고 풀게 했다. 10분쯤 후에 케이틀린은 학생들을 한자리에 모아 그때까지 무엇을 발견했는지, 어떤 아이디어가 떠올랐는지, 어떤 일반화가 이루어지고 있는지 물었다. 케이틀린은 처음의 이 잠정적 주장을 차트지에 기록했다. 그런 다음 그녀는 학생들에게 계속해서 문제를 풀되 처음 주장을 뒷받침할 만한 증거뿐만 아니라 반박하거나 부인하는 것처럼 보이는 증거에도 눈과 귀와 마음을 모두 열어두라고 했다. 이런 방식으로 '주장-근거-질문' 루틴을 사용하여 케이틀린은 특정 수학 내용을 다루었을 뿐만 아니라, 수학 활동을 짐작, 일반화, 분석, 증거에 대한 것으로 규정했다.

2010년 선거 기간에 미시간주 새기노의 한 중등학교 역사 교사는 '주장-근거-질문' 루틴을 사용하여 논의 중인 쟁점을 학생들이 더 잘 이해하도록 도왔다. 그는 실업, 일자리 창출, 사회보장연금, 건강보험, 성소수자 군복무 정책(Don't Ask Don't Tell policy), 이민 등에 대해 다양한 후보가 제기한 여러 주장을 식별하면서 특정 후보나 당에서 나온 주장인지는 말하지 않았다. 예를 들어 사회보장연금을 폐지해 사람들이 직접 은퇴 자금을 관리하고 투자하면 사람들의 형편이 더 나아질 것이라는 주장이었다. 학생들은 주장을 뒷받침하는 근거뿐만 아니라, 무엇이 주장에 문제 제기하게 하는지도 살펴보았다. 학급 토론이 끝난 후 학생들은 자신들이 지지할 수도, 지지하지 않을 수도 있는 후보를 선택해 그 후보가 자신들이 토론한 주장에 대해 어떤 입장인지 조사하는 과제를 받았다. 많은 학생이 자신이 발견한 것을 보고 놀라워했다.

'주장-근거-질문' 루틴이 교실에서 지속적인 사고 패턴으로 자리 잡을 때, 학생들이 얼마나 자주 그리고 어떤 맥락에서 주장을 찾아내고 만들어내는지 주시하면 유용하다. 너무 광범위해서 도전받지 않을 듯한 제안이나 설명이 언제 형성되고 이루어졌는지를 학생들은 알고 있는가? 학생들은 사건의 진실에 도달할 일반화와 추측을 찾고 있는가? 이는 학생들이 정보를 분석적으로 그리고 건전한 회의론으로 처리한다는 지표이다.

학생들이 주장의 타당성을 평가하기 위해 채택하고 있는 전략에 주의를 기울여야 한다. 학생들이 주어진 주장의 근거를 제시할 때, 그것이 견고하고 근거가 충분한 증거에 기반해 있는 것처럼 보이는가, 아니면 의견이나 개인적인 경험에 기반해 있는 것처럼 보이는가? 학생들이 주어진 주장을 이해하려 할 때, 주장의 복잡성을 충분히 이해하기 위해 어떤 질문이 물어볼 가치가 있는지 알고 있는가? 예를 들어, 학생들은 조사가 필요한 특수한 사례를 알고 있는가? 학과목 안에서 학생들은 다양한 종류의 증거가 지니는 무게를 이해하는가? 예를 들어, 수학에서 무언가가 한두 번 작동하는 것을 발견한다면 이는 증거를 뒷받침하는 것이지 증명하는 것은 아니다.

'주장-근거-질문' 루틴을 아이디어 검토와 새로운 이해 생성에 필요한 중요한 구조로 생각하면 유용하다. 그러나 이런 사고 유형과 학습은 교실에서 무시되거나 심지어 존재하지 않는 것이 되기 쉽다. 이는 학생들이 정보를 검토하기보다 받아들이는 것에 집중할 때 실제로 흔히 일어난다. '주장-근거-질문' 루틴은 궁극적으로 학습자들이 복잡한 문제를 다양한 각도와 관점에서 실질적인 증거를 가지고 추론할 기회를 창출하는 것이다. '주장-근거-질문' 루틴을 정기적으로 사용하면 학습자들에게 진정으로 이해할 가치가 있는 것이라면 무엇이든, 그 근거를 찾아내고 사려 깊은 눈으로 면밀히 조사할 가치가 있다는 메시지를 전달하는 강력한 방법이다.

'주장-근거-질문' 루틴은 모든 학생이 반드시 특정 주제에 동의하거나 동의하지 않게 해야 하는 것이 아니라는 점을 명심하기 바란다. 그런 경우도 있겠지만, 언제나 주어진 쟁점에 대해 엄격한 기준선을 가질 필요는 없다. 그런데 학생들이 수업 말미에 교사가 무엇이 옳고 그른지 알려줄 거라고 짐작한다면, 그들은 이 루틴이 무의미하다는 것을 발견할 것이다. 계속 증거로 돌아가야 한다. 학생들이 중요한 것을 놓쳤다면 그들에게 그 사실을 말해주기보다는 그들이 더 탐구할 수 있도록 질문을 해야 한다.

실행 장면 미시간주 트래버스시티, 메리 베스 슈미트의 7학년, 8학년 수학 교실에 들어가면, 곧바로 학생들의 수학 활동에서 깊은 인상을 받는다. 온갖 종류의 그래프와 방정식이 적힌 커다란 차트지가 벽을 뒤덮고 있어서 학생들이 모둠 단위로 실제 데이터를 이용하여 추론을 시도한 것을 알 수 있다. 창에 붙어 있는 다채로운 판지에는 학생들이 공부했던 큰 수학 개념에 대한 성찰이 적혀 있다. 학생들의 이론과 전략이 도처에 게시되어 있는데, 이는 메리 베스가 학생들의 수학적 사고를 소중히 여긴다는 인상을 준다. 메리 베스는 항상 능동 학습을 신뢰해왔다. 그러나 그녀는 학생들을 위한 실습 수업을 단순히 만들어내는 데 그치지 않고 학생들이 제출한 일반화, 추측, 아이디어에 더욱 세심하게 귀를 기울이고 나서야 교실 문화의 강력한 변화를 눈치채기 시작했다.

"학생들이 증거를 가지고 아이디어를 뒷받침한다면 수학 학습이 강력해질 거라고 늘 믿었어요."라고 메리 베스는 회상했다. "그래서 처음에 '주장-근거-질문' 루틴에 끌렸던 거죠. 항상 이 루틴의 한 형태를 실행해왔다고 생각하지만, 질문이 거의 없는 '주장과 근거'에 더 가까웠어요. 즉 학생들은 '제 주장은 $x=7$이에요. 왜냐하면 이 문제를 풀었을 때 발견한 값이기 때문이에요.'라고 말했죠. 학생들은 그 이상 제시하지 않았고, 저도 그 이상을 요구하지 않았거든요." 메리 베스는 학생들에게 해답을 제시하고 사용된 절차대로 증명하라고만 했다. 비교적 폭이 좁게 대화한 것이다. "학생들에게 해답을 설명하라고만 했지, 실제로 이론, 아이디어, 추측 등을 뒷받침하거나 부인하는 증거를 찾게 하지는 않았어요."

메리 베스는 '주장-근거-질문' 루틴이 특정 문제나 절차상의 단계를 분석하는 일보다는 더 광범위한 것이기를 바랐다. 그녀는 학생들에게 다수의 진입점에서 시간을 두고 살펴볼 수 있는 큰 수학 개념에 대한 처음 주장을 만들게 하기로 했다. "질문, 더 깊은 질문, 더 큰 질문으로 시작했어요." 그녀는 학생들에게 물었다. "두 식이 동치인지, 아닌지 어떻게 알 수 있나요?" 잠시 생각할 시간을 준 다음, 그녀는 옳고 그름에 상관없이 학생들의 처음 아이디어를 기록하기 시작했다([표 6-1] 참조). "오해할 거란 걸 알고 있어서 저는 재미있었어요. 그때는 우리가 조사하고 증명할 진정한 무언가를 갖게 될 거라고 생각했어요."라고 메리 베스는 말했다.

메리 베스는 학생의 처음 생각을 모은 후, 학생들에게 그들이 법정의 판사가 된 것처럼 이러한 '재판에 회부된 주장'을 계속했으면 좋겠다고 말했다. "이 주장 중 일부는 사실처럼 보이고, 아마도 다른 것은 그렇지 않을 수 있어요. 어떤 경우든 우리는 앞으로 몇 주 동안 몇몇 주장에 대해 진상을 규명해야 해요."

학생들이 동치 측면을 검토하고자 다양한 수학적 조사를 진행하는 동안, 메리 베스는 자주 학생들을 '재판에 회부된 주장'의 법정으로 돌아가게 했다. 그녀는 학생들에게 처음 아이디어에 대한 신빙성 있는 근거를 수학적인 방법으로 보여달라고 요구했다. 학생들이 이제 동치라는 주제에 대해 좀 더 통찰했으므로, 주장 중 일부와 관련해 제기할 질문이 있으면 말해보라고도 했다. "우리의 주장이 어떤 문제나 교훈 이상으로 목적의식과 생명력이 있기를 바랐어요."라고 메리 베스는 말했다. "우리 수업에서

[표 6-1] 동치 식에 대한 8학년 학생들의 처음 주장

두 식이 같은지, 안 같은지 어떻게 알 수 있는가?

- 두 식의 해가 같을 경우 같다.
- 두 식이 동일한 표와 그래프를 생성한다면 같다는 결정을 내릴 수 있다. (그리고 두 식은 때때로 같은 방식으로 만들어질 수 있다.)
- 두 식은 값이 같을 때 동일하다. 다른 형태로 쓰일 수 있지만 그 값은 동일하다.
- 분배 법칙을 사용하여 가장 단순한 형태의 방정식을 찾아 비교함으로써 결정을 내릴 수 있다.
- 두 방정식의 x에 동일한 수를 넣어 보고, 합이 같으면 두 식은 동일하다.

동치라는 거대한 수학 개념을 이해하기 위해 우리가 이전에 생각했던 것보다 얼마나 더 많은 질문, 더 많은 전략, 더 많은 관점을 검토하게 되었는지 학생들이 처음 주장을 보면서 생각해봤으면 했어요."

단원이 끝나갈 무렵 메리 베스는 학생들에게 처음 주장 중 하나를 각자 선택해 일지에 법정에서 발언하듯이 쓰게 했다. 즉, 초기 주장을 뒷받침하거나 의문을 제기하거나 증거를 바탕으로 더욱 견고한 수학적 주장이 될 수 있도록 어떤 식으로든 조정해보는 것이다. 이런 기회의 개방적 성격 덕분에 메리 베스는 학생들이 동치에 대해 무엇을 이해하고 있는지 파악할 수 있었다([그림 6-1] 참조).

메리 베스는 학생들의 응답이 보여준 깊이에 놀랐다. 그녀는 이 루틴이 주장을 생성하고 이를 뒷받침하는 증거를 찾는 일을 강조함으로써, 학생들이 구체적인 절차를 단지 말로 표현하는 것에 그치지 않고, 연관성, 전략, 과정에 대해 더 깊이 생각할 수 있도록 이끌었다고 생각했다. "학생들이 제안한 아이디어는 정말 그들의 아이디어인 것 같고, 심지어 반 친구들이 제시한 주장조차 그들의 것처럼 보여요. 실제로 '조가 ~라고 주장했던 날을 기억해봐'라든가 '알렉스가 이러저러하게 주장했던 거 알지? 음, 내가 그걸 찾아봤는데…'와 같이 친구들의 주장에 대해 말해요. 학생들은 그 어느 때보다 서로의 아이디어에 빠져 있는 것 같아요. 저는 그들이 수학적

주장과 추론을 두고 서로 상호작용하는 방식이 이토록 변화된 것을 보고 정말 기뻤어요."

메리 베스는 '주장-근거-질문' 루틴을 규칙적으로 사용하여 수업이 상당히 변화했다고 믿는다. "교실 언어가 바뀐 것을 발견했어요. 질문하기 그리고 학생들이 생각을 공유할 때 경청하기가 단순히 학생들의 해법과 조치를 경청할 때보다 훨씬 더 깊어졌어요."라고 메리는 말했다. "또 한 학년 내내 수학적 아이디어와 개념의 연관성을 훨씬 더 많이 생각하고 있어

두 방정식의 x에 같은 값을 넣을 수 있고, 만약 같은 결과를 얻는다면 그 두 방정식은 동일하다.

만약 이것이 세 개의 상이한 x 값에도 작용한다면

두 방정식의 x에 아무 숫자나 넣을 수 있고, 만약 같은 답을 얻는다면 그 두 방정식은 동일하다. 두 식이 동일하다면 그 두 식은 언제나 x에 대해 동일한 y를 갖게 될 것이라는 점을 알기 때문에 나는 이 진술에 동의한다.

만약 x가 2라면, 양쪽 모두 106이 될 것이다.
만약 x가 3이라면 양쪽 다 109가 나올 것이다.
우리는 그 두 방정식이 같은 y 값을 가지므로 동일하다는 걸 안다.

예:
y=3x+100, y=100+3x

두 방정식의 x에 같은 숫자를 넣을 수 있고, 만약 항상 같은 해답을 얻는다면 그 두 방정식은 동일하다. 나는 이 진술을 다소 변화시켰다. 나는 '합(sum)'이란 말을 지우고 '해답(solution)'이라는 말을 썼는데, 왜냐하면 '합'이라는 말은 '추가'를 의미하고 방정식에서는 풀어야 할 곱셈 문제가 있기 때문이다. 나는 또한 '항상'이라는 표현도 추가했는데, 하나의 x 값만 시도해서 해답이 같다면, 그건 단지 그 두 직선이 만나는 지점일 수도 있기 때문이다.

[그림 6-1] 동치 주장에 대한 8학년 학생들의 평가

요. 이제는 아이디어가 시간이 지나 어디에서 검토되고 그것을 바탕으로 아이디어가 구축되는지 알아차리기 시작한 것 같아요. 학생들과 수업마다 단순히 개인의 기술만 다루지 않고 주장, 일반화, 이론을 정기적으로 찾고 있어요."

줄다리기

책상이나 테이블 중앙에 줄다리기 밧줄을 의미하는 선을 그린다. 다수의 관점이나 입장에서 고려할 수 있는 딜레마를 연구할 것이다.

- 여러분이 탐구 중인 딜레마의 상반된 두 측면을 식별해서 표현한다. 이를 이용하여 줄다리기 밧줄의 양 끝에 이름표를 붙인다.
- '여러분을 잡아당기는' 이유, 즉 딜레마의 양쪽을 지지하는 이유 또는 '잡아당김'을 최대한 많이 적는다. 각자 접착 메모지에 기록한다.
- 각 당김의 힘을 판단한 뒤 줄다리기 밧줄 위에 배열한다. 당김이 가장 강한 것을 밧줄의 가장 끝에 배열하고, 당김이 약할수록 가운데로 배열한다.
- 이 과정에서 제기되는 "~라면 어떻게 될까?"라는 질문을 모두 포착한다. 이 질문을 접착 메모지에 기록하여 줄다리기 밧줄 위에 놓는다.

의사 결정의 어려움에 대해 생각할 때 우리 머릿속에 떠오른 은유는 줄다리기(Tug-of-War) 경기였다. 한 방향으로 잡아당기는 사실, 이유, 영향력 한 무리가 있고, 반대 방향으로 잡아당기는 또 다른 무리가 있다. 그러나 줄다리기에서 잡아당김이 모두 똑같은 힘을 발휘하는 것은 아니다. 밧줄의 양 끝이 보통 가장 강한 반면, 중심에 가까울수록 더 약해져서 당겼을 때 넘어올 가능성이 가장 높다. 줄다리기 루틴은 이 은유를 사용하여 쟁점과 아이디어를 탐구한다.

목적

쟁점에 대해 입장을 취하고 건전한 추론으로 그 입장을 뒷받침하는 일은 중요한 기술이다. 그러나 쟁점의 복잡성을 조사하기도 전에 너무 빨리 쟁점에 대한 입장을 취하고 서둘러 그 입장을 방어하면 편협한 생각으로 이어지고 문제를 지나치게 단순화할 수 있다. 줄다리기 루틴은 다양한 딜레마, 쟁점, 문제의 양 끝에서 '잡아당기는' 복잡한 힘을 학생들이 이해하도록 돕기 위해 고안되었다. 이것은 학생들이 처음부터 한쪽 편을 들지 않고, 딜레마의 양편을 뒷받침하는 다수의 잡아당김이나 이유에 대해 신중하게 생각하도록 장려한다. 줄다리기 루틴은 학생들이 딜레마 양편의 주장을 탐구하게 함으로써, 실제 딜레마에 내재한 더 깊은 복잡성을 더 많이 이해하고, 외견상 흑백논리로 보일 수 있는 것을 뛰어넘기 위한 것이다.

내용 선택하기　　　줄다리기 루틴은 두 가지의 분명하고 대조적인 입장이나 정확하게 식별 가능한 해결 방법이 있는 딜레마, 쟁점, 문제와 관련된 상황에 가장 적합하다. (※이 루틴을 잡아당김이 세 개 이상일 때도 적용할 수 있지만, 일단은 두 개일 때 사용하는 것으로 계획했다.) 교과, 시사 문제, 일상에서 딜레마를 찾을 수 있다. 예를 들면, 보존 지역의 인구 증가 현상에 대한 고찰, 정부 조세제도와 제공되는 서비스 간의 갈등 검토, 규제가 최선인 경우와 손대지 않는 것이 최선인 경우에 대한 판단, 소설 속 등장인물이 직면한 선택 문제, 학생들의 윤리적 딜레마 같은 것이 있다. 토론에서도 그렇듯, 선호하는 입장을 서둘러 선택하기보다는 뒷받침할 아이디어를 다수 생성하고 탐구하는 것이야말로 복잡한 딜레마를 더 깊이 이해하는 열쇠라는 사실을 기억하는 것이 중요하다.

단계　　　1. 준비하기　반 학생들이 검토할 특정 딜레마를 식별해 표현한다. 이 딜레마는 학생들이 현재 공부하는 내용이거나 읽기 자료나 비디오 같은 새로운 자료에 포함되어 있을 수 있다. 또는 교사가 학생들에게 "여기에서는 무엇이 쟁점인 것 같나요?" 혹은 "이 쟁점은 실제로 무엇에 대한 것인가요?"와 같이 쟁점이나 딜레마를 찾아보게 할 수도 있다. 일단 반 학생들이 딜레마를 분명하게 규정하면, 화이트보드나 차트지에 줄다리기 밧줄을 나타내는 선을 그린다. 학생들에게 줄의 양 끝을 명명하게 한다. 규정된 딜레마에서 두 가지 반대되는 견해나 입장은 무엇인가? 여기에 이름표를 붙인다.

2. '잡아당김' 살펴보기 학생들에게 "딜레마의 한쪽 편에서 볼 때, 이 입장을 지지하는 이유나 '잡아당김'은 무엇인가요?"라고 물어본다. 교사가 개인적으로 추론에 동의하든 동의하지 않든, 학생들에게 잡아당김을 최대한 많이 생성하게 한다. 학생들은 각자 혹은 각자의 아이디어를 서로 공유하는 모둠, 전체 학급 차원에서 잡아당김을 만들 수 있다. 나중에 이동할 수 있도록 학생들에게 이유/잡아당김을 각자 접착 메모지에 적게 한다. 학생들에게 딜레마의 다른 편에 대해서도 할 수 있는 한 많은 이유를 생성하게 한다. 즉, 가능한 한 많은 이유를 만들도록 시킨다. (※항상 양쪽을 따로 할 필요는 없지만, 처음에 이렇게 하면 과정이 더 쉬워질 수 있다.)

3. '잡아당김' 배열하기 모둠이나 전체 학급 단위로 학생들에게 밧줄 위에 '잡아당김' 배열하기를 토론하게 한다. 합의를 이루는 것도 중요하지만, 각각을 배열하는 이유와 정당화, 잡아당김의 강도를 비교하는 데 초점을 맞춰야 한다.

4. '만약 ~라면 어떻게 될까?'와 '~는 어떨까?'라고 질문하기 학생들이 배열하기를 토론할 때 질문을 해도 된다. 예를 들자면, 학생들은 흔히 "그건 합법적인가 아닌가에 달려 있어요."라고 말한다. 이런 '달려 있다' 쟁점은 질문으로 표현해 다른 색 접착 메모지에 써서 밧줄 위에 놓는다. 일단 배열하기가 끝나면, 뒤로 물러서서 "만약 ~라면 어떻게 될까?"라고 추가 질문을 한다. 이러한 질문은 더 많은 탐구가 필요할 수 있는 쟁점, 요인, 우려되는 점 등을 포착하게 한다.

5. 사고 공유하기 이 루틴을 모둠으로 진행했으면, 교사는 각 모둠이 완성한 줄다리기 밧줄을 살펴보는 시간을 갖는다. 학생들에게 딜레마에 대해

처음에는 아니었지만 어떤 새로운 아이디어가 떠올랐는지 물어보자. 학생
들은 딜레마에 관해 여전히 같은 생각을 하고 있는가? 그렇지 않다면, 무엇
때문에 학생들이 마음을 바꾸거나 생각을 추가했는가? 학생들은 이 쟁점의
복잡성을 다른 사람에게 어떻게 요약해줄 수 있을까?

사용과 응용   이 루틴은 적용하기 쉽고, 특히 '잡아당김' 배
열하기에서 학생 모둠 간에 활발한 토론을 촉
진한다. 교사들은 항상 루틴 전체를 다 실행하지 않고도 딜레마와 관련된
추론을 이끌어내는 데 쉽게 참고할 수 있다는 점에서 종종 이 루틴의 힘을
발견한다. 예를 들어, 교사는 토론을 시작하기 위해 단지 "학교 수업 시간
연장에 찬성하는 쪽으로 우리를 당기는 '잡아당김'은 무엇인가요?"라고
물어볼 수 있다. 물론 모든 딜레마나 쟁점에 단지 두 측면만 있는 것은 아
니다. 사실, 밧줄이 여러 개 공통 지점에 모이는 두 줄 줄다리기나 세 줄 줄
다리기도 있다. 쟁점에 잡아당김이 셋 이상이라면, 이런 은유를 도입하여
쟁점을 탐구할 수 있다.

   이 루틴의 일환으로, 교사들은 때때로 쟁점 파악과 쟁점 표현에 시간
을 보낸다. 이것은 중요한 기능일 수 있는데, 문제를 표현하는 방식이 찾
고자 하는 해결책을 형성하기 때문이다. 예를 들어, 매사추세츠주 고등학
교의 사회과 수업에서 학생들은 노숙자에게 제공하는 지역의 급식이 중
단되었다는 뉴스 기사를 읽었다. 거리에서 음식을 제공한다는 맥락에서
음식의 취사와 보관이 보건 기준을 충족하지 못하기 때문이었다. 기사를
읽은 후, 학생들은 자신이 알고 있는 것을 쟁점으로 표현해야 했다. 건강
안전성, 자선 단체에 대한 정부 규제, 법을 어길지 말지라는 급식 제공자
의 도덕적 딜레마, 급식 장소의 이동 등 많은 것들이 제기되었다. 그런 다
음 각 모둠은 쟁점이 어떻게 표현되었는지를 바탕으로 줄다리기 루틴을
실행했다.

멜버른의 트리니티 중등학교에서는 '지구 주간(Earth Week)' 동안 환경 보존에 대한 토론 도중 어느 1학년 학생이 자동차 공해 문제를 제기했다. 어떤 학생은 환경을 개선하는 방법 하나는 자동차 운전을 모두 중단시키는 것이라고 제안했다. 교사는 이 아이디어를 무시하지 않고, 이 쟁점을 가지고 학생들에게 줄다리기 루틴을 시켜보기로 했다. 각 학생은 '잡아당김'을 생성해 종이에 적었다. 그런 다음 학생들은 잡아당김이 얼마나 강하다고 생각하는지에 따라 바닥에 그려진 밧줄 위에 배열했다. 학생들은 중앙에서 시작하여 잡아당김을 하나씩 읽어가며 줄다리기 밧줄의 양쪽을 번갈아 오갔다.

평가 줄다리기 루틴은 평가 지점을 다수 제공한다. 반 학생들은 쟁점을 어떻게 인식하고 표현하는가? 학생들은 복잡한 딜레마의 본질을 포착할 수 있는가? 학생들은 딜레마의 반대편을 어떻게 표현하는가? 학생들은 "그래, 하지만 한편으로는…." 하면서, 딜레마의 양쪽을 오가는가? 이 과제에 대한 학생들의 응답은 학생들이 쟁점의 복잡성을 어떻게 다루고 있는지에 관한 통찰을 제공해준다.

학생들이 잡아당김을 식별하는 동안, 교사는 학생들이 딜레마의 양쪽에 대해 중요한 것이라고 분명하게 표현한 근거들에 주목해야 한다. 학생들은 반대편을 살펴보려고 자신의 입장을 잠시 벗어날 수 있는가? 교사는 아이디어 배열하기에 관한 토론에 세심한 주의를 기울여야 한다. 배열하면서 제시한 추론과 정당화에서 무엇을 알아차렸는가? 학생들은 잡아당김에 관한 어구를 내놓고, 그에 관한 질문을 생성하는가? "만약 ~라면 어떻게 될까?"라는 질문을 고려할 때, 학생들은 무엇을 딜레마를 더 잘 이해하게 하는 열쇠라고 보는가? 루틴이 끝나면 학생들은 딜레마를 더 풍부하게 이해하고 표현할 수 있는가?

학생들의 참여를 촉진할 만큼 충분히 생성적이면서 다양한 주장이 제기될 만큼 충분히 다층적인 딜레마를 식별해야 한다. 학생들이 딜레마에서 아무런 연관성이나 매력을 느끼지 못한다면 좋은 사고를 끌어내기 어려울 것이다. 동시에 성급하게 판단하지 않는 것은 학생들이 반대편의 관점에서 딜레마를 바라보고 양쪽 모두를 뒷받침하는 다양한 이유를 생성해내는 능력에 꼭 필요하다. 교사는 학생들이 딜레마를 옹호한다고 전하거나 딜레마에 대한 입장을 공유할 시간과 장소를 마련해도 된다. 하지만 다양한 관점이 뒷받침하는 추론과 함께 명확히 표현되고 조사되고 추후 탐구할 질문을 산출하는 데 사용될 때까지는 이런 종류의 대화를 미루는 것이 중요하다. 줄다리기 루틴 이후에 '예전 생각, 지금 생각' 루틴을 사용하면 원래의 입장을 돌아보는 데 유용하다.

루틴에 접착 메모지를 사용하면 '잡아당김'을 쉽게 재배열할 수 있다는 이점이 있다. 학생들의 '잡아당김' 다수가 유사하다면, 다수의 이유를 한데 묶을 수 있어서 이유 관련 범주나 주제가 더욱 명백해진다. 대화식 전자칠판으로 이 과정을 하고 나서 나중에 토론하도록 프린트해도 된다. 예를 들어, 반 학생들의 집단적 응답을 문서화한 후 학생들에게 동의하지 않는 '잡아당김' 배열을 각자 찾게 하고, 그 이유를 토론하게 할 수 있다.

미시간주 트래버스시티의 클레어 태글로어는 "사고를 가시화한다는 이 아이디어에 곧바로 매혹되었어요."라고 말했다. "학생들의 머릿속에서 어떤 일이 일어나고 있는지 정말로 알고 싶었거든요." 줄다리기 사고 루틴은 그녀가 근무하는 중학교의 영어 수업에 매우 적합했다. 이 루틴은 학생들이 다양한 관점에서 쟁점을 바라보기를 바랐던 그녀의 흥미를 끌었다. 클레어는 학생들이 읽으면서 너무 성급하게 결론 내린다는 사실에 주목했다. 일단 그러고 나면, 학생들이 텍스트에서 더 이상 추론하기가 어려워진다. 클레어는 학생들이 사고를 더 유연하게 하고 추가하고 확장하고 바꾸기를 바랐다. 학생들이 읽고 있는 쟁점에 포함된 복잡성 일부를 더 잘 이해하기를 바랐다.

"학생들이 사고 과정을 경험하기에 적합한 도구처럼 보여서 줄다리기 루틴에 끌렸어요. 학생들에게 즉시 특정 입장을 옹호하라고 하지 않아도 되니 충분히 안전해 보였죠. 제가 가르치는 학생들은 생각과 아이디어를 바꾸고 구체화하고 상충되는 관점들에 대해 열린 시각을 유지할 수 있었어요."

클레어는 8학년 학생들이 로이스 로리의 소설 『기억 전달자』를 읽기 시작했을 때, 줄다리기 루틴을 활용할 완벽한 기회라고 생각했다. 소설은 처음에는 유토피아적인 이상향으로 그려지다가 나중에는 디스토피아로 보이는 미래 사회에 사는 주인공인 열두 살 소년 조너스의 삶을 그리고 있다. 이 사회는 다양성과 정서적인 깊이를 제거한 '동일성' 계획을 채택함으로써 완벽해진 듯이 보인다. 클레어는 중학생들이 관심을 가질 만한 딜레마를 알아차렸다. 바로 인류가 매료된 영원한 행복과 이상적이고 유토피아적인 사회이다.

학생들이 로리의 책을 꽤 많이 읽었을 때, 클레어는 화이트보드에 가로로 길게 선을 긋고는 줄다리기 루틴을 할 것이라고 학생들에게 말했다. 그녀는 이전에 학생들과 『기억 전달자』에 대해 나눈 대화를 바탕으로 화이트보드의 선 위쪽에 "이상적인 세상을 이루는 데 무엇이 도움이 될까요?"라고 적고 소리 내어 말했다. 클레어는 학생들에게 로이스 로리의 책이 이 복잡한 질문의 한쪽에 대해 생각하는 방법을 제시하고 있다는 점을 상기시면서 선의 한쪽 끝에 "우리가 모두 똑같다면…"이라고 적었다. 그런 다음 클레어는 반대쪽을 주장하는 사람도 물론 있다고 말하면서 선의 반대쪽 끝에 "우리가 모두 다르다면…"이라고 적었다. 다음으로 클레어는 학생들에게 한쪽이나 그 반대쪽을 선택하려 하지 말고, 모둠에서 이 복잡한 질문의 양쪽을 모두 뒷받침하는 가능한 이유나 '잡아당김'을 생성해보라고 말했다. 클레어는 학생들에게 양쪽에 대해 할 수 있는 한 많은 아이디어를 제시하고 각각의 이유를 서로 다른 접착 메모지에 적어보라고 했다.

일단 학생들이 이 논쟁의 양쪽을 지지하는 여러 이유를 생성하자, 클레어는 학생들에게 가장 강력한 이유부터 접착 메모지를 배열하게 했다. "실제로 줄다리기에 기준점이 있는 것처럼, 모둠이 강력함이라는 면에서 가장 합리적으로 최상의 정렬순으로 이유를 배열하길 바랍니다."

학생들이 이유 배열에 관해 대화하는 동안 클레어는 경청했다. 그녀는 학생들이 소설의 주제와 어떻게 상호작용하는지([그림 6-2] 참조)를 더 잘 알게 되어 기쁘고 놀라웠다. 클레어는 "예상했던 것보다 실제로 학생들의 삶을 더 많이 알게 되었어요."라고 말했다. "학생들이 친구들과 함께 읽으면서 생각했던 모든 것을 토론할 때, 학생들의 신념, 두려움, 불안이 정말 분명하게 보이기 시작했어요. 예를 들어, 학생들은 로리가 쓴 '동일성'이 이상적이라고 말하면서도 더 이상 아무도 놀림을 당하거나 왕따를 당하지 않을 것과 같은 이유를 말했어요. 이처럼 자연스럽게 학생들은 자신의 개인적인 삶을 영어 수업에 가져왔죠." 클레어는 학생들끼리 너무나 토론을 잘해서 깜짝 놀랐다. 어떤 학생은 매우 신속하게 반대 의견에 동의한 반면, 또 어떤 학생은 반 친구들과 공유한 것을 바탕으로 실제 생각을 바꾸었다. "줄다리기 루틴은 학생들에게 상당히 복잡한 개념에 대한 생각과 근거를 분명하게 표현하게 했지만, 자신과 정확히 일치하지 않는 타인의 아이디어에 대해서는 개방적인 태도를 유지하게 해줘요. 저는 그 점이 정말 기뻤어요."라고 클레어는 말했다.

클레어는 줄다리기 사고 루틴을 다양한 상황에 계속 사용했다. "줄다리기 루틴은 영어 수업에 아주 잘 맞아요. 지금 8학년 학생들은 역사소설을 읽으면서 사회과 수업에서 배우는 것과 연계하여 노예제에 대한 개념을 조금 공부하고 있어요. 줄다리기 루틴을 사용하여, 군에 입대하여 싸울

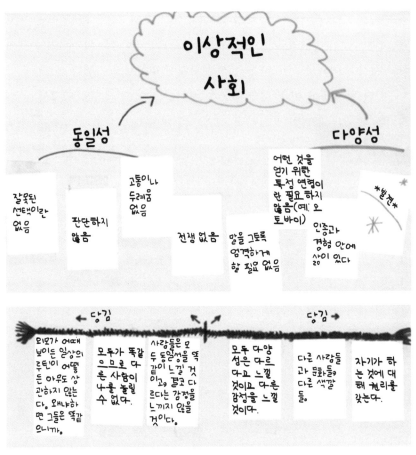

[그림 6-2] 이상적인 사회 만들기에 대한 8학년 학생의 줄다리기 루틴

지 아니면 집에 남아 가족을 보호할지 양자택일을 해야 하는 당시의 젊은
이를 두고 대화를 짰어요. 또한 학생들에게 노예의 관점 안으로 들어가서
'무엇이 나에게 이곳에 머물면서 "소유된" 채로 남게 하고 무엇이 해리엇
터브먼과 함께 지하 철도*를 따라 도망치게 하는가?'를 고려해보게 했죠.
올바른 답을 찾아내는 것이라기보다는, 개인이나 모둠이 가질 수 있는 다
양한 관점 이면의 이유를 알아내고 이해할 기회를 만드는 것이에요."

....

* 　 미국에서 남북전쟁이 일어나기 직전인 1950년대에 흑인 노예의 탈출을 도운 비밀 조직이다.

클레어는 이 사고 루틴의 사용을 되돌아보며 다음과 같이 말했다. "저에게 줄다리기 루틴은 소설 하나로 하는 멋진 일에서 시작해 교육과정의 다른 많은 측면에 스며들고, 심지어 다른 교과 영역에 스며드는 데까지 진화했어요. 줄다리기 루틴은 단순한 일련의 단계나 절차가 아니에요. 하나의 사고방식, 즉 실질적인 과정이죠. 그리고 하나의 활동에 그치지 않아요. 사실 관점 취하기와 추론하기예요." 이제 학생들이 이 사고 루틴에 익숙해진 만큼, 클레어는 학생들이 서로의 생각을 더 잘 경청하고 자기 생각을 이전보다 더 편안하고 자신감 있게 분명히 표현할 수 있다는 것을 알았다. 클레어는 다음과 같이 말했다. "알다시피, 이 사고 루틴을 사용한 덕분에 저도 이런 사고 유형이 더욱 편안해졌어요. 이 시대에 우리가 마주하는 쟁점 중에서 어떤 것은 크고 복잡하고 심지어 어려워요. … 노예제라든가, … 전쟁 같은 것이요. 저는 이 루틴이 곤란한 상황을 이해하는 데 매우 도움이 된다는 사실을 깨달았어요."

문장-구절-단어

토론 그룹에서 읽은 텍스트를 검토하고 각자 다음을 선택한다.
- 문장: 여러분에게 의미 있는 문장으로, 텍스트의 핵심 개념을 담고 있다고 여겨진 문장.
- 구절: 여러분을 감동시키거나 매혹하거나 자극한 구절.
- 단어: 여러분의 관심을 사로잡거나 여러분에게 강한 인상을 준 단어.

모둠 단위로 선택한 것을 가지고 토론하고 기록하자. 각자 단어부터, 구절, 문장을 차례대로 공유하자. 각자 왜 선택했는지 설명하자. 여러분이 속한 모둠에서 선택한 단어, 구절, 문장을 살펴보고, 다음 사항을 식별하면서 토론을 되돌아보자.
- 어떤 주제가 등장하는가?
- 어떤 함의나 예측을 이끌어낼 수 있는가?
- 여러분이 선택한 텍스트에서 포착하지 않은 측면이 있는가?

이 루틴은 전국학교개혁교수단(National School Reform Faculty)과 제휴한 교육자들이 개발한 '텍스트 표현 체험(Text Rendering Experience)'을 수정한 것이다. 다양한 성인들과 함께한 독서 토론에 이 프로토콜(즉, 대화 구조)을 사용해본 결과, 우리는 교실에서 담화 및 사고 루틴으로 이 루틴을 사용할 때 폭넓은 적용 가능성을 가진다고 생각했다. 하나의 단어, 구절, 문장을 선택하는 단순한 활동이 큰 아이디어에 대해 생각하게 독려하고, 종종 풍부한 토론으로 이끈다는 사실이 우리 마음에 들었다. 되도록 루틴의 사고 활동에 따라 루틴에 이름 붙이는 걸 좋아하므로, 우리는 이 루틴의 이름을 '문장-구절-단어(Sentence-Phrase-Word)'로 바꾸었다.

'문장-구절-단어' 루틴은 특히 텍스트의 정수 또는 '마음에 와닿는 것'을 포착하는 데 집중하게 하여, 학습자가 텍스트와 관계를 맺고 텍스트의 의미를 이해하게 도와준다. 이 루틴은 언어의 힘에 주의를 집중시키면서도 향상된 토론을 촉진한다. 그런데 이 루틴의 힘과 가능성은 왜 모둠 개개인의 눈에 들어온 특정 단어, 하나의 구절, 문장이 풍부한 토론의 촉매제가 되는지에 대한 토론에 있다. 이 토론에서 학습자는 자신의 선택을 정당화하고, 각각을 선택할 때 와닿은 것이 무엇인지 설명해야 한다. 이 과정에서 개인은 종종 어떻게 단어 하나가 전체 텍스트의 본질을 전달하는 힘을 가지는지에 감명을 받는다. 문장, 구절, 단어의 선택에 대해 토론하면 도출할 수 있는 주제, 함의, 예측, 교훈을 살펴볼 무대가 마련된다.

내용 선택하기 내용이 풍부하고 해석과 토론을 유도하는 아이디어와 개념이 담겨 있는 텍스트를 선택해야 한다. 픽션도 가능하고 논픽션도 가능하지만, 엄밀히 정보 글은 토론하기가 어려울 것이다. 선택한 텍스트의 길이도 이 루틴에서는 중요하다. 너무 길면 학생들은 대충 훑어볼 것이고 인내심을 가지고 주의 깊게 읽지 않을 것이다. 책의 흥미로운 장, 실천의 문제를 논하는 전문적 읽기 자료, 신문 기사, 시, 연극의 한 장면 등을 이 루틴에 효과적으로 사용할 수 있다.

단계 1. 준비하기 선택한 텍스트가 짧지 않아서 그 자리에서 읽을 수 없다면, 토론에 앞서 학습자들에게 읽을 시간을 따로 준다. 능동적으로 읽기와 텍스트에 강조 표시하기를 장려한다. 그러나 반드시 '문장-구절-단어' 루틴을 염두에 두고 읽을 필요는 없다.

2. 문장-구절-단어 선택하기 학습자들에게 의미 있게 다가오고 텍스트

를 더 깊게 이해하는 데 도움이 된 문장을 하나 찾게 한다. 학습자들에게 감동을 주었거나 매혹적이었거나 자극을 주었거나 어떤 식으로든 의미 있게 다가온 구절을 하나 찾게 한다. 학습자들의 관심을 사로잡았거나 강력한 충격을 준 단어를 하나 찾게 한다. 각 학습자의 경험이 단어, 구절, 문장을 선택하는 데 반영된다는 점을 아는 것이 중요하다. 정답은 없다.

3. 선택 공유하기 4~6명의 모둠으로 나누어 학습자들에게 각자 선택한 것을 발표하고 기록하고 왜 그런 선택을 했는지 이유를 설명하게 한다. 돌아가며 발표하고 토론해야 토론이 활성화된다. 첫 번째 참가자가 문장을 발표하고 왜 그 문장을 선택했는지 설명하고 나면, 나머지 구성원에게 논평과 토론을 청한다. 이 문장을 기록하고 나면 다음 사람이 발표하고 기록하고 토론하여 모든 사람이 선택한 문장을 말하게 한다. 그런 다음 구절로 옮겨가고, 마지막으로 단어로 옮겨간다. 이런 식으로 토론을 진행하고 심화한다.

4. 토론에 대한 성찰 유도하기 각 모둠은 문서화한 응답을 살펴본다. 학습자들은 응답에 나타나는 공통된 주제와 거기서 제기되는 함의 그리고/또는 예측을 식별한다. 마지막으로, 모둠은 문장, 구절, 단어 선택에 나타나지 않은 어떤 측면이 텍스트에 있는지 식별한다.

5. 사고 공유하기 모든 모둠의 문서를 게시한다. 선택된 문장, 구절, 단어 그리고 도출된 주제와 함의를 살펴볼 시간을 준다. 각 모둠 구성원들이 현재 텍스트를 어떻게 이해하고 있는지, 또 이 루틴의 사용이 텍스트를 이해하는 데 어떻게 기여했는지 생각해보게 한다.

사용과 응용 교사들은 학생들이 시험을 위해 공부하고 있는 텍스트의 핵심을 포착하는 것에서부터 유아기의 언어 유창성 개발에 이르기까지 '문장-구절-단어' 루틴의 놀라운 용도를 몇 가지 발견했다. 이 루틴을 적용할 때, 교사들은 루틴의 일부에만 집중하기도 하고, 모둠 단위와 전체 학급 단위를 결합해 사용하기도 하고, 심지어 이 루틴의 '전체를 대변하는 부분 찾기'라는 측면을 텍스트 이외의 자극과 함께 사용하기도 했다. 대화를 종합할 때도 이 루틴을 적용할 수 있다. 비록 자연스럽게 주제에서 벗어나긴 하지만, 텍스트에 따라 교훈이나 메시지를 찾아낼 수도 있고 예측할 수도 있다. 이러한 다양한 용도는 다음과 같다. 비알릭 칼리지와 다른 학교 교사들의 간단한 사례에서 포착한 것이다.

- 역사 교사 샤론 블룸은 9학년과 10학년 수업 시간에 신문 기사를 읽은 후 학생들에게 문장, 구절, 단어를 선택하게 했다. 학생들이 공통점을 찾고 각각의 차이와 해석에 대해 토론할 때, 샤론은 이 루틴이 토론의 멋진 발판을 제공한다는 사실을 발견했다.

- 조시 싱어는 8학년 문학 수업에서 최근에 읽은 소설을 복습하게 하면서 학생들을 두 명씩 짝을 지은 뒤 조마다 소설 한 장씩 할당해 '문장-구절-단어' 루틴을 완수하게 했다. 그런 다음 그녀는 첫 장을 검토한 조부터 시작하여 돌아가면서 수업을 진행했다. 각 조는 선택한 문장, 구절, 단어와 선택한 이유를 가지고 그 장을 빠르게 요약했다.

- 우리는 이 루틴이 절대적으로 텍스트 기반이라고 생각했지만, 유치원 교사인 린지 밀러는 아직 글을 읽지 못하는 유치원생에 맞춰 '문장-구절-단어' 루틴을 수정하여 네 살 된 원생들에게 그림 동화책을 페이지별로 나누어주고 주의 깊게 살펴본 후 정말 중요하다고 생각되는 것 하나를 선택하게 하고, 그다음에는 더 작은 부분을 선택하게 하여, 왜 그리고 어떻게 그런 선택을 했는지 설명하게 했다.

- 역시 어린 아동들을 가르쳐온 미시간주 메릴의 어느 1학년 교사는 소리 내어 읽기 후 학생들에게 집단적으로 문장, 구절, 단어를 추천하게 했다. 교사는 이를 기록했다가 나중에 학생들에게 다시 읽어준 뒤 이

응답이 어떤 이야기에서 나왔는지 알아맞히게 했다.

평가
보통은 선택한 개별 문장, 구절, 단어에서 학생들이 텍스트를 어떻게 이해하고 있는지 많은 것을 알 수는 없다. 그러나 학습자가 문장, 구절, 단어를 왜 선택했는지 설명하면 학습자가 텍스트에서 무엇을 취했고, 학습자에게 무엇이 가장 중요하게 다가왔는지에 대해 많은 것을 알 수 있다. 이면의 추론은 학습자들이 텍스트의 정수를 포착할 수 있었다는 것이 보이는가? 학습자들은 중요한 개념과 쟁점을 파악하고 있는가, 아니면 주변적인 것에 머물러 있는가? 이 선택 이면에는 어떤 종류의 개인적인 연관성이 놓여 있는가?

토론에서 학생들이 단지 자신이 한 기여에만 집중하지 않고 다른 사람의 응답에서 연관성을 찾는지 살펴보아야 한다. 학습자들은 문장, 구절, 단어를 토론의 발판으로 사용할 수 있는가? 토론은 텍스트로 돌아가서 더욱 깊고 풍성하게 하는가?

조언
이 루틴은 구체적으로 세 가지를 선택해야 하지만, 목표 달성을 위해 항상 세 단계를 모두 마칠 필요는 없다. 특히 린지의 예에서 보듯이 어린 아동들의 경우, 문장과 단어 두 단계만 사용하는 것이 꽤 효과적일 수 있다. 또한 루틴의 순서를 바꾸어 단어를 먼저 선택한 후 구절을 선택하고 그런 다음 문장을 선택해도 된다. 사실, 일부 교사는 단어 선택에서 시작하여 구절과 문장 선택으로 나아가는 토론이 더 자연스럽다는 사실을 발견했다. 두 방법을 모두 시도해보고 직접 확인해볼 수도 있다.

학생들의 토론을 돕는 데는 진화하고 있는 토론을 문서화하는 것이 중요하다. 커다란 차트지를 3열로 나누면 이 목적에 잘 들어맞는다. 모둠별로 이 3열 밑에 3행을 만들어 주제, 함의, 학습자들이 선택한 것에 포함되지 않은 텍스트 내용을 식별해 적게 할 수 있다. 그러나 응답을 기록하느라 선택과 아이디어에 대한 모둠 토론이 산만해져서는 안 된다. 자신이 선택한 것을 발표할 때는 다른 사람들이 맥락 속에서 그것을 찾아 읽을 수 있도록 책의 페이지와 단락을 밝혀야 한다. 모둠의 문장, 구절, 단어가 앞에 보이면 구성원들은 대화를 포착하여 더 쉽게 주제, 함의, 놓친 것을 알아차릴 수 있다.

실행 장면 암스테르담 국제 학교의 교사 리사 페르커크는 5학년 학생들이 노예 무역이 인류에 끼친 영향을 더 잘 이해할 수 있기를 바랐다. 그녀는 줄리어스 레스터가 글을 쓰고, 로드 브라운이 그림을 그린 『자유의 길』을 골랐다. 리사는 "이 책, 정말 재미있어요."라고 말했다. "로드 브라운이 먼저 그림을 그렸고, 전시된 그림을 본 줄리어스 레스터가 그림에 어울리는 이야기를 써도 되겠느냐고 물었답니다. 글이 이미지마다 한 페이지밖에 안 되지만, 학생들에게는 꽤 도전적이었어요."

이미지의 풍부함과 텍스트의 복잡성을 모두 다루고자 리사는 개별 이미지와 짝이 맞는 텍스트를 단위로 책을 나누었다. 그러면 모둠 학생들이 그림을 보고 서로 도와 글을 읽고 나서 책의 한 부분을 토론하는 것이 충분히 가능할 것이다. 모둠별 과제 수행에 이어 리사는 반 학생들을 모두 한데 모아 각각 맡은 부분을 공유하게 하고, 이야기를 모두가 협력해 이해하도록 계획했다.

우선 리사는 학생들에게 그림 하나를 보여주고, 함께 '보기-생각하기-궁금해하기' 루틴을 사용하여 그림을 이해시키기 시작했다. 리사는 반 학생들에게 말했다. "우리는 '보기-생각하기-궁금해하기' 루틴을 여러 번 사용해봤어요. 여러분이 이 루틴을 사용하여 모둠에 주어진 그림을 살펴보았으면 해요. 진짜로 조사하고 논의해보세요. 아름다운 그림이지만, 또한 저마다의 이야기를 들려주고 있어요. 왜 줄리어스 레스터가 그토록 이 그림에 사로잡혔는지 여러분도 알게 될 거예요. 그다음, 일단 그게 다 끝나면 텍스트를 함께 읽을 거예요. 새로운 루틴을 사용해서 텍스트를 탐구할 거거든요. 바로 '문장-구절-단어' 루틴이에요."

리사는 처음에는 '단어-구절-문장' 순으로 루틴을 진행했지만, 지난 몇 해 동안 학생들은 큰 아이디어를 요약하는 중요한 문장 하나를 선택한 다음 그것을 뒷받침하는 구절, 그리고 나서 마지막으로 중요한 단어 하나를 고르는 것이 더 쉬웠던 듯하다고 알고 있었다. 그녀는 학생들에게 설명했다. "여러분이 이걸 다 읽더라도 다시 한 번 이상 읽어야 할 수도 있어요. 모둠 구성원 각자가 문장을 하나씩 고르길 바라요. 여러분이 생각하기에 텍스트에서 정말 큰 아이디어를 포착한 문장 말이에요. 줄리어스 레스터는 무엇을 여러분이 얻어가길 바란다고 생각하나요? 그런 다음 여러분은 구절을 하나씩 고를 거예요. 그런데 아까 고른 문장에서 구절을 고르진 않아야 해요. 새로운 구절을 찾도록 노력해봐요. 여러분이 텍스트를 더 깊이 이해하도록 도와준 걸로요. 그리고 마지막으로 단어를 골라요. 여러분에게 강렬하게 다가왔거나 중요하다고 느낀 단어요."

줄리어스 레스터의 책은 '상이한 사람들, 상이한 삶들'이라는 이름의 큰 단원에 포함되어 있기 때문에, 리사는 학생들이 텍스트의 주제와 함의에 집중하기를 바랐다. 리사가 우리에게 말했다. "이 단원은 현대에 대한 것이어서, 학생들이 오래전 이야기와 오늘날 우리 세계에 존재하는 쟁점을 연결할 수 있는지 보고 싶었어요."

리사는 모둠을 정하고 책의 개별 페이지를 나누어주었다. 그 뒤 각 모둠에서는 격렬하고 목적의식적인 토론이 벌어졌고, 주어진 페이지에 완전히 몰두했다. 학생들은 주의 깊게 관찰하고 본 것을 토론했다. 리사는 모둠을 돌아다니며 그림을 해석할 때 서로에게 "너는 무엇 때문에 그렇게 말하니?"라고 질문해보라고 학생들을 격려했다.

리사는 개별 모둠이 철저하게 이미지를 살펴보았다는 생각이 들자, 학생들에게 해당 텍스트를 서로에게 소리 내어 읽어주게 했다. 오래지 않아 학생들은 문장, 구절, 단어 선택에 대해 심사숙고하며 자신의 선택을 정당화하면서 친구들에게 읽어주기 시작했다. 학생 각자의 응답을 기록한 모둠은 현재 세계에서 일어나고 있는 사건과 연관성을 찾아내 주제와 함의에 대한 토론으로 옮겨갔다. 여기까지 거의 90분이 흘러갔고, 리사는 책의 페이지와 그날 학생들이 기록한 것을 모았다. 이 두 가지 루틴을 사용하여 책에 대한 초기 탐구가 이루어졌다. 풍부한 내용과 루틴의 촉진 구조가 결합하면서 가능해지는 학생들의 참여 수준에 주의를 기울여야 한다.

다음 날 학생들은 반의 다른 학생들과 생각을 나누고 싶은 열의로 가득했다. 리사는 대화식 전자칠판에 그림을 전시하여 모둠 발표 전에 모든 사람이 몇 분이라도 주의 깊게 살펴볼 수 있게 했다. 리사는 문장, 구절, 단어를 공유하기 전에 모둠 구성원들에게 이야기 전개상 이 단계에서 어떤 일이 일어나고 있는지를 한 문장으로 요약하게 했다. 리사는 모든 사람이 볼 수 있도록 차트지에 이 내용을 기록했다. 반 학생들과 교사는 개별 학생에게 왜 그 문장이 그토록 중요하다고 생각했는지, 왜 그 단어를 선택했는지 물었다. 마지막으로, 모둠은 중요하다고 생각한 주제와 함의에 대해 말했고, 이것 역시 별도의 차트지에 기록했다. 학생들은 문장, 구절, 단어를 가지고 이야기의 정수를 추려내면서, 페이지별로 이야기를 함께 이해해나갔다. 학생들은 화가와 작가가 독자들이 생각하기 바란 중요한 주제를 인식하게 되었고, 마침내 과거와 현재의 연관성을 찾게 되었다.

리사는 학습 과정을 되돌아보며 말했다. "학생들은 자신이 성취한 것에서 경외감으로 가득 찰 때가 많아요. 중대한 발견을 몇 개 했다고 생각하는 건데, 사실은 맞아요. 제가 그냥 책을 읽어주었을 때보다 학생들은 노예 무역 이야기를 훨씬 더 포괄적으로 이해하게 되었으니까요. 그리고 학생들은 뉴스에서 보거나 저녁 식사 때 들은 현대의 쟁점과 연결시켰어요."

금요일에 이 반은 리사가 교실 벽에 붙여둔 '주제와 함의'로 돌아갔다. 리사는 제기된 모든 아이디어를 꼼꼼히 읽고 그에 대해 좀 더 토론했다. 리사는 학생들에게 어떤 주제나 함의가 눈에 띄는지, 어떤 것이 개인적으로 의미 있고 강력하며 중요한지 생각해보게 했다. 그리고 리사가 교실에서 확립한 또 다른 루틴(7장에서 더 자세히 다룬다)인 그림 성찰 일지에서 무엇을 되돌아보고 싶은지 생각해보게 했다.

리사가 어쿠스틱 음악을 틀자 학생들은 재빨리 과제에 돌입했다. 그림 수업이 끝나면 학생들은 교실을 돌아다니면서 다른 사람의 그림을 주의 깊게 살펴보고, 거기에 딸린 성찰의 글을 읽었다. 학생들은 자신이 좋아하는 것, 아이디어의 유사성이나 중요한 차이, 놀라운 것 등에 대해 논평했다. 소중한 것과 그때까지 사적이던 것들이 드러나면서 반 학생들은 개인적인 것을 깊이 있게 공유했다는 느낌을 받는다. 리사는 이러한 공동 작업, 자아 발견, 솔직함, 개방의 순간에 교실에서 사고 문화를 지속하게 하는 관계가 발전하고 양성된다고 믿는다. "제가 찾은 이 루틴이 정말 효과적이라고 느낀 이유 하나는 학생들이 자기 목소리를 찾아가고 다른 사람의 목소리를 소중히 여기며 존중하도록 도와주기 때문이에요."

Making Thinking Visible

3부

생각이 보이는
교실에
힘 실어주기

CHAPTER 07

사고를 존중하고 가시화하며
적극적으로 촉진하는 공간 만들기

이 책 2부의 사고 루틴을 읽으면서, 이해를 돕고 다양한 상황, 분류, 내용 영역에서 사고를 가시화하는 데 어떻게 루틴을 사용하면 될지 충분히 파악했기를 바란다. 동시에 각 루틴에 소개한 '실행 장면'을 통해 단순한 활동에 머물지 않도록 어떻게 루틴을 효과적인 수업 구조에 끼워넣을지 폭넓게 생각하게 되었을 것이다. 시간이 지나면서 루틴이 교사와 학생에게 어떤 영향을 미쳤는지 살펴보았으므로, 여러분은 루틴이 학생들을 사고하는 사람이자 학습자로 발전시키는 수단이 되려면 루틴을 시도하는 것보다 더 많은 노력이 필요하다는 점을 알게 되었을 것이다. 사실 제시된 루틴 일부는 일회성의 독립형 활동으로서 효과가 있을 수 있지만, 계속 사용해 행동 양식으로 개발하려면 교사와 그룹 리더의 지속적인 노력이 필요하다. 강력한 사고 문화를 이해하고 형성하기 위해 수년 동안 광범위하게 노력해온 비알릭 칼리지와 다른 여러 학교의 교실에서 수많은 '실행 장면'을 가져온 것은 우연이 아니다. 사고 루틴과 그 밖의 가시적 사고 전략이 진정으로 번성할 수 있는 곳은 바로 이러한 환경들이다. 이 장에서는 사고 양식의 발전 과정을 탐구하고, 사고 문화를 창출하는 광범위한 환경을 검토할 것이다.

'사고 문화' 프로젝트에서 우리는 사고 문화를 "그룹 개개인의 사고와 집단적인 사고를 모두 존중하고 가시화하며 모든 구성원의 지속적이고 일상적인 경험이 되도록 적극적으로 촉진하는 공간"으로 정의했다. 몇 가지 측면을 살펴봄으로써 정확히 무엇을 포착해 정의한 것인지 명확히 할 필요가 있다. 첫째, '교실'이 아니라 '공간'이라는 단어가 사용되었음을 알아챘을 것이다. 학습 및 지적 성장을 집단의 임무로 인식하는 곳에 사람들이 모이면 사고 문화를 창조할 기회가 생긴다. 교실이나 회의실, 북 클럽이나 미술관 관람, 위원회 회의나 연구회일 수 있다.

다음으로 정의에서 "그룹 개개인의 사고와 집단적인 사고"도 언급한다. 사고는 보통 불가사의한 개인의 정신에서 일어나는 개인의 노력으로 간주된다. 그러나 다른 사람의 도움이 없으면 우리의 사고는 심각하게 축소될 것이다. 개인적인 사고는 도전받을 때, 다른 사람에게 명확하고 간결하게 아이디어를 표현해야 할 때, 다른 사람의 논리 제시와 문제 제기 등을 통해 대안적인 관점과 통찰을 제시할 때 도움이 된다. 더욱이 문제 해결과 의사 결정, 이해를 통해 집단으로 성취할 수 있는 것은 보통 개인이 혼자 성취할 수 있는 것보다 훨씬 더 크다. 물론 업적의 정점을 보여준 개인의 인상적인 성취 사례도 많긴 하다. 그러나 역사상 인류는 도전을 극복하기 위해 더 자주 그리고 더 직접적으로 집단의 노력에 의존해왔다. 창의성 전문가인 켄 로빈슨 경은 다음과 같이 말했다. "가장 훌륭한 학습은 집단에서 이루어진다. 협업은 성장의 원천이다. 만약 우리가 사람들을 세분화하고 분리하여 따로따로 판단한다면, 이는 그 사람들과 그들의 자연스러운 학습 환경 사이에 일종의 분열을 조장하는 것이다."(Robinson, 2010) 그러므로 우리는 사고 문화 속에서 각 개인의 기여와 성장을 인식하면서도 보편적인 사고를 발전시키기 위해 집단의 힘을 이용하고자 한다.

사고 문화 정의의 다음은 사고를 '존중하고 가시화하며 적극적으로 촉진'해야 한다고 진술한다. 사고를 존중하지 않는다고 말하는 교육 사업을 찾기는 어렵다. 어찌 보면 엄마와 애플 파이* 같은 것으로, 모두들 지지해야 한다고는 느낀다. 그러나 어떤 것이 진정으로 존중받으려면 먼저 분명하게 표현되고 식별 가능해야 한다. 1장에서 언급했듯이, '생각하다'라는 단어는 너무나 폭넓게 사용되는 데다, 서로 다른 다수의 인지 활동을 포함하고 있기 때문에 의미가 항상 명확하지만은 않다. 사고를 존중하려면 사고를 분석하고 주어진 상황에서 사고가 무엇을 수반하는지 찾아야 한다. 그러고 나서 우리는 존중하고 촉진할 만하다고 여기는 사고 유형에 대

....
* 미국인에게 '엄마' 하면 떠오르는 것이 애플 파이이듯이, 뗄래야 뗄 수 없는 관계를 이른다.

한 권리를 주장해야 한다. 그룹 리더는 "우리는 사고를 존중한다."라고 말할 게 아니라 자신들이 존중하는 사고 유형을 분명하게 표현해야 한다. 그래야만 사고를 가시화하려는 노력이 실행될 수 있다. 질문하기, 경청하기, 문서화하기, 사고 루틴 사용하기와 같은 가시화를 지원하는 실행 방안이 이 책 곳곳에 제시되어 있다. 가시성은 우리에게 학생들이 어떻게 아이디어를 이해하는지 보여주는 창을 제공해준다. 단지 이 창을 들여다보는 것만으로 만족할 수 없다. 또한 가시성은 사고를 지원하고 촉진할 발판을 제공해주고 사고를 발전시켜 학생들의 이해를 발전시킨다.

"지속적이고 일상적인 경험이 되도록" 사고 문화 정의에서 이 부분은 비고츠키(1978)가 말한 "아이들은 주변 사람들의 지적인 삶의 영향을 받으며 성장한다."(p. 88)와 통한다. 사고 문화를 촉진하고자 한다면, 학생들을 사고로 둘러싸야 한다. 즉, 사고는 특별한 경우에 참여하는 일회성 활동이 아닌, 교실에서 매일 평범하게 하는 활동이 되어야 한다. 로버트 프라이드는 『학교 게임(The Game of School)』(2005)에서 비고츠키 인용의 어두운 면을 다루었는데, 학생들이 너무나 자주 그리고 너무 많은 장소에서 학교 게임을 배우는 것만큼 많이 배우지 않는다는 사실을 알아채고 비판하고 있다. 학교 게임은 실제 사고와는 거의 관계가 없는 단기 기억에 아이디어를 담는 데 필요한 기법을 익혀야 할 뿐이다. 이 정서는 2010년 비키 애벌레스와 제시카 콩던이 감독한 다큐멘터리 〈레이스 투 노웨어〉에서 반복되는 주제로, 이 다큐멘터리는 성적을 위해서만 공부해서 배우는 게 없다고 느끼는 미국 전역의 학생들의 목소리를 기록하고 있다. 이 상황을 뒤집고 학생들이 사고하는 사람이자 학습자로 발전하길 바란다면, 매일 사고하기를 기대해야 한다.

마지막으로, 이러한 사고 문화 정의에서 "모든 구성원"에 주목해야 한다. 사고는 너무나 자주 재능이 있는 학생이나 성적이 뛰어난 학생이 독점하는 영역으로 간주되어왔다. 학생들은 기초가 없으면 생각하고 배우고 성취하고 탁월해질 수 없다는 관념을 교사들이나 우리 스스로가 얼마나 자주 표현해왔던가? 그러나 이 관념에는 근본적으로 결함이 있다. 우리가 늘 사고를 할 필요는 없다거나, 사고를 무시하고, 교사가 학생들에게 머리 쓸 일 없이 기계적으로 암기만 시키고도 어떻게든 나중에 생각할 수 있는 학생들을 배출할 것이라고 상정하기 때문이다. 사실, 그 반대가 진실이다. 즉, 교사들은 학생들이 사고하지 않는다는 사실을 한탄하지만, 학생들은 생각하지 말라고 배워왔거나, 주어진 과제를 하는 동안 암암리에 사고 능력이 없다는 말을 들어왔기 때문이다. 지난 10년 동안 '가시적 사고' 및 '사고 문화' 프로젝트에서 교사들과 함께하는 동안, 우리는 모든 연구 대상 학교에서 일관되게 한 가지를 관찰해냈다. 사고가 교실의 일상적 관행이 되고 교사가 학생들의 사고에 관심을 보이고 존중할 때, 그때까지 학업이 뛰어나지 않던 학생이 두각을 드러내기 시작한다는 점이다. 학교에서 더 이상 빠르고 정확한 답이 아니라 아이디어, 질문, 관찰의 표현에 집중하면, 모든 학생에게 새로운 운동장이 만들어지는 것이다. 이러면 학교 게임에 능숙한 학생들이 속상해할까? 처음에는 그럴 수 있지만, 시간이 흐를수록 이 학생들도 훨씬 더 흥미롭고 놀아볼 만한 새로운 게임을 배운다.

"그룹 개개인의 사고와 집단적인 사고를 모두 존중하고 가시화하며 모든 구성원의 지속적이고 일상적인 경험이 되도록 적극적으로 촉진하는 공간"이라는 사고 문화의 정의는, 교사가 완벽하게 성취해야 할 상태라기보다는 나아갈 목표이다. 심지어 비알릭 칼리지에서 6년간 연구한 후에도, 사고 문화의 발전은 학교 교직원들의 변화와 지도부 교체에 따라 매년 다시 논의해야 하는 여전히 진행 중인 목표로 보인다. 사고 문화는 지속적으로 형성하고 육성해야 한다. 집단 문화의 창조는 사실상 오랜 기간 집단 구성원의 적극적인 참여와 투입으로 형성되어 지속되고 진화하므로, 당연시될 수 있는 것이 결코 아니다.

이 과정과 이 과정에 보다 직접적으로 영향을 끼칠 방법을 이해하기 위해, 그룹 학습 사례를 세 가지 제시한다. 첫 번째는 암스테르담 국제 학교 리사 페르커크의 교실이고, 두 번째는 호주 멜버른의 줄리 랜드보그트가 이끈 이타카 프로젝트의 학교 간 교사 그룹이며, 세 번째는 뉴욕 현대 미술관의 다라 코언이 진행한 미술관 관람이다. 각각의 사례는 사고 가시화를 지원하기 위해 사고 루틴과 다른 활동을 함께 사용하고, 또 참여적이고 적극적이며 독립적인 학습자이자 사고하는 사람을 육성하는 데 활용할 더 포괄적인 환경도 조명한다. 종합해볼 때, 이 사례들은 독자들에게 어떻게 하면 사고 문화를 효과적으로 형성할 수 있는지 느끼게 해준다. 사례 연구를 제시한 뒤 사고 문화를 형성하는 중요한 힘들에 대해 논의할 것이다.

교실을 성찰 공간으로 만들기(리사 페르커크와 공동 집필)

리사 페르커크는 2001년 한 주 동안 유럽에서 온 국제 교육자 39명과 함께 매사추세츠주 케임브리지에 있는 하버드 교육대학원에서 '이해하기 교육'의 의미를 탐구했다. 그주 내내 교사들은 '이해하기 교육의 틀'(Blythe & Associates, 1998)을 사용하여 학생들의 이해력 발달에 초점을 맞춘 단원을 읽고 토론하고 수업안을 짰다. 신참 교사인 리사는 이 활동에 몰두하였고 다른 방향에서 단원 수업안을 생각해보게 되었는데, 이 한 주 동안의 경험은 특히 두드러졌다. 매일 워크숍 장소에 도착하면 교사들은 이해하기에 대한 이해가 발전했는지 성찰할 것을 요청받았다. 성찰로 일과를 끝내기보다 시작하는 것은 확실히 새로웠지만, 학습자로서 리사의 관심을 끌고 그녀를 사로잡은 것은 성찰의 수단이었다. 그주를 시작할 때 참가자들은 스케치북을 받았고, 자신에게 이해하기가 무엇을 의미하는지 나타내는 시각적 은유를 만들어보라는 요청을 받았다. 간간이 클래식 음악만 들리는 조용한 분위기에서, 참가자들은 미리 제공받은 색연필, 수채화 물감, 크레용, 파스텔, 콜라주 재료를 가지고 30분 동안 각자 시각적 은유를 만들었다.

시각적 성찰과 은유적 사고를 처음 탐구하는 경험은 분명히 리사의 흥미를 자극했지만, 학습자로서 리사에게 가장 깊은 영향을 미친 것은 매일 이해하기라는 중심 아이디어를 되새겨보고, 새롭게 성찰하고 현재의 생각과 궁금한 점을 통합하며, 그림을 통해 스스로 생각하고, 깊은 개인적 의미를 담은 추상적인 은유를 만드는 기회였다. 리사는 문자화하지 않는 형태의 이 성찰이 얼마나 강력한지 충격을 받았다. 비록 글과 단어의 사용이 금지된 건 아니지만, 이것들은 시각적 요소를 대체하기보다는 증폭하는 데 유용한 편이었다. 게다가 재료를 제한 없이 사용하자, 순전히 글로 써가며 성찰할 때 떠올리기 힘든 아이디어가 독특한 방식으로 흘러나왔다. 시각적으로는 반드시 시작이나 끝이 있을 필요가 없었다. 사고는 비선형적이었다. 그주가 끝날 무렵, 리사는 5학년 학생들에게 똑같은 종류의 경험을 하게 해주고 싶었다. "저는 그림 성찰 일지 경험이 너무나 즐거웠지만, 동료 교사 중에 그림을 그리거나 색칠이 서툴러서 썩 즐기지 않는 사람도 있더라고요. 그래서 학생들이 처음에는 어려워할 수도 있겠다는 생각을 했어요."

암스테르담으로 돌아온 리사는 학생들이 새 학년에 쓸 스케치북을 준비하게 하고, 미술 재료를 끌어모으기 시작했다. 리사는 매일 그림 성찰 시간을 할애하는 것이 일정상 불가능하다는 것을 알았다. 동시에 그녀는 정기적으로 시간을 할애해 성찰 과정에 전념하지 않으면, 미술을 통해 직접 경험한 사고의 힘을 학생들이 경험하지 못할 것이라는 점도 알았다. 그녀가 생각해낸 절충안은 매주 45분 '그림 성찰 시간을 갖는 것'이었다. "특별하게 시간을 지정했다는 의미죠."라고 리사가 언급했다.

첫 시간에 리사는 학생들에게 자신이 경험한 성찰을 통한 학습 이야기를 들려주는 것으로 이 시간을 시작했다. 그리고 1년 내내 학생들의 학습을 정기적으로 성찰하는 방법으로 그림 성찰 일지를 이용할 계획이라고 말했다. 또한 기본 규칙을 몇 가지 정했고, 조용히 해야 하고 집중을 돕기 위해 음악을 조그맣게 틀 것이라고 말했다. 성찰을 공유하고 싶지 않다면 비공개로 할 것이라고 설명했다. 그러나 성찰 시간이 끝난 후 공유하고 싶어 하는 학생들이 스케치북을 그냥 펼쳐두면 반 학생들이 돌아다니면서 그림 성찰을 볼 수 있다. 첫 개시로 리사는 학생들이 성찰할 주제로 '우정'을 골랐다. 매년 30%의 학생들이 새로 들어오는 국제 학교에서 친구를 사귀고 친구가 된다는 주제는 자주 다뤄지는 것이었다. 그녀는 학생들에게 "좋은 친구가 된다는 것은 어떤 의미이고, 친구는 왜 중요한가?"에 대해 생각해보고 나서 이 아이디어를 그림 성찰에 반영해보라고 했다. 리사는 그날뿐 아니라 이어지는 시간에도 학생들과 함께 성찰을 그림으로 그렸다.

"학생들의 반응이 정말로 좋았어요."라고 리사는 말했다. "영어가 모국어가 아닌 학생들이 많은데, 영어를 사용하지 않고도 자신의 아이디어를 표현할 수 있다는 사실에 고마워했어요." 시간이 지남에 따라 리사는 이 학생들이 그림 성찰 시간에 얼마나 표정이 밝아지는지 알아차렸다. "학생들은 이 활동의 자유로움을 사랑했어요. 옳고 그름이 없고, 단어는 예술적 창의성보다 덜 중요해요. 얼마 후 학생들은 곧 단어도 찾아냈지만, 비록 함께 대화할 수는 없더라도 처음으로 연관성을 찾도록 도와준 것은 그림 경험이었어요."

리사는 매주 정기적으로 성찰 시간을 계속 이어갔다. 서서히 그녀는 학생들의 그림에서 변화를 알아차렸다. "처음에는 사람, 집, 자동차, 주로 곧이곧대로 그리는 그림으로 생각을 표현하려고 했어요."라고 리사는 말했다. "잘 그리지 못하는 학생이 거기서 막혔죠. 이런 학생 중 몇몇은 그림을 그린 후 생각을 글로 표현하기 힘들어했고, 단순하거나 피상적으로만 성찰했어요." 이 문제를 해결하기 위해 리사는 좋은 화가가 되거나 멋진 그림을 그리기 위한 것이 아니라 재료를 사용하여 색다른 방식으로 생각을 표현하는 시간이 성찰 시간이라고 지적했다. 그녀 자신조차 화가가 아니고 사물을 애써서 그리지 않더라도 선, 상징, 색깔을 이용하여 생각을 표현할 수 있다는 사실을 깨달았고, 바로 이것이 그녀를 자유롭게 표현하게 해주었다고 강조했다. "모두에게 추상적으로 그리면서 성찰하도록 장려했고, 곧이곧대로 그리려고 애써야 한다는 제약을 받지 않게 했어요. 그래도 어려워한 학생들을 알아요. 그런 학생들에게서 공통된 색깔과 패턴을 볼 수 있었어요."라고 리사는 언급했다.

학생들의 성찰적인 사고를 시험해보고 발전시키고자 애쓴 리사는 은유의 개념, 즉 어떤 것이 다른 것을 의미할 수 있거나, 어떤 것이 다른 것을 밝혀내는 데 사용될 수 있다는 개념을 학생들에게 정식으로 소개하기로 결정했다. "제 인생이 가끔 회전목마같이 느껴진다고 말하고는, 제가 왜 그런 비교를 했는지 생각해보게 했어요." 그러자 학생들이 회전목마의 특징을 이야기하기 시작했다. 빙글빙글 돌고, 사물이 위아래로 움직이고, 조명과 음악이 있으며, 처음에는 재미있어 보이지만 가끔 너무 빨리 돌아 어지럽다가 마침내 내리고 싶어지는 것 등이다. 그러고는 회전목마의 곧이곧대로의 측면과 인생의 연관성을 찾아나갔다. 그때 리사는 은유의 개념을 좀 더 확장했다. "예술가의 마음속에 있는 이야기를 색깔, 질감, 선, 형태, 움직임으로 말해주기 때문에 그리기는 여러모로 시각적 은유가 훨씬 쉽다고 설명해주었죠." 그녀는 또한 어떻게 색깔이 느낌이나 정서를 나타낼 수 있는지, 혹은 심지어 형태가 어떻게 직접적으로가 아니게 생각을 나타낼 수 있는지 학생들에게 말했다. "다시 말해 학생들에게 그냥 추상화를 그려보라고 한 거예요."라고 리사는 설명했다.

수년에 걸쳐 리사는 곧이곧대로에서 추상으로 이동하는 과정이 학생들이 거치는 정상적인 과도기임을 알게 되었다. 그녀가 주목하고 적극적으로 발전시키고자 했지만, 동시에 전적으로 자연스럽고 예상 가능한 것이었다. "매년 6주 시점에 도달하면 기적적으로 모든 그림이 독특해지는 것을 이제는 알 수 있어요. 모두들 그림 성찰이 어떻게 작동하는지 이해하게 된 거죠. 학생들은 그림으로 표현할 자신만의 생각이 있고 자신만의 그리는 방식이 있는 거죠. 학생들이 이 과정을 상당히 즐겨서 성찰을 글로 써서 자신의 생각과 자기 자신을 더 많이 공유하기 시작했어요."

리사는 자신의 경험을 바탕으로 성찰 경험의 힘이 주로 성찰 대상에 달려 있다는 사실을 깨달았다. 그녀는 하버드에서 일주일 동안 이해하기 교육과 학습의 의미에 대해 읽고 토론하고 탐구했는데, 성찰 시간은 배우고 있는 것을 종합하고 강화할 기회였다. 리사는 성찰 일지가 정말로 학생들의 사고를 독려하고 학생들의 이해력을 발달시킬 수 있으려면, 단순히 학생들을 성찰하게 한 다음 물감을 주고 엄청난 일이 일어나길 기대해선 안 된다는 사실을 깨달았다. 그녀는 학생들이 무엇에 대해 생각하기를 바라는지, 이토록 강렬한 성찰의 순간이 그녀가 심화 학습을 위해 제공한 기회와 어떻게 연관될지 주의 깊게 생각해야 했다. 그래서 리사는 예술을 통한 성찰로 얻을 수 있는 학습 순간을 찾기 시작했다. 그녀는 수업 중 독서에서 책의 핵심 주제를 숙고하게 하는 자연스러운 기회를 발견했다. 이것의 한 예가 6장 '문장-구절-단어' 루틴의 '실행 장면'으로 제시되었다. 리사는 또한 수업에서 학생들이 공부한 시의 의미를 그림으로 표현할 기회를 발견했다.

리사는 사회과 단원의 본질적인 질문과 중심 아이디어가 지속적인 성찰에 적합한 풍성한 주제라는 사실도 발견했다. 예를 들어, 이주 단원을 시작할 때 학생들에게 다음의 질문을 성찰하게 했다. "여러분에게 집이란 무엇을 의미하나요? 집은 어떤 느낌을 주나요? 여러분은 집의 어떤 점을 소중하게 여기나요?" 단원 중간에 이를 즈음 학생들은 강제 이주에 대한 다양한 이야기를 읽고, 난민들의 역경에 대해 공부했다. 단원이 끝날 무렵,

학생들은 학습을 강화하는 다음과 같은 질문을 성찰했다. "이주 단원에서 배운 것 중 가장 중요한 것은 무엇인가? 따로 떼어내 중요하게 기억해야 할 것은 무엇인가?"([그림 7-1] 참조)

첫해에 리사는 교실에서 그림 성찰 실험을 진행하여 학생들을 참여시켰다. 이는 한 주 수업의 중요한 부분이자 학생들이 기대하는 시간이 되었다. "운동회 같은 특별한 행사 때문에 성찰 시간을 빼면, 학생들이 다른 것을 빼더라도 성찰 시간을 만들어달라고 해서 종종 그렇게 했어요."라고 리사는 말했다. 동시에 리사는 성찰과 은유의 사용에 대한 모델링이 학생들의 발전에 얼마나 중요한지도 말했다. "끝나면 우리는 돌아다니면서 그림을 보고 글을 읽어요. 학생들은 서로 질문하고 좋았거나 흥미로웠던 것을 나중에 말하죠. 이런 식으로 학생들은 주제를 철저하게 탐구하고, 자기 삶과 연결시키며, 자신의 감정, 신념, 가치를 표현할 자신감을 키웠어요."라고 리사가 말했다. "매주 학생들은 그림을 설명하는 글을 더욱더 많이 쓰

[그림 7-1] 이주에 대한 학생들의 그림 성찰

게 됐어요. 가끔은 다른 상황에서라면 할 이유가 없는 매우 개인적인 내용을 공유해요. 성찰 일지에서 알게 된 내용이 개인적인 것이어서 비밀을 지켜주기 위해 다른 사람의 성찰을 교실 밖에서 말하지 않기로 약속했어요. 학생들은 사람들이 같은 화제나 주제를 다른 관점으로 보는 것을 매력적으로 느끼고, 점차 자신만의 관점을 신뢰하고 존중하기 시작했어요."

리사는 또한 학생들의 성찰을 존중하려면 교사로서 모델링의 역할이 중요하다는 사실을 깨달았다. "여기서 중요한 단어는 '솔직함'이에요. 학생들은 눈을 감고 아주 조용히 앉아 있는 저를 자주 봐요. 저는 미술 재료는 물론 그림 그리는 데 완전히 몰입해 흥분했다가 글을 쓰는데, 그림 위에 쓰기도 하고 특이한 각도로 쓰기도 해요. 그래서 저의 탐구가 학생들에게 더욱 모험을 감행하도록 부추겨요. 저는 전적으로 솔직해요. 비록 성인의 관점에서 글을 쓰지만, 저의 성찰은 여전히 수업 때 함께 탐구한 것과 연관되어 있죠. 그래서 학생들을 믿고 솔직하게 대해요. 어쩌면 그것이 학생들에게 약점을 드러낼 용기를 주지 않았을까요? 이 활동이 정말 중요한 것에 집중하는 데 얼마나 도움이 되는지 말해주고, 학생들은 제가 얼마나 즐기는지 보는 거죠. 우리는 성찰을 공유하고, 각자의 성찰을 토론하는 시간을 갖기 때문에 풍부한 사고를 존중하고, 서로의 관점에서 배워요. 이것이 분명한 메시지를 하나 전한다고 생각해요. 바쁜 하루에도 잠시 멈추고 문제를 성찰할 시간을 갖는 것이 중요하다는 메시지요."

학년이 끝날 무렵, 학생들은 매주 돌아오는 이 성찰 시간을 너무나 소중히 여기게 되었고, 많은 학생이 집에서도 성찰을 그림으로 그리는 과정을 계속할 것이라고 말했다. 학생들은 대부분 이것이 정말 이해력 발전과 학습에 도움이 많이 되었다고 느꼈다. 대니얼은 그림 그리기를 통한 성찰 과정을 이렇게 말했다. "성찰 그림을 그릴 때, 가끔 그냥 계속 그리다가 몰입하면 이렇게 말하기 시작해요. '그래, 이걸 나타내려면 이렇게 그리면 되고, 그것과 연관된 이것을 그려도 돼'." 다른 몇몇 학생들 또한 몰입의 개

넘과 그림 그리는 행위가 어떻게 사고를 발달시키고 촉진하는지 알게 되었다. 헤니는 자신에 대해 이렇게 말했다. "보통은 충분히 깊이 생각하지 않거나 완전히 이해하지 못하지만 색칠하거나 그리기 시작하면 도움이 돼요. 글을 좀 쓰면서 그리다 보면 훨씬 깊이 생각하게 돼요." 알렉스도 이 느낌에 공감했다. "그릴 대상을 더 깊이 이해하면 더 많은 연관성을 찾을 수 있어요. 그러면 그릴 수 있어요."

영어가 모국어가 아닌 레어 즈미그로드는 그림이 생각을 표현하는 데 어떤 도움이 되었는지 말했다. "생각을 말로 하는 것보다 그림으로 그리는 게 훨씬 더 쉬워요. 그러면 그림을 볼 수도 있고, 배운 것을 더 많이 알 수도 있고, 내가 알고 있는 것도 더 많이 알 수 있죠." 레어는 심지어 제한된 영어 실력이 표현하고 이해하는 데 장애가 될 때가 많다는 사실을 그림으로 그려 이해했다. [그림 7-2]는 그녀가 생각의 세계를 가로막는 벽돌 담을 그린 것이다.

여러 해 동안 학생들과 함께 그림 성찰을 실행해온 리사는 이 루틴이 자신과 학생들 모두에게 무엇을 의미하는지 돌아보았다. "함께한 시간은 매우 특별했어요. 우리 모두 부드러운 음악과 사랑스러운 미술 재료, 그 과정을 즐겼어요. 이 교실 저 교실 돌아다니느라 정신없이 바쁜 날에 우리 자신을 위해 약간의 시간을 훔치는 것과 같아요. 이 활동은 감성적인 자아, 즉 종종 숨겨두는 우리 일부를 끌어내줘요. 이 자아를 공유하여 우리는 하나가 되었고, 더 깊은 수준으로 존중하고 이해하게 됐어요. 이 활동에는 경쟁이 없어요. 더 올바른 것도 없고요. 더 높은 점수를 받는 사람도 없어요. 우리는 모두 동등해요." 리사는 매년 교실에서 이 행동 양식을 개발하느라 보낸 시간이 학생들이 더 잘 사고하는 사람이 되도록 도왔다고 느낀다. "진정으로 서로에게 경청하고, 관점이 다르더라도 다른 관점을 이해하려고 노력하는 것은 효과적인 사고 문화를 창조하는 데 필수적이에요. 그렇게 할 수 있다면 우리는 진정 협력해서 생각하고 배울 수 있어요. 저는 매

우리는 단어와 그림 속에 숨어
있는 수수께끼를 푸는 방법을
배운다. 시간이 걸리지만,
우리는 결국 훌륭한 성취를
이뤄낸다.

그림은 담과 그 뒤에 있는 뭔가
위대한 것을 보여준다. 담을
부수면 우리는 환상적인 것을
얻게 된다.

[그림 7-2] 레어의 '벽돌 담' 그림

년 즐겨 사용하는 교육 지침이 있어요. '무엇 때문에 혼자 생각하는 것보다 함께 생각하는 것이 더 강력한가?'예요. 몇 달이 걸릴지 모르지만, 결국 한 해에 적어도 한 명쯤은 마침내 제 앞에서 이 말을 인용할 거예요. 이때가 항상 저를 미소 짓게 하는 순간이지요."

사례 연구 2

교사도 학습할 시간 확보하기(줄리 랜드보그트와 공동 집필)

한 학기를 보낸 호주의 어두운 겨울 아침, 오전 7시이다. 도시 곳곳에서 교사들이 모여들어 인사를 나누고 지난달 소식을 주고받는 가운데 커피가 내려지고 크루아상이 데워진다. 공식 업무를 시작하기 전에 지난 모임 이

후로 만나지 못한 다른 학교 교사들과 다시 만나는 기회이다. 하루를 시작하는, 아니, 사실은 하루를 시작하기 전에 시작하는 것이 이 그룹의 성공에 매우 중요했었다. 사람들은 오늘의 업무에 아직 매이지 않았다. 긴급한 일이 생기기 전에 관심을 쏟아야 하는 여러 큰 이슈를 더 잘 이해하기 위해 이 시간을 정했다.

이 모임은 '이타카 프로젝트'의 최신 단계이며 올해로 6년째이다. 이타카 프로젝트는 교육학, 교육과정, 평가를 생각하여 학습 향상에 관심이 있는 멜버른 지역 8개 학교의 교사들이 만든 느슨한 네트워크이다. 그룹의 중심 탐구 주제는 '지적 인격'(Ritchhart, 2001, 2002) 개념이다. 조찬 그룹에 참여하는 모든 사람이 이타카 프로젝트의 일원인 건 아니지만, 그럼에도 불구하고 여기에는 공통된 이해와 행동이 있었다. 가장 중요한 건 효과적인 학습과 교육을 위한 간단한 비결은 없으며 항상 더 많이 배워야 한다는 것을 이해하는 교사들을 그룹에 끌어들였다는 점이다.

7시 30분이 되자 저마다 커피나 차를 손에 들고 자기 그룹을 찾아 앉는다. 모임의 의장인 줄리 랜드보그트가 발표나 사전 준비, 경고를 할 필요가 없다. 이번이 네 번째 모임이기 때문이다. 이제 형식이 익숙해져 편안한 리듬이 시작된다. 여섯 명으로 이루어진 그룹들의 이번 달 읽기 자료는 「선한 사람이 악해질 때(When Good People Turn Bad)」인데, 스탠퍼드 감옥 실험을 설계한 심리학자 필립 짐바르도의 인터뷰이다. 각자 찾아낸 아이디어를 탐구하는 동안 토론의 웅성거림이 지속된다. 작은 토론 그룹은 각각 여섯 명으로 구성되며 모임 때마다 그대로 유지된다. 줄리를 포함해 모든 사람은 1년간 두 그룹에 소속된다. 첫 번째 '담화 그룹'은 큰 아이디어와 관련된 것이며, 두 번째 그룹은 좀 더 학교 기반 대화로, 올해는 형성평가에 대한 실행과 읽기 공유가 대부분을 차지한다.

각 그룹이 유지된다는 것은 많은 사람과의 관계를 발전시켜 그룹에 대한 사명감을 키워왔음을 의미한다. 교사, 행정가, 수학자, 예술가 등 각 그룹 구성원의 다양한 관점이 그룹의 아이디어를 탐구하는 데 절대적으로 중요하다고 인식하기 때문에 한 사람이라도 빠지면 금세 눈에 띄고 피부로 느낀다. 이러한 유대감은 우연히 생긴 것이 아니다. 줄리가 의도적으로 계획한 부분이었다. "저의 의도는 이 그룹이 싱크탱크, 비판적인 친구 네트워크, 공개적이고 잠정적으로 아이디어를 시험해보는 포럼으로 기능하는 것이었어요. 세션을 함께하면서 서로를 알아갈 때에만 이것이 가능하다는 것을 저는 알고 있었어요." 줄리는 그러려면 사람들이 그룹에 헌신하고 그룹을 유지해야 한다고 믿었다. 마지막 순간에 회의가 잡히거나 긴급한 일이 생기는 학교에서는 힘겨운 싸움이 될 때가 많다는 것을 알고 있었다. 그래도 그녀는 그룹에 들어오려는 사람들에게 처음부터 자신의 의도를 명백히 밝혔다. 그녀는 초청장에 공동체 의식과 지속성이 필수적이라고 분명히 밝히고, "15분 일찍 떠나야 하거나 모든 세션에 다 참석할 수 없다면 이 그룹에 들어오지 마세요."라고 적었다.

7시 45분. 그룹의 토론은 활발한 속도로 진행되고 있는데, 교사나 진행자라면 부러워할 만한 수준이다. 돌아가며 맡는 기록자의 타자 소리가 간간이 끼어든다. 여기에서 루틴의 사용을 통해 양성된 행동 양식과 상호작용 양식이 작동한다. 대화는 '4C: 연관성, 도전, 개념, 변화' 루틴(5장 참조)으로 진행되는데, 그룹은 읽기에서 발견했거나 찾아낸 연관성, 주요 개념, 도전이나 논쟁 지점, 제안된 행동 또는 행위의 변화를 확인하라고 요청받는다. 루틴은 이미 알고 있는 대화에 구조를 더하고, 대화에 끼어들 다양한 지점을 제공한다. 4C 시간을 보장하기 위해 각 그룹은 세션마다 돌아가며 진행자를 맡는다.

오늘의 읽기는 이라크 아부그라이브 교도소 교도관의 행동 그리고 집단행동, 규범, 또래 압력 토론 사이의 연관성을 탐구하는 것이다. 이 연관성은 학교생활과 학생들이 느끼는 또래 압력의 영향뿐 아니라 교사들 사이에 확립된 규범으로 이어진다. 문화, 기대, 가치, 상호작용의 핵심 개념이 토론되고, 자신이 살아 있는 가치에 도전하고 교육자들에게 가능한 변화에 대한 탐구로 이어진다. 어떤 교사는 이렇게 말한다. "만약 우리가 우리의 가치를 뒷받침할 구조가 없다면, 우리는 학생들에게서 최선의 결과를 끌어내지 못할 거예요. 학교는 애초에 일어나지 않도록 방지할 전략을 세우기보다 행동을 고치는 데만 집중해요." 이 그룹의 또 다른 사람은 이렇게 말한다. "교사로서, 우리의 정체성은 흔히 우리가 일하는 기관에 의해 형성돼요. 이 기관은 우리가 하는 일을 뒤흔들고, 어떤 것을 그냥 받아들이는 식으로 당연시하게 만들어요. 또한 우리를 집단행동으로 유도하기도 하고요."

단지 30분 지속된 활발하고 광범위한 토론이지만, 오늘 독서량보다 더 많은 정보를 제공받는다. 이 그룹은 읽기와 말하기 그리고 공유한 아이디어와 모두에게 돌아가는 역할의 공통 기반이라는 역사가 있다. 따라서 읽기가 직접적으로 쟁점을 다루지 않았을지라도, 이 그룹이 문화 형성과 연관되는 것은 놀라운 일이 아니다. 그룹의 대화는 이런 방식으로 이전의 생각을 다시 언급하거나 미래를 향해 나아간다. 앞 세션에서 이 그룹은 줄리언 사불레스쿠의 『더 강하고 더 영리하고 더 선한 인간(Stronger, Smarter, Nicer Humans)』이나 매트 리들리의 『무엇이 우리를 인간으로 만드는가?(What Makes Us Human?)』의 아이디어를 살펴보았다. 여기서 특이한 것은 이러한 읽기가 학교의 연구 생활과 직접적으로 연관되지는 않지만, 모든 큰 아이디어와 마찬가지로 대화가 진행됨에 따라 놀랍고 도전받고 즐거운 연관성이 나타난다는 점이다.

8시가 되자 다시 컵에 원하는 카페인 음료를 채운 뒤 두 번째 크루아상을 먹을 시간이 생겼다. 사람들이 두 번째 아침 그룹을 찾아가 자리에 앉자, 메리와 안젤라가 '학교에서 우리는~'이라는 아침 섹션을 진행하기 위해 앞으로 나왔다. 오늘은 두 사람이 학교에서 일어난 일을 공유할 차례이다. 성공과 도전에 초점을 맞춰, 형성 평가 실행과 교사 연수에서 현재의 사고와 발전에 대한 10분짜리 짧은 묘사였다. 그들은 실행 이야기와 마찬가지로 개방적이고 솔직한 피드백을 요청했다. 이는 '보여주고 말하기'나 '나를 보세요' 연습이 아니라, 동료들과 서로의 생각을 큰 소리로 말하고, 서로 아이디어를 얻으며, 서로 성공과 실망을 공유할 기회였다. 자기 이야기를 시작할 기회가 아니라 '~를 시도할 수 있어요', '제가 듣기로는~', '혹시 ~인지 궁금합니다만'과 같은 조건부 언어로 하는 제안이 눈에 띄었다. 이와 같이 그룹은 함께 배우고 서로에게서 배운다는 느낌을 준다. 어떤 판단도 하지 않으므로, 또 하나의 학습 기회일 뿐이어서 도전과 실패를 속속들이 말하기가 훨씬 쉽다. 한 해 동안 네트워크에 참여한 8개 학교의 참가자는 돌아가며 읽기와 학교생활의 연관성을 성찰하고 그들이 나눈 이야기는 이론과 실천을 연결한다.

8시 15분, 두 번째 아침 토론이 시작된다. 형식은 첫 번째 토론과 같다. 1년 동안 그룹이 유지되고, 진행자와 기록자는 사전에 조정해 돌아가면서 맡고, 자료를 미리 읽어오고, 담화 조직 루틴이 사용된다. 이번에는 '연결-확장-도전' 루틴을 사용한다. 오늘의 토론은 피드백의 본질에 관한 읽기를 선택해 활성화되는데, 참가자들은 수전 브룩하트의 실용적인 글「적절한 피드백(Feedback That Fits)」, 좀 더 심리학에 기반한 캐럴 드웩의「칭찬의 약속과 위험(The Promise and Perils of Praise)」, 큰 그림의 쟁점에 초점을 맞춘 캐럴 앤 톰린슨의「차별의 목표(The Goals of Differentiation)」를 선택했다. 그룹의 모든 구성원이 정확히 같은 글을 읽은 건 아니지만, 다양한 자극을 주는 읽기는 연관성 찾기, 비교, 추가 질문을 촉진한다. 진행자는 '연결-확장-도전' 프로토콜을 사용하여 연구의 결과물과 구체적인 교실 일상생활을 오가며 계속 토론하여 평소 교사들이 다른 사람에게 "제가 하는 방식은 ~입니다."라고 말해버리고 싶은 유혹을 피한다.

대체로 즉시 연관성이 도출된다. 효과적인 피드백에 대한 브룩하트의 글을 읽은 사람들은 학습을 심화하기보다는 단순히 요약하는 피드백을 한 것에 죄책감을 느낀다고 곧바로 시인한다. 드웩의 글을 읽은 사람들은 스스로를 발전하는 학습자이자 독립적 학습자로 여기는 듯한 현재 가르치고 있는 학생들과의 연관성을 찾는다. "학생들이 어려움에 어떻게 응답하는지 보면 알 수 있어요. 지능을 고정된 것이라고 보는 학생들은 무엇이 되었든 잘하지 못한다는 말을 너무 빨리 해버려요." 멜버른 중등학교의 중학교 역사과 부장인 앨런 블리스는 브룩하트의 글과 학생들에게 빅토리아주 대학입학시험(Victorian Certificate of Education)을 준비시키면서 고참 교사들이 느끼는 압박감의 연관성을 찾아낸다. "그들이 어떻게 학생들에게 목표 지향적이고 형성적인 피드백을 하는지 배울 수 있어요."

　토론이 계속됨에 따라 그룹의 진행자는 구성원들이 사고 확장에 대해 생각하도록 이끌고, 그룹 안에서 자발적으로 흥미롭게 관찰한 것을 말하기 시작한다. 메서디스트 레이디스 칼리지 수학과 부장인 린다 샤틀로는 인식과 주의의 힘에 대해 이야기하기 시작한다. 곧 다른 사람들이 맞장구를 치며 "피드백을 좋게 하려면 시간을 쏟고 주의를 기울여야 해요. 더 신중해야 하고요."라고 말한다. 앨런은 다음과 같이 덧붙인다. "그리고 학생들은 스스로 학습자로 인식하고 뇌가 얼마나 유연하게 확장될 수 있는지 알아야 해요." 메서디스트 레이디스 칼리지 학습 부장 워릭 윈은 보고서 작성에 문제 제기하면서 묻는다. "어떻게 하면 우리가 가치 있다고 여기는 학습을 보고서에 더 잘 반영할 수 있을까요? 만약 우리가 가치 있다고 여기는 학습에 학생들을 참여시키고 나서 그들 스스로 학습을 성찰하게 한다면, 장기적으로 학생들의 발전에 더 도움이 될 것 같아요."

　거론된 글들은 토론하기 좋은 내용이고, 교사가 교실과의 연관성을 생각할 충분한 기회를 준 것이 틀림없다. 이 토론에 나타난 활기가 어느 정도 설명해준다. 동시에 대화는 무질서하게 이루어지지 않는다. '연결-확장-도전' 루틴은 구조와 자유로움을 준다. 초점을 잡아준다. 머물러도 좋다고 하면서도 여전히 나아가라고 요구한다. 따라서 각 대화는 개별적으로나 집단적으로 방향 감각을 가진다.

8시 45분, 곧 있을 흥미로운 행사를 공유하고, 다음 모임 주제를 듣기 위해 잠시 모인다. 학교 그룹은 토론 시간이 10분 남았다. 관점을 공유하고, 아침 토론이 그들이 특정 상황에서 직면한 문제를 어떻게 분명히 했거나 도전했거나 확장했는지 성찰한다. 이 대화의 상당수는 학교로 출근하기 위해 운전하거나 걸어서 가는 동안 계속되거나 이후 몇 주 동안 여러 행정 모임, 부서 모임에서 다뤄질 것이다. 오전 9시까지 하나둘씩 자리를 뜨는데, 대부분 2교시 시작 전에 학교에 도착할 것이다. 이 짧은 90분 동안 정말 많은 일이 일어났다. 외부 관찰자인 우리는 지치긴 했지만 활력도 얻었다. 많은 교사 연수에서는 교사가 수업 때 학생들에게 기대하는 것보다 기여와 행동 면에서 기대가 덜한 편이지만, 조찬 그룹은 그렇지 않다. 이 그룹은 학습자이자 사고하는 사람이 되는 것의 중요성을 진지하게 받아들인다. 동시에 그룹이 무엇을 제공하는지, 이토록 풍부한 전문적 대화가 얼마나 희귀한지 인식한다.

메서디스트 레이디스 칼리지의 시각예술 부장인 알마 투크는 이 사실을 인정하면서도 한탄했다. "학교에서 연구할 시간이 없다는 건 불행한 일이에요. 우리는 교육과 학습에 아무런 영향을 미치지 않는 '바쁜' 일만 너무 많이 하고 있어요. … 이 그룹이 계속 유지되었으면 좋겠어요. 저는 교육을 좋아해요. 그리고 이 그룹은 우리 활동을 향상시키기 위해 우리가 정말로 노력하는 유일한 시간이에요." 웨스트본 중등학교의 6학년 교사인 케이트 라이스는 알마 투크의 말에 동의하면서, "내가 하는 일과 그 일을 하는 방식에 비판적인 도전뿐만 아니라 내가 매일 하는 모든 일의 핵심이 되는 아이디어를 멈추고 생각하고 성찰하고 토론할 기회"는 정말로 소중하다고 말한다. 케이트는 조찬 그룹의 토론이 가끔 혼란을 야기하지만, 또한 "개인적인 활동에서, 그리고 학교라는 더 큰 범위에서도 무엇을 유지하고 무엇을 버려야 할지를 고려하도록" 자신을 강제한다는 점을 인정한다.

비록 리더는 아니지만 그룹의 의장으로서 줄리는 이 그룹의 성찰에 미소 짓지 않을 수 없다. 조찬 그룹은 다소 계획된 위험을 안고 있었다. 그녀는 자신과 다른 사람들의 전문성 학습에서 자신이 계속 중심에 있지 않아도 되는 자극적인 분위기를 만들고 싶었다. "이 그룹을 지탱하는 핵심 아이디어는, 학교가 아이들이 사고하는 장소가 되려면 성인들에게도 사고하는 장소가 되어야 한다는 것이에요. 론 리치하트가 자주 이야기했죠. 현재 그룹의 목표는 학교에서 건설적인 대화를 이끌어갈 사람들이 교육의 핵심 쟁점에 참여하고, 건설적으로 피드백하기 위해 다른 학교에서 일어난 일을 공유하고, 더 큰 사회의 아이디어를 읽고 생각하고 이야기할 기회를 제공하도록 지원하는 것이었어요. 물론 90분 안에 숙고하려면 현실적이어야 했어요. 세션은 현재 교육 분야의 핵심 쟁점을 '맛보기'하는 거예요. 우리 시야를 지평선에 고정시켜주는 몇 가지 이론, 적용 사례, 더 큰 그림 아이디어가 있죠." 그녀는 심지어 이런 감정을 반영하기 위해 그룹의 이름을 로알드 달의 책 제목을 따라 'BFG 네트워크'라고 지었다. 로알드 달의 『내 친구 꼬마 거인』에서 '선량한 꼬마 거인(Big Friendly Giant)'은 좋은 꿈을 붙잡아 잠든 아이들의 창문으로 불어넣어준다. 비록 꿈속을 돌아다니지는 않지만, 줄리는 좋은 아이디어와 풍부하고 전문적인 토론이 이곳에 있으며 이를 교사의 삶과 학교생활에 불어넣으려면 약간의 도움이 필요하다는 것을 알고 있었다.

정교한 대화 구조 만들기

맨해튼의 상징인 노란색 스쿨 버스가 6번가를 벗어나 뉴욕 현대미술관 옆에 정차하자, 54번로는 미드타운의 차량들이 울려대는 경적 소리로 가득했다. 7학년과 8학년 학생 한 무리가 차체에서 재빨리 인도로 내린다. 학교를 벗어난 학생들의 에너지와 수다스러움은 그들이 교실 바깥에서 이루어지는 현장 학습의 자유로움을 만끽하고 있음을 보여준다. 다라 코언과 같은 미술관 교육자는 학생과 교사가 종종 미술관 관람의 동기 부여 측면에 집중한다는 것을 잘 알고 있다(Anderson et al., 2006). 학생들에게 미술관에 오는 것은 대개 신기한 일이다. 어떤 학생들에게는 처음이자 아마도 유일한 현대미술관 방문일 것이다. 이 신선한 경험은 다라와 같은 교육자에게 축복이자 저주가 될 수 있다. 한편으로 그녀는 모든 것을 받아들이려는 학생들의 흥미, 흥분, 욕구를 잘 활용하고 싶다. 또 한편으로 수박 겉 핥기 식으로 작품을 보는 것은 교육적 가치가 거의 없다는 것을 미술 애호가로서의 경험을 통해 잘 알고 있다. 더욱이 매년 미술관을 찾는 수백만의 관광객들과 마찬가지로 학생들의 미술관 관람도 눈 깜짝할 새 끝나고 만다. 미술관에서 자체적으로 제공하는 풍부한 기회와 방문객의 시간 제약을 고려할 때, 다라와 같은 사려 깊은 미술관 교육자는 학생들의 방문을 어떻게 조직할까? 답은 학생들이 미술관에서 보내는 시간을 잘 짜고 그것을 뛰어넘도록 크고 생성적인 아이디어에 초점을 맞추는 것이다.

"오늘은 한 가지를 생각해볼 거예요. 정체성이요. … 예술가들이 자기 자신이나 다른 사람의 정체성에 대한 생각을 어떻게 전달하는지 생각해볼 거예요. … 미술 작품 네 점을 보고 떠오른 아이디어와 우리가 배운 것을 가지고 여러분의 정체성을 판화로 만들 거예요." 다라는 정체성에 초점을 맞추고 학생들에게 이 정체성을 묘사하는 방법에 집중해 사고하게 될 것이라고 신호를 보낸다. 이 특별한 관람에서 정체성 주제는 학생들의 교사와 함께 선정한 것으로, 청소년 그룹에 보편적 호소력을 지니는 것이다. 또한 학생들이 영어 수업 때 읽은 성장소설과도 연관된다. 이어지는 판화 제작 체험은 미술관이 보유한 스튜디오 전문 기술을 바탕으로 한다. 이것은 수많은 학교의 예술 프로그램이 폐지된 사회·경제적 풍토에서, 학생들에게 예술 창작 기회를 제공하려고 고안한 프로그램의 일환이다.

다라는 몇 마디 소개말로 미술관 경험이 어떤 것인지 학생들에게 설명하고, 학습에 대한 기대치를 설정하고, 분명한 목표를 세웠다. 그러나 이 경험은 그녀를 위한 것이 아니라 학생들을 위한 것이다. 학생들이 아이디어에 참여해 사고를 활성화해야 한다는 것을 배워야 일련의 대화가 발전할 수 있다. 다라와 학생의 대화, 학생 간의 대화, 미술 작품과의 대화, 창의적 표현으로 이어질 자기 자신과의 대화 말이다. "그런데 정체성은 무엇일까요?" 다라는 대화의 포문을 여는 첫 질문을 던졌다. "자신을 정의하는 방법이요."라고 녹색 티셔츠를 입은 소녀가 용기 있게 대답했다. 이 대답이 주저하던 동급생들을 안도하게 했다. 이 대답은 다라가 더 많은 아이디어를 밝혀내기 위해 쉽게 발판으로 삼을 수 있는 유용한 정의였다. "우리 자신을 정의하는 주요 특성이나 방법에는 무엇이 있나요?" 다라가 물었다.

이 개방형 질문은 24명의 학생 그룹에 활기를 불어넣는 것 같았다. 학생들이 성격, 문화, 외모, 스타일, 개성, 환경, 언어, 신념, 이상 같은 특성을 소리쳐 말했다. 다라는 준비해온 커다란 흰색 판지에 학생들의 발언을 빨간색으로 기록했다. 이는 학생들의 응답을 포착하고 그들의 아이디어가 중요하다고 신호를 보내는 간단하면서도 효과적인 방법이다. 판지를 가방에 다시 넣었다가 관람 전에 그녀는 판지를 손에 들고서 학생들에게 말했다. "나중에 이걸 다시 꺼낼 거예요. 오늘 미술 작품을 관람한 후 앞으로 추가할 것이 또 있는지 볼 거거든요." 다라는 함께 모이는 것에 대해 학생들에게 짧게, 그리고 몇 분 후 미술관이 공식적으로 문을 열 것이고 그러면 다른 관람객이 전시실을 가득 채울 것이라고 말했다. 그러고 작품을 보려고 섰을 때 흰 벽에 기대지 말라고 주의를 주었다(벽에 흠집이 나기 쉬워 보였다). 학생 그룹은 에스컬레이터를 타고 4층 중세 회화와 조각 전시실로 향했다.

'정체성'을 관람의 초점으로 선택한 만큼, 다라는 어떤 작품이 학생들에게 정체성 쟁점뿐만 아니라 정체성을 전달하는 화가들의 다양한 방식까지도 조사할 기회를 제공할 수 있을지 숙고하는 시간을 가졌다. 물론 현대

미술관은 너무나 많은 볼거리를 제공하므로 결과적으로 많은 결정을 해야한다. 어떤 작품이 청소년들에게 가장 잘 말할 수 있을까? 어떤 작품이 이해하기 쉽지만 여전히 관람객을 끌어들여 토론을 유발할 만큼 복잡한가? 시작된 토론을 끊임없이 확장하고 자극하려면 어떤 순서로 관람하는 게 최선일까? (※ 앞으로 언급될 작품은 뉴욕 현대미술관 웹사이트 www.moma.org에서 화가나 작품명을 검색해 찾아볼 수 있다.) 다라는 특별히 학생들이 사고할 풍성한 기회는 미술관에서 로젠퀴스트의 작품 〈매릴린 먼로, 1〉을 앤디 워홀의 〈금빛 매릴린 먼로〉 옆에 배치한 것이라고 느꼈다. 학생들이 전시 공간으로 우르르 들어가자, 다라는 학생들을 두 그림 사이 바닥에 앉혔다. 그런 다음 두 작품에서 발견한 차이점을 생각해보고, 각 작품이 어떻게 대상의 정체성의 서로 다른 측면을 전달하는지 생각해보게 했다. 학생들은 로젠퀴스트의 그림에서 보이는 얼굴 해체의 특성과 워홀의 판화에서 보이는 고립된 이미지를 대비해 말했다. 학생들은 두 작품의 초점 차이를 말했다. "여기[로젠퀴스트]는 입술을 강조하지만, 여기[워홀]는 눈에 시선이 끌려요." 다라가 로젠퀴스트의 레터링에 학생들을 주목시키자 유명인사, 우상, 대중문화에 대한 토론이 촉발된다. 한 학생이 "콜라는 거품이 많고 폭발성이 있잖아요. 어쩌면 그게 그녀의 성격과 닮았나 봐요."라고 말한다. 다라는 다음으로 넘어가기 전에 워홀이 제공하는 또 한 번의 기회, 즉 학생들이 관람 후 하게 될 판화 제작 활동에 대해 말할 기회를 이용해 판화라는 매체가 정체성을 어떻게 말해줄 수 있는지 지적한다.

토론은 처음부터 끝까지 단지 15분 조금 넘게 지속되었지만, 미술관 환경에서는 꽤 긴 시간이었다. 그러나 사고하려면 시간이 필요하다는 걸 다라는 알고 있었다. 대상이나 아이디어에 제대로 개입할 시간이 없으면, 사고 기회는 공허하게 느껴질 수 있다. 확장된 탐구를 통해서만 추측이 가능하고, 관점이 검토되고, 이론이 검증되고, 새로운 이해가 발달할 수 있다. 심지어 체계화되지 않은 미술관 관람에서도 시간은 상호작용 및 이후의 회상과 매우 밀접한 관련성을 가진다(Cone & Kendall, 1978). 이 점을 알고 있는 다라는 단 몇 점의 미술 작품만 보고서 토론과 연관성 찾기를 추진하기로 결정했다. 그래도 시간의 압박은 늘 느껴진다. 토론 전에 학생들에게 미술 작품을 자세히 관찰할 시간을 주는 것이 어려울 수 있다. 침묵한 채 몇 초 이상 계속 보고, 규율 문제나 감정을 분출할 가능성 때문에 많은 미술관 교육자들은 꽤 불편함을 느낀다. 게다가 무엇을 다루고 무엇을 지나쳐야 할지를 알아내는 것은 또 다른 종류의 압박이 된다.

시간의 압박을 느끼며 다라는 학생들을 일으켜 세워 19세기 후반과 20세기 초반의 회화 및 조각 전시실이 있는 위층으로 힘차게 올라갔다. 이곳은 의자를 사용할 수 있어서 학생들은 피카소의 모더니즘 고전인 1932년작 〈거울 앞의 소녀〉 앞에 의자를 놓고 앉았다. 다라는 작품 설명 앞에 서서, "이 그림에서 무슨 일이 일어나고 있는지 추측해보고 싶은 사람 있나요?"라고 물으며 토론을 시작한다. 한 학생이 작품에 대한 전반적인 느낌을 말한다. "거울을 보는 여자예요." 다라는 학생들에게 일부러 단순하고 개방적인 질문을 던진다. "또 무엇을 알아냈나요?" 질문은 관찰에 초점을 맞춘 것으로, 자연스럽게 응답하게 한다. 대화는 다음과 같이 깊어진다.

학생: 여자의 얼굴이 갈라져 있어요. 아마도 사람의 성격에 양면성이 있음을 보여주는 것 같아요.

다라: 좋아요. 어디를 보고 있는 거죠? [학생이 손가락으로 가리킨다.]

다라: 이 아이디어를 좀 더 자세히 설명하고 싶은 사람 있어요?

학생: 어쩌면 거울에 비친 자기 내면을 들여다보고 있는지도 몰라요.

다라: 좋아요. 이런 의견이 나왔으니까, 이 두 가지 면이 어떻게 다른지 이야기해봐요.

학생: 한쪽은 밝고 한쪽은 어두워요.

다라: 좀 더 말해봐요.

학생: 얼굴이 두 개예요. 밤과 낮으로 보여요. 하나는 햇볕을 받고 있어요.

학생: 한쪽은 더 추상적이에요.

다라: 추상적이군요. 무엇 때문에 그렇게 말하나요? 설명할 수 있나요?

학생: 어두운 쪽에 도형이 더 많으니까요.

다라의 질문은 해석으로 시작하여 '보기-생각하기-궁금해하기' 루틴이 조금 변형된 '뒷받침하는 증거와 세부 사항 인식하기'(Housen & Yenawine, 2001)로 이동한다. 이는 다라가 관람자들을 미술 작품으로 끌어들여서 뻔한 첫인상을 넘어서도록 할 때 자주 쓰는 루틴이다. 이 루틴은 안내원의 정보 없이 학습자의 해석과 분석에만 초점을 맞추는데, 미술관 교육에서 논란이 없는 건 아니다(Dobbs & Eisner, 1990). 이 상황에서 다라는 학생들이 그림에 대해 배우길 바라는지, 그림을 통해 배우길 바라는지 생각해야만 했다. 중학생들을 위해 만들고자 한 학습 연결고리에서 그녀는 정체성 문제를 제기하고, 예술가들이 정체성을 묘사하는 데 사용한 방법과 기술에 초점을 맞추는 것이었다. 이 방법은 학생들이 그날 늦게 판화 체험을 할 때 적용할 수 있다. 학습 연결고리 안에서 작품에 대한 정보는 부차적인 것이 된다. 보류하는 건 아니지만, 현재 학습의 초점은 아니다.

그림에 대한 대화가 깊어지자, 학생들은 그림 속의 모델이 자기 자신을 들여다보고 있으며 어쩌면 아무도 알지 못하는 자질을 알아냈는지도 모른다는 아이디어를 제시했다. "어쩌면 그녀는 자신이 좋은 사람이 아니거나 뭔가 잘못을 저질렀다고 생각하는지도 몰라요."라고 한 학생이 제안한다. 다라가 "무엇 때문에 그렇게 말하나요?"라고 묻자, 그 학생은 거울에 비친 이미지의 음울함을 언급하며, 그것이 밝은 이미지에 비해 덜 친절하고 덜 예뻐 보인다고 말한다. 다라는 피카소의 작품을 지나기 전에 지금이 정체성에 대한 학생들의 초기 아이디어와 연관할 기회임을 인식하고, 접어서 가방에 넣어둔 흰색 판지에 손을 뻗는다. 그녀는 그 판지를 펼치면서

"우리의 정체성 특성 중에서 무엇이 내면적이고 무엇이 외면적이라고 말할 수 있나요?"라고 묻는다. 학생들은 목록을 들여다보면서 자신들이 열거한 특성 대부분이 외면적이라고 대답한다. "아마도 신념은 좀 더 내면적인 것 같아요."라고 한 학생이 제안한다. 목록에서 명백히 부족한 것에 자극받은 학생들은 감정, 감성, 자신에 대한 생각, 꿈, 자존감 같은 새로운 특성들을 추가한다. 다라는 이를 판지에 적는다. 학생들의 사고를 문서화하여 관람 중 필요할 때마다 볼 수 있게 함으로써, 다라는 자신만의 이동식 교실 환경을 조성했다.

대표 작품을 지나서 다라는 모나 하툼의 〈플러스와 마이너스〉를 보여주기 위해 학생들을 인솔해 아래층 현대 전시실로 내려갔다. 학생들은 지름 4미터의 알루미늄 원 안에 모래를 담은 작품 주위로 모여 톱니가 달린 금속 팔 절반이 모래에 완벽한 간격으로 홈을 만들었다가 몇 초 후 모터를 단 움직이는 조각품 팔의 나머지 절반이 편평한 날로 홈을 닦아서 밀어버리는 것을 지켜본다. 학생들은 처음에는 최면을 거는 조각품의 움직임에 현혹되지만, 또한 의미에 혼란스러워한다. 다라는 예술가에 대한 배경지식을 제공하지만 작품 자체를 설명하지는 않는다. 그녀는 하툼이 레바논에서 태어난 팔레스타인 사람으로 지금은 영국 시민이라고 언급한다. 이 이상 말하지 않은 다라는 학생들에게 서너 명씩 모둠을 만들어 작품에 대해 이야기하고, 이 작품이 정체성을 어떻게 전달하는지 토론하게 했다. 학생들이 탄생과 죽음, 새 출발, 건설과 파괴, 낡은 행동 양식과 새로운 행동 양식, 새로운 세대에서 사라진 과거의 전통, 변화의 지속성 등에 대해 이야기하자 나지막한 웅성거림이 들려왔다. 이 토론이 관람 초기에는 효과가 없을지 모르지만, 이 시점에는 학생들이 예술과 정체성을 둘러싸고 대화를 연장했으므로, 이제 새롭게 정교화와 확장이 가능하다. 게다가 다라는 전체 그룹 토론에서 짝과의 토론 그리고 마침내 모둠 토론으로 옮겨가며 관람 내내 대화 과정을 육성했다. 대화의 정교화 개념(Leinhardt & Crowley,

1998)은 학생들의 미술관 체험이 단순한 소장품 관람 수준을 훌쩍 뛰어넘어 깊이와 차원을 더한다.

학생들이 노란 버스에서 54번로에 내린 지 불과 90분밖에 지나지 않았다. 정체성에 대한 학생들의 탐구는 아직 끝나지 않았지만, 다라는 에스컬레이터를 타고 지하의 교실로 내려가면서 작별 인사를 한다. 학생들이 우르르 지하 공간으로 몰려들어가 의자에 앉는 동안 다라는 교실 정면에 자리한다. 그녀는 빨간색 마커펜으로 적은 흰색 판지를 꺼내서 화이트보드 위에 붙인다. 그리고 전시실에서 나눈 대화에서 많은 말과 정보를 추려 정체성에 대한 학생들의 아이디어를 재빨리 요약한다. 마지막으로 그녀는 이렇게 덧붙인다. "정체성이란 너무나 많은 측면과 양상을 가지고 있어요. 우리는 모두 복잡한 사람들이에요. 예술가들은 정체성의 모든 측면을 포착하려고 하지 않고 분명하고 흥미로운 것, 무엇이 그 사람의 핵심이자 정수처럼 보이는지만 선택해요. 판화를 만들기 시작할 때 여러분 스스로 생각해보세요. 외면적인 것이든 내면적인 것이든 여러분은 자신의 정체성에서 어떤 측면을 가장 강조하고 싶은가요?"

사고 문화를 만들어내는 일곱 가지 힘

사람들은 문화 하면 큰 문화만 생각하는 경향이 있지만, 살면서 우리는 주기적으로 수많은 작은 문화를 들락거린다. 이 작은 문화는 모든 종류의 집단 환경과 다양한 활동 안에서 발전한다. 앞에서 제시한 세 가지 사례는 전통적인 교실에서 1년 동안 일어나는 일부터 월례 교사 모임, 미술관 체험까지 교육 환경에서 이러한 다양성을 일부 보여준다. 각각의 사례에서 알 수 있듯이, 집단 문화는 지속적으로 구성되는 역동적인 활동이다. 검토해보지 않으면 이런 문화는 본질적으로 변덕스러워 보일 것이다. 그러나 분석을 하면 명확하게 식별 가능한 작동 중인 일련의 힘이 존재한다는 사실이 밝혀진다. 그 힘은 바로 기대, 기회, 시간, 모델링, 언어, 환경, 상호작용 그리고 당연하게도 루틴이다. 이들 힘은 사고 문화를 창조하는 데 영향을 미치며, 사고 루틴의 사용과 사고를 가시화하려는 여타의 노력이 꽃피울 수 있는 상황을 우리가 이해하는 데 도움을 줄 수 있다.

기대

사고 문화 창조에는 학습에 대한 기대와 필요한 사고 유형을 설정하는 것이 핵심이다. 리사의 교실에서는 그림 활동이 학생들 스스로 이해력 발달을 탐구하려는 노력을 압도하지 않도록 학습 성찰의 목표를 세우는 것이 매우 중요했다. 다라가 뉴욕 현대미술관을 방문한 중학생들에게 "오늘은 한 가지를 생각해볼 거예요. 정체성이요."라고 말했던 것처럼, 리사도 학생들의 경험보다 이 의도를 우선시했다. 마찬가지로 줄리도 초청장에 '조찬 그룹'에 대한 기대를 밝혔다. 여기에는 '일찍 빠져나가거나 결석하지 말라'와 같은 행동 규범뿐만 아니라 더 중요한 개방성, 경청하기, 질문하기도 강조되었다.

기대는 그룹의 목적과 목표를 포함하고, 학습 활동 자체의 본질을 개괄하면서, 이 활동에 필요한 사고 유형을 나타내는 것이다. 전통적으로 교육은 과정을 통해 완수해야 할 행위나 과제에 대한 기대를 설정하는 데 중점을 두어왔다. 확실히 수업 지침 측면에서 중요하긴 하지만, 기대는 실제 학습 과정에 동기를 부여하는 데는 별로 도움이 되지 않는다. 이런 지침이 지배적일 경우, 이 지침은 사고 문화보다는 순응과 수동성의 문화를 형성하는 데 더 많이 기여한다. 학습은 집중해야 하며, 학습자들은 정신적 에너지를 쏟을 방향이 있어야 한다. 만약 다라가 학생들에게 단지 미술관을 관람하고 나서 판화 제작을 할 것이라고만 말했다면, 학생들은 정신적으로 거의 기대할 게 없다는 메시지를 받았을 것이다. 이와 마찬가지로, 리사는 교실에서 연관성을 찾고 사고를 종합해내려고 지속적으로 밀어붙임으로써 학생들이 수행했거나 읽은 것을 단순히 보고하는 것이 아니라 풍부하게 성찰하는 것으로 이끌었다.

기회

기대가 사고의 초점과 방향을 제공한다면, 기회는 이 기대가 실현되는 메커니즘이다. 세 가지 사례 모두에서 학습자들의 사고 기회가 풍부하게 창출되었다. 리사는 도전적인 내용을 제시하여 이주에 대한 학생들의 이해를 형성했을 뿐만 아니라 확장하기까지 했다. 줄리는 유용하면서도 자극을 주는 도발적인 읽기 자료를 신중하게 골랐다. 다라는 정체성의 다양한 측면을 밝혀낼 미술 작품을 고르려고 애썼다. 좋은 내용을 고르는 것의 중요성이 이 책 전반에 걸쳐 강조되어왔는데, 이것이 풍부한 사고 기회를 창출하는 확실한 초석이기 때문이다. 풍부한 내용은 어떤 식으로든 학습자들의 관심을 끈다. 동시에 학습자들을 새로운 곳으로 움직이도록 자극하거나 도전한다.

그러나 기회는 내용에 대한 것만은 아니다. 풍부한 사고 기회는 내용과의 의미 있는 상호작용도 제공한다. 궁극적으로 학습자들이 내용으로 무엇을 요구받는지가 풍부한 학습 기회를 만든다. 다라가 활용한 미술 작품이 아무리 흥미로워도, 단순히 작품을 학생들에게 보여주고 작품에 대해 말해주는 것만으로는 풍부한 사고 기회가 되지 않는다. 진정으로 강력한 사고 기회는 경험 축적, 과제 하나에 이은 또 다른 과제, 정체성과 학생들 아이디어의 연관성 찾기, 표현하는 기술과 방법 식별, 궁극적으로 판화 제작에 이 방법을 사용하는 것이었다. 이와 유사하게, 줄리가 선택한 글들은 개별적으로도 좋은 반응을 얻었을지 모르지만, 조찬 그룹에서 크게 호평을 받은 것은 그 글들을 토론하고 실천과 연관성을 찾는 기회였다.

시간

기회 창출에 생각할 시간을 제공하는 것이 포함되어 있다. 교실이든, 전문 모임, 미술관, 여타 그룹 학습 상황이든, 훌륭한 사고에는 시간이 필요하다. 시간이 없으면 교사와 리더는 통찰, 연관성 찾기, 이해력 발달도 기대할 수 없다. 시간 제공의 영향은 앞의 세 가지 사례 모두에서 눈에 띄었다. 학습을 통해 리사는 이해를 깊이 발전시키기 위해 시간을 두고 성찰하는 것의 가치를 알았고, 학생들에게도 이렇게 하고 싶었다. 그녀는 한 학년 내내 시간 제공이 학생들의 은유적이고 성찰적인 사고의 성장에 미치는 효과를 보았다. 다라는 15만 점이 넘는 소장품에서 단 네 작품만 골랐는데, 학생들이 각각의 작품을 관람하는 데서 그치지 않으려면 조사하고, 토론하며, 통찰할 시간이 필요하다는 것을 인식했기 때문이다.

물론 시간은 가르칠 때 가장 부족한 것 중 하나이며, 모든 교사가 느끼는 제약이다. 조찬 그룹 사례는 이 압박을 분명하게 보여준다. 어떻게 하면 겨우 90분 만에 다양한 교사 그룹에 풍부한 전문적 경험을 제공할 수 있을까? 확실히 그룹의 시간에 대한 줄리의 계획에는 많은 것이 있었다. 이는 주로 토론의 공통 구조로 루틴을 사용하여 그룹의 자율성과 효율성을 높일 수 있었기 때문에 가능했다. 궁극적으로 시간을 절약할 수 있었다. 줄리는 효율성을 추구하고 발전시키되, 사람들의 사고를 단축시키려고 애쓰지는 않았다. 그녀는 여전히 참여하고 사고할 기회를 제공하는 일에 집중했다. 그 결과, 그녀는 풍부한 아이디어를 처리할 시간 없이 단지 퍼뜨리기만 하는 흔한 함정을 피할 수 있었다. 너무나 자주 많은 사람이 "더 빨리 해서 더 많이 다룰 순 없을까?"를 효율성의 표시로 받아들인다. 그러나 다룰 수 있는 범위란 학습 행위보다 교육(혹은 발표) 행위를 더 중시하는 사람들의 궁극적인 망상이다. 교육에서 거대한 규모로 영속되는 기만이다. 교사와 학습자 모두가 교육과정의 범위 달성이라는 명목 아래 암묵적으로 동의하는 이 기만에 따르면 오로지 피상적이고 단기적인 학습만 기대될 것이다. 그러나 통찰하고 이해하기 위해서는 아이디어를 생각해보고 아이디어를 생각해낼 시간이 반드시 있어야 한다.

모델링

교육에서 '수업 모델링(instructional modeling)' 개념은 친숙하다. 수업 활동에서 교사는 학생들에게 과정, 절차, 과제, 과업 같은 것을 하는 법을 보여준다. 수업 모델링은 수업에 포함되지만, 문화를 형성하지는 않는다. 문화를 창조하는 모델링의 유형은 더 미묘하고, 어디에나 흔하며, 내재되어 있다. 이는 사고하는 사람이자 학습자로서 교사를 모델링하는 것이다. 이런 종류의 모델링은 학생들을 위해 '과장하기'를 할 수 없으며, 진실되어야 한다. 교사가 주제에 열정적인지, 아이디어에 관심이 있는지, 학습자로 참여하는지, 사려 깊고 신중한지 등을 학생들은 알고 있다. 학생들과 함께 그림 성찰을 했을 때, 리사는 성찰 과정이 자신에게 소중하므로 학생들에게도 소중해야 한다는 메시지를 전달했다. 그녀가 단지 채점하느라 뒤에 앉아 있었으면 학급이 어떻게 되었을지 상상해보자. 이와 유사하게, 줄리는 다른 교사들과 함께 학습 그룹에 참여하여 다른 사람들과 아이디어를 탐구하는 데 대한 관심을 나타냈다. 다라의 경우, 예술에 대한 그녀의 관심과 열정이 학생들을 그녀에게 빠져들게 했다. 학습자가 주변 사람들의 지적인 삶의 영향을 받으며 성장한다고 일찍이 언급한 비고츠키(1978)의 인용에서 모델링의 중요성과 힘이 완벽하게 포착된다. 모델링은 단순히 '어떻게 되는가'를 알아내는 것이 아니라 '어떤 사람이 되어가고 있는가'에 대한 것이다.

언어

언어를 통해 교사는 어떤 학습 맥락에서도 중요한 사고와 아이디어를 명명하고 주목하며 강조하여 이 개념들과 진행 중인 실행에 학생들의 주의를 집중시킨다. 비고츠키(1978)는 학습이 사회적 맥락 속에서 어떻게 전개되지 연구하여 다음과 같이 기록했다. "아이는 눈뿐만 아니라 말을 통해서도 세상을 인식하기 시작한다. 그리고 나중에는 말을 통해 알게 되면서 단지 보는 것이 아니라 행동하게 된다."(p. 78) 말은 경험을 중재하고 형성하고 알리고 확고하게 한다. 리사의 학생들은 계속 말을 발전시켜 생각을 말하고 학습을 성찰하는 방법을 배웠다. 리사는 연관성 찾기를 끝없이 언급하고 은유에 대해 지속적으로 토론하여 이 과정을 이끌었다. 그녀는 이 사고 유형을 지속적으로 명명하고 주목하여 교실에서 관심 대상으로 삼았다.

언어는 우리의 사고를 보다 미묘한 방식으로 형성한다. 줄리는 시간이 지나자 조찬 그룹의 교사들이 서로 상호작용할 때 (절대적이지 않은) 조건부 언어를 사용했다고 언급했다. 단일한 관점과 고정관념에서 나온 언어를 사용할 때와 달리, 조건부 언어는 가능성, 대안, 관점을 인정한다(Langer, 1989). "여러분이 해야 할 일은 ~이다."와 "여러분이 고려해볼 하나는 ~일 것이다."는 얼마나 다르게 들리는가. 절대적 언어는 권위에 따르게 하여 개인의 사고와 경험을 의심하게 할 때가 많고 조건부 언어는 경험을 새로운 아이디어와 연관시키고 대안을 열어두게 한다(Langer et al., 1989; Lieberman & Langer, 1995; Ritchhart & Langer, 1997). 글로 적힌 사례를 읽는 것만으로는 경험을 형성하는 언어의 힘과 뉘앙스를 모두 이해하기 어렵다. 유감스럽게도 대화로 이루어진 상호작용의 상당 부분은 학습 내용을 기록할 때 버려진다. 그러나 교사의 언어가 학생들의 학습을 지원하고 발전시키는 방식에 특별히 주목해야 한다.

환경

방과 후에 학교를 방문한다고 상상해보자. 학생도 교사도 보이지 않는다. 단지 복도를 걷고 교실에 들어가보는 것만으로 그곳에서 진행되는 학습과 사고에 대해 얼마나 많이 알 수 있는가? 교실의 배치가 학생들이 어떻게 상호작용할지와 관련해 무엇을 말해주는가? 교사의 책상은 어디에 있으며, 놓인 상태는 무엇을 드러내는가? 벽에는 무엇이 있으며, 누가 그것을 거기에 붙였는가? 아이디어를 발전시키는 브레인스토밍으로 지저분해진 차트지와는 반대로 마지막 단원에서 완성하여 학점이 매겨진 프로젝트 모음은 무엇을 말해주는가? 아니면 둘 다 벽에 붙어 있는가? 벽에 아무것도 없는 교실은 무엇을 알려주는가?

학습이 이루어지는 물리적 공간은 학습 문화를 형성하는 또 다른 요소이다. 인간으로서 우리는 우리 필요에 맞게 환경을 끊임없이 구성하고 재구성하고 있다. 환경이 촉진하는 학습자들의 요구는 무엇인가? 학습자들은 다른 학습자와 의사소통하고 토론하고 공유하고 논의하고 관계 맺을 필요가 있다. 줄리 랜드보그트가 이끄는 조찬 그룹은 그룹의 상호작용과 토론을 가장 중요시했다. 그래서 회의실은 오전 7시 30분 전에 줄리와 조수가 그룹마다 하나씩 여섯 개의 대형 테이블을 배치해놓는다. 이와 마찬가지로, 리사 페르커크의 교실은 4~6명이 앉을 수 있는 테이블을 배치하여 융통성 있게 어떤 모둠이나 앉을 수 있게 했다. 이렇게 배치하면 사고뿐만 아니라 자료도 공유하기 쉬워진다. 다라 코언은 관람한 전시실마다 학생들의 자리를 재배치해야 했는데, 때로는 의자에 앉히거나 서 있게 하거나 바닥에 앉혔다. 이 모든 상황에서 짝이나 모둠 구성원은 대화를 하기 쉬웠다.

학습자들은 또한 모둠의 학습 과정에 대한 기록과 문서화에서도 도움을 받을 수 있다. 이러한 실행 덕분에 개인과 모둠 구성원 모두가 어디에 있었는지 알고, 성장을 인식하며, 연관성을 찾고, 새로운 질문을 제기할 수 있었다. 세 명의 교사와 리더 모두 나름의 문서 양식을 사용했다. 조찬 그룹의 각 그룹에는 아이디어를 기록하는 기록자가 있었다. 이 문서들은 매 순간 다시 언급될 수 있고, 나중에는 그룹의 모든 사람들이 보고 의견을 달 수 있는 웹 기반 위키에 게시되었다. 이는 문서를 게시하고 저장할 장소가 없는 조찬 그룹의 요구에 맞는 해결책이었다. 이와 유사하게, 미술관 다라의 그룹도 아이디어를 기록할 상설적인 공간이 없었다. 다라의 해결책은 관람 내내 가지고 다닌 흰색 판지와 빨간색 마커펜이었다. 전통적인 교실 공간에서 리사의 학생들은 자료를 교실 내부에 게시할 수 있다는 이점이 있었다. 이는 학생들이 시, 이주, 인권과 다른 여러 주제를 공부할 때 분명하게 드러났다. 또한 그림 성찰 일지는 학생들이 교실을 떠난 후에도 오랫동안 간직할 수 있는 학습에 대한 개인적 문서화 장을 제공했다.

상호작용

교실의 물리적 환경을 통해 학습에 대해 많은 것을 추론할 수 있지만, 교실 내부에서 일어나는 상호작용만큼 교실 문화나 학습 그룹에 대해 더 많은 것을 말해주는 것은 없을 것이다. 2장에서 경청하기와 질문하기의 중요성을 논의했다. 이 두 가지 실천의 핵심에는 학습자의 사고에 대한 존중과 관심이 있다. 이것은 의미 있는 공동 작업을 형성하는 적극적인 상호작용의 기본이며, 결국 사고 문화 형성을 돕는다. 개별화된 실천은, 경쟁적인 환경에서 이루어지든 그렇지 않든, 기술을 강화하고 개발하는 데 효과적일 수 있다. 그러나 이러한 개별화는 이해력을 발달시키고 학습을 심화하는 데는 덜 효과적이다(Biggs & Moore, 1993). 이해하기는 다른 사람들의 아이디어와 관점을 경청해서 수용하고, 그것들을 평가하며, 자신의 생각과 연관성을 찾고, 그런 다음 자기 생각을 다른 사람에게 발표하며, 이 역시 도전받을 것으로 증거와 이유로 뒷받침해야 한다는 점을 알 때 수월해진다. 이러한 사회적 맥락에서 탄탄한 이해와 혁신이 흔히 꽃핀다(Johnson, 2010). 이러한 발전은 그룹의 상호작용에 달려 있다. 심지어 기술 개발조차 진전시키려면 대개 다른 사람들의 피드백이 필요하다는 점에서 정말로 개별적인 노력은 아니다.

이처럼 적극적인 상호작용을 발전시키는 것이 이해하기 힘든 활동처럼 보일 수 있다. 예를 들어, 교사들은 종종 "어떻게 하면 학생들이 서로 경청하게 할 수 있나요?"라고 묻는다. 이는 상호작용에 대한 관심을 보여주는 하나의 표명일 뿐이다. 앞의 세 사례에서 상호작용 발전의 뉘앙스가 전적으로 부각되고 있지는 않지만, 그럼에도 불구하고 유용한 조언을 얻을 수 있다. 첫째, 모든 교사와 리더는 스스로 학습의 모범이 되었고, 사고에 대한 관심과 존중을 보여주었다. 학생들은 이를 알아차린다. 교사가 관심이 없으면 학생들이 관심을 보이기는 훨씬 더 어렵다. 둘째, 교실에서나 밖에서나 적극적인 상호작용에는 보통 무게중심이 있다. 개인 두 명이나 그룹 구성원을 한데 모이게 할 무엇인가가 있어야 한다. 이는 가치 있는 내용, 큰 아이디어, 생성적인 주제를 의미한다. 데이비드 호킨스(1967/1974)는 교사, 학생, 내용의 삼각관계를 기술한 영향력 있는 에세이 「나, 당신, 그것(I, Thou, and It)」에서 이를 멋지게 포착했다. 앞의 세 사례에서도 이 삼각관계는 모두 무게중심이었다. 왜 이것이 중요한가? 왜냐하면 사고 문화에서 상호작용은 단순히 예의 바르다거나 사람을 공손하고 점잖게 대하는 것만이 아니기 때문이다. 아니, 사고 문화에서 상호작용은 질서와 예의뿐만 아니라 개인과 단체의 학습을 촉진해야 한다. 이것은 다라가 90분의 관람 시간 동안에 양성한 정교한 대화에서도 볼 수 있다. 이 대화의 중심에는 정체성이라는 쟁점이 있었다. 셋째, 이러한 내용 기반 상호작용을 촉진하고자 교사와 리더는 구체적인 경로를 따라 학습의 상호작용을 구성하는 루틴을 사용했다. 이는 조찬 그룹에서 매우 분명하게 나타났다. 성인들은 종종 별 어려움 없이 논문에 대해 토론할 수 있지만, 루틴은 모든 사람이 토론에 참여할 수 있게 하는 상호작용에 평온함을 불어넣는다.

루틴

이 책의 2부에서는 다양한 사고 루틴이 '실행 장면'과 함께 제시되었다. 이 '실행 장면'을 통해 루틴이 특정 내용의 학습을 촉진할 때 풍부하고 생산적인 방식으로 사용된 예를 보여주고자 했다. 그러나 이러한 짧은 사례는 어떻게 루틴이 교실에서 실제로 진정한 루틴, 즉 행동 양식이 되었는지에 대한 인식을 독자들에게 제공할 수 없었다. 우리는 바로 앞에서 제시한 세 사례가 그 요구를 충족시키는 데 도움이 되기를 바란다. 리사의 사례에서 우리는 그녀가 한 학년 내내 '그림 성찰' 루틴을 어떻게 수업 전반에 포함시켰는지 알 수 있다. 시간이 흐르면서 그녀는 학생들의 성장을 주의 깊게 관찰하고, 그들이 추상적인 은유를 사용하도록 지속적으로 독려했다. 이는 대부분 리사의 모델링을 통해 일어났지만, 다른 학생의 모델링을 통해서도 이루어졌다. 그 결과, 학생들은 일지 작성을 통해 규칙적인 리듬을 개발하였고, 성찰을 심화시켰다.

이 규칙적인 리듬은 조찬 그룹에서도 볼 수 있다. 루틴의 이점 중 하나는 일단 확립되기만 하면 최소한의 지시나 뒷받침만으로도 개인과 그룹이 루틴을 사용할 수 있다는 점이다. 네 번째 모임에서 조찬 그룹은 루틴을 확실하게 익혔고 별 어려움 없이 루틴을 사용하여 토론을 조직하였다. 이는 조찬 그룹이 관리 시간을 줄이고 학습 시간을 극대화하는 데 결정적이었다. 루틴을 사용하는 교사는 학생들의 자율성 수준이 향상되는 것을 보고 싶어 할 것이다. 루틴의 발전이 덜 분명하게 나타난 경우는 뉴욕 현대미술관을 방문한 학생들에게서일 것이다. 이 경우에는 90분의 일회성 학습이 제공되었다. 그렇다면 어떤 루틴이 정말로 발전되었다고 말하는 것이 정당할까? '생각하기-짝짓기-공유하기' 루틴(Lyman, 1981)은 대부분의 학생에게 익숙할 만큼 널리 사용하는 루틴이다. 결국 다라는 학생들을 가르칠 때 이 익숙함을 활용했다. 그녀가 사용한 또 다른 루틴 '무엇 때문에 그렇게 말하나요?'는 학생들이 매우 빨리 받아들이는 루틴이다. 어떤 학생이 처음 주장을 펼칠 때, 다라는 그 학생에게 "무엇 때문에 그렇게 말하나요?"라고 묻는다. 이 질문을 여러 번 반복하면, 학생들은 교사가 유도하지 않아도 종종 자신의 의견을 말한 직후 이유와 증거를 제시하며 자발적으로 대답하기 시작한다. 이는 이 루틴이 짧은 시간 만에 이미 받아들여졌음을 확인해준다. 사고 루틴은 사고의 비계가 되어 사고를 지원하기 위해 고안된 것이므로, 우리가 시간을 두고 기대하는 것은 사고 루틴의 형식적인 단계가 아니라, 사고에 참여하는 이 자립심이다.

CHAPTER 08

시행착오를 줄여주는 타산지석

학생들의 사고를 가시화하는 것에 문제가 없는 것이 아니다. 이 책에서 우리는 이 문제 해결을 돕는 특정 도구, 즉 사고 루틴뿐만 아니라 문서화하기, 경청하기, 질문하기를 사용하는 전략도 다수 제시했다. 이와 동시에, 각 루틴을 예로 들거나 사고를 중시하고 가시화하며 적극적으로 촉진하는 문화의 발전을 강조하기 위해 풍부한 '실행 장면'도 제시했다. 제시된 사례들은 이들 실행의 힘과 잠재력을 강조하기 위한 것이다. 그러나 우리가 교육자들과 함께한 과정에서 목격한 공통된 분투, 잠재적 함정, 성공적인 학습 경로조차 인정하지 않는다면, 우리는 너무 태만한 저자가 될 것이다. 이것이 바로 우리의 현장 노트인 이 마지막 장을 쓰는 이유이다. 이 노트는 절대로 경고성 이야기가 아니다. 오히려 교육의 복잡성에 관여할 때 자연스럽게 마주치는 공통의 난관, 때로는 필요한 난관을 보여준다. 사람들이 어디에서 어떻게 길을 잃고, 그때의 학습 경로가 어떻게 보일지 알아두면 자신만의 여정을 계획하는 데 큰 도움이 될 것이다. 다른 사람들이 공통의 문제를 어떻게 해결했는지 아는 것 또한 도움이 될 것이며, 그들의 경험에서도 배울 수 있을 것이다.

이 장에서는 우리의 연구(Ritchhart et al., 2006)에서 도출한 루틴의 사용법을 배우는 교사 두 명의 사례를 먼저 살펴볼 것이다. 마크 처치는 6학년 수학 수업에서 학생들의 사고를 가시화하는 데 도전하고, 샤론 블룸은 9학년 역사 수업에서 사고 문화를 창조하고 있다. 이 두 사례는 루틴에 대한 학생들의 반응을 교사가 어떻게 다루는지를 강조하는데, 최소한 처음에는 본질적으로 피상적이었고 매우 깊이 있는 사고를 반영하지 않았다. 이 사례를 통해 우리는 사고 문화를 형성하기 위해 루틴으로 시작하는 것의 유용성과 동료와 함께 일할 때의 힘을 살펴본다. 이 두 사례의 다음에는 교사와 학생이 루틴을 실행할 때 나타나는 공동의 성장 궤적이 제시된다. 이 궤적은 수년 동안 다양한 환경에서 수백 명의 교사와 학생을 추적하여 얻은 결과이다. 마지막으로, 우리는 교사들이 사고 루틴을 도구로 사용하여 학생들의 사고를 가시화하는 동안 교실에서 관찰된 몇 가지 공통된 함정과 분투를 인식하고 명명하는 것으로 이 장을 마무리한다. 이러한 공통의 분투 중 일부는 루틴 설명의 '조언'에 간단히 언급했다. 자주 반복되는 것으로 보이는 쟁점들은 더 자세한 조사와 토론을 위해 여기서 분명히 다시 언급할 것이다. 교육 전문 개발자로서 우리는 이처럼 실행하기 힘든 공통 지점을 언급하는 데 '접착 메모지 마니아', '오늘의 특별 메뉴', '앵무새 죽이기 증후군', '진행표의 사망', '부분에서 전체로' 같은 약칭을 사용했다. 초기의 탐험가들이 잠재적인 위험을 "여기 용이 있다!"란 말로 지도에 표시했듯이, 우리는 사고 가시화의 현장에 교사 여러분의 여정을 표시하도록 이 약칭을 사용할 것이다.

수학 수업에서의 사고 가시화:
포기할 줄 모르는 마크 처치의 사례

스웨덴의 스티프텔센 카르페 비탐 재단이 자금을 지원하는 '사고 가시화' 프로젝트는 2003년 암스테르담 국제 학교를 포함하여 유럽에 있는 국제 학교 세 곳으로 확장했다. 암스테르담 국제 학교는 45개 나라에서 온 약 900명의 학생이 유치원 2년에서 12학년까지 다니고 있는 학교이다. 학생의 60% 이상이 영어가 아닌 다른 언어를 모국어로 사용한다. 이 학교의 언어와 문화 다양성은 사고 문화의 발전뿐만 아니라 사고 루틴의 사용을 연구할 때 매우 흥미로운 배경이 되어주었다. 국제 학교는 학생들이 자주 바뀌기 때문에 학교 문화와 교실 문화는 언제나 만들어지는 중이고, 교사들은 자신의 수업 관행이 무엇이든 많은 학생들에게 새로울 수 있다는 사실을 알고 있다.

2003~2004학년도 10월에 교사 8인은 우리가 연구자로서 개발 중이던 일련의 '이해하기 루틴'을 시험해보고, 정기적으로 만나 루틴과 우리의 연구에 대해 토론하는 것에 동의했다. 이 시험 그룹에 12년 차 베테랑 교사로서 이 학교에 5년째 근무 중인 마크 처치가 있었다. 마크는 대학에서 초등학교 교사 교육을 받았지만, 수학에 관심이 많아서 결국 중학교 수학 교사가 되었다. 암스테르담 국제 학교에서 마크는 '이해하기 교육'(Blythe & Associates, 1998)과 관련한 교사 연수 및 전국수학교사협의회(National Council of Teachers of Mathematics; NCTM)의 표준 실행에서 선두 주자로 인정받았다(NCTM, 1989). 마크는 프로젝트에 참여한 첫해에 6학년 수학 두 영역과 7학년과 8학년 수학 한 영역을 가르쳤다. 마크의 수업은 '연결 수학(Connected Mathematics)' 시리즈를 이용한 국제 바칼로레아 중등 교육 프로그램에 따른 능력 혼합형 기준 수업이었다(Lappan et al., 1997).

초기에 마크는 '연결-확장-도전' 루틴에 열의를 보였고, 당시에 공부한 '넓이와 둘레' 단원에서 학생들의 이해를 심화하는 데 도움이 될 것이라고 생각했다. 마크는 이 루틴의 세 단계를 6학년 학생들이 다룰 수 있을 것이라고 보았는데, 연결 수학 시리즈가 적용, 연결, 확장을 각 단원의 필수적인 부분으로 분명하게 강조했기 때문이다. 그럼에도 불구하고 마크는 이 사고 루틴이 학생들이 배우고 있는 수학을 생각하게 만드는 또 다른 방법을 어떻게 창출할지 궁금했고, 적용-연결-확장 질문을 통해 그때까지 나타나지 않은 어떤 종류의 사고가 밝혀질지도 궁금했다. 마크는 이렇게 말했다. "연관성 찾기가 학생들의 학습에서 중요하다는 건 항상 느꼈지만, 한번도 연관성 찾기라는 개념에 특별히 주의를 기울인 적은 없었어요. 그냥 학생들에게 특정 수학 문제가 어떻게 현실 세계와 관련이 되는지에 대해 피상적으로 지적하는 정도였죠."

이 루틴을 처음 사용할 때 마크는 '연결', '확장', '도전'이라고 적은 세 칸짜리 진행표를 만들었다. 그는 이 진행표를 3일간 기하학 조사를 할 학생들에게 나눠주었다. 이 조사에서 학생들은 주어진 양의 울타리 재료, 변화 가능한 넓이, 고정된 둘레 문제 속에서 가능한 직사각형 모양의 개 우리를 설계하는 과제를 받았다. 마크는 목표에 대한 토론에서 기록 용지가 학생들이 문제의 답을 기록하거나 이 조사가 좋고 싫었는지 보고하는 것을 뛰어넘어 성찰하도록 독려하고, 이번 조사와 이전 단원의 조사에서 제기한 아이디어의 연관성을 더 세밀하게 살펴보도록 독려하기를 바란다고 말했다.

마크는 학생들이 '연결' 칸을 채우는 데 거의 어려움이 없다고 생각했다. 그러나 학생들의 응답은 항상 그가 바라던 것이 아니었다. 예를 들어, 많은 학생들은 "개 우리 문제는 우리가 이전에 다루었던 범퍼카 문제와 같았어요. 왜냐하면 둘 다 넓이와 둘레가 관련되어 있기 때문이에요."라고 응답했다. 이런 종류의 연관성은 마크에게 특별히 강력한 인상을 주지 않았다. "학생들의 사고를 어떤 새로운 데까지 이끌지는 않는 것 같았어요." 라고 마크는 회상했다. 비록 이처럼 단순한 연관성이 지배적이었지만, 그럼에도 불구하고 마크는 학생들이 이 루틴으로부터 무언가를 얻었다고 생각했다. 예를 들어, 마크는 일부 학생들이 초기에 이 문제를 폭풍우 대피소 설계(고정된 넓이와 변화 가능한 둘레 문제)와 동일하다고 말하는 것을 들었다. 하지만 개 우리 설계가 끝날 때까지 다수의 학생은 이 두 가지 조사가 서로 다르다고 말했다.

마크는 주례 연구 그룹에서 공유하고 토론하기 위해 학생들의 연결-확장-도전 응답지를 가져왔다. 연구 그룹에서 학생들의 응답을 검토하던 중, 일부 학생이 마크가 바라던 더 풍부한 종류의 연관성을 실제로 찾아냈다는 사실에 주목했다. 한 학생은 이렇게 썼다. "폭풍우 대피소 평면도를 설계했을 때와 똑같이, '함께 모이는' 형태를 만들수록 둘레가 줄어든다!" 비록 이런 종류의 응답은 전체 연결-확장-도전 응답에 비하면 극소수였지만, 마크는 이러한 풍부한 응답이 성적 상위권 학생들에게서만 나온 것이 아니라고 말했다. 이로 인해 마크와 연구 그룹은 "어떻게 하면 이 사고 루틴을 통해 상이한 능력을 지닌 학생들이 전체 학급에서 고려할 만큼 중요한 사고를 할 수 있게 할 것인가?"라는 의문을 품게 되었다.

마크와 연구 그룹은 학생들의 응답을 심층적으로 검토하는 시간을 가짐으로써, 학생들의 이해력을 발달시키는 데 중요한 종류의 연관성과 관련한 근본적인 궁금증을 떠올리기 시작했다. 더 나아가, 연구 그룹은 어떻게 하면 이러한 종류의 연관성 개발을 지원할 수 있을지 궁금했다. 따라서 루틴이 특정 6학년 수학 수업에 기반해 있지만, 여기서 제기된 교육적 쟁점은 연구 그룹의 모든 교사에게 중요했다. 연구자로서 우리는 이 시나리오가 다른 수많은 상황에서 되풀이되는 것을 보았다. 6학년 수학 교사가 12학년 영어 교사나 유치원 교사와 공통점이 거의 없어 보여도, 특정 내용 전달과 평가라는 쟁점이 아닌 학생들의 사고와 사고 발전이 교사 대화의 중심이 될 때, 공동 목적으로 교사를 한데 묶어주는 연관성이 생기는 게 사실이다. 또한 교사가 학생들의 사고를 드러내는 방식으로 루틴을 사용하면 파급 효과가 일어나서 다른 교사들도 수업 내용에나 학생들에게나 적합하지 않다고 생각했던 루틴을 기꺼이 시도하게 된다.

마크의 경험은 특정 루틴에 포함된 사고 활동이 비록 표면적으로는 분명할지라도, 루틴을 사용할 때 교사는 학생들이 단순히 활동을 완수하는 데 그치지 않도록 학생들의 응답의 질과 깊이 문제를 계속 다루어야 한다는 것을 보여준다. 일반적으로는 학생들이 피상적이고 뻔한 것을 뛰어넘으리라는 기대와 함께 적절한 응답 모델을 제공하는 형태를 띤다. 마크는 연결-확장-도전 루틴을 처음 사용했을 때를 성찰하면서 스스로 이 문제를 인정했다. "학생들이 정말로 단순해 보이는 유형부터 더 정교한 유형까지, 음, 학습자가 더 깊이 이해하도록 인도하는 유형까지 유형들의 차이를 인식하는지 궁금했어요." 비록 마크가 가르치는 학생들에게 '연관성'이라는 말이 익숙했을지라도, 연관성의 의미를 구체화하기 위해서는 적절한 예와 명확한 모델이 필요했다. 이는 루틴 자체만으로는 제공할 수 없는 것이다. 반드시 교사가 루틴에 추가해야 하는 것이다. 그러나 이 루틴으로 공부하고 동료들과 함께 토론하는 동안, 마크와 학생들은 모두 중요한 연관성 찾기가 어떤 의미인지를 탐구할 수 있었다.

루틴의 '확장'과 '도전' 영역에 대한 학생들의 응답에서도 언어와 심층 의미 문제가 발생했다. 마크와 동료들은 '확장' 칸에서 많은 학생이 이 연구를 통해 "많이 배웠다."라고 응답하면서도 사고에서 정확히 무엇이 확장되었는지는 분명하게 언급하지 않은 사실에 주목했다. 많은 학생이 이 칸에 아무것도 쓰지 않았다. 그러나 소수의 학생들은 고정된 둘레 안에서 넓이가 그토록 변화 가능한지 알지 못했으므로 자신들의 사고가 확장되었다고 적었다. 마크는 한 학생의 발언이 특히 흥미로웠다. 이 학생은 우리를 1미터 단위로 나눌 필요가 없다면 어떻게 될 것인지 질문했다. 즉, 울타리를 아주 작은 부분으로 쪼갤 수 있다면, 더 큰 울타리가 가능한가? 마크는 이 질문이 학생의 이해가 도약했음을 나타낸다고 느꼈고, 연구 그룹에서 어떻게 하면 이 생각을 전체 학급에 소개하여 학생들의 사고를 더 발전시키고 '확장'의 모델을 제공할 수 있을지 궁금했다. 그룹은 학생들의 사고를 가시화하는 또 다른 방법이 학생들에게 다른 사람의 생각을 듣고 거기서 배울 기회를 제공하는 것이며, 마크가 이 확장을 학급 전체에 공유하여 학생들이 더 깊이 탐구하도록 해야 한다는 결론을 내렸다.

'도전' 칸에는 수많은 학생이 "발견하는 게 힘들지 않았다." 또는 "이 조사에서 어려운 점은 없었다. 해야 할 모든 것을 이해했다."라고 응답하여 마크는 동료들에게 이렇게 물어야 했다. "왜 학생들은 '이 연구에서 도전은 무엇인가?'라는 질문을 받으면 자동적으로 '어렵다'나 '힘들다' 같은 용어로 결론 내릴까요? 학생들은 도전을 나쁜 것으로 보는 걸까요? 마치 '만약 내가 도전한다면, 그건 틀림없이 학습자로서 내게 문제가 있다는 뜻이다. 왜냐하면 더 쉽게 찾아내야 하는 거니까'라는 식으로요."

마크는 처음부터 연결-확장-도전 루틴에 매료되었는데, 이 루틴이 자신의 교육 목표에 일치한다고 느꼈기 때문이다. 그러나 그는 처음에 자신이 매우 명백하다고 여긴 것, 즉 학생들에게 연관성을 찾게 하고 사고를 확장하도록 하며 도전을 찾아내도록 하는 것이 그다지 명백하지 않다는 사실을 깨달았다. 학생들에게 루틴의 언어를 설명하고 모델을 제공할 필요가 있었다. 마크는 이 문제를 이렇게 요약했다. "이 진행표를 나눠주면서 기대했던 만큼 학생들이 의미 있는 연관성 찾기에 진정으로 참여하진 않았던 것 같아요. '연결-확장-도전' 루틴을 한 게 아니라, '일치하는 것 찾기, 많은 것을 배웠다고 기록하기, 과제가 얼마나 쉬웠는지 말하기' 루틴을 한 것 같았어요. 각 칸 맨 위에 '연결', '확장', '도전'이라고 또렷하게 적은 진행표를 나눠주면 실제 받아본 것과는 다른 것을 얻을 수 있을 거라고 생각했거든요." 이 발언은 전체 그룹이 언어 문제와 모델 부족 문제 외에 학생들의 사고를 방해하거나 사고를 비가시적으로 만드는 것이 무엇인지에 대해 생각해보게 했다.

연구 그룹의 일원인 마크는 루틴을 계속하라는 격려와 지원을 받았다. 마크는 루틴에 대한 학생들의 응답 때문에 좌절하지 않았다. 오히려 그는 열정이 타올랐다. 아마도 동료나 연구자의 지원 없이 이 루틴을 시도한 교사라면 루틴의 결점을 발견하고 포기해버렸을 것이다. "효과가 없어. 이 정도로 끝내자." 그러나 마크는 이 사고 루틴에 아직 개발되지 않은 잠재력이 있을 거라고 생각했고, 그래서 "이 루틴이 저와 학생들을 어디로 데려갈지 보려면 지적 혼란 정도는 불사"하고 싶었다.

마크가 결정한 한 가지는 세 칸짜리 진행표를 포기하고 대신에 수업과 상호작용에 연결-확장-도전 루틴의 언어를 사용하는 데 집중하는 것이었다. 마크는 인터뷰 때 연구팀과 함께 그 과정을 되돌아보면서 이렇게 말했다. "세 칸짜리 진행표 자체가 나쁜 건 아니었지만, 학생들은 그것을 할당된 과제를 완수하기 위해 해야 할 또 하나의 일로 생각했을 수도 있어요. 저는 연관성 찾기만의 장을 마련해주고 싶었거든요. 지금까지 조사해온 모든 과제의 결과로, 연관성 찾기의 가치와 중요성을 알려주고 싶었던 거죠." 그런 다음 마크는 '연결-확장-도전' 유형의 언어를 수업에 포함하기로 결정했다. 예를 들면, 과제를 시작할 때 마크는 학생들에게 이렇게 선언했다. "오늘 모둠 단위로 조사할 때 문제에서 요구하는 일만 하지 말고, 이 조사가 우리가 최근에 다뤄온 문제와 어떻게 연결되는지, 그리고 여기에 새로운 것은 무엇이 있는지 생각해보기 바랍니다. 이 조사는 어떤 방법으로 여러분의 사고를 확장하나요? 혹은 지난번 문제에서 우리가 중단한 지점에서 얼마나 더 깊이 생각해보게 하나요?"

먼저 마크는 화이트보드의 모서리에 '연결-확장-도전'을 적어 반 학생 전체에게 '연결-확장-도전' 질문을 상기시킬 필요가 있다고 말했다. 가끔은 수업을 멈추고 이렇게 질문했다. "여러분은 무엇을 알아차렸나요? 이것은 우리가 해온 것들과 얼마나 비슷한가요? 여기서 새로운 것은 무엇인가요? 이것은 단지 '똑같은 것'인가요, 아니면 뭔가 다른 점이 있나요?" 마크는 학생들이 과제를 보여주러 올 때나 모둠에서 과제를 점검할 때도 개별 학생과의 대화에 이러한 종류의 질문을 사용하려고 의식적으로 노력했다.

시간이 흐르면서 마크는 이런 식의 질문이 학생들과의 상호작용에서 자연스러운 부분이 되었다고 언급했다. "몇 번 해보니까 그다지 강제적이라거나 어색해 보이지 않았어요. … 학생들의 다양한 응답에 매료되었는데, 그 응답을 가지고 개인이나 모둠, 때로는 전체 학급에서 새로운 질문을 만들 수 있었어요. 특히 학생들이 전에 다룬 다른 문제나 조사를 언급하면서 현재 하고 있는 것이 이전에 보거나 생각한 것을 어떻게 상기시키는 것 같은지 말할 때 흥미로웠어요. 그 순간에 잠시 모둠을 멈추고 말하곤 했죠. '많은 모둠에서 지난주 문제와의 이러저러한 연관성을 찾고 있는 것 같은데, 정말 훌륭해요. 지난주 우리의 이론이 이번 문제에도 딱 들어맞는 것처럼 보이네요. 하지만 한 가지 궁금한 게 있어요. 모둠에서는 여기서 새로운 층위를 찾고 있나요? 이 문제에 우리가 지난주에 얻은 이론에 또 다른 새로운 차원을 더하는 것이 있나요? 이 조사를 진행하는 동안 이 점을 반드시 고려해야 해요.'"

학년 말에 마크는 세 칸짜리 기록 용지로 돌아갔고, 심지어 숙제를 구성하는 데도 가끔 사용했다. 그러나 이때 학생들은 '연결-확장-도전'의 언어를 철저히 이해하고 있었고, 수업에서의 수많은 상호작용을 통해 세 단계 각각에서 좋은 사고 모델이 가시화되었다. 일단 이러한 사례와 경험이 갖추어지자 이 루틴의 명확성이 학생들에게 분명하게 인식되었고, 학생들은 높은 수준에서 독립적으로 이 루틴에 참여할 수 있었다. 이것은 마크가 대리 교사를 통해 학생들에게 '연결-확장-도전' 루틴을 숙제로 냈을 때 더욱 분명해졌다. 더 이상의 수업이 없었는데도 학생들은 풍부한 관찰 결과를 가지고 다음 날 토론 수업에 왔다. 이는 연결-확장-도전이 마크의 수업에서 진정으로 루틴이 되었음을 가리킨다.

학년 말쯤 우리가 마크의 수업을 관찰했을 때, 학생들이 루틴의 언어를 사용하는 것과 마찬가지로 이처럼 높은 수준의 독립적 루틴 사용이 눈에 띄게 두드러졌다. 우리가 외부인으로서 마크의 교실을 관찰하는 동안 학생들이 자신의 생각이 '확장된다', '도전받는다'라고 하거나 자신들이 찾아낸 '연관성'을 언급하는 것을 자주 들었다. 또 눈에 띈 변화는 학생들이 '확장'과 '도전' 토론을 하면서 질문을 던질 때 관찰되었다. 마크가 루틴을 처음 사용했을 때는 오직 한 학생만 '확장' 아래 질문을 적었고, 많은 학생이 '도전'에 대해 물었을 때 "이 조사에서 어려운 점은 없었다."라고 응답했던 것을 기억해보자. 반복적인 모델링과 학생들의 집단적 사고를 가시화함으로써, 사고의 확장과 도전에는 공부하고 있는 것에 대한 질문이 포함된다는 생각이 마크가 가르치는 학생들의 머릿속에 자리 잡은 듯이 보인다. 학생들의 응답이 이렇게 변화한 것은 루틴에 익숙해지고 응답의 유형을 예상할 수 있었기 때문만은 아닌 것 같다. 이는 학습에 대한 더 깊은 메시지, 즉 질문은 학습을 주도할 뿐만 아니라 종종 학습의 결과이며, 학습은 정보를 수집하는 것에 그치지 않고 아이디어와 개념의 복잡성을 밝혀내는 것을 포함한다는 것을 학생들이 내면화하고 있음을 의미한다.

학생들이 자발적으로 연관성을 찾는 것을 관찰한 결과, 학생들이 루틴을 배울 뿐만 아니라 사고 성향도 계발하고 있음을 알 수 있었다. 마크는 시간이 흐르면서 학생들의 능력이 크게 향상되었음을 관찰했을 뿐만 아니라, 학생들이 연관성을 더 찾으려 하고 연관성 찾기가 가치 있음을 알고 있다는 사실을 깨달았다. 게다가 마크의 발언은 학생들이 스스로 연관성을 찾을 기회를 발견한다는 것도 알려준다. 그리하여 시간이 지나면서 연관성을 찾아내는 학생들의 능력, 그러려는 의향, 그런 성향에 대한 인식은 마크의 '연결-확장-도전' 루틴 사용을 통해 향상되었다.

내용＋루틴＋학생＝사고 문화:
바꿔가며 계속 시도하는 샤론 블룸의 사례

'보기-생각하기-궁금해하기' 루틴은 도입된 지 몇 주 만에 비알릭 칼리지 전체에 빠르게 확산되었다. 호주 멜버른 외곽에 위치한 비알릭 칼리지는 유치원 2년에서 12학년까지 1,000명의 학생이 다니는 자립형 사립학교로, '사고 문화' 프로젝트를 후원하고 있다. 비알릭 칼리지의 교사들은 이 루틴이 수업 내용에 잘 맞고 적용하기도 쉽다는 것을 알았다. 예를 들면, 중학교 과학 시간에 위성 영상을 가지고 행성을 공부하는 것에서 초등 1학년생들이 미술관의 복제품을 바탕으로 초상화를 탐구하는 것, 고등학생들이 정치 풍자 만화를 조사하여 미국에서 태풍 카트리나의 영향을 탐구하는 것에서 초등 2학년생들이 자연 사진을 통해 동물의 서식지를 연구하는 것이다. 또한 '보기-생각하기-궁금해하기' 루틴은 교사와 학생이 모두 매우 쉽게 사용할 수 있으며, 학습 주제를 소개할 때도 자주 사용된다. 이 루틴은 일반적으로 시각적 자극을 제시하는 것으로 시작해 학생들에게 면밀히 관찰하여 실제로 '보고 있는' 대상이 무엇인지 기록하게 한다. 이러한 관찰을 바탕으로 학생들은 자신이 '생각한' 것을 설명하며 그것을 정당화하는 해석을 시작한다. 학생들의 관찰과 해석에 질문하고 '궁금해하는' 것으로 루틴은 끝을 맺는다.

'보기-생각하기-궁금해하기' 루틴의 매력과 우리가 연구한 학교들에서의 빠른 확산은 부분적으로 학생들을 개방형 탐구에 참여시키는 루틴의 능력 때문일 수 있다. 한 교사가 언급했다. "전혀 위협적이지 않은 방식으로 아이들의 마음을 사로잡아서 아이들은 응답할 때 위험을 감수할 준비가 되어 있었어요." 교사들은 또한 이 루틴이 성적이 좋은 참가자와 성적이 나쁜 참가자 모두에게 학습에서 자기 지시와 개인적 참여를 장려하는 데도 유용하다고 파악했다. "이 루틴이 평소에 조용하던 학생들의 참여를 이끌어낸다는 사실이 마음에 들어요. 그들이 목소리를 내게 하는 거죠." 다른 교사는 다음과 같이 말했다. "모든 학생의 사고 과정을 드러내긴 하지만, 특히 스스로 기꺼이 사고에 도전한 아이들을 드러내요." 동시에 연구자이자 개발자로서 우리는 '보기-생각하기-궁금해하기' 루틴이 매우 쉽고 매력적이기 때문에 단순한 활동으로 사용되는 것을 목격하기도 한다. 이럴 때 학생들이 금방 싫증 내서 관찰하고 관심을 기울이고 해석하고 질문하는 능력을 강화하지 못할 수 있다. 이 루틴이 학생들의 사고를 둔화시킬 수 있다.

(다른 루틴과 마찬가지로) '보기-생각하기-궁금해하기' 루틴의 힘, 뉘앙스, 교육적 효과를 더 잘 이해하는 데는 고등학교 역사 교사로서 2년 동안 이 루틴을 사용한 샤론 블룸의 사례가 유익할 것이다. 샤론은 비알릭 칼리지에서 6년 동안 7, 8, 9학년 학생들에게 역사를 가르쳤다. 그녀는 교

사로 자리를 잡았다고 느꼈지만, 반드시 자신만의 방식을 고수하지는 않는다. 다른 중등 교사(비알릭은 이 당시 중학교를 분리하지 않았다)와 마찬가지로 그녀는 여러 교실에서 수업을 해서, 개성을 드러내거나 직접 공간을 꾸밀 수가 없었다. 따라서 사고를 문서화하고 학급 토론의 결과물을 포착하는 데 종종 어려움을 느낀 샤론은 가능하면 학생들이 스스로 기록하는 방법을 생각했다. 최근에는 학생들이 모둠과 개인의 발전을 돌아보고 성찰할 수 있도록 과제물을 보관하기로 결정했다. 샤론은 '보기-생각하기-궁금해하기' 루틴이 역사 수업에 잘 들어맞는다는 사실을 알았다. "저는 '보기-생각하기-궁금해하기' 루틴을 정말 좋아해요. 쉽고 역사에 잘 들어맞기 때문이죠. 정치 풍자 만화처럼요. 우리는 수많은 시각 자료들을 살펴보거든요."

이 루틴을 처음 사용했을 때 샤론은 학생들을 교육학 학습 과정으로 끌어들였다. "저는 학생들에게 전적으로 솔직해서 저도 배우는 중이라고 말하고 학생들에게도 해보라고 해요. 이것은 새로운 방법이라고 학생들에게 알려주는 거죠. 저는 전혀 가식적이지 않아요. 아이들은 가식을 알아차리거든요." 기대했던 대로 일이 풀리지 않아도 그녀는 그것조차 솔직하게 털어놓았다. "(루틴을) 하면서 루틴을 배워가요. 학생들에게 '우리가 시도해봤지만 올바르게 하지 않은 것 같다'고 말했어요. 그래서 우리는 다시 할거라고 말했죠. 학생들이 반응을 보였어요. 그게 좋대요. 제가 솔직하기 때문에 학생들은 모두 동등하다고 느끼죠. 그리고 제가 실수를 해도 솔직하게 말한다는 것을 학생들이 알아요."

샤론은 9학년생들과 '보기-생각하기-궁금해하기' 루틴을 두 번째로 사용할 때, 1959년 호주에서 간행된 『불러틴(The Bulletin)』지에 실린 정치 풍자 만화를 보여주었다. 표지 우측 하단 모서리에 호주의 노던주와 퀸즐랜드주의 윤곽을 보여주는 약간 왜곡된 동반구 지도가 실려 있다. 지도 위로 등에 C 자가 적힌 거대한 거미 한 마리가 모스크바 근처를 중심으로 거미줄을 치고 있다. 거미줄은 한 가닥이 호주에 닿은 채 동유럽과 아시아 대륙을 대부분 덮고 있다. 거미줄에 걸린 것은 인간 형상으로 보인다. 샤론은 이 이미지를 선택한 이유를 설명했다. "마침 학급에서 냉전과 선전, 공포, 편집증 같은 냉전의 '무기'에 대해 배우고 있었기 때문이에요. 학생들[학급]은 만화 분석에 익숙하고, 전에 '보기-생각하기-궁금해하기' 루틴을 한 차례 경험했죠."

샤론은 이 만화 복사본과 다음 네 항목을 기록한 용지를 짝을 지은 학생들에게 나누어준다.

1. 보기: 이 그림에서 무엇이 보이나요?
2. 생각하기: 이것은 무엇을 의미한다고 생각하나요?
3. 정당화하기: 무엇 때문에 그렇게 말하나요?
4. 궁금해하기: 보고 있는 것에 대해 무엇이 궁금한가요?

'정당화하기'를 추가했는데 루틴의 고유한 부분을 학생들에게 명확히 하기 위해서지, 루틴을 수정한 것은 아니다. 이 루틴을 구두로 실행할 때, 샤론은 학생들에게 "무엇 때문에 그렇게 말하나요?"라는 질문으로 학생들의 해석을 묻는다. 따라서 두 루틴을 결합한다. 많은 교사들은 정교화와 정당화를 묻는 이 간단한 질문이 학생들의 응답을 더 잘 이해하게 하고 학급 토론을 향상시킨다는 것을 발견했다. 샤론은 기록 용지에 이 후속 질문을 분명하게 적는다. 기록 용지의 목적은 성적을 매기기 위한 것이 아니라 학급 토론의 기반을 제공하고 학생들의 아이디어를 문서화하기 위한 것이다.

짝을 지은 학생들이 10분 동안 만화를 보고 응답을 기록하자, 샤론은 만화의 상징성과 정서적 의미를 밝힐 토론을 하기 위해 학생들을 한데 모은다. 샤론은 한 학생에게 무엇이 보이는지 묻는다. "그림 구석에 호주가 있어요."라면서 '호주가 궁지에 몰렸다'는 의미라고 말했다. 샤론은 학생들에게 다른 해석은 없는지 묻고, "호주가 공산주의라는 거미줄의 공격을 받고 있어요."라는 대답을 듣는다. 이 두 응답자 모두에게 샤론은 "무엇 때문에 그렇게 말하나요?"라고 묻는다. 두 학생 모두 '거미줄이 호주 꼭대기에 닿아 있다'는 데 의견 일치를 본다. 이는 다른 많은 학생들이 공감하는 꽤 솔직한 반응 같다. 샤론이 이 두 학생과 나머지 학생들에게 방금 두 사람이 보고 해석한 이 특징에서 '궁금한 것'이 무엇인지 물으면서 토론을 시작한다. 학생들은 "호주에 공산주의자가 있나요? 호주는 어떤 반응을 보였나요? '궁지에 몰기'가 이해되나요? 아니면 그저 정치선전일 뿐이었나요?"라고 물었다. 이 질문들은 이후 탐구에 풍부한 기반이 되어준다.

학급 토론은 남은 시간 동안 이 리듬을 따른다. 이 이미지가 매우 직설적이어서 학생들 대부분이 같은 유형의 것을 '보고' 심지어 비슷하게 해석하는 것은 놀라운 일이 아니다. 학생들이 자신들의 해석을 정당화하고 궁금해하기 시작하면서 토론이 풍성해졌다. 왜 거미가 선택되었는가? 거미줄이 퍼지는 것을 어떻게 막을 수 있을까? 이들은 어떻게 사람들이 그렇게 생각하도록 만들고 이데올로기를 바꾸었을까? 왜 거미가 한 마리뿐일까? 거미는 무엇을 이루려 하는가? 이런 방식으로 학생들은 학습을 유도하고 복잡성을 밝히도록 돕는 질문의 힘을 알아간다.

샤론은 이 루틴을 성찰해보면서, 이 루틴을 통해 내용 자체가 아니라 내용에 접근하는 방식이 어떻게 변화했는지 알게 되었다. "만화를 분석하는 방법과 이 루틴의 차이는, 만화를 분석할 때는 전체적인 메시지를 식별하는 것부터 시작했다면 이 루틴은 분석의 마지막 단계가 되었다는 점이에요." 그녀는 또한 이 루틴이 학급 토론을 변화시키고 학습이 집단적인 과정일 수 있다는 메시지를 보낸다는 것을 발견했다. "토론을 더 많이 하고 있어요. … 그리고 제가 토론을 진행하는 방식을 바꾸고 있어요. 단순히 아이디어를 듣고 학생들에게 입장을 정당화하라고 요구하는 것이 아니라, 이제는 토론 진행 방식이 보다 개방적이면서도 자유롭고 체계적이 되었어요. 체계가 자유를 보장해주죠." 샤론은 대화의 구조에 대해 자세히 설명하면서 덧붙인다. "첫 단계로 '보기'를 실행하면 학생들이 보다 객관적이 될 수 있다고 생각해요. 성급하게 결론 내리는 걸 막아주죠. 학생들은 텍스트를 보다 면밀하게 읽는 법을 배워가요. 또 '궁금해하기' 단계는 학생들에게 목소리를 내게 하므로 보기와 생각하기 단계만큼이나 중요해요."

아마도 가장 중요한 것은 샤론이 '보기-생각하기-궁금해하기' 루틴뿐 아니라 다른 루틴을 사용함으로써 학생들을 바라보는 방식이 바뀌었다는 점일 것이다. "작년까지 순전히 제출한 과제나 전통적인 이해 기능과 분석 기능을 근거로 너무 성급하게 성적이 나쁜 학생을 정하곤 했어요. … 저는 똑똑하거나 훌륭한 학생들이란 의문을 제기하는 학생이 아니라 언제나 이해를 잘하는 학생이라고 봤거든요. … 그러나 올해는 열등생으로 분류한 학생들이 실제로 빛나는 걸 보고 뜻밖으로 놀랐어요. 사고 루틴이 그들 다수에게 자신의 생각을 조직하고 이해하고 성찰하는 방법을 제공했기 때문이죠." 샤론은 구체적인 예를 제시한다. "필체와 철자가 형편없고, 이해력에 문제가 있는 학생이 한 명 있어요. 지원이 필요할 만큼 학습 장애가 있는 건 아니고 평균이에요. 그런데 이 학생의 생각과 아이디어를 듣고 나서 세상과 정치에 대한 이 학생의 지식이 놀랍다는 걸 깨달았어요. 정보를 아는 것과는 별개로, 이 학생은 자신을 둘러싼 세상에서 자신만의 정체성을 계발하고 있었어요. 만약 수업 시간에 재미없는 과제를 내면 이 학생은 그저 평균이지만, 자기 계발이라는 측면에서는 다른 학생들보다 단연빼어나요. … 이 학생이 정말 '깊은 수준의 사고'를 할 수 있다는 사실을 처음으로 인정할 수 있었는데, 사고 루틴 덕분에 알게 되었다고 믿기 때문에 인정할 수 있었어요. 학부모들에게 보고할 때도 자의식을 내려놓고 '깊은 수준의 사고'와 '복잡한 사고 과정' 같은 용어를 더 자주 사용하게 되었어요. 왜냐하면 제가 실제로 보았고, 그래서 언급할 수 있다고 느끼기 때문이에요."

샤론이 '보기-생각하기-궁금해하기'와 같은 루틴을 사용하면서 배운 큰 교훈 하나는 이 루틴들이 실패할 리 없는 교육이 아니라, 실행하는 동안 내용과 학생들의 요구에 맞게 조정해야 하는 구조라는 것이다. 그녀는 새 학년이 시작되자마자 이를 납득했는데, 이전에 '보기-생각하기-궁금해하기' 루틴 사용 경험이 있는 9학년 학생들에게 2005년 12월 호주에서 일어난 크로눌라 인종 폭동에 관한 이미지를 제시하면 자동적으로 열중할 것이라고 확신했기 때문이다. "수업 끝나고 학생들의 기록을 검토하다가 실망하고 말았어요. 학생들의 사고가 다소 얕고 간략해 보였기 때문에요." 그녀가 발견한 한 가지 문제는 학생들이 사진에서 '볼' 수 있는 작은 세부 사항을 말하지 않고, 전반적인 해석을 하거나 그저 사진의 초점인 싸움, 깃발, 행진하는 사람들만 언급했다는 점이다. 이런 응답은 사람들이 이미지에 대해 무언가를 알고 있을 때 드물지 않다. 만약 여러분이 멕시코만 석유 유출 재해 사진을 보거나 여러분이 알고 있는 화가의 그림을 볼 때 별도의 노력을 하지 않으면 알고 있는 것을 넘어서서 새로운 것을 발견하기가 어려울 것이다. 게다가 이미 밝혀진 사실에 기대어 넘어서기를 망설인다면 해석도 방해받을 수 있다. 이 때문에 모호한 이미지와 자료가 '보기-생각하기-궁금해하기' 루틴에서 더 성과를 내곤 한다. 하지만 그렇다고 해서 샤론처럼 익숙한 이미지를 사용할 수 없다는 것은 아니다. 단지 몇 가지 추가 장치와 토론이 필요할 수 있다는 뜻이다.

다음 날 샤론은 일반적인 관찰과 해석의 문제를 학생들에게 알린 다음 이 루틴을 다시 한번 실행했다. 단, 이번에는 판지를 잘라낸 간단한 뷰파인더를 가지고 사진의 세부 사항에 초점을 맞추도록 했다. 그녀는 어떻게 뷰파인더로 한 번에 이미지의 일부만 보는지 학생들에게 직접 시범을 보였다. 학생들이 이 사건에 너무나 익숙한 데다 이전에 해석을 했기 때문에 처음에는 학생들이 사진의 복잡성을 밝혀내도록 샤론은 전체가 아닌 사진 속의 세부 사항 몇 가지만 자세히 설명했다. 냉전 이미지를 토론할 때와는 대조적으로 이 이미지는 비교적 학생들에게 생소해서 별도의 단계가 필요하지 않았다.

이처럼 내용, 루틴, 학생의 교차점에 대한 지속적인 학습은 중요하다. 모든 루틴의 목표는 학생들이 내용에 깊이 참여하고 이해를 촉진하며 그 과정에서 자신의 생각을 밝힐 수 있는 구조를 제공하는 것이다. 샤론은 이렇게 말한다. "이 프로젝트에서 제가 가장 보람을 느낀 것은 사고 루틴이 교실에서 어떻게 작동하는지를 보는 것이에요. 학생들이 교실 밖에서 아이디어에 대해, … 루틴이 아니라 아이디어에 대해 말하는 걸 들을 때예요. 학생들의 생각을 들으면 흥분이 돼요. 그들 마음에 더 가까워지잖아요." 루틴을 생각하는 한 가지 방법은, 루틴은 흥미롭고 의미 있는 내용으로 채워야 하는 그릇이라는 것이다. 꽃병이 꽃 한 다발을 받치고 지탱하듯이, 루틴은 내용 탐구를 지원한다. 그런데 꽃병은 꽃다발을 가리는 것이 아니라 지원하기 위한 것일 뿐이다. 따라서 루틴도 내용을 지원하며, 우리가 내용에 집중하도록 해준다. 볼품없는 꽃다발을 아름다운 꽃병에 꽂는다고 해서 아름다워지지 않듯이, 사고 루틴을 사용한다고 해서 빈약한 내용이 훌륭한 내용이 되진 않는다.

모델과 언어를 개발하는 한 루틴은 저절로 지속된다

마크와 샤론의 사례는 루틴이 문화 형성자 역할을 한다는 것을 보여준다. 사고 루틴은 학생들의 능력을 양성하거나 학생들을 흥미로운 활동에 단순히 참여시키는 전략 이상이다. 학생들과 의미 있는 내용 탐구에 루틴을 정기적으로 사용하면 교사는 사고와 학습의 본질에 대한 메시지를 학생들에게 전한다. 그중 가장 중요한 메시지는 다음과 같은 개념이다.

1. 학습은 사고의 결과이다.
2. 학습은 개별적인 과정이자 집단적인 노력이다.
3. 학습은 본질적으로 잠정적이고, 점진적이며, 진화하는 것이다.
4. 학습은 아이디어의 복잡성을 밝혀내는 것을 목표로 하는 지속적인 질문을 포함한다.
5. 학습은 개인의 참여를 동반하는 능동적인 과정이다.

학습에 대한 이러한 메시지는 학생들이 좀 더 자기주도적인 학습자가 되고 교사가 학생들을 좀 더 사려 깊고 참여적인 학습자로 보도록 도와서 학교와 교실의 풍경을 바꾸는 힘을 지닌다.

그러나 이러한 변화는 단순히 일련의 단계를 적용한다고 해서 이루어지는 것이 아니라, 시간을 두고 상당한 생각을 거친 뒤에 생긴다. 예를 들어 연관성 찾기가 의미하는 것 또는 학생들이 뻔한 것 이상을 보도록 돕는 방법과 같이 교사가 사고 활동을 루틴으로 만들어내기 시작하면, 학생들을 피상적인 응답을 뛰어넘도록 이끌 수 있다. 교사가 교실에서 사고 모델과 언어를 개발하면, 사고는 이해하기 쉬워져 학생들에게 가시적인 것이 된다. 교사가 사고에 초점을 맞추기 위해 루틴을 사용하면 교사 스스로 학생들의 사고와 아이디어에 빠져들게 된다. 이 과정에서 교사는 학생들의 이해력을 평가하려면 그들의 사고를 가시화해야 한다는 것을 알게 된다. 이렇게 사고 루틴은 저절로 지속될 때가 많다. 사고 루틴 사용에 대한 학생들의 반응을 보면 지속적인 사용을 장려하게 한다. 시간이 지남에 따라 교실의 루틴이 명확해지고 루틴의 사용을 통해 사고 양식이 확립되어 내용뿐만 아니라 학습하는 법을 가르치는 진정으로 효과적인 교육을 학생들에게 제공하게 된다.

교실 관찰과 사례에서 공통으로 나타난 사고 루틴의 진화 단계

　　마크와 샤론은 코치와 연구자로서 우리와 함께 일했던 수천 명의 교사 중 두 명일 뿐이다. 이들의 이야기는 사고 문화 창조와 학생들의 사고 가시화가 단순히 하나의 사고 루틴을 연구 단원에 넣는 문제가 아니라, 오히려 학습에 대한 교사와 학생의 기대, 아이디어가 시간이 지나면서 변화하고 심화되는 지속적인 발달 과정임을 보여준다. 마크와 샤론이 모두 경험한 학습과 성장은 동료들이 정기적으로 포커스 그룹*이나 연구 그룹에 참여하면서 크게 향상되고 촉진되었다. 이 그룹은 서로 지원하고 배우기 위해 정기적으로 만나는, 진정한 전문 학습 공동체(비록 우리가 그런 이름을 붙이지는 않았지만)였다. 주례 모임마다 그룹의 한 구성원이 하나의 사고 루틴에서 학생 작업물을 가져와 그룹에서 '학생 사고 관찰' 프로토콜([표 8-1])을 사용하여 체계적으로 토론했다. 비알릭 칼리지의 포커스 그룹 하나는 '학생 사고 관찰' 프로토콜을 사용하여 7학년 과학 시간의 나침반 침 루틴을 토론했다. 이 그룹이 사고 루틴을 사용하는 법을 배우긴 했지만, 이것이 이들의 주요 목적은 아니었다. 루틴은 학생들의 사고 가시화가 지닌 복잡성을 탐구하는 데 사용된 도구일 뿐이었다.

　　연구자로서 우리는 교실에서 사고 루틴을 사고 가시화 도구로 사용해 온 교사들을 연구했다. 사례 연구와 교실 관찰을 통해 우리는 교사와 학생이 일정 기간 사고 루틴을 지속적으로 수행하는 동안 모두 거치는 공통 단계를 식별할 수 있었다(Ritchhart, 2009). 물론 모든 교사는 서로 다르고 모든 학생은 고유하다. 따라서 이 공통 단계는 뚜렷하고 완전히 고정된 이미지가 아닌, 교육의 일반적인 동향 및 굵은 선으로 그려진 초상화를 나타낸

....

* 　시장조사나 여론조사를 위해 각 계층을 대표하는 소수의 사람으로 이루어진 그룹 또는 이러한 그룹을 통한 평가기법을 일컫는다. 초점집단이라고도 부른다.

[표 8-1] '학생 사고 관찰' 프로토콜

역할	
발표 교사	가져온 과제를 발표하고, 토론을 듣고, 마지막에 응답한다.
진행자	시간을 재고, 각 단계별로 유도 질문을 하고, 필요하면 방향을 변경한다.
기록자	그룹의 토론을 기록한다.
1. 과제 제시하기(5분)	발표 교사는 과제의 배경, 목표, 요구 사항을 제시한다. 과제를 이해하고 읽는 데 도움이 되는 명료화 질문을 한다.
2. 과제 읽기(5~10분)	침묵한 채 과제를 읽는다. 나중에 발언하기 위해 메모한다. 프로토콜의 단계에 맞도록 메모를 분류한다.
3. 과제 묘사하기(5분)	무엇이 보이는가? 과제의 모든 특징을 파악하여 인식을 높인다. 해석을 삼가고, 보이는 것만 지적한다.
4. 학생들의 사고 추측하기(10분)	과제의 어디에서 사고가 보이는가? 과제의 어떤 측면이 학생들의 사고에 통찰력을 제공하는가? 과제의 특징을 해석한다. 다양한 사고 유형과 사고 방식의 연관성을 찾는다.
5. 과제에 대해 질문하기(10분)	이 과제는 여러분에게 어떤 질문을 던지는가? 폭넓은 쟁점과 구체적 쟁점을 모두 포함하는 질문을 구성한다. 질문 이면의 질문을 한다. "이것은 얼마나 걸렸나요?"라고 묻기보다는, "이것은 이런 종류의 과제를 하는 데 시간이 얼마나 드는지 의문을 품게 하네요."라고 말한다. ※ 발표 교사는 이 시점에서 질문에 응답하지 않는다.
6. 교육과 학습의 영향 토론하기(10분)	학생들의 사고를 더욱 확장하고 발전시키려면 이 과제는 이제 어디로 갈 수 있을까? 발표 교사에게 실제적인 가능성과 대안을 제시한다. 과제가 학생들의 사고를 촉진하기 위해 제시하는 일반적인 영향을 제기한다.
7. 발표 교사가 토론에 응답하기(5분)	발표 교사로서 토론을 듣고서 무엇을 얻었는가? 토론에서 흥미로웠던 것을 모둠에 강조한다. 직접 말해야 한다고 생각하는 질문에 응답한다. 이제 과제로 무엇을 할 수 있는지 간략히 설명한다.
8. 프로토콜에 대해 성찰하기(5분)	과정은 어떻게 진행되었고 어떤 느낌을 주었는가? 일반적인 관찰을 성찰한다. 모둠은 프로토콜을 마지막으로 사용한 이후 향상되고 변화된 것을 알아본다. 다음을 위해 제안을 한다.
9. 발표 교사와 기록자와 진행자에게 감사하기	모둠은 모든 사람의 참여에 감사를 표한다. 기록된 문서가 모둠에서 어떻게 공유하고 사용하고 보관할지 결정한다. 다음 모임의 역할을 정한다.

출처: ⓒ Cultures of Thinking Project 2005, Project Zero, Harvard.

다. 그럼에도 불구하고 이 공통 단계는 교사와 학생이 루틴 사용에서 보여준 성장을 파악하고 차트로 나타내는 데 도움이 될 수 있다. 학생뿐만 아니라 교사 스스로도 특정 행동이 예상될 수 있다는 것을 처음에 알면, 위험 감수로부터 해방감을 느끼고 완벽에 대한 두려움이 사라진다. 이 공통 단계는 또한 교사와 학생 모두에게 사고에 대한 모든 사람의 생각이 심화되고 있다는 확신을 주는 방법도 제공한다.

시작하기: 초기 단계

교사가 교실에서 루틴을 처음 시도할 때, 그 루틴이 의도적이고 단계적인 방식으로 계획되고 실행되는 독립형 활동처럼 느껴지는 일이 드물지는 않다. 이는 새로운 것을 시도할 때 예상되는 일이다. 교사는 루틴이 어떻게 느껴지고 어떻게 작동하는지 처음부터 알아둘 필요가 있다. 많은 교사가 루틴의 단계를 배우고 그 언어에 익숙해지기 위해서 루틴의 시나리오를 충실히 따른다. 사실, 교사들과 함께 일할 때 우리는 일반적으로 처음부터 이 접근법을 권한다. 교사가 루틴을 너무 많이 바꾸기 시작하면, 나타나는 문제와 어려움을 진단하고 배우기가 어려워진다. 마크의 사례에서 그는 처음에 루틴의 언어를 바꿀 수도 있었지만, 그렇게 했더라면 학생들과 함께 사고 언어와 사고 모델을 발전시키는 것의 중요성을 탐구할 기회를 놓쳐버렸을 것이다.

학생들이 루틴을 처음 경험할 때, 기대한 것에 대해 혼란을 느끼면서 무엇을 해야 할지 의문스러워하는 것이 드문 일이 아니다. 사고 루틴이 학교에서 학생들이 전형적으로 열중하는 과제 유형으로부터 떨어져 있는 한, 이는 예상되는 것이다. 진행표는 학생들이 맞는지 틀리는지 평가받을 답을 적어내는 데 사용하는 익숙한 것이다. 생각해보고 아이디어를 제시하라는 요구를 받으면 이 익숙한 시나리오와 상당히 다르게 느껴질 수 있다. 어떤 학생들은 교사를 기쁘게 하고 싶어 하고 틀리거나 '멍청해' 보일까 봐 두려워한다. 이러한 감정 때문에 이 학생들은 요구받은 응답 유형의 예를 볼 때까지 아무 응답도 하지 못할지도 모른다. 마크의 학생들이 '연결-확장-도전' 루틴을 처음 시도했을 때처럼, 학생들은 지엽적이거나 피상적이거나 단순한 응답만 할지도 모른다. 또 다른 학생들은 학급의 활동과 지금까지 익숙하게 해온 내용 지식의 전형적인 축적 과정과의 연관성을 이해하지 못한 채, "왜 우리가 이걸 하고 있지?" 하며 의아해할지도 모른다. 이런 반응은 '학교 게임' 하는 법을 배워왔고, 정보를 제공하고 학생들의 시험 준비에 도움이 될 질문에 답해줄 것이라 기대하는 나이 있는 학생들이 특히 해당될 수 있다.

이 흔한 응답 일부는 교사들이 시작 단계에서 부분적으로나마 완화시킬 수 있다. 예를 들면, 수업에서 사고 루틴을 할 것이라고 발표하기보다 루틴을 사용하는 목적을 정해서 학생들에게 이 루틴을 사용하면 어떻게 학생 개인의 이해와 집단의 이해를 모두 발달시키는지 알려주는 것이 더 효과적이다. 또한 교사는 내용 자체를 가지고 루틴을 시도하여 루틴을 어떻게 진행할지 또 어떤 예를 제시할 수 있을지 알아보아야 한다. 특정 사고 루틴이 재차 작동하지 않는다면 사용 중인 내용이 충분히 사고를 자극하지 않는다는 사실을 이미 식별할 수 있었을지도 모른다. 그러나 이러한 초기의 문제는 사전 계획으로 모두 간단히 피할 수 있는 것은 아니다. 마크와 샤론의 사례가 보여주듯이, 학생들은 때때로 깊이가 없고 그다지 많은 생각을 드러내지 않는 응답을 하기도 한다. 그럴 경우, 교사는 향후 어떻게 학생들로부터 더 훌륭하고 더 깊이 있는 사고를 촉진할지 판단하기 위해 학생들의 응답을 분석할 필요가 있다. 동료들에게 도움을 요청해도 좋다. 이 단계는 학생들의 사고를 가시화하는 자연스러운 부분으로 인식되어야 하며 교사나 학생이나 해당 루틴 중 어느 것도 실패로 인식해서는 안 된다.

편안해지기: 발달 단계

일단 학생과 교사가 루틴을 경험하고 더 익숙해지면, 종종 루틴 사용의 새로운 가능성이 나타나곤 한다. 이는 루틴을 사용하면서 얻은 경험을 지속적으로 교사 그룹에서 서로 공유함으로써 크게 촉진될 수 있다.

이 단계에서 교사는 시도해볼 만한 활동이라고 생각했던 루틴을 내용을 탐구하고 목표한 만큼 이해하는 데 사용할 도구로 바라보게 된다고들 말한다. 이 단계에서 교사들이 공통적으로 하는 말은 다음과 같다. "이전에는 단원에서 사용할 수 있는 루틴이 무엇일지 생각하면서 수업 계획을 세우곤 했어요. 이제는 학생들이 했으면 하는 사고가 어떤 종류인지 생각하고 나서, 그 사고를 뒷받침하고 지원해줄 루틴을 골라요. 대단해 보이지 않지만, 그 변화는 어마어마해요. 이제는 학생들의 사고에 늘 관심이 가요." 이 목표를 성취하기 위해 교사는 자신이 추구하는 사고에 도달하도록 루틴을 조금 변화시킬 수도 있다. 일단 루틴을 학습한 후에 수정하는 것은 대단히 적절하다.

학생들은 루틴을 더 많이 접하고 사용할수록 아이디어의 힘과 중요성에 대한 자신감을 키울 수 있다. 자신감을 가지면 루틴으로 작업할 때 자립심이 더 커질 뿐만 아니라, 사고의 깊이를 드러내는 풍부한 응답을 하게 된다. 교사가 루틴을 지속적으로 사용하여 학생들의 사고를 밝혀내고 이를 바탕으로 학생들의 사고를 발전시켜나갈 때, 학생들은 교사가 예상한 답만 제공하는 것이 아니라 진정으로 자신들의 생각과 말에 흥미를 갖고 있다고 느끼게 된다. 그 결과, 학생들은 자신이 받은 만큼의 관심을 학급의 다른 구성원들에게 쏟을 것이다. 그래서 시간이 지날수록 교실에서 학습자들의 공동체 의식이 발전하여 사고 문화가 자리 잡기 시작한다.

자신감 갖기: 고급 단계

자신감은 연습과 성찰에서 나온다. 이는 새로운 스포츠, 새로운 운동 요법, 새로운 요리법을 배울 때처럼, 새로운 사고 루틴 사용법을 배울 때에도 마찬가지이다. 처음에는 어색하고 뻣뻣하던 것이 점차 직관적이고 유연해진다. 더 고급 단계에서는 개개인에게 주인 의식이 생겨서 교사들이 학습 과정에 사고 루틴을 매끄럽게 편성하게 된다. '실행 장면'에서 여러 번 보았듯이 이 단계의 교사들은 때때로 필요와 목적에 더 잘 맞도록 루틴을 약간 수정하고 바꾸기도 한다. 이 단계에서 교사들은 보통 7장에서 논의한 바 있는, 교실에서 항상 작동하고 있는 다른 문화적 힘을 더 잘 인식하게 된다. 예를 들어 교사가 루틴 실행 방식을 지속적으로 성찰하면 교사는 교실 담화가 형성되는 데서 언어, 시간, 상호작용의 중요성을 인식하게 된다. 문서화를 생각하면 모델링의 중요성과 환경이 부각된다. 루틴은 창출된 기회에 포함되고, 사고에 대한 기대는 교실에서 행동의 동력이 된다. 그러므로 루틴은 훌륭한 출발점인 셈이지만, 교사들의 관심은 "이 사고 루틴을 어떻게 사용하는가?"에서 "교실에서 어떻게 사고 문화를 창출하는가?"로 확장되어 옮겨간다.

교사들이 시간이 흐름에 따라 경험하는 루틴에 대한 주인 의식을 학생들도 연습을 거듭하면서 느끼게 된다. 사실, 사고 루틴의 가장 강력한 점 하나는 그것이 단지 교실에서만 사용되는 구조가 아니라는 것이다. 루틴은 개별 학습자가 사용할 수 있고, 또 사용해야 한다. 이는 교사가 학생들의 학습을 지도하기 위해서 시간을 두고서 학생들로 하여금 루틴을 점점 더 독자적으로 사용할 것을 요구하고 기대해야 한다는 것을 의미한다. 예를 들어, 비알릭 칼리지 12학년 교사들은 학생들이 학년 말에 치르는 빅토리아주 대학입학시험 답안을 준비하면서 '생성-분류-연결-정교화' 루틴과 '주장-근거-질문' 루틴을 사용한다는 것을 알았다. 암스테르담 국제 학교의 메리 켈리가 가르치는 6학년 과학 수업에서 학생들은 집단적 이해를 발달시키기 위해 루틴을 정기적으로 사용하자고 제안한다.

우리 앞의 함정과 분투

마크와 샤론의 이야기 그리고 공통된 진화 단계는 시간이 지남에 따라 교사와 학생이 사고 루틴을 사용하는 것이 어떤 느낌일지 알려준다. 또한 문서화, 사고 루틴, 여타 전략의 사용을 통해 학생들의 사고를 가시화하고자 분투하는 교사들과 함께 연구하면서 우리는 몇 가지 공통의 함정과 분투를 기록할 수 있었다. 우리는 이 함정과 분투를 의도적으로 피해야 할 관행이 아니라, 교사 스스로 발전하려면 주의하고 알아야 할 현상으로 여기에 제시한다. 사실 이런 함정을 지금 통독하는 것이 도움이 될 수 있겠지만, 이 목록은 앞으로 더욱 유용하고 중요해질 수 있다. 만약 여러분이 사고 가시화를 위한 이러한 아이디어와 전략을 가지고 6개월이나 1년 동안 노력한 후 이 책의 지금 이 절을 다시 읽는다면, 자신이 벌이고 있는 분투의 일부를 새로운 방식으로 인식할 수도 있을 것이다. 그리고 더 깊어진 경험을 성찰하는 방식으로 그와 연관된 함의에 따라 행동할 준비를 할 수 있을 것이다.

접착 메모지 마니아

이 프로젝트에서 우리와 협력한 거의 모든 교사는 교실에서 있었던 일들을 기억하고 있다. 매우 훌륭한 토론이 이루어졌고 흥미로운 질문이 제기되었으며 멋진 아이디어가 공유되었지만, 이런 신나는 학습의 순간이 수업 종료를 알리는 종소리와 함께 증발하여 사라져버렸던 것 말이다. 교사는 학생들의 사고를 가시화해 모두가 볼 수 있도록 눈에 띄게 전시하면, 풍부한 교실 담화가 증발되는 것을 막는 데 도움이 될 뿐만 아니라, 학생들이 학습하는 바로 그 환경에서 학생들의 사고가 지닌 가치를 물리적으로 보여줄 수 있다는 것을 재빨리 깨닫는다. 학생들이 발견해낸 연관성을 접착 메모지에 적어 교실 앞 차트지에 붙이게 하거나, 큰 아이디어를 포착한 헤드라인을 종이에 적어 게시판에 압정으로 고정하게 하는 것은, 교사가 교실 환경에서 비가시적 사고를 가시화하기 위한 몇몇 방법일 뿐이다.

일단 교사 안에서 학생의 사고에 대한 관심이 싹트기 시작하면, 학생들이 제시하는 모든 아이디어, 성찰, 연관성을 포착하고 싶어진다. 그러면 접착 메모지가 벽을 뒤덮기 시작하는데, 우리 연구에 참여한 교사들 다수는 처음에는 접착 메모지를 지나치게 많이 붙였다고 시인했다. 접착 메모지 마니아에 압도되면, 교사는 "이 교실 공간에서 생겨난 역사와 아이디어의 힘을 보관하기 위해 나는 이곳을 어떻게 사용하고 있는가?"라고 자문하는 것이 중요하다는 점을 깨닫는 결정적인 순간을 맞닥뜨린다. 그러면서 벽을 종이로 덕지덕지 도배하기보다는 이렇게 자문하는 것이 더 유용하다는 사실을 발견한다. "나는 학생들이 어떤 아이디어와 생각을 반복해 되새기길 바라는가? 내가 바꿔주고 추가해주고 초기에 약간 수정해주거나 어쩌면 주제를 더 잘 이해하고 깊게 이해하도록 지워버릴 수도 있는 아이디어와 생각은 어떤 것일까?" 메리 베스 슈미트가 중학교 수학 교실에서 '재판에 회부된 주장'을 눈에 띄게 전시한 '주장-근거-질문' 루틴, 클레어 태글로어가 중학교 영어 교실에 붙인 '줄다리기' 루틴 전지는 학생들의 아이디어를 포착해 공개한 두 가지 예에 불과하다. 이는 교실이라는 공간 안에서 지속적으로 이루어지는 학습을 기록으로 보관하고 고정시키며 표현할 수 있게 도왔다.

오늘의 특별 메뉴

교사들이 교실에서 사고 루틴을 사용하여 초기에 몇 번 성공을 경험하면 '모든 루틴을 다 시도해보고' 싶어지기 마련이다. 누가 그들을 비난할 수 있을까? 일단 학생들이 통찰력 있는 연관성을 찾거나 복잡한 퍼즐을 드러내거나 흥미로운 질문을 생성하기 시작하면 오히려 교사는 신이 난다. '또 어떤 루틴을 시험해볼 수 있을까?'가 강력한 질문이 되고, 새롭고 다양한 '오늘의 사고 루틴'이라는 습관이 형성되기 시작한다. 그러나 루틴이 '일회성 특별 활동'이라는 느낌을 주면, 학생들 사이에 일종의 피로감이 나타나기 시작한다. 이러한 초기 과다 사용의 좋은 예로는 메리 케이 아처의 '무엇 때문에 그렇게 말하나요?' 루틴에 관한 '실행 장면'을 들 수 있다.

많은 교사는 자신에게 더 도움이 되는 것은 루틴을 위한 루틴을 하는 것보다 주어진 상황에 필요한 사고 유형이 무엇인지 고려하는 것이라는 것을 안다. 예를 들어, 연관성 찾기 루틴은 학습자들에게 무언가를 한데 묶을 것을 요구하는 상황에서 매우 자연스럽고 적절하다. 개념의 본질 포착하기 루틴은 아이디어의 핵심을 포착하는 데 적절해 보이는 학습 시나리오에 잘 들어맞는다. 시간이 흐르고 경험이 쌓인 교사들은 사고 루틴이 메뉴판의 '오늘의 특별 메뉴'로 차려지기보다는 교실에서 '정규 프로그램'의 일부로 정착하기를 바라는 인지 행동과 사고 유형의 지속적인 패턴을 깨닫는다. 처음에는 루틴의 단계, 흐름, 목적을 이해하기 위해 학생들과 함께 사고 루틴을 시도해볼 기회가 필요하지만, 시간이 지나면 학생들과 함께 사고 루틴을 사용할 때 어떤 루틴을 선택하여 어디에 배치할지가 더 중요해진다. 우리가 교사들에게서 관찰한 결정적인 순간은 "어떤 사고 루틴을 사용해야 하는가?"에서 "지금 이 순간에 어떤 종류의 사고가 말이 될까?"로 질문을 바꾸고, 이에 따라 교육적 선택과 결정을 하기 시작하는 때이다. 마찬가지로, 교사들은 사고 루틴을 사용할 거라고 발표하는 데 그치지 않고 지금 상황에서 중요한 종류의 사고와 그 사고를 지원하는 도구로 사용할 사고 루틴을 강조하게 된다.

'앵무새 죽이기' 증후군

우리 프로젝트에서 교사들이 자주 경험하는 또 다른 분투는 사고 루틴에 적합한 내용을 선택하는 것과 관련이 있다. 몇 년 전 우리는 뉴욕시한 고등학교 교사와 함께 일했는데, 이 교사는 교실에서 사고 문화를 창출하는 일에 열정적이었다. 마침 학생들이 하퍼 리의 『앵무새 죽이기』를 읽고 있었고, 이 교사는 이 고전적인 문학 작품의 영화에서 앨라배마주의 변호사인 애티커스 핀치 역할을 맡은 고(故) 그레고리 펙의 사진 몇 장을 인터넷에서 찾아냈다. 그리고 교실 벽에 영화 이미지들을 비추는 동안 학생들과 함께 사용할 사고 루틴으로 '보기-생각하기-궁금해하기' 루틴을 골랐다.

그러고는 학생들에게 "여러분이 본 것은 무엇이고 알게 된 것은 무엇인가요?"라고 물었고, 학생들은 이렇게 대답했다. "남자요." "백인 남자요." "모자요." "법정 안이요." "위층과 아래층요." "아래층에 앉아 있는 사람들은 모두 백인이고, 2층 발코니석에 앉아 있는 사람들은 모두 흑인이에요." 학생들의 응답 다수가 비록 이미지의 표면을 벗어나지 못했지만, 교사는 루틴의 다음 단계에서 학생들이 좀 더 깊이 생각하도록 압박하기를 바라며 그들의 응답을 부지런히 기록했다.

그런 다음 "그래서, 여기서 무슨 일이 일어나고 있다고 생각하나요?"라고 물었다. 학생들은 서로를 바라보면서 말이 없었다. 마침내 한 학생이 대답했다. "음, '앵무새 죽이기'요." 교사는 잠시 멈추었다가 "그렇다면 너는 무엇 때문에 그렇게 말하니?"라고 물었다. 다시 침묵이 흐르다가 그 학생이 분명한 어조로 대답했다. "왜냐하면 그건 『앵무새 죽이기』니까요."

다소 좌절했지만, 물러설 의사가 없는 교사는 단호하게 밀어붙였다. "그렇다면 여러분은 이것에서 어떤 점이 궁금한가요?" 교사가 얻고자 하는 것이 무엇인지 제대로 이해한 건지 확신하지 못한 학생들은 좌절하여 미심쩍은 어조로 말했다. "이것이 『앵무새 죽이기』인지 궁금해요."

분명히 여기에는 딜레마가 있었다. 학생들은 중요한 문학적 아이디어나 주제 아이디어를 더 깊이 이해하는 데 도움이 될 만한 독창적인 통찰, 발견, 사고에 이르지 못했다. 물론 하퍼 리의 소설은 연구해볼 만한 복잡하고 열정적인 아이디어가 가득하다. 하지만 위대한 통찰을 제시하지 못했다고 학생들을 비난하기보다는, 교사의 의도가 분명히 훌륭하더라도 학생들이 영감을 얻을 만큼 보고 생각하고 궁금해할 만한 것이 이미지에 없었다는 점을 인식할 수도 있다. 선택한 이미지는 너무나 뻔한 것이었다. 실제로 그것은 〈앵무새 죽이기〉의 직접적인 장면이었다. 이런 식으로 사용된 '보기-생각하기-궁금해하기' 루틴은 '사진에 맞는 이름 붙이기' 게임에 더 가까웠다. 학생들은 『앵무새 죽이기』에 대한 연구가 독자들에게 제공하는 편견, 차별, 불의, 또는 다른 주제와 관련된 더 큰 아이디어를 고찰할 기회를 얻지 못한 채, 기껏 '추측하고 맞는지 확인하기' 루틴만 실행한 것이었다.

'앵무새 죽이기 증후군'은 내용에서 무엇을 이해해야 할지 목표가 분명하지 않고, 사고 루틴이 새로운 사고를 하도록 학생들을 독려하는 수단이 아니라 '뻔한 것 추측하기' 시나리오처럼 전개될 때, 교사들이 경험하는 함정에 딱 맞는 이름이다. 교실에서 사고 문화를 창출하고자 하는 교사는 의도적으로 학생들과 어떤 사고 루틴을 사용할지 선택해야 할 뿐만 아니라, 사고 루틴에 어떤 내용을 사용할지도 선택해야 한다. 이 과정에서 많은 교사가 배운 교훈 하나는 처음부터 생각할 거리가 많지 않으면 학생들에게서 좋은 사고를 유발하거나 이끌어내기가 어렵다는 것이다.

'빨간불, 노란불' 사고 루틴에 익숙해진 태미 랜츠는 학생들이 읽고 있는 구절이나 검토 중인 자료에 질문이나 문제를 제기할 만큼 가치 있는 입장이나 관점이 담겨 있을 때 루틴이 효과적으로 작동하면서 풍부한 교실 담화를 창출한다는 사실을 곧 깨달았다. 다양한 관점이 없으면 '빨간불과 노란불'도 없는 것이다. 이와 마찬가지로, 메리 베스 슈미트는 다양한 관점에서 추론할 수 있는 수학적 상황이 복잡한 것이 별로 없는 단순한 수학적 상황보다는 학생들이 자신의 초기 아이디어를 주장의 형태로 드러내기에 더 적합하다는 사실을 깨달았다.

진행표의 사망

어떤 교실에서는 진행표가 수업을 강제하는 일종의 힘을 가진 것 같다. 많은 교사가 진행표가 있어야 한다고 느낀다. 어쩌면 학교가 너무나 오랫동안 과제로서의 학습에 초점을 맞춰왔고, 학생들이 과제를 수행할 것이라 믿지 않았기 때문인지도 모른다. 어쩌면 학습이 이루어지는 모든 경우에 점수를 매기고 평가하며 보고해야 한다는 압박감 때문에 교사가 학습이 이루어졌는지, 아니면 적어도 과제가 완수되었는지 파악하기 위해 눈으로 볼 수 있는 무언가를 원했기 때문인지도 모른다. 여기에 작동하는 힘이 무엇이든, 우리는 교사들이 루틴을 선택하고 그에 적합한 진행표를 만드는 것을 누누이 봐왔다. 이 책이나 '가시적 사고' 웹사이트에서는 전혀 그런 자료를 찾아볼 수 없고, 교사 연수 환경에서 우리가 함께 일한 교사들이 진행표를 사용하는 루틴을 소개한 적이 없는데도 이런 일이 일어나곤 한다.

우리가 진행표를 제공하지 않은 이유는 내용에 대한 참여와 토론을 촉진하도록 루틴을 설계했기 때문이다. 7장에서 논의했듯이, '상호작용'은 학습에서 중요한 문화적 힘이며 중심이다. 진행표를 채우면 상호작용할 시간이 줄어들기 마련이고, 학습보다는 과제에 집중하게 된다. 예를 들어, 학생들이 '보기-생각하기-궁금해하기' 루틴의 응답을 각자 기록할 경우, 다른 사람의 의견을 듣고 그것에 기반하여 사고를 발전시키지 못한다. 게다가 거의 모든 이미지에는 봐야 할 것들이 너무 많아서 모든 것을 다 포착하기란 불가능하다. 그래서 학생들은 기록한 내용을 편집하면서 "얼마나 많은 것을 적어야 하나요?"라고 묻는다. 한번은 진행표를 사용한 루틴의 학생들 과제 모음을 본 적이 있는데, 모든 학생이 정확히 '본 것' 다섯 가지, '생각한 것' 세 가지, '궁금한 것' 한 가지씩을 적어냈다. 이 모음에 눈에 띄는 생각이 많지 않은 건 놀랍지 않았다. 진행표는 사고를 죽여버렸다.

어떤 사람의 생각을 기록하는 일이 가치가 없다는 말은 아니다. 그러나 기록 용지와 진행표는 큰 차이가 있다. 기록 용지는 학습자가 다시 참고할 수 있도록 자기 아이디어를 추적하는 것이다. 리사 페르커크는 '문장-구절-단어' 루틴에서 학생들 스스로 사고를 포착하도록 돕고자 기록 용지를 사용하였다. 이와 마찬가지로, 라비 그레이월은 '생성-분류-연결-정교화' 루틴에서 학생들이 스스로 사고를 기록하게 했다. 사실 이 루틴들은 'CSI: 색, 기호, 이미지' 루틴과 마찬가지로 일종의 기록을 요한다. 이 모든 경우에 교사는 학생들이 다른 사람의 아이디어를 듣고 이를 바탕으로 삼는 모습을 볼 것이다. 역으로 진행표는 교사가 채워야 하는 것이다. 그러면 이것은 사고하기가 아니라 목표가 된다. 진행표와 기록 용지가 같아 보일 수 있으므로 미세한 차이처럼 보이더라도, 이 차이를 구분하면 학습과 사고에서 거대한 차이가 만들어진다.

부분에서 전체로

교사들이 우연히 맞닥뜨리는 마지막 분투는 학생들에게 사고 루틴을 고립된 활동으로 제시하는 것이 아니라, 학습의 스토리라인을 함께 엮기 위해 어떻게 사용하느냐이다. 시리즈의 각 에피소드가 다음 에피소드와 분리된 과거의 TV 프로그램과 매우 흡사하게, 우리와 함께 일한 교사의 다수는 교실 활동이 여러 개의 단일 에피소드에 불과했다고 말했다. 즉, 과제가 부여되고 학생들이 이것을 달성하고 끝나면 산뜻하게 매듭 지어 오늘의 에피소드를 마치는 식이었다. 다음 날 또 다른 활동의 고립된 에피소드가 학생들에게 주어지는데, 이는 전날의 에피소드와 거의 관련이 없거나, 다음 에피소드에 거의 영향을 미치지 않았다. 다시 말해, 학습은 활동별, 에피소드별로 전달되었고, 교사들은 각 에피소드가 학생들의 관심을 지속시키고 그 과정에서 뭔가를 배우도록 도울 만큼 충분히 흥미로워 보이도록 하는 데 시간과 에너지를 썼다고 보고했다.

일단 사고 루틴이 교실 문화의 한 부분으로 확립되자 하나의 주제 안에서 서로 연관된 다양한 스토리 아크를 추구하는 학습에 매일 시간을 쓰게 되었다고 많은 교사가 말한다. 일부 교사들은 이 교수법의 재구성을 최근 몇 년 TV 프로그램의 변화에 비유한다. 시리즈는 여전히 편성표상 지정된 시간이 있지만, 시리즈의 다양한 이야기 줄기는 여러 에피소드에 걸쳐 계속 짜인다. 서로 다른 등장인물들은 스토리 아크를 진전시키거나 전체 시리즈의 전개에서 중요한 아이디어의 궤도를 진전시키기 위해 서로 다른 역할을 한다. 학생들과 함께 탐구 중인 주제에서 어떤 큰 아이디어가 강력할지 깊이 숙고함으로써, 교사는 이 아이디어를 추구하는 것에 맞게 루틴을 사용하고 교실에서 여러 노력을 하기 시작한다. 상대적으로 연관성이 적은 고립된 에피소드로 가르치지 않고, 중요한 스토리 아크의 궤도를 따르는 것이다.

'연결-확장-도전' 루틴에서 서술했듯이, 고등학교 교사인 조시 하이슬러는 학생들이 '인종과 사회 구성원' 또는 사회진화론의 복잡성과 논란 속에서 아이디어를 결합하도록 돕고자 했는데, 이는 교육과정의 주제안에서 복잡하고 상호 연관된 스토리 아크를 추구한 좋은 예이다. 학생들이 소설을 읽고 비디오를 보고 인터넷을 통해 연구하고 일지의 응답과 에세이를 발전시켰을 때, 조시는 '연결-확장-도전' 루틴을 사용하면 중요한 아이디어를 따라 학생들의 생각을 계속 엮을 수 있다는 사실을 알았다. 그다음 헤드라인 루틴으로 이어졌고, 다시 '예전 생각, 지금 생각' 루틴으로 이어졌다. 우리와 함께 연구한 수많은 다른 교사와 마찬가지로, 조시는 매일매일 수업에서 학생들에게 큰 아이디어들을 하나하나 마무리하는 고립된 학습 에피소드를 강요하는 것보다 학생들이 시간이 지나면서 아이디어의 복잡성을 탐구하도록 돕는 자신의 교육이 더 목적의식적이라고 느꼈다.

결론에 부쳐

학습은 가장 자연스러우면서도 가장 복잡한 과정이다. 이 길을 인도할 임무를 맡은 교사는 그 복잡성과 뉘앙스를 존중하고 때로는 압도당하면서도 우리 앞에 펼쳐지는 과정을 보면서 놀라고 힘을 얻는다. 여기에 학생들의 사고를 가시화하는 것의 가능성과 힘이 있다. 즉, 사고 가시화는 학습 과정 자체를 들여다볼 수 있는 창을 교사에게 제공한다. 이 책에서 제시한 다양한 도구, 즉 질문하기, 경청하기, 문서화하기, 루틴과 프로토콜 사용하기 등을 통해 교사는 교육자로서 학생들의 사고와 학습을 지원할 수 있다. 그러나 이 책에 제시한 전략들은 단지 도구일 뿐이며, 다른 모든 도구와 마찬가지로 잠재력을 최대한 발휘하려면 올바른 상황에서 숙련된 사람이 사용해야 한다는 것을 명심해야 한다.

사고 가시화 여정을 시작할 때, 이 책에 소개한 교사들의 이야기에서 영감을 얻기 바란다. 동시에, 이 교사들 또한 처음에는 시도하고 성찰한 다음 재시도해야 하는 낯설고 이질적인 관행으로 이 도구들을 받아들였다는 사실을 인식해야 한다. 실수를 허용하고 학생들로부터 배워야 한다. 여러 분의 노력과 지속될 학습을 공유하고 토론할 동료를 찾기 바란다. 학생들의 사고를 가시화할 때마다, 그것을 이후의 수업을 위한 자연스러운 발판으로 사용하자. 그러면 개별 활동 에피소드만이 아니라, 학습의 연결고리 형성이 보장될 것이다. 이렇게 학생들의 더 심도 있는 학습과 이해를 촉진하는 보다 폭넓은 목표에 초점을 맞춰 한 걸음 한 걸음 나아가면, 생각을 존중하고 가시화하며 적극적으로 촉진하는 교실을 만드는 길에서 스스로를 발견할 것이다.

Abeles, V., & Congdon, J. (Directors/Writers). (2010). *Race to nowhere*. In V. Abeles (Producer). United States: Reel Link Films.

Anderson, D., Kisiel, J., & Storksdieck, M. (2006). Understanding teachers' perspectives on field trips: Discovering common ground in three countries. *Curator, 49*(3), 365-386.

Anderson, L. W., & Krathwohl, D. R. (Eds.). (2001). *A taxonomy for learning, teaching and assessing: A revision of Bloom's Taxonomy of educational objectives* (complete ed.). New York: Longman.

Barnes, D. R. (1976). *From communication to curriculum*. New York: Penguin.

Barron, B. (2003). When smart groups fail. *Journal of the Learning Sciences, 12*(3), 307-359.

Biggs, J., & Moore, P. (1993). *The process of learning*. New York: Prentice Hall.

Biggs, J. B. (1987). *Student approaches to learning and studying*. Research monograph. Hawthorn, Victoria: Australian Council for Educational Research.

Bliss, A. (2010). Enabling more effective discussion in the classroom. *Stories of Learning*. Retrieved from http://www.storiesoflearning.com.

Blythe, T., & Associates (1998). *The teaching for understanding guide*. San Francisco: Jossey-Bass.

Boaler, J., & Brodie, K. (2004). *The importance, nature and impact of teacher questions*. Paper presented at the proceedings of the twenty-sixth annual meeting of the North American Chapter of the International Group for Psychology of Mathematics Education.

Boaler, J., & Humphreys, C. (2005). *Connecting mathematical ideas: Standards-based cases for teaching and learning, grades 6-8*. Portsmouth, NH: Heinemann.

Bruner, J. S. (1973). *Beyond the information given: Studies in the psychology of knowing*. New York: Norton.

Cazden, C. B. (1988). *Classroom discourse*. Portsmouth, NH: Heinemann.

Colby, A., Beaumont, E., Ehrlich, T., & Corngold, S. (2009). *Educating for democracy: Preparing undergraduates for responsible political engagement*. San Francisco: Jossey-Bass.

Cone, C. A., & Kendall, K. (1978). Space, time and family interactions: Visitors behavior at the science museum of Minnesota. *Curator, 21*(3), 245-258.

Costa, A., & Kallick, B. (2009). *Learning and leading with habits of mind: 16 characteristics for success.* Alexandria, VA: Association for Supervision and Curriculum Development.

Craik, F. I. M., & Lockhart, R. S. (1972). Levels of processing: A framework for memory research. *Journal of Verbal Learning and Verbal Behavior, 11,* 671-684.

Dobbs, S. M., & Eisner, E. (1990). Silent pedagogy in art museums. *Curator, 33,* 217-235.

Duer Miller, A. (1915). *Are women people?* New York: George H. Doran Company.

Eyleer, J., & Giles, D. E. (1999). *Where's the learning in service-learning?* San Francisco: Jossey-Bass.

Facts about language. (2009). Retrieved July 25, 2009, from http://www.askoxford.com/oec/mainpage/oec02/?view=uk.

Fried, R. L. (2005). *The game of school: Why we all play it, how it hurts kids, and what it will take to change it.* San Francisco: Jossey-Bass.

Fry, E. B., Kress, J. E., & Fountoukidis, D. L. (2000). *The reading teacher's book of lists* (4th ed.). San Francisco: Jossey-Bass.

Gallagher, K. (2010, November 12). Why I will not teach to the test. *Education Week.*

Gardner, H. (1983). *Frames of mind.* New York: Basic Books.

Gardner, H. (1991). *The unschooled mind.* New York: Basic Books.

Giudici, C., Rinaldi, C., & Krechevsky, M. (Eds.). (2001). *Making learning visible: Children as individual and group learners.* Reggio Emilia, Italy: Reggio Children.

Given, H., Kuh, L., LeeKeenan, D., Mardell, B., Redditt, S., & Twombly, S. (2010). Changing school culture: Using documentation to support collaborative inquiry. *Theory into Practice, 49,* 36-46.

Harre, R., & Gillet, G. (1994). *The discursive mind.* Thousand Oaks, CA: Sage.

Hatch, T. (2006). *Into the classroom: Developing the scholarship of teaching and learning.* San Francisco: Jossey-Bass.

Hawkins, D. (1974). I, thou, and it. In *The informed vision: Essays on learning and human nature* (pp. 48-62). New York: Agathon. (Original work published 1967)

Hiebert, J., Carpenter, T. P., Fennema, E., Fuson, K. C., Wearne, D., Murray, H., et al. (1997). *Making sense: Teaching and learning mathematics with understanding.* Portsmouth, NH: Heinemann.

Housen, A., & Yenawine, P. (2001). *Understanding the basics.* New York: Visual Understanding in Education.

Housen, A., Yenawine, P., & Arenas, A. (1991). *Visual thinking curriculum.* New York: Museum of Modern Art.

Intrator, S. (2002). *Stories of the courage to teach: Honoring the teacher's heart.* San

Francisco: Jossey-Bass.

Intrator, S. (2006). Beginning teachers and the emotional drama of the classroom. *Journal of Teacher Education, 57*(3), 232-239.

Johnson, S. (2010). *Where do good ideas come from: The natural history of innovation*. New York: Riverhead.

Johnston, P. (2004). *Choice words: How our language affects children's learning.* Portland, ME: Stenhouse.

Keene, E., & Zimmermann, S. (1997). *Mosaic of thought*. Portsmouth, NH: Heinemann.

Keene, E. O. (2008). *To understand*. Portsmouth, NH: Heinemann.

Langer, E. (1989). *Mindfulness*. Reading, MA: Addison-Wesley.

Langer, E., Hatem, M., Joss, J., & Howell, M. (1989). The mindful consequences of teaching uncertainty for elementary school and college students. *Creativity Research Journal, 2*(3), 139-150.

Lappan, G., Fey, J. T., Fitzgerald, W. M., Friel, S. N., & Philips, E. (1997). *Connected Mathematics Series*. Dale Seymour Publications.

Leinhardt, G., & Crowley, K. (1998). *Museum learning as conversational elaboration: A proposal to capture, code, and analyze talk in museums* (Technical Report #MLC-01). Pittsburgh: Museum Learning Collaborative.

Leinhardt, G., & Steele, M. D. (2005). Seeing the complexity of standing to the side: Instructional dialogues. *Cognition and Instruction, 23*(1), 87-163.

Leinhardt, G., Weidman, C., & Hammond, K. M. (1987). Introduction and integration of classroom routines by expert teachers. *Curriculum Inquiry, 17*(2), 135-175.

Lieberman, M., & Langer, E. (1995). Mindfulness and the process of learning. In P. Antonacci (Ed.), *Learning and context*. Cresskill, NJ: Hampton.

Lyman, F. T. (1981). The responsive classroom discussion: The inclusion of all students. In A. Anderson (Ed.), *Mainstreaming digest* (pp. 109-113). College Park: University of Maryland Press.

Marton, F., & Saljo, R. (1976). On qualitative differences in learning: I. Outcome and process. *British Journal of Educational Psychology, 46*, 4-11.

McDonald, J. P. (1992). *Teaching: Making sense of an uncertain craft*. New York: Teachers College Press.

National Council of Teachers of Mathematics. (1989). *Curriculum and evaluation standards for school mathematics*. Reston, VA: National Council of Teachers of Mathematics.

Nystrand, M., Gamoran, A., Kachur, R., & Prenergast, C. (1997). *Opening dialogue*. New York: Teachers College Press.

Palmer, P. (1998). *The courage to teach: Exploring the inner landscape of a teacher's life*. San Francisco: Jossey-Bass.

Perkins, D. N. (1992). *Smart schools: From training memories to educating minds.* New York: Free Press.

Perkins, D. N., Tishman, S., Ritchhart, R., Donis, K., & Andrade, A. (2000). Intelligence in the wild: A dispositional View of intellectual traits. *Educational Psychology Review, 12*(3), 269-293.

Ravitch, D. (2010). *The death and life of the great American school system: How testing and choice are undermining education.* New York: Basic Books.

Ritchhart, R. (2001). From IQ to IC: A dispositional View of intelligence. *Roeper Review, 23*(3), 143-150.

Ritchhart, R. (2002). *Intellectual character: What it is, why it matters, and how to get it.* San Francisco: Jossey-Bass.

Ritchhart, R. (2009, August). *Becoming a culture of thinking: Reflections on our learning.* Bialik College Biennial Cultures of Thinking Conference. Melbourne, Australia.

Ritchhart, R., & Langer, E. (1997). Teaching mathematical procedures mindfully: Exploring the conditional presentation of information in mathematics. In J. A. Dossey, J. O. Swafford, M. Parmantie, & A. E. Dossey (Eds.), *Proceedings of the nineteenth annual meeting of the North American chapter of the International Group for the Psychology of Mathematics Education.* Columbus, OH: ERIC Clearinghouse for Science, Mathematics, and Environmental Education. (ED420494)

Ritchhart, R., Palmer, P., Church, M., & Tishman, S. (2006, April). *Thinking routines: Establishing patterns of thinking in the classroom.* Paper presented at the annual meeting of the American Educational Research Association, San Francisco.

Ritchhart, R., & Perkins, D. N. (2005). Learning to think: The Challenges of teaching thinking. In K. Holyoak & R. G. Morrison (Eds.), *Cambridge handbook of thinking and reasoning* (pp. 775-802). Cambridge, UK: Cambridge University Press.

Ritchhart, R., Turner, T., & Hadar, L. (2009a). Uncovering students' thinking about thinking using concept maps. *Metacognition and Learning, 4*(2), 145-159.

Ritchhart, R., Turner, T., & Hadar, L. (2009b). Uncovering students' thinking about thinking using concept maps. *Metacognition and Learning, 4*(2), 145-159.

Robinson, K. (2010, October 14). Changing Education Paradigms. [Video file]. Retrieved from http://www.thersa.org.

Ryder, L. (2010). Wondering about seeing and thinking: Moving beyond metacognition. *Stories of Learning.* Retrieved from http://www.storiesoflearning.com.

Schwartz, M., Sadler, P. M., Sonnert, G., & Tai, R. H. (2009). Depth versus breadth: How content coverage in high school science courses relates to later success in college science coursework. *Science Education. 93*(5), 798-826.

Seidel, S. (1998). Wondering to be done: The collaborative assessment conference. In David Allen (Ed.), *Assessing student learning: From grading to understanding.* New York: Teachers College Press.

Skemp, R. (1976). Relational understanding and instrumental understanding. *Mathematics Teaching, 77,* 20-26.

Tishman, S., Perkins, D. N., & Jay, E. (1993). Teaching thinking dispositions: From transmission to enculturation. *Theory into Practice, 3,* 147-153.

Vygotsky, L. S. (1978). *Mind in society.* Cambridge, MA: Harvard University Press.

Whitehead, A. N. (1929). *The aims of education and other essays.* New York: Simon & Schuster.

Wiggins, G., & McTighe, J. (1998). *Understanding by design.* Alexandria, VA: Association of Supervision and Curriculum Development.

Wiske, M. S. (Ed.). (1997). *Teaching for understanding.* San Francisco: Jossey-Bass.

Yinger, R. J. (1979). Routines in teacher planning. *Theory into Practice, 18,* 163-169.

Zee, E. V., & Minstrell, J. (1997). Using questioning to guide student thinking. *Journal of the Learning Sciences, 6*(2), 227-269.

Zohar, A., & David, A. B. (2008). Explicit teaching of meta-strategic knowledge in authentic classroom situations. *Metacognition and Learning, 3*(1), 59-82.

찾아보기

지은이 론 리치하트(Ron Ritchhart) 2000년부터 하버드 교육대학원 '프로젝트 제로'의 연구 책임자로 일했다. 그전에는 뉴질랜드, 미국의 인디애나주와 콜로라도주 등 다양한 환경에서 초등학교부터 중등학교까지 여러 학년의 학생들에게 미술부터 수학까지 여러 교과 영역을 가르쳤다. 교육자이자 연구자로서 어떤 학습 환경에서든 사고력, 이해력, 창의력을 증진하는 것이 얼마나 중요한지 주목해왔다. 이 주제로 글과 책을 썼으며 비디오를 제작했다.

리치하트는 교실 기반 연구를 통해 학생들의 사고 성향 계발에 학교 문화와 교실 문화의 중요한 역할을 밝혀냈다. 그가 조직 문화를 형성하는 힘에 주목하여 교육자들이 교실 안팎에서 교육과 학습에 대해 새롭게 바라보도록 도왔고, 많은 학교와 단체에서 리치하트의 아이디어를 수용하고 적용하고 있다.

리치하트는 2002년 『지적 인격(Intellectual Character)』에서 학생들이 학교에서 어떻게 생활을 해야 학습자이자 사고하는 사람이 되는지를 분석하면서 시험 점수보다 양질의 교육이 훨씬 중요함을 강조했다. 사고 루틴을 다룬 『생각이 보이는 교실(Making Thinking Visible)』(2011)을 펴낸 뒤에는 사고 루틴이 교실 루틴이 되는 문화를 다룬 『사고 문화 창조(Creating Cultures Of Thinking)』(2015)를 썼고, 학생들의 사고를 가시화했을 때의 강력한 효과를 『사고 가시화의 힘(Power of Making Thinking Visible)』(2020)에서 설파했다.

마크 처치(Mark Church) 20년 넘게 교육자로 일해왔으며, 학생들의 사고 기회와 학습 기회를 개발하려는 교사와 학교 지도자의 분투에 특히 관심이 많았다. 숙련된 조력자로서 그는 전 세계의 학교와 학군에서 학생들을 의식 있는 학습자로 키우는 데 헌신하는 교육자들이 풍요로운 실천 공동체를 만들도록 도왔다. 미국, 일본, 독일, 네덜란드 등에서 초등학생과 중학생을 가르친 경력을 갖고 있다.

미국으로 돌아온 뒤 하버드 대학교 프로젝트 제로의 아틀라스 학습 공동체, 가시적 사고 프로젝트의 자문을 맡았다. 하버드 교육대학원에서 만든 '와이드 월드(WIDE World)' 학습 프로그램의 온라인 과정 코치이자 개발자이며 강사로 일했으며, 매년 하버드 프로젝트 제로의 하계 연수원에 교수진으로 참여한다. 전 세계 학회에서 사고, 학습, 이해를 주제로 발표를 해왔다. 지금은 미시간 북서부의 트래버스시티 지역 공립 학군에서 교사 육성과 연수를 지원하는 지역 행정관으로 일하고 있다. 또한 그는 하버드 프로젝트 제로의 일환으로 미국 안팎에서 진행되는 다양한 사고 문화 프로그램의 컨설턴트로도 일하고 있다.

캐린 모리슨(Karin Morrison) 교사와 아동의 사고와 학습에 관심을 둔 교육자이다. 주로 학생들이 더 깊게 사고하여 더 많이 이해하고 의미 있고 적절하게 학습에 참여하는 데 필요한 환경과 체계를 구축하는 데 관심을 두었다. 지금은 호주 빅토리아 자립형사립학교협회 개발 센터 책임자로 일하면서 하버드 교육대학원의 '와이드 월드' 온라인 학습 강좌 '사고 가시화'의 강사로도 활동하고 있다.

그는 프로젝트 제로에 협력하여 비알릭 칼리지에서 사고 문화를 만드는 활동을 이끌었다. 5년간 학교의 리더를 맡아 '로젠크란츠 교육 우월성 및 성취 센터'와 '교육과 학습' 프로젝트를 이끌었다. 2005년 국제사고학회의 공동 의장을 맡았으며, 세계영재아동협의회의 호주 대표, 빅토리아 영재아동협의회 회장을 역임했다. 프로젝트 제로의 하계 연수원과 아틀라스 학습 공동체의 하계 연수원에 교수진으로 참여해왔다.

옮긴이 최재경 소설가, 번역가, 다큐멘터리 작가. 서울대학교 국어국문학과를 졸업하고, 미국 인디애나 대학교 대학원에서 다큐멘터리 제작으로 석사 학위를 받았다. 현재 인하대학교 문화경영학과 박사 과정에 재학 중이다. 소설 『반복』, 『숨쉬는 새우깡』, 『플레이어』를 썼으며, 『까마귀의 마음』, 『위대한 희망』, 『예술가들의 사생활』, 『쓰기의 감각』 등을 우리말로 옮겼다. 미국에서 다큐멘터리 영화 ⟨Where Are You Going, Thomas?: The Journey Journey of A Korean War Orphan⟩, ⟨Love Walks With Me⟩, ⟨Thin The Soup⟩를 제작했다.

생각이 보이는 교실

스스로 질문하고 생각하도록 가르치는 사고 루틴 21가지

2023년 5월 31일 초판 1쇄 발행
2024년 5월 22일 초판 3쇄 발행

지은이 론 리치하트, 마크 처치, 캐린 모리슨
옮긴이 최재경
편집 이소영, 조유리
디자인 김진운
교정교열 김성은, 권우철
본문조판 토비트
마케팅 김현주

펴낸이 윤철호
펴낸곳 ㈜사회평론아카데미

등록번호 2013-000247(2013년 8월 23일)
전화 02-326-1545
팩스 02-326-1626
주소 (03993) 서울시 마포구 월드컵북로6길 56
이메일 academy@sapyoung.com
홈페이지 www.sapyoung.com

ISBN 979-11-6707-114-9 03370